ダボスマン
世界経済をぶち壊した億万長者たち

DAVOS MAN
How the Billionaires Devoured the World by Peter S. Goodman

ピーター・S・グッドマン［著］
梅原季哉［訳］

ハーパーコリンズ・ジャパン

This edition is published by arrangement with HarperCollins Publishers LLC,
New York, U.S.A.

Published by K.K. HarperCollins Japan, 2022

リア、レオ、ミラ、ルカに捧げる

ダボスマン　世界経済をぶち壊した億万長者たち

目次

第2部 パンデミックでも勝ち組

第3部 歴史を再起動するとき

※本文中の〔　〕は訳注を、（ ）で示す数字は巻末に原注があることを示す。

ダボスマンが世界のルールを作る

ほとんどの人にとって、２０２０年という年は、延々と続く厄災の年だった。数えきれないほどの死者、恐怖、孤立。学校閉鎖、生計への脅威。過去１００年間で最悪のパンデミックのせいで、もはやありきたりとなった悲劇。それらは端的に数字として示された。

だが一方で、ある選ばれた集団――「ダボスマン」という呼び名がふさわしい者たち――は、これまでにない繁栄を享受した。地球上で最も豊かで、最も権力を持つその男たちは、富と影響力を行使して、パンデミックから遠く離れた海岸沿いの豪邸や山あいの隠れ家リゾート、あるいは高級ヨットの中にとどまって災難を切り抜けつつ、不動産や株式、会社を買い叩《たた》いた。さらに、政界に対するロビー活動で影響力を及ぼし、納税者の金でまかなわれる緊急支援策を、自分たち超富裕層のための福利厚生制度へと変質させたのである。

彼らはパンデミックを食い物にした。公衆衛生システムを搾取し、政府のリソースを奪って状況を悪化させた当の本人たちにとって、この厄災は、自分たちが人類を救ったと賞賛を受けるチャンスだった。世界の億万長者の数十年にわたる税金逃れの影響が致命的な形になって表れたのと同じ年、歴史的な詐欺行為を働いた当事者たちが、自らの寛大さに世界は感謝すべきであると要求していたのだ。

「パンデミックを通じたヒーローの多くは、世界中の最高経営責任者《CEO》だった」と、シリコンバレーの巨大ソフトウェア企業セールスフォースの創業者であるマーク・ベニオフは言った。「彼らがその財産や企業資産、従業員とともに前に進み出て、利益を度外視して、世界を救うために素早く動いたのだ」

2021年1月末、地球上で最も富める人々が一堂に会する最大級の集い〈世界経済フォーラム〉の年次総会（通称、ダボス会議）での発言だ。例年スイス・アルプスのリゾート地、ダボスで開かれるイベントはパンデミックのせいでキャンセルを余儀なくされ、U2のボノやウィル・アイ・アムのようなポップスターが登場する洒落《しゃれ》たドームでの昼食会の代わりに、ベニオフとパネリストたちはビデオ会議に臨んだ。発言者の背後に見えるのはダボスの雪に覆われた山々ではなく、リモートオフィス代わりの自宅の部屋のカーテンや書棚。そこで行われたのはフォーラムでの自由闊達《かったつ》な会話ではなく、インターネット回線の接続上の問題で途切れ途切れになる討議だった。

だが、洗練さは損なわれても、ダボス会議のカギとなる特質——既得権益の確保に最大限の力を費やしている人々が、変革への誓いを崇高に唱えてみせる——は健在だった。

ベニオフが出席した会議の議題は、いわゆるステークホルダー資本主義についてだった。ビジネスは今や株主に利益をもたらす義務に縛られることなく、従業員、環境、地域の共同体など、より広範囲の利益にも応えていくことが可能だ、という概念だ。ベニオフのメッセージは、すでにミッションは完了した、と言わんばかりの独りよがりなものだった。

彼が列挙したのは、自分を含むCEOたちが協力して、フェイスマスクや医療用ガウンといった防護具の供給を確保したこと、製薬会社は新型コロナウイルスのワクチンを記録的な速さで開発し、銀行は破産の数々を防ぐために資金を放出した、といったことだった。

「CEOたちは立ち上がった」とベニオフは語った。「世界中で、社会を救うために英雄的な仕事をした。数多くのCEOたちによる特筆すべきリーダーシップがなければ、我々の世界は今日の状態には至っていなかっただろう」

当時、世界がどれほど悲惨な状態にあったかを考えると、いかにも社会を気遣うかのようなベニオフの発言は驚くほど自己顕示的であり、億万長者階級とそれ以外の人々の間に横たわる、収入格差だけでは測れないほどの深い溝を浮き彫りにした。ベニオフと彼の仲間である経営者たちは事実上、その他の人たちとは別の現実、つまり「ダボスマン」によって営まれる王国の住人なのだ。

パンデミックによって200万以上の人命が奪われ、何億という人々が貧困と飢餓に苦しんだ。実際に手を下したのはコロナウイルスだが、その致命的な影響と経済的な損害を拡大したのは、ダボスに群がるCEOたちの行動だった。

かつて富裕層への増税案を「ヒトラーがポーランドに侵攻したのと同様の」戦争行為とまで言ったスティーブ・シュワルツマンのような投資ファンド運営の大物は、医療にかかるコストを削減することでアメリカの医療保険制度を痩せ細らせながら、病院への投資で利益を吸い上げてきた。合衆国最大の銀行を切り盛りするジェイミー・ダイモンは、マンハッタンの高級住宅街パーク・アベニューの住人への減税が実現するよう働きかけつつ、そのために必要な原資は、基本的な政府サービスを弱体化することで捻出させた。世界最大の不動産投資家であるラリー・フィンクは、彼自身が心を悩ます点として表向きは社会的正義を語りながらも、パンデミックの最中に貧しい国々から、ありえないほどの債務を搾り取った。

世界で最も富める男であるジェフ・ベゾスは、自身のeコマース帝国の途方もない規模をさらに拡大させる一方で、物流倉庫の労働者たちに対してはマスクといった感染防護具の供給を怠り、代わりに聞こえだけは勇ましい称号――「エッセンシャルワーカー」を与えた。その呼び名は、実質的には労働者たちを替えの利く存在として軽視し、ウイルスが蔓延《まんえん》しても彼らが家にとどまることは認められないという状況を生んだだけだった。

2020年に人々が経験した苦難によって何かが立証されたとすれば、それは富める者がいかに繁栄しうるか、そしてあらゆる人々の苦しみの中から利益を吸い上げる能力にいかに長《た》けているかということだろう。

同年末までに、世界中の億万長者が持つ富の総額は3・9兆ドル増大した。逆にそうした人々による慈善活動の寄付額は、ここ10年の最低水準まで落ち込んだ。[1] 2020年に貧困層に転落した人の数は、5億人にも達するとされた。苦しむ人々が置かれた状況を改善するには、少なくとも10年はかかるだろうとみられていた。

確かに、製薬会社は新型コロナウイルスのワクチン調合に卓越した専門性を見せつけた。しかし、彼らは命をつなぐ医薬品の価格を高く設定することで、世界の大半を市場から締め出してきたのだ。

ベニオフは、政府を批判する機会としてパンデミックを利用しながら、ハワイのビーチに面した自分の土地にとどまり、手にした勝利に喜色満面だった。資本主義経済の利得を民主的かつ公正に一般大衆へ還元せよという要求をかわし、政府の規制をも封じる先制攻撃の道具としてダボスマンが推奨したのが、ステークホルダー資本主義だ。企業経営者たちを代表して賞賛に応えるポーズを取ってみせつつ、ベニオフは、政府は億万長者に課税する必要はない、なぜならば、富める者たちは善行を通じて、人々が暮らす上でのさまざまな問題を解決できるからだ、とほのめかしていた。

「CEOたちは毎週、世界の状況を改善し、このパンデミックを切り抜ける方法を見出《みいだ》すために集まっている」とベニオフは語った。「この1年の世界各国政府やNGOによる機能不全ぶりを見てほしい」と訴えた。「我々を救ったのは、彼らじゃない。大衆は、CEOたちこそが正しい決断を下してくれるものだと、あてにしているんだ」

ベニオフは、過去半世紀にわたって人類にいったい何が起きたのかを知るために理解しておくべき人種の、選ばれしサンプルといえる。拡大する経済格差、強まる大衆の怒り、そして民主的ガバナンスの揺らぎ――これらすべては、ダボスマンの略奪行為の結果だ。彼らは並外れた捕食者であり、その力の一部は、巧みに味方のふりをすることで得られたものだ。

過去数十年間、億万長者は納税義務を逃れて各国政府からむさぼり取り、その結果、人々は問題に対処するリソースを欠いたまま放置されてきた。公衆衛生上の緊急事態のさなか、そうした政府の弱点を理由に、ダボスマンは彼らのお情けにしか人々が頼れないという状態を正当化した。

「これだけは言わせてほしい」とベニオフは話した。「2020年のヒーローは、間違いなくCEOたちだ」

ダボスマンという造語は、2004年に政治学者のサミュエル・ハンティントンが考案した。この用語が示すのは、グローバル化によって豊かになり続け、その仕組みを熟知しているため、もはや国家に帰属しなくなった集団だ。国境を超えて流通する利益と富を手中にし、世界中で不動産やヨットなどを所有する。お抱えのロビイストと会計士たちを国内の法制度に縛られないように活動させ、特定の国家への忠誠心など持たなくなった者たちのことだ。

ハンティントンのレッテルが当初示していたのは、世界経済フォーラム年次総会に毎年出席するため、ダボスに出かける者たちのことだった。この会議で討議に加わることそのものが、現代社会における勝者としての地位の証明となってきたのだ。しかし歳月を経て、ダボスマンという言葉は、地球をまたにかける階級の最上層、つまり億万長者たち（圧倒的に白人男性で占められる）を束ねた呼び名として、ジャーナリストや学者たちが使うようになった。ダボスマンの影響力は政治の世界にも強く及び、彼らが推し進めてきた考え方が、先進経済諸国のほとんどで決定的な力を持つようになった。利得のほとんどを享受してきた者たちがさらに繁栄できるような形でルールを整えさえすれば、どんな人でも勝者になれる、という考え方だ。

ダボスマンや、彼らのお抱えの戦力、例えばロビイスト、シンクタンク、あるいは広報コンサルタントの一団、それから真実よりも権力にお近づきになりたいタイプのジャーナリストたちは、現実が示す反証にもかかわらず、こうした思想は永遠に続くという見解を譲ろうとしない。

私の役目は、読者がダボスマンを種族として理解するのを手助けすることだ。「彼」は、特異な性質を持ち、何のためらいもなく攻撃する肉食獣のような存在で、常に自分の領域を広げ、他者から栄養を吸い取ろうと狙っている。にもかかわらず、誰にとっても〝友人代表〟として振る舞うことで、反撃を受けないよう防御している。

この特色がどこよりも生き生きとした形でみられるのが、ダボスでの世界経済フォーラム年次総会である。

形式上は、世界経済フォーラムは、現代のさまざまな課題にまじめに取り組むための、数日間にわたるセミナーだ。そこでは、気候変動、ジェンダー間の不平等や、デジタル化の将来などが真摯に討議される。フォーラムは高尚な責務をあまねく知らしめようと、いかにも骨太に「世界の現状を改善する」と掲げている。その言葉は、街灯に吊《つ》り下げられた垂れ幕や、会場内のあらゆる部屋にキャッチコピーとして掲げられ、権力のおこぼれとしてメディア取材陣へ配られる記念品のパソコンバッグにまで刻まれている。

このお題目に、フォーラムの活動全体にひそむ矛盾が露呈している。2020年総会の参加者たちの資産合計は、5000億ドルに達すると見積もられる[2]。アルプスの山あいに集った人々は、どうみても、この世界の究極的な勝者なのだ。彼らの途方もない富やブランド力、社会的地位は、既存の経済システムと表裏一体になっているので、変化を期待させるような表現をちりばめた改善の約束も、実際のところは疑わしいものである。

舞台裏では、このフォーラムは、ビジネス上の契約や戦略的なネットワーク作りのための場と化している。金融最大手やコンサル企業お抱えの〝雑談の祭典〟ともいえるし、出席者にとってみれば、分断された人類の〝勝ち組〟に入れたということを互いに祝福し合う機会なのだ。

「それこそがダボスの魔法だ」と、かつてフォーラム運営に携わったある経営者は私に語った。「これは地球上で最大のロビー活動の場なんだ。最も力のある人々が、外部への説明責任など負わずに、閉ざされたドアの内側に集う。そしてその場で、彼らが世界全体のルールを作る」

過去半世紀のヨーロッパ、北米など先進経済諸国の歴史はおおむね、富が上向きに吸い上げられていく物語だった。最も排他的な共同体で育ち、最名門とされる学校で学び、超エリート社会のネットワークの中で交わってきた者たちが、その特権を利用して、計り知れない富を確保する。海岸沿いの別荘と山岳地帯の隠れ家の間をプライベートジェット機で行き来しながら、子息にアイビーリーグへの入学資格を買い与え、資産を税務当局の手が及ばないカリブ海諸島などに隠す。

その一方で、何億という労働者階級の人々は、減るばかりの給料の中から支出をやりくりするという、無理筋の算術に頭を悩ませている。

こうした話の基本的な枠組みはあまりにも知られすぎており、はるか昔からの決まりごとのようにみえるかもしれない。インターネット、グローバル化、そして自動化によって、いかに現代の暮らしが姿を変えたか。都市に住まう、教育のある専門職の人々が恩恵を受けた一方、そうしたスキルを持たない人々がどれほど割を食ってきたか。書籍や雑誌記事はあれこれと詳細に分析してきた。だが、そうした分析は、この変化がまるで風や潮の干満のような、人知を超えた自然現象であるかのごとく取り扱いがちだ。

我々を取り囲む経済の現状は、決して偶然の副産物ではない。システムを築いた人々が、自分たちの利益にかなうように意図して設計した結果なのだ。我々が暮らす世界はダボスマンによって設計され、ダボスマンにさらに大きな富をもたらすよう仕組まれている。

億万長者たちは、政治家には献金をあてがい、すでに図抜けた高みから特権を享受している者の地位がますます高まるような状況を擁護させる。金融規制を逃れるためにロビイスト集団を雇い、銀行が野放図なギャンブル同然に貸し付けできる状況を整えてきた。にもかかわらず、自分たちが損失を出すと、社会のふところの深さにつけ込んで尻ぬぐいさせた。独占禁止規制当局への対抗策を講じ、投資銀行や株主の利益になる企業合併が進められるようにした。大企業は、寡占の支配的地位を得た。労働運動の力を押しつぶし、賃金を減らし、利益を株主たちに手渡してきた。

ダボスマンは、自分は隣人よりも賢明だし革新的であるから富を築いてきたのだ、と説くだろう。いくばくかの金銭を慈善事業に寄付しても構わないという姿勢を取っているが、あくまで、自分が定めた条件が満たされる場合だけのことだ。具体的に言えば、自分のブランド事業として、助成した病院の病棟に関する命名権を得られたり、どこかの国で悲惨な現状から救ってあげた哀れな子供たちに囲まれて写真撮影の機会が生じたりする場合だけである。

公の場に出るときには、ダボスマンは、「世界の現状を改善する」という意義のある活動に比べれば、金銭など二の次だと語ってみせる傾向がある。「彼」が得意げに掲げるソーシャルメディアのプラットフォームや「技術的な解決策」といったものは、アルゴリズムとITデバイスを介して、顧客や従業員に関する重要情報を抜き出して企業に配るための道具である。それなのに、ダボスで語られる美談の中では、社会を守り育てたいという強い思いが実を結んだものとして賞賛されてしまう。ダボスマンが駆使する金融デリバティブは、実際には込み入った仕組みであり、2008年の世界金融危機を招いた最大要因だった。それすらも、人手をかけて複雑な計算をしなくても済むようにマーケットの力を採り入れた、ダボスマンの配慮だった、とされてしまう。

すでにお気づきのように、億万長者たちは圧勝し、比類ない富を手にしただけでなく、現代文明が変化していく方向性にも発言権を及ぼしてきた。彼らのやり口を我々は理解すべきである。一言で言えば、民主主義の仕組みを歪《ゆが》ませ、裏口を経由するやり方だ。ダボスマンがグローバル資本主義の果実を独占するようになったのは、偶然ではない。彼らは、政治や文化の中に、「果てしない嘘《うそ》」をこっそりと浸透させてきた。減税や規制緩和をすれば、最富裕層がいっそう豊かになるばかりか、その恩恵は大衆にまで及ぶと、まことしやかに主張している。だが、そんな恩恵の波及が起きたことは、現実には一度もない。

資本主義の歴史は、富める人々が自分たちの富を使って権力を確保し、さらに利潤を増やす方向でルールを作り上げることの連続だ。ダボスマンは憂慮する地球市民の一員として振る舞ってみせながら、社会が進歩するためには、彼らが一人勝ちできる状態が必要条件だというような考え方を浸透させた。それこそが最も狡猾《こうかつ》な発明といえる。

19世紀に「強盗男爵」と呼ばれた人物たち――アンドリュー・カーネギーのような産業資本家や、ジョン・P・モルガンのような金融業者たち――は、自分たちが富を獲得すれば、目的を果たしたとして、おおむね満足した。しかし、自己肯定感も必要とするダボスマンの強欲ぶりは、さらに斜め上をゆく。「彼」は、普通の人が何足もの靴下を持っているように、いくつもの邸宅を持っている、というだけでは喜ばない。自分の関心事は、ほかのみんなと同じであるかのように装う。そして、搾取行為をしておきながら感謝を求める。自分が得たものは、公共の福祉を真っ当な仕組みで守ってきた成果であると正当化しつつ、あらゆる人々から生活の糧をむさぼり取るのだ。

ダボスマンは、危機が起きるたびに、自分の富を増大させる機会へと巧みに転じてきた。深刻な公衆衛生の危機や経済の混乱に乗じて、政府による救済の必要性を訴え、公的資金が注入されるごとに、そこから自分のふところに入ってくる仕組みを作ってきた。

ダボスマンの窃盗行為で、誰もが刺激を受けてきたという面はある。億万長者ポルノというべき物語を人々は喜ぶ。大がかりな誕生パーティー、戦利品である不動産の壮大な外観のチラ見せ、離婚条件のディテール、といったことだ。大衆は『ビリオンズ』〔ヘッジファンド投資家と規制当局の闘争を描いた米国のドラマ〕のようなショーを視聴し、紆《う》余《よ》曲折の物語の中で、億万長者が奮闘するさまを目の当たりにし、この人も努力して相応の地位を得たのだろうと思い込むよう操作されている。

しかし今や、我々が暮らす生態系全体をダボスマンの食欲が脅かしているといってよい。彼らの野放図な消費性向が何のとがめも受けないため、政治への信頼が失われ、世界中で人々の怒りとして噴出している。

この本で私は、世界のあちこちでみられた右翼ポピュリスト運動の興隆について、背後で決定的に作用したのが、ダボスマンの絶え間ない略奪であると論じる。こうした政治的変動はよく、得票目当ての政治家が、移民の大量流入や、これまで特権を享受してきた社会層の地位低下に焦点を当て、懐古主義やナショナリズムの空気をあおった結果だと説明される。全体像はより深刻だ。ダボスマンが資本主義の利得を略奪し続けたから、市井の人々は経済的安定を奪われ、不満の念が数十年にわたって蓄積されてきた。こうした状況下で、恐怖を操り憎悪をかき立てる政治家たちが表舞台に出てきたが、彼らは社会が抱える諸問題については、支離滅裂な解決策を提示するばかりだ。

ダボスマンがグローバル化の利得をひとり占めしてきた結果、米国は公衆衛生上の危機に直面した。第一次、第二次世界大戦とベトナム戦争での戦死者総計を上回るアメリカ人が命を落としたのに、明らかに資質を欠く、カジノのデベロッパーだった男を大統領として仰がねばならなかった。英国は壮大な自傷行為といえるブレグジットに今も取り憑《つ》かれ、パンデミックに対処できずにいる。フランスは先鋭化した抗議運動で打撃を受けたし、社会民主主義の砦《とりで》だったはずのスウェーデンまでが反移民のヘイトで沸き返るようになった。すべて、ダボスマンの略奪行為で説明できる。

これは、もともと想定されていた歴史の道筋ではない。

わずか1世代前には、階級闘争の実質的な終焉《しゅうえん》が誇らしげに語られていた。誰よりも強力な米国に率いられた〝西側〟は、ハリウッド映画のようなエンディングとともに、冷戦に勝利したはずだった。ベルリンの壁を壊した大衆たちは陶酔感にひたった。共産主義は死に、資本主義だけが、普遍的な価値を認められた経済モデルとして生き残ったかのようだった。

フランシス・フクヤマはベストセラーになった著書で「歴史の終わり」を宣言し、権威主義を打ち負かした要因、例えば言論の自由、自由貿易、民主主義、自由化されたマーケット、制約のない消費社会といったものが、今後の文明の基盤になるのだと主張した。

米国が永遠に世界を導く光であり続けるというたぐいの浅薄な物語を、学問で権威づけようと試みた人物として、フクヤマが嘲笑されたのは当然だったろう。それでも、彼が提唱した考え方は、リベラルな民主主義こそが最も進化した社会機構であり、お互いが支え合いながら、市民の自由を守りつつも繁栄に向かうための手段だろう、という社会通念と符合していたのだ。

しかし実際には、インド、フィリピン、ハンガリーなどの国々では、民主主義の政治が、偏狭な分断の論理による復讐《ふくしゅう》を果たす手段と化してしまい、大衆の支持を背景に専制的な権力をふるう指導者が、自由主義そのものを攻撃するようになってしまった。

自由主義の市場経済とリベラル民主主義の秩序が永遠に勝利したはずだったのが、いったいどこで、毒をまき散らす右翼ヘイトの無秩序へと姿を変えてしまったのだろう？

そして、死を招くパンデミックは、昔ならば人類の一致団結が求められるような危機だったのに、なぜ、世界で最も富める人々が相変わらず暴利をむさぼる機会になってしまったのだろう？

第二次世界大戦の終結から30年間は、米国が主導する資本主義が、経済成長の果実を幅広く、前向きな形で共有した。しかし、ダボスマンが乗っ取ってからの資本主義は、実際には資本主義でも何でもない。それはある意味で社会福祉国家の変種だが、最も福祉を必要としていない人々に特典が与えられている。運用益は、億万長者でなければ手出しできない。社会全体として脅威に対抗する費用が必要な際は、別途、納税者の金が充てられる。失業、差し押さえ、医療の無保険状態といった凡人たちの苦難は、自由主義経済につきものの浮沈なので受け入れるべきだとされる。

こうした極端な格差はよく知られた話とはいえ、もはや驚くべき水準に達している。

過去40年間で、アメリカ人のうちわずか1パーセントの最富裕層が、総計で21兆ドルの富を獲得した。同じ期間に、下半分の層の資産は9000億ドル減少した(3)。

1978年以降、企業経営者たちへの報酬総額は900パーセント以上と爆発的に増えた一方で、平均的な米国の労働者の賃金は12パーセント足らずしか増えなかった(4)。

世界的にみれば、最も豊かな10人の超大富豪の財産を合計するだけで、最も貧しい85カ国の経済規模を上回る(5)。

こうした数字を把握すれば、ダボスマンによる世界経済の改造が、歴史的な窃盗行為に等しいとわかるだろう。

米国の総収入が第二次大戦直後の30年間と同じように分配されれば、下から9割の層に入ってくる所得は全部で47兆ドルも増えていたはずだ(6)。現実にはその代わりに、マネーは上向きに流出し、わずか数千人だけを富ませながら、アメリカの民主主義そのものを危機に陥れた。

しかもそれが、コロナ禍《か》より前の状況だったのだ。

パンデミックを経験した今、グローバル経済はダボスマンの欲望にいっそう尽くそうとしているようだ。公的資金による緊急支援策が縮小されれば、預貯金が目減りして苦境に追い詰められた労働者の中には、搾取の餌食にされやすい仕事でも喜んで働こうとする人々が出る。人種間、あるいは階級間の分断は、さらに拡大するだろう。

米国やヨーロッパでは、ダボスマンによって中小企業はますます不利な立場に追い込まれており、その多くが消滅するだろう。巨人たちによって支配される将来の経済は、株主たちにはうまみがいっそう増し、労働者たちにはより厳しいものになりかねない。

発展途上諸国では医療ケアが不足し、安全な水など基本的な生活条件へのアクセスを欠いた人々がさらに置いてきぼりにされる可能性がある。10億人が2030年までに極端な貧困へと陥るリスクにさらされている。

こうした経済的苦境や格差、欠乏状況を道具として憎しみをあおり立て、少数民族や宗教的少数派への恐怖をたきつけて支持を拡大する政党にとっては、チャンスとなる。

しかし、いずれの状況も必然ではない。過去のさまざまな危機と同様に、コロナ禍は一般大衆がより幅広い利益の下で連帯していく道も指し示している。

現代社会は岐路にさしかかっている。格差による負の影響があまりに致命的になったため、世界経済の構造的欠陥に関して審判がついに下されるような道筋も、この先にあるかもしれない。

そうした方向へ転換を促すことが、この本の目的だ。どうすればグローバル経済の根本的な不平等を克服し、本来の資本主義を復活させ、市場システムの長所であるイノベーション、ダイナミズムや成長力を、各国社会が利得を公正に分配できる仕組みとともに獲得できるか。それを考察する。

公衆衛生上の緊急事態が起きたことで、弱い立場で働く者たちの姿が世界中で露《あら》わになった。ダボスマンの日ごろからのたくらみを阻むチャンスも、その中から生じた。

米国では、2020年11月の大統領選でジョー・バイデンがドナルド・トランプに勝ったことで、失業者や、景気低迷によって緊縮のあおりを食った人々の救済に改めて注目が集まった。新大統領は、労働者の苦境を見てきた経済学者らを、次々に政権内で起用した。バイデンは就任直後から、一般家庭の家計を助けるため1・9兆ドルに及ぶ緊急救済予算案が議会を通るよう尽力した。アマゾンのような巨大テクノロジー企業の独占支配力を削《そ》ぐことに再び力を入れ、大企業や最富裕層への増税によって、国民多数へ向けた政府事業の経費をまかなおうとし始めた。

バイデンも選挙ではダボスマンから政治献金を受け、政権内にはダボスマンの代弁者が入り込んできている。それでもバイデンは支持基盤の中道層に訴えて、大企業の既得権益に切り込む意欲をみせ、評論家たちを驚かせた。米国経済のあり方を変え、最富裕層による長年の収奪をただそうとしている。

租税回避地《タックス・ヘイブン》をなくそうとし、法人税に国際的な最低水準を設ける機運も高めた。新型コロナについては、途上国が大手製薬企業の法外な言い値より安くワクチンを手に入れられるよう、支援する姿勢だ。

しかし、バイデンが最終的に成功する保証はない。よその国々でも、格差是正をはかった多くの取り組みが、最富裕層が富を駆使して権益を守る、熟達した手法の前に屈してきた。ルールを書き直そうという試みを、億万長者たちはいつも撃退してきた。社会の怒りに寄り添うポーズだけ取りつつ、既得権には手出しさせない秩序を保ってきている。

ダボスマンに対抗するためには、彼らのこうした生態を理解したほうがいい。

この本はいわば、ダボスマンが野放図に駆ける大地を通り抜ける、探検旅行ガイドのようなものだと考えてほしい。

代表例として、5人の足取りを追う――ベゾス、ダイモン、ベニオフ、シュワルツマン、フィンクだ。国としては米国、英国、イタリア、フランスとスウェーデンに注目する。この調査は全世界に及ぶものではない。世界最大の経済大国であり、リベラル民主主義の国際秩序(あるいはその廃墟《はいきょ》)を築いた中心である米国に意識して焦点を当て、加えて米国の主要な同盟国や、しばしば社会民主主義の模範として賞賛されてきたスウェーデンにも目配りする。今日、億万長者階級に属する人々は、中国やインド、ブラジルでも大きな発言権を持っており、そのうちの何人かをこの本では扱う。それに加えて世界中の普通の人々、バングラデシュからの移民労働者、スウェーデンへのアフリカ系移民、アルゼンチンの日雇い労働者、イリノイ州の鉄鋼工場労働者、さらにアフガニスタンからの難民も取り上げる。

ダボスマンの支配を守る役割を果たした相棒たちも観察する。例えば世界経済フォーラムの創設者クラウス・シュワブ、合衆国元大統領のビル・クリントン、フランスの大統領エマニュエル・マクロン、トランプ政権の財務長官スティーブ・ムニューシン、米国連邦議会・上院共和党のミッチ・マコネル院内総務、そしてブレグジットへの道筋となった緊縮財政を押しつけた英国元財務相のジョージ・オズボーンだ。こうした人々はいずれも、ダボスマンが新鮮な獲物を手に入れるのを手助けしつつ、自分たちもお裾分けにあずかってきたのだ。

ダボスマンの先祖にあたる、米国の「強盗男爵」たちや、税金逃れの先駆者といえる、イタリアの大立者たちについても検証する。

そして、ダボスマンによる人々の暮らしの荒廃につけ込んで、のし上がってきた右翼ポピュリストたち、イタリアのマテオ・サルビーニやドナルド・トランプらの動きもみる。彼らはダボスマンを攻撃するふりをして権力の座に就いたが、実際にはダボスマンの権勢をさらに盛り立ててきた。

ダボスマンは、どのようにして富と権力以上のものをつかんできたのか。彼らは、世界で起きている物語《ストーリー》そのものを自分の統制下に置き、変化する余地などないのだと確信させて、人々が社会に寄せる期待感を削いできた。ダボスマンは自分の来し方を人類の進歩の物語として示す一方で、豊かさを公平に分配するよう求める動きに対しては、自由を失わせる攻撃行為も同然だとして退ける。ダボスマンは、まさに民主主義の仕組みそのものを用いて、民主主義が掲げる理想を妨げてきたのだ。

第1部

地球規模の略奪者

「富と権力を賛美し、ほとんど崇拝する一方、貧しくつましい者たちを軽蔑するか、少なくとも無視するという性癖が、我々の道徳感を腐敗させる、強力で最も普遍的な要因となっている」

――アダム・スミス『道徳感情論』、1759年

「私の考えでは、人民の自由が奪われる際には、権力の座にある者たちが、緩やかに目立たない方法でそれを侵食していくのだ。突然、暴力的な形で自由の剥奪《はくだつ》が起きるわけではない」

――「合衆国憲法の父」（第4代大統領）ジェームズ・マディソン

フィラデルフィア制憲会議での演説で、1787年

第1章

ダボスマンとその生息地
「あの山々の高みで互いに学ぶ」

2017年1月

ドナルド・トランプが合衆国大統領に就任する何日か前、雪に覆われたスイス・アルプスの山々の合間にある小さな村に、法外なまでに裕福な人々の一団が足を踏み入れた。

彼らは大半がプライベートジェットの機内から出てきたばかりだったが、ダボスの中心にあるコングレス・センターへと足を運び、保安検査を通らざるを得なかった。いつも慣れっこになっている移動の自由と比べれば、障害としかいいようがなかっただろう。

グーグルの元CEOであるエリック・シュミットが、アンドロイド携帯電話を検査に通している姿がみられた。中国のeコマース企業アリババを所有するジャック・マーも、会場に入る前にポケットの中身を出していた。

ラップトップコンピューターの業界に旋風を巻き起こした企業の主であるマイケル・デルが、X線検査機に通じる荷台ベルトの上にパソコンを放り出した。その様子は、ラガーディア空港から旅客便に搭乗する一般人と変わらなかった。

JPモルガン・チェースのCEOであるジェイミー・ダイモンがやってきて、コートをお定まりの検査に通していた。危うい投資をしておきながら、規制当局からの指導をほとんど受けないまま前回の金融危機に至った銀行のトップだ。

人類でも圧倒的な特権階級に属するこうした人々は、〈世界経済フォーラム〉として知られる、年に一度5日間の巡礼のためにダボスを訪れたのだった。

このフォーラムは、名目上は非営利組織が取り仕切るものだが、実質的にみれば、金儲けに専心している者たちの集会場となっている。

設立から半世紀、フォーラムは今や、世界中のエリートたち――経営者、国家指導者たち、経営コンサルタント、ベンチャー投資家、ヘッジファンドのマネージャー、そして公に名前の知られた知識人たち、さらに少数のハリウッド・セレブ、ミュージシャン、アーティスト、加えて学者、活動家、それからあふれんばかりの数のジャーナリストの集団――にとって、定番の立ち寄り先となっている。毎年1月になると、約3000人の集団がこの街にあふれ、通常期なら主たる訪問客であるスキーヤーたちを追い出す。参加者たちはコングレス・センターで催される気候変動や雇用の未来についての真剣なセミナーに出席し、周辺のホテルで国際金融機関や巨大ハイテク企業などが催す晩餐《ばんさん》会やカクテルパーティーの席をうろつき回るのだ。

この年、ダボスマンは経験したことがない感覚に襲われたはずだ。恐怖、というほどではない。ただ、自らの地位の正しさに対する疑問を世界がもはや迷いもなく呈し始めたことに、かすかな懸念を抱いたはずである。20年近く前、反グローバル化運動の先駆けとして始まった抗議の波は、主に世界貿易機関《WTO》を非難する若者たちの動きで、統率は取れていなかった。それが今や、世界中の国々で、既得権益を持つ層に対する、世代を超えた反乱へと成長した。

そうした反乱が最もわかりやすく表出した結果が、トランプだった。ダボスに集う億万長者たちはといえば、どうやら自分たちの仲間とみられる、テレビに億万長者として登場した人物が米国政治のトップに就いたので、それなら自分たちの富はさらに増えるに違いないと内心、ほくそ笑んでいた。しかし、トランプが政権を獲得したのは、自分たちの貪欲な一派がグローバル化の成果をひとり占めした一方、残された一般大衆がますます貧しくなり、心配事ばかり増えていることへの怒りが作用した結果であると気づいてもいた。

米国が主導して構築した、第二次世界大戦後のリベラルな民主主義による国際秩序は、ダボスに群がる人々にとっては大きな利点となってきた。だが、米国の有権者たちが大統領職をまかせた人物は、テレビのリアリティーショーに出てくるスターで、知られている特質といえば、女漁《あさ》りや白人至上主義者たちへの暗黙の共感、数度にわたる破産を繰り返したことぐらいしかなく、国際機関や貿易合意をあからさまに軽蔑してきた人物だった。そのことが端的に意味するのは、既得権益の打破は避けられないということだった。トランプはグローバル化をぶち壊すと公約し、アメリカのど真ん中で長年、生活水準が落ち込む中で疎外され続け、怒りを募らせてきた白人男性たちに成り代わって、復讐を果たそうとしていた。

ダボスの大立者たち——まるで部族長のような企業経営者や金融業界の貴族たち——はおおむね、トランプによって勢いづくナショナリズムは政治的な茶番だと見なし、それ以外の特典、例えば彼の政権下で期待できる減税策などに目を向けようとした。だが、富める者たちこそが苦難の源だという怒りに駆られた大衆はすでに積極的な行動へ向けて覚醒しており、今後の動きは予測不可能で、ひょっとすると不快な結果をもたらすかもしれなかった。

英国の欧州連合《EU》との破滅的な離婚協議、いわゆるブレグジット達成への気まずい交渉が始まって6カ月が経過していた。世界経済とリベラル民主主義による国際秩序を支えてきた拠点がまた一つ攻撃されたわけだ。トランプをホワイトハウスへと押し上げた勢力の多くが、ブレグジット実現も手助けしていた。

主催者側はこうした動きを受けて、フォーラム開幕時には、格差拡大の危険について参加者たちを教育する場にしなければならないと考えていた。

ダボスマンの勝利という、明白な事実を無視することは不可能だった。

半世紀前、米国の典型的な上場企業のCEOの収入は、平均的な労働者の20倍だった。その後の歳月で格差は飛躍的に広がり、CEOの報酬は一般人の278倍にまで押し上げられた[1]。

ダボスマンが自分の利得維持のために定めた課税方針が、この格差を拡大したのだ。

カリフォルニア大学バークレー校の経済学者であるエマニュエル・サエズとガブリエル・ズックマンは、米国民が払う税金の全体像を、連邦政府、州政府、自治体への支払い分、さらに売上税や投資益への課税まで含めて調べ上げた[2]。この学者たちの結論では、米国で最も裕福な400人、資産平均が67億ドルに達する人々に対しては、実質的な課税率は1962年に54パーセントだったのが、半分の23パーセントまで切り下げられていた。一方、アメリカ人の半数に属する貧しい人々は、年収は平均で約1万8500ドルだというのに税負担はむしろ増え、22・5パーセントが24パーセントに拡大していた。

役員フロアにオフィスを構える者たちが収入の中から税務当局に差し出すのは、その豪華な専用トイレを掃除する人々よりも、相対的にみれば小さな負担でしかなかったのだ。

英国では、平均的な労働者の収入は10年前よりも減っていた[3]。

この年の世界経済フォーラムの公式テーマは「課題に応え、責任あるリーダーシップ」だった。議題設定そのものに、自分たちのシステム乱用が悪感情を招いたと気づいたダボスマンの反応が見て取れた。セッションには「腐敗根絶」「経営者報酬の廃止」「インクルーシブな成長」といったテーマがあった。

フェイスブックから、CEOのシェリル・サンドバーグが出席した討議のタイトルは、「グローバル共同体にとっての前向きな物語」だった。同社がソーシャルメディアのプラットフォームとして、ITの自動化で広告収入をかき集め、社会中に憤怒の念をかき立てるフェイクニュースの作り手をとりわけ得意先にしてきたことを考えると、皮肉な題名である。

一般的な傾向として、ダボスマンは、収益を損なうような内省の機会は喜ばない。彼らはたいていの場合、格差が話題に持ち上がること自体に眉をひそめる。好き放題に富を追い求めておいて、その結末は〝みんな、いつまでも幸せに暮らしましたとさ〟で済む、自分にとって心地よいおとぎ話しか受け付けないのだ。

建前としては、ダボスマンは心底から自分の知性と情熱を注いで、現代の深刻な危機を解決しようとしている。ジャクソンホール［各国中央銀行総裁が毎年夏に集うシンポジウムの舞台となっているワイオミング州の小都市］の山あいにある壮大な別荘や、地中海のミコノス島沖に係留されたヨットなどに引きこもり、悠々自適でいても構わない身分なのだが、自分は貧しい者を助け、人類を気候変動の惨禍から救わずにはいられないのだ、という姿勢を取ってみせる。だからこそ「彼」はここに来たのだ。1年間で数十万ドルに及ぶ世界経済フォーラムの会費を払い、さらに1人あたり2万7000ドルの参加費も出して、ボノと記念写真に収まり、ビル・ゲイツに向かってその慈善事業の功績を褒めそやし、ディーパック・チョプラ［インド出身でスピリチュアル代替医療を提唱する作家］の感動的な言葉をツイッターでつぶやく。その合間に時間を見繕って、アブダビから来た政府直轄ファンドのトップをつかまえて長話をして、自分がシンガポールに持っている高級ショッピングモールへの投資を促す。

私がジャーナリストとしてダボスに顔を出すのはこの年で7回目だったが、まだ自分が場違いなところにいると感じていた。それまでのキャリアを通じて――最初は東南アジアでのフリーランス記者、次にアラスカの新聞社で若手として、その後ワシントン・ポストの上海特派員を経て、そしてニューヨーク・タイムズの経済記者として――ダボスマンの略奪行為で苦しめられたほうの人々を中心に取材してきた。フロリダ州やカリフォルニア州では住宅を差し押さえられた家族たちに、オハイオ州に始まりイングランドに至るまでの各地では賃金が減ってしまった労働者に会い、フィリピンやインドでは、土地を持てず、封建制も同然の社会で貧困にあえぐ労働者たちを取材した。CEOなどというのは害毒でしかないと厳しくみる土地で、ずっと仕事をしてきた。ダボスはそれとは大違いで、億万長者の経営者たちは慈悲深い進歩の代弁者として称《たた》えられ、ジャーナリストがその物語のお先棒を担ぐような場なのだ。

そんな私に転機が来たのは2010年のことだった。当時は既成メディアに取って代わる勢いだったハフィントン・ポストから、経済及びテクノロジー報道を統括する仕事のオファーを受け、移籍した。創設者のアリアナ・ハフィントンは、彼女の次なるベンチャー企業に出資してくれるかもしれない億万長者たちがやってくる流行最先端の地なら、どこにでも顔を出した。その一環として私をダボスへ同行させることで、「あの新聞社にいたような、昔かたぎの記者さえも手なずけた」のだから、彼女こそジャーナリズムを主導する存在である、という印象をかもし出そうとした。

2014年に別のデジタルメディアへ移ってグローバル編集長になった際、私はブランド構築の訓練のつもりで、ダボス通いを続けた。2016年にニューヨーク・タイムズに戻ると同時に、世界経済担当の編集委員として本拠地をロンドンに移した後も、フォーラム出席は続けた。気は進まなかったが、ジャーナリズムの視点からは役に立つ機会だと知っていたからだ。虚飾と美徳のアピールの場であっても、そこには重要な問題に密接に関わる人々がいたし、情報源にできるかもしれなかった。

きらびやかな装飾の裏側に入り込み、ひるまずに質問を繰り出す意志さえあれば、大半はオフレコベースとはいえ、意味のあることを学べた。イラク大統領と、過激派組織「イラク・シリアのイスラム国《ISIS》」の今後について話し合い、各国の中銀総裁や財務相たちに食い下がり、経済政策に関して聞き出した。ジェイミー・ダイモンを長話で挑発し、納税手続きについて嘆く彼の本音を聞くことができた。ミュージシャンのピーター・ガブリエルとのディナーに出席したときは、彼は今、サルたちと音楽を作っているのだと教えてもらった。

そして何よりも、私は眼前の光景に見とれ、ぞっとすると同時に魅了されてもいた。このフォーラムの高貴な装いと粗雑な内実の落差といえば、シュールなほどだった。

こんな億万長者たちの姿を目撃したことがある。シリア難民の苦難を体感するシミュレーションに参加し、目隠しされて連行され怒鳴りつけられる疑似体験にひたっていたと思ったら、その直後には国際金融業界がスポンサーになった晩餐会に顔を出し、涼しい顔をしてトリュフを味わっていた。人身売買について討論が続く会議場の外側では、ロシアのあるオリガルヒ［政権と一体となった独占資本財閥のボス］がモスクワから売春婦たちを呼び寄せて催すどんちゃん騒ぎへの招待状をせしめ、拳を突き合わせて喜ぶベンチャー投資家の一団を見かけた。

巨大製薬企業の経営者たちが、1日の初めにマインドフルネス提唱者のジョン・カバットジンが施す瞑想《めいそう》セッションに出た後で、専用のスイートルームに移り、今度は薬価つり上げのために企業合併を画策する、という具合だ。

緩やかで非公式な形だが、ダボスでは階級制度が作用している。スティーブ・シュワルツマンやラリー・フィンクといった究極のダボスマンたちは、フォーラムの全体討議が行われるコングレス・センターの主会場にはめったに姿をみせず、コーポレート会員のための排他的なラウンジや、地区内に散在するホテルの専用スイートルームで多くの時間を過ごす。国家元首や政府指導者たちはお付きの警備担当者たちに伴われ、建物内に姿を現しては去っていく。

ダボスマンとしては第2階層に属する人々——純資産が数千万ドルにしか及ばない企業経営者や投資マネージャーたち——は、経営者同士やジャーナリストとの面会にホテルのロビーを使うことが多く、その合間を縫って、コンサルティング企業や会計事務所が開くカクテルパーティーに顔を出す。ヨーロッパやオーストラリア、ラテンアメリカ諸国などの財務相や貿易大臣たちも、廊下でエコノミストや経営者、ジャーナリストたちと会話を交わす。

著名な作家や知識人たちも、あたりをうろついている。ノーベル経済学賞受賞者のジョセフ・スティグリッツやロバート・シラーは常連だ。かつて政府の公職にあったがロビイストに転じたタイプの人物も多数いて、ダボスを自分たちのネットワーキングのための主な舞台として使う。アル・ゴアは、あらゆる場所に顔を出しているようだった。

この会議の下層階級――例えば目を充血させたジャーナリストたち、眼鏡をかけた学者勢、自分たちのスタートアップ企業を売り込むのに余念がない起業家たち、公務中ということで肩肘を張った下っ端の外交官、それから人権・環境団体に属する活動家たち――は、通常はコングレス・センターの奥深く、会議室の外側のラウンジに居場所を見つけ、鈍い茶色と黄褐色の、円い布張りの背当てのついた座り心地の悪い椅子に陣取る。いつも誰かがスマートフォンを充電するためにコンセントを探している。我々ジャーナリストはといえば、話しかける価値のある人物を目の端で探しながら、突飛な新規ベンチャーや美談を売り込んでくるPR会社のメールを削除し続けるのだ。

誰もが、目の前の相手がつけているバッジを一瞥《いちべつ》するのが習わしだ。このバッジは、ご親切なことに階層ごとの価値を示すように色分けされている。白は標準資格の参加者たち、プラチナは政府高官たちだ。オレンジは一般の報道関係者で、彼らは多くのイベントからは締め出され、簡素なメディア用テントに押し込められることで、この場での地位の欠如を再認識させられる。

私自身はといえば、白バッジを持っていたので望む場所にどこでも行けたし、すべてのセッションに出て他の参加者と会話するほか、ダボスマンたちが交わす会話を肩越しに聞ける場所にうまく位置取りすることも可能だった。私はインサイダーの特権を与えられたアウトサイダーだった。

時おり、どこかの世界の権力者がとても仕立ての良いスーツに身を包んで一瞬姿を現すが、例外なく急いでいて、ホログラム入りのバッジをつけているのだった。そうした光景を目にするのはユニコーン並みの珍獣を発見するに等しかった。我々一般バッジの持ち主は、いったい彼らはどこの宇宙に通じる大切な扉を開くのだろうと憶測するほかなかった。

大方の参加者にしてみれば、ダボスに来ても全体像は把握しきれず、どこか別室でコネのある実力者だけが最先端の話を交わしているのではないかと不安に駆られる時間のほうが、圧倒的に多い。顔に見覚えがないかお互いを凝視し、烏合《うごう》の衆に囲まれてきょろきょろしながら、誰か有力なコネの持ち主や場違いな有名人がいないかと探し回る（この年は俳優のマット・デイモンとフォレスト・ウィテカーの姿がみられた）。イスラエルのベンヤミン・「ビビ」・ネタニヤフ首相を護衛するボディガードたちが猛烈な勢いで走ってくる際には、突き飛ばされないよう用心しなければならなかった。

ダボスに入って最初の夜、私は民泊先のアパートに荷物を放り込んでから、雪の中を這《は》うようにして、目抜き通りに臨んで立つ、立派な柱がそびえるヴェルヴェデーレ・ホテルへ向かった。

私が出たのは、「エクゼクティブ向けディナー付きフォーラム」で、グローバル化の後退について討議されることになっていた。イベントを共催したのは、ピンク色の用紙で知られ、世界をまたにかける種族なら必ず目を通さなければならないメディアといえるフィナンシャル・タイムズと、インドのコンサルティング企業ウィプロだった。事前の案内では、「不確実性と複雑性の混沌《こんとん》とした複合」への適切な対処法を話し合うことになっていた。

もしもダボスマンがこのディナーの席にいて、物語はハッピーエンドで終わるという保証を求めていたのなら、落胆したことだろう。

オックスフォード大学でグローバル化を研究するイアン・ゴールディン教授が出席者たちに向かって、現代経済の大切な美徳は台無しになる恐れがある、と警告した。いつでもどこでも「つながって」いられる強みや利便性、人類を疾病や貧困、無知そして倦怠《けんたい》から救ってきた技術進歩といった利点が損なわれる、というのだ。

「現代は歴史上で最も長寿を享受できる時代のはずなのに、我々はひどく浮かない気分でいる」とゴールディンは話した。「不安に駆られている人ばかりだ。多くの人々が、現代こそ最も危険な部類の時代だと思っている」

　ゴールディンが出した共著書は先見の明があって、グローバル化した経済を停滞させかねない要因として、サプライチェーンを麻痺《まひ》させるパンデミックの危険性を警告していた(4)。現代世界は、海を越えて運搬される物資に強く依存するようになったため、ある地域で問題が生じると、それがすぐにほかのあらゆる場所へと拡大しかねない。大企業は経営原理として、コストを削減し株主への見返りを増やそうとスリム化を推し進めてきたことから、エラーを許容できる〝遊び〟の範囲はほとんど残していない。

　ゴールディンはほかにも、懸念すべき情勢を次々に挙げてみせた。トランプは気候変動を抑制しようとする国際条約から、米国を離脱させるつもりのようだった。英国から見捨てられたＥＵは、分裂に向かいかねない……。

「複雑に絡み合った世界情勢の中では、自分たちを周りから遮断して切り抜けることなど不可能だ」とゴールディンは指摘した。「米国のような超大国にとってでさえ、世界と孤絶しても未来を築いていけるという考えは、ファンタジーでしかない」

　こうした指摘はもはや、グローバル化について語る際、ありきたりなものだった。だが、ゴールディンはさらに、ダボスマンたちにとって厄介な部分を詳解してみせた。彼らも何らかの犠牲を払わざるを得なくなるか、さもなければ世界全体にルネッサンス以降のような反動期が再来するだろう、とゴールディンは指摘した。圧倒的な科学的進歩、商業の拡大、そして芸術家の創造性がヨーロッパで花開いた時代は、革命で終わっている。トスカーナの聖堂を彩る金箔《きんぱく》の装飾品は輝く時代の象徴だったが、貧しい農民たちの食卓の足しにはならなかった。アジアから地中海の港へ運び込まれる香辛料は、うまみのある世界貿易の中心だったが、当時のほとんどの人々が楽しむには高価すぎた。フィレンツェをかつて支配したメディチ家に対して、怒れる暴徒たちがその矛先を向けた結果、一族は18世紀には逃げ出す羽目に陥ったのだ。

「そうした時代から歴史的教訓を学び取るべきだ」というのがゴールディンの結論だった。「我々はグローバル化を持続可能なものにして、皆がつながることができる社会を長続きさせ、人々を心配させるような厄介な問題にも取り組む必要がある」

しかし、この基調講演を受けて、これからの社会の進路を話し合うためにパネルの討論者たちが着席すると、ダボスマンには犠牲を払う気などいっさいない、ということがすぐに明らかになった。

ウィプロの経営責任者アビダリ・ニームチュワラは、無駄な雇用として切り捨てられるリスクに直面する労働者たちへ、助言を与えた。何らかの職業訓練を受ければ大丈夫だ、というのだ。「誰もが、自分自身を常にアップグレードすることで主導権を握るべきだ」

私の元上司のアリアナ・ハフィントンは当時、各地のスパリゾートからの広告収入を目当てにした健康情報サイトを立ち上げたばかりだったので、資本主義の欠点に対する彼女なりの処方箋も、より快適な枕で十分な睡眠を取り、時おり瞑想してみるといった内容だった。

その後の数日間は、格差問題を解決するさまざまな提案内容を吟味することになった。あるパネル討議の席で、米国の投資会社ブリッジウォーター・アソシエイツの創業者レイ・ダリオは、中間層を再び活性化させるためのカギとなる方策は、「金儲けのために好都合な環境を作ることだ」と示唆した。現在の環境は金儲けに資していないと言いたかったようだが、純資産が190億ドルに及ぼうという人物の言葉としてみると味わい深い。ダリオは、規制を撤廃することで解き放たれるはずの「野獣の精神」を称えてみせた。

「第4の産業革命に備える」と題した別の討論では、インドの大富豪ムケシュ・アンバニが、政府が最富裕層から富を移転させて貧困撲滅に取り組むべきだという考え方を、一蹴してみせた。アンバニは巨大石油化学企業リライアンス・インダストリーズの会長だった。純資産が730億ドルを超え[5]、アジアで最も裕福だと称えられた人物だ。貧困を緩和するための彼の解決策は、技術進歩にまかせて新たな形の融資をはかることだった。
「富を創造するには、自由市場を受け入れることだ」と彼は説いた。

その左隣に着席していたマーク・ベニオフが立ち上がった。彼の会社セールスフォースは、顧客データを蓄積し売り上げにつなげるソフトウェアの市場で優位に立ったことで、世界的な巨大企業にのし上がった。
「人工知能《AI》がデジタル難民を生むだろう」とベニオフは言った。「技術革新はあまりに速いペースで進んでおり、ずっと低いコストで、使役しやすく、より生産性の高い労働力が提供され、世界中で何千万人もの人々が雇用を失うだろう」

その「より生産性の高い労働力」を整える側には、セールスフォース自体が入っている。PR資料では、自社ソフトウェアの利点として「自動化によって可能になった、顧客個人により適した形のアウトリーチ」とか、「チャットボットなどの自動化メッセージ」が挙げられている。[6]

しかし、この討論の場でベニオフは、人間の手作業を機械で置き換えることで収益を上げる企業の億万長者CEOとしてではなく、一人の憂慮する市民として聴衆に訴えかけた。
「我々は世界の現状を支えながら、改善していくことに力を尽くしているか?」と彼は問いを投げかけた。「それとも、単に現状のままで放置するのか?」

モデレーターを務めていたオックスフォード大学のブラバトニック公共政策大学院長、ヌゲール・ウッズは、この問いかけを、ダボスマンの感受性を誇示する単なるレトリックとして聞き流さなかっただけ、まだ世間ずれしていなかった。
「あなたはたった今、何億人もの人々が仕事を失うだろうという未来予想図を描いてみせました」。そして訊《き》いた。「では、そんなときにリーダーたちがすべきことはいったい何だと思いますか?」

世界経済フォーラムの理事でもあるベニオフは、ダボス会議を成り立たせている思想の奥深いところから答えを引っ張り出してきた。「何よりまず、意識して、こうした真剣な話し合いを始めなければならない。多層的な利害関係者《ステークホルダー》間の対話だ。心の底からそう思う」

ベニオフが登壇したイベントは、それ自体の題名が「非常に真剣な話し合い」という触れ込みだった。しかし、彼自身の会社が計り知れない数の雇用を脅かしているという問題に対して、示された解決策はどうやら、もっと話し合いをするということでしかなかった。

ただし、ありきたりな種類の話し合いではない。ステークホルダー間の対話、である。

この「ステークホルダー」という単語はダボスマンにとっての魔法の呪文のようなもので、その言葉を発すれば高尚な理念の持ち主であることを保証されるのだった。話し手の関心が、むき出しで株主の利益を追求する者より、ずっと気高い事柄に向けられているということの証左なのだ。彼らは、自分たちの従業員やその子供たちが大切だと強調する。自らが拠点を構える超高層ビルの日陰になる、眼下にある地域社会の活力を気にかけてみせる。ホッキョクグマが気候変動で熱中症に襲われないよう心配し、ホームレスは当然どこかで家をあてがわれるほうが好ましいと言うだろう。

ベニオフは、まさにこの視点から本を書いている。[7]『*Compassionate Capitalism: How Corporations Can Make Doing Good an Integral Part of Doing Well*（思いやりの資本主義：どうすれば企業は業績を上げつつ善行ができるか）』という題名だ。

ベニオフがこうした理念の主たる提唱者となってきたのは、彼がしばしば自分のメンターとして、ソフトウェア最大手企業オラクルの創業者、ラリー・エリソンの名を挙げることを考え合わせると、皮肉といえる。エリソンは、ビジネスの意味は純資産の桁数を上げていくこと以外にもある、といった考えにはいっさい同意しない。90年代のドットコム景気の時代にエリソンは、私の同僚であるマーク・レイボビッチとの会話の中で、自分たちの事業が道徳的な救世軍だと主張するテクノロジー企業トップたちを揶揄《やゆ》して、ものまねを披露したことがある。

「えーと、私たちがここオラクルでソフトウェアを開発しているのは、いつの日か子供たちがこのソフトを使うからなのです。我々は、1人の子供も置き去りにしない決意です」。エリソンは芝居がかった皮肉な調子でしゃべってみせた。[8]「私が本当に関心を持つのは、この世界をもっとましな場所にすることです」。そして自分の言葉に笑い出した。

エリソンがあざけっていたのはマーク・ベニオフのような人物のことだった。

サンフランシスコ育ちのベニオフが話す独特な言葉は、シリコンバレーで改心した伝道者、そしてダボス会議の忠実な守り手ならではの話法だ。

「私はテクノロジーには、世界をすばらしい方法で、より平等にする潜在力があると信じてきた。多様で信頼にあふれた包摂的な社会を作りつつ、何十億もの人々に、かつてなら考えられなかったような機会を与えるのだ」。彼は自分の回想録にそう書いた。[9]本のタイトルには、ダボスマンの哲学が内包されている。『先駆者《トレイルブレイザー》：ビジネスこそ変革への最良のプラットフォーム』［邦訳『トレイルブレイザー：企業が本気で社会を変える10の思考』東洋経済新報社、2020年刊］だ。

ベニオフは、テクノロジー業界内では信徒が最も多い宗派のリーダーといえる。いささか手垢《てあか》のついた言い方だが「ボヘミアン的な霊感と冷徹な起業家精神が合わさった」と形容される経営哲学だ。ベンチャー投資家と、ヒッピーの祭典に裸で集う群衆が内面で共存するようなものだ。

「私はとても幸運で、教祖と呼べるような人物にたくさん出会ってきた」と彼はあるとき語った。[10]「ラリー・エリソンとダライ・ラマとニール・ヤングのことをまとめて話せるのは私だけだろう」

アロハシャツを愛好するベニオフは、「オハナ」という概念を好んで持ち出す。ハワイの言葉で、大まかに訳せば「家族」を意味し、セールスフォースを形作る組織原則の中核だとされる。何万人もの従業員たちをつなげる、親族の精神だ。

「私たちは、一つのオハナとして共にいられて嬉《うれ》しい」と、彼はウォールストリートの株式アナリストたちとの電話会議で語ったことがある。ハワイで催す社員向けの研修合宿では、彼は経営幹部たちをサーフィンに誘った。皆が砂浜に素足で立って、一緒になって手を叩き、グループ全体を祝福した。この年のダボスでは、ナイトクラブを一軒貸し切りにしてハワイアンをテーマにしたパーティーを催し、そこでは、ブラック・アイド・ピーズがパフォーマンスを披露した。

ベニオフは196センチもの長身で、セールスフォースのサンフランシスコ本社の61階建てビル（市内で最も高い建物）の「オハナ」と名付けられたフロアを行き来する。彼に付き従うのは最高愛情責任者《チーフ・ラブ・オフィサー》（CLO）の職名を与えられたゴールデンレトリバーだ。[11] 彼は4日間に及ぶセールスフォースのイベント「ドリームフォース」について熱っぽく語る。[12] もともとは新製品を紹介する場として始まったが、ベイエリア版ミニ・ダボス会議へ変容し、スティービー・ワンダーやU2のコンサートまで企画されてきた。全日程の初めには、仏教僧による瞑想セッションが設けられている。「大きな思想、我々自身を改善する道を追求する4日間」と、彼の回想録にはある。[13]

ベニオフの父親はサンフランシスコ・ベイエリアのドレス店チェーンのオーナーだった。子供時代のベニオフは、生地やドレスを6つの店舗へ運ぶ父のビュイックに同乗するのが常だった。

ベニオフはこう記す。[14]「あの頃、永遠に続くような気がしていた日曜日、父のステーションワゴンに乗りながら、私は父の職業倫理と揺るぎない誠実さに強く打たれたものだった。会社の財務や在庫管理については、冗談など許されなかった」

同時にベニオフにとっては、どこで何が一番売れているか、いつ、どの布が必要になるかといった情報を父親が取り扱う、行き当たりばったりのやり方も印象的だった。[15] 父親は経理を手作業でしていたので、夜遅くまでキッチンのテーブルで帳簿に向き合っていた。

10代の頃には、ベニオフは簡単なコンピューターをばらばらに解体して組み直していた。自分でビデオゲームを作ろうと、独学でプログラミングを覚えた。父親を説得し、店の顧客データベースを作らせてもらった。顧客管理という、ややニッチな分野のソフトウェア企業として圧倒的存在になり、結果的に2000億ドルの時価総額をもたらす、セールスフォースを生んだ発想の端緒だった。

シリコンバレー発の物語はお定まりのルートをたどるが、この話も変わらない。技術者がある問題を認識し、解決策を開発し、ひどく豊かになったというわけだ。しかし、ベニオフはセールスフォースを、利潤を生む道具というより、社会に変革へのインパクトを与える場として打ち出した。

彼は南カリフォルニア大を卒業するとすぐ、エリソンが率いるオラクルに入社し、4年も経《た》たない26歳のときには副社長級にまで昇進した。[16] ボスのエリソンとの特別な関係を享受し、地中海でヨットに同乗する仲だった。[17] しかしその後、目的意識の喪失に苦しみ、3カ月の有給休暇を取った。インド南部で彼が会ったのが「ハグする聖人」として知られる女性だった。[18]

ベニオフが何年も後に振り返ったエピソードによると、彼はその人に向かってビジネス上の利害について話し、それがどうやら、自分を苦しめている実存的な混乱の念と関係しているようだと説明した。お香の煙越しに女性はベニオフをじっと見つめ、こう告げた。[19]「成功して財を成そうとする道の過程であっても、ほかの人たちのために何かをするのを忘れてはなりません」

セールスフォースはこうやって形成されていった、とベニオフは後に書いている。

1999年の設立時から、彼は株式と製品の1パーセントは慈善事業のために使うと約束し、従業員たちにも労働時間の1パーセントを使ってボランティア活動に従事するよう奨励した。社員たちは定期的に学校やフードバンク、病院でボランティアを務める。ハリケーン・カトリーナの被災後の救援活動にも加わり、遠くチベット高原まで、世界各地の難民キャンプにも足を向ける。

「企業でこうしたことをこれだけの規模でやっている例はほとんどない」とベニオフは私に語った。「アイスクリームの〝ベン&ジェリーズ〟の話がよく出るけれど」と、元ヒッピーがバーモント州で手がける商売との比較を面白がりながら言った。「この業界では、ほとんどの会社はまず、これだけの利益還元はしていない」

これはＰＲ戦術ではないとベニオフは主張した。社会からの求めに応えた結果だというのだ。「善き行動を通じて業績を上げるのは、もはや単なる競争上の強みではない」と彼は記している。[20]「これはビジネスにとっての必須項目になりつつある」

ベニオフが心底からそう信じていると裏付ける証拠は多い。ダボスマンの売り込みポイントを暗唱しているだけではないようだ。実際に彼はインディアナ州政府が、ゲイやレズビアン、トランスジェンダーの従業員への企業側の差別待遇を可能にしかねない立法措置を進めた際、同州への投資を引き上げると脅して、法案を修正させた。[21]また、フェイスブックやグーグルが公共の信頼を悪用していると非難し、サーチエンジンやソーシャルメディア巨大企業に対する規制を提唱した。

「私はほかの人々に影響力を及ぼし、正しい行いをさせようとしている」。彼は２０２０年半ばのインタビューで私に言った。「その責任があると感じている」

彼の少年のような情熱や、シリコンバレーではまれなことに、前提条件もＰＲ担当者の同席もなく長時間の取材に応じようという意思には、私も心を動かされたことは否めない。

ベニオフの慈善活動は、サンフランシスコのホームレスの処遇改善や小児医療拡大に照準を当ててきた。２０１８年に、セールスフォースも含むサンフランシスコの企業に新税を課し、ホームレス問題解決の財源とする案が住民投票にかけられた際、ベニオフは彼個人と会社で合計７００万ドルを寄付して支援し、条例を成立させた。ほかのテクノロジー企業ＣＥＯとは相容《あいい》れない姿勢だ。[22]

「サンフランシスコ最大の雇用主として、私たちは自社が解決策にならなければいけないと認識している」と、彼はツイッター（ある時点では自身が買収を考えたプラットフォームでもある）上で宣言した。新税で、セールスフォースには年間１０００万ドルの追加負担が生じると見積もられた。[23]

かなりの大金であり、意識の高いＣＥＯが、社会のニーズに応えるという大義のために収益を犠牲にした兆しとして人の目には映る。しかし実態は、セールスフォースが合法的な口実を並べて節税した額に比べれば、些末《さまつ》な出費にすぎなかった。

ベニオフが出身地でホームレス問題解決への新税を後押ししたのと同じ年、彼の会社の収入は１３０億ドルを超えていたが、連邦税の納付額はゼロだった[24]。セールスフォースは税務対策上の海外子会社を14社、シンガポールからスイスまでの各国へ配置して資金や資産を移動させ、見事なまでの会計上のまやかしを繰り出すことで、課税対象となる収益を消失させてしまった[25]。

租税回避の仕組みを発明したのはベニオフではない。何十年にもわたってロビイスト集団を使って工作し、米国を自分たちの天国へと変貌させた、ダボスマンの先祖から引き継がれてきたものだ。

クリントン政権の時代に財務省が開けた抜け穴によって、多国籍企業の経営者たちは、刑務所の塀の内側に落ちる危険性なしに、大規模なごまかし行為に従事できるようになった[26]。彼らは、低い法人税負担で企業を誘致するどこかの国――アイルランドが人気の選択肢だ――に子会社設置が認められると、まずそこへ自社の知的財産権を法的に移した。この新しい海外拠点は、グループ内のほかの法人に法外な額の知的財産権使用料を請求する。すると米国内の決算報告書の上では、最も裕福なはずの企業群は赤字製造機のような状態となり、それにふさわしい税金しか払わずに済む。

クリントン政権の財務省がこの贈り物を授けてからの15年間で、企業への実質的な課税水準は、収益の35パーセントから26パーセントへと急落した[27]。いわゆる利益シフトによって、米国財務省は年間６００億ドルの税収を失っている[28]。

合法だが脱税同然といえるこうした行為と比べれば、ベニオフがホームレス問題解決のために費やす１０００万ドルなど、切り捨て誤差の範囲内でしかない。その翌年、ベニオフ個人の報酬額は２８００万ドルに及び、ほとんどが株式交付金とストックオプションで成り立っていた[29]。こうした巨額報酬が横行してきたからこそ、サンフランシスコ・ベイエリアの住宅価格が天文学的に高騰したのだし、まさにそれがベニオフが根絶しようとするホームレス問題の最大要因なのだ。

ベニオフと彼の妻リンは誠心誠意、米国内の教育や子供たちの健康状態を心配しているようだった。彼らはその懸念を、小切手を書くことで表明してきたわけだ。しかし、巨大企業がまったく連邦税を払わないような状況で、メディケイド［公的医療保険］やヘッドスタート［就学支援プログラム］といった低所得者層向けの連邦政府事業をまともに続けられただろうか？　公共交通機関、雇用訓練、幹線道路や高速道路、それから公衆衛生のための研究はどうなっただろうか？

ベニオフ流の〝思いやりのある資本主義〟では、本来カギとなるべき〝利害関係者《ステークホルダー》〟の姿が塗り消されてしまっている。政府がどこにも関与していないのだ。彼が説き続ける「オハナ」のつながりには、労働組合も含まれない。彼が思い描く企業ビジョンの中核には、（ダボスマン哲学の神髄でもある）最も裕福な人々こそが信頼に値し、正しい行動を取って成功の果実を分かち合うものだという期待感が存在した。現実には、億万長者たちは、大邸宅の門に暴徒が押し寄せないよう、たまにわずかな額の金貨をばらまくだけである。

ダボスマンの論理では、富める者たちの慈悲深さと比べれば、労働組合など、経済活動への不要な干渉でしかないし、税というのは政府がマネーを差し押さえることを意味する。余計な課税をされなければ、その金は慈善活動を通じて幸運な人々に向けて降り注ぐはず、ということになっている。この考えは、カーネギーに代表される「強盗男爵」の時代にまでさかのぼる。彼らは図書館、博物館、コンサートホールといった大規模な公共事業プロジェクトを、偏った経済的利得や、労働者の蜂起を封じ込める暴力的な弾圧と引き換えの形で、社会への補償として提供していた。

その論理にダボスマンが付け加えたのが、政府に対する攻撃的な姿勢だ。公的機関の官僚は能率にも規律にも欠けるため、納税者からの金を必ず浪費してしまう〟と億万長者は主張する。自分たちならば対照的に、慈善活動の本来の使命へと、効果的にお金を振り向けられると説く。競争原理が支配するマーケットの浮き沈みの中で財を成した彼らこそ、しっかりと組織を作り上げて機敏に動き、私費を投じてはるかにましな効果を生むことができる、というのだ。ダボスマンはそのような論理で、自らの裁量でほんの少しだけ他者に与える施しの金が、多額の税金逃れと十分に釣り合いが取れた貢献であるかのように、巧みに演出してきた。

世界で格差を広げ、株主層へさらに富を配る方法を大企業に授けることで、ベニオフは財産を築いた。彼が大切にする自画像は、デジタル世界からやってきた破壊的創造者であり、企業活動を社会変革の原動力にするべく働きかける人物である。しかしその慈善活動や、純粋に人好きのする性格、そして共感力が、ベニオフの企業活動の中核にある現実を覆い隠してきた。本当は、彼は今ここにある世界の仕組みを築き上げ、その恩恵を受け、さらに強化する存在なのだ。

ベニオフがキャリアの初期で主に従ったのはエリソンだったが、近年のベニオフが崇拝する対象は、世界経済フォーラム創設者のクラウス・シュワブである。

ベニオフはシュワブが自分を「ステークホルダーの理論」へ導いてくれたと感謝し、この理論こそが「ビジネスの世界で最も重要な知的貢献の一つだ」と形容する。[30]

シュワブはダボス会議の進行を取り仕切ってきた。学者出身らしく荘重な物腰で、ドイツ語なまりが抜けない。ゆっくりと力強く、一語一語が、歴史上で最も重要な語句であるかのように話す。

１９３８年生まれで、ヨーロッパが第二次大戦の戦後復興のただ中にあった時代に成人した。社会民主主義の諸原則に染まり、市場経済の中でも政府が中心的役割を果たすべきであり、労働者を失業から守り、国民皆保険と年金を提供するものだという考え方を支持していた。欧州統合という一大プロジェクト、大陸全体が一体となって動くことで活性化するという夢を、ためらうことなく支えていた。１９

６０年代末にハーバードの大学院に留学した際、シュワブは当時の米国で流行《はや》った企業経営理論に夢中になった。ステークホルダー理論の基礎を考えつき、ビジネスと政府がより良い生活水準を実現するために協調する、「最適な配置のための手段」と位置づけた。

この発想に突き動かされたシュワブは、最初は「ヨーロッパ経営フォーラム」と名付けて、研究者、経営者そして政府当局者らの集いを１９７１年に主催した。そのとき、彼はまだ33歳だった。

舞台としてダボスを選んだのは、遠隔地で静寂な環境が、集中して意見を交わすのにふさわしかったからだ。ダボスはこぢんまりとした、奇妙なまでにけれんみのない村で、壮観な山並みに囲まれた谷に位置していた。ビクトリア朝時代には、結核患者が療養するサナトリウムが立地し、その後の時代は知識人たちが交わる土地となってきた。アインシュタインが相対性理論について講演したこともある。[31]「あの山々の高みで」とシュワブは記している。[32]「空気のすがすがしさで知られた美しい街で、参加者たちは善行や新しいアイデアについて情報交換し、世界が抱える社会経済的な問題、あるいは環境問題について互いに学ぶことができる」

初回の参加者は、二十数カ国からの４５０人だった。[33]年を経るにつれ、政府首脳の参加数も増え、警備態勢は厳しくなり、出席するだけで何らかの達成感をもたらすイベント、という性格が強まった。ダボス会議の参加者はグローバルになり、フォーラム自体も拡大して、中国やアフリカ、中東、インドやラテンアメリカで地域会合を開くようになった。対象範囲と参加者の出身地域が多様化した実態を反映して改名し、１９８７年から世界経済フォーラムと名乗るようになった。

今や、このフォーラムは専門家や経営者のパネル討論を定期的に主催し、息つく間もなく各種のレポートを発表している。デジタル化、保健医療の将来、製造業の高度化など、あらゆる課題が取り上げられる。

ただし、フォーラムが広げた支配領域の中でも、やはり中心はダボスでの会合である。

フォーラムの規模はかなり前から、ダボスの村が提供できる受け入れ能力を超えていた。わずかなホテルは満室となり、いい大人の社会人たちが、質素な山小屋を相部屋で使い、1晩400ドル以上でありがたくシェアする。近隣の村々から通う手はあるが、移動はフォーラムが提供するシャトルバス頼みとなり、その時刻表は北朝鮮の核兵器発射コード並みに厳密に管理されている。

外面の輝きにもかかわらず、実際にフォーラムに参加することは、ロジ面での困難、驚愕《きょうがく》するほどの費用、さらに疲れと脱水症状と空腹といらだちで疲労困憊《こんぱい》するという、究極的かつ永遠の苦行と化してきた。しかしそれこそが、ダボスという経験の中核であり、強い困惑の念とない交ぜになった形で、歴史の系譜の中で一瞬であっても、自分は今重要な場所にいるという高揚感を味わうことなのだ。馬鹿げて聞こえるが、これは人々を継続的に駆り立てる効果的な方法である。

「排除されるのではという懸念は、人の内面に忍び込みやすい」と、かつてジャーナリストのニック・パウムガーテンは記した。(34)「それは当然、迎え入れられたときの陶酔感と対をなす。自己への祝福と懐疑の落差がもたらす圧力から、一種の社会的な電気が生み出される」

地球上で最も権力を持った人々が毎年のように出席するため、ほかの権力者たちも出席する必要を感じ、それによってフォーラム固有の価値が再強化される。その仕組み作りに、シュワブが持つ人間社会についての鋭敏な洞察力、権力そのものが持つ磁気のような引力への理解が発揮された。彼が築き上げたのは、スケジュールが埋め尽くされたタイプの人々でも時間を作ろうとする催しであり、ビル・クリントン、ミック・ジャガー、そしてグレタ・トゥーンベリの関心事がすべて、なぜか時空間を超えて交わるイベントだった。

フォーラムが拡大するにつれて、シュワブは最初にこの集まりを考えた動機だったはずの理想の追求と平行する形で、自らの金儲けの本能も強めた。多くのダボスマンたちと同様に、シュワブは2つの矛盾する立場を一度に取るという芸当を習得し、普通ならひどい偽善だと批判されそうなことでも、気に留めない。公の場では純粋な価値観、例えばインクルージョン、公平性や透明性を称えているのに、富と力を持つ人々を勧誘する際は、まったく美しくない迎合ぶりをみせる。明らかに裏表がある態度だが、そのまま涼しい顔で放置する。彼は、恥知らずな献身ぶりで権力者たちに取り入ってフォーラムへと招き入れ、そこに集う人々へのアクセスそのものを商品として売り出すことで、非常に儲かる事業へと転じてきた。

シュワブがコングレス・センター内を移動するときは、まるで軍事演習のように、興奮した部下たちの一団が常に彼に付き従う。外国への招待旅行に際しては、彼は国家元首級の特別待遇を要求し、当然それには空港での歓迎式典も含まれる。

スイスにあるフォーラム本部は、レマン湖を見下ろすガラス張りの大学キャンパスのような建物だが、2つの棟をつなぐ渡り廊下には、世界の指導者たちとシュワブの記念写真がずらりと飾られている。あるとき、一人のフォーラム職員が会議に遅れそうになり、ボスは海外出張中だと知っていたので、自分の車をシュワブ専用の駐車スペースに停《と》めた。そのことを後から嗅ぎつけたシュワブは、彼女を解雇するよう要求し、幹部たちが介入して助け船を出すまで翻意しなかった。

シュワブはしばしば、自分はノーベル平和賞を獲《と》るだろうと同僚たちに語ってきた。1990年代半ば、ある国際会議をフォーラムが南アフリカで主催した際、シュワブは閉幕に際してネルソン・マンデラの目の前でスピーチをしたが、その中で、マーティン・ルーサー・キング・ジュニア牧師の言葉から剽窃《ひょうせつ》し、「私には夢がある《アイ・ハブ・ア・ドリーム》」と芝居がかった口調で話した。

「私や同僚は、吐き気を覚えました」と、当時フォーラムの広報を担当していたバーバラ・アースキンは振り返った。

しかし、シュワブがどこか滑稽な人物であるにせよ、同時に識見がある人物として、しぶしぶながらも称えられていることも確かだ。元同僚の一人は「彼には次の流行の匂いを嗅ぎ当て、そこに飛び込んでいくという信じられないほどの才覚がある」と語った。

早い段階から彼は、このフォーラムを、人々が集まってお金のことを話し合うだけのありきたりなビジネス会議にすべきではないと認識していた。「世界の現状を改善する」という高尚な使命を掲げることで、シュワブはこの集会を、社会に対して懸念を示す場へと変容させた。

そして、フォーラムの価値観に根ざした提案力を、たゆまぬネットワーク作りを通じて強化し、ダボスをビジネスにとって不可欠な舞台とした。多国籍企業を勧誘して、「戦略的パートナー」としての特権と引き換えに年間数十万ドルを支払わせた。パートナーになれば、コングレス・センター内の特別ラウンジや専用会議室へのアクセスが保証され、経営者たちはそこで交流し、政府首脳や投資家ら、収益改善につながりそうな権力を持つ人々から知己を得るのだ。

シュワブがアレンジする一対一の会談を通じ、世界的な銀行やエネルギー企業の経営者は、有利な租税待遇や有望な油田の採掘権などについて各国首脳と対面で交渉できる。コンサルティング大手やソフトウェア企業は、意思決定者との直談判《じかだんぱん》で政府調達の契約獲得を狙う。トップ経営者たちは飛行機で現地に入り、防音処理の施された部屋で、有価証券の規制当局者やジャーナリストといった邪魔者を抜きにして、4、5日間で十数人の国家元首と面会することができる。

フォーラムの中心的な活動であるはずの、まじめなスピーチやパネルディスカッションはもう長いこと、公式行事の枠外なのに実質的に主流を占める〝課外活動〟の陰に押しやられてきてしまった。

フォーラムの常連たちにとって自慢すべき点が、パネルディスカッションに一度も出たことがないとか、主会場のコングレス・センターに足を踏み入れたこともないというのが、その洗練の度合いを皮肉な形で示している。

シュワブは不興を装い、ダボスが私的なパーティーで埋め尽くされ、本来あるべき体験が薄まったと嘆いてみせた。あるときには「彼らを歓迎はしない」と述べた。(35)「我々のやっていることを損ねている」というのだ。だが彼は、参加者たちが享受する特権について決して不平はもらさない。

世界経済フォーラムは非営利組織として登録されているが、シュワブと、財団の共同創設者でもある妻のヒルデは巧みに振る舞い、財団を通じて大量に流れ込む資金の恩恵を受けてきた。長年にわたるフォーラムの独占的な車両提供パートナーがアウディで、同社はダボスを実質的に新車の展示場として使いつつ、シュワブ夫妻に格安で車を提供してきた。フォーラムの予算は、シュワブの世界巡業や、スイスのビバリーヒルズといわれるジュネーブのコロニー地区にある、宮殿のような邸宅でのケータリングと警備サービスも負担しており、そこで彼は豪勢な晩餐会をしばしば開く。

長年をかけて、フォーラムは8000万ドル近くを費やして同地区一帯の土地を購入してきたが、その中にはシュワブの自宅とフォーラム本部を地続きにする2筆の土地も含まれている。財団がまだ数十人のスタッフしか雇っていなかった時代、シュワブの収入はすでに国連事務総長の報酬と肩を並べ、年間約40万ドルに達していた。

だが、シュワブはありきたりな富では満足しなかった。甥《おい》のハンス・シュワブに数社の営利企業を立ち上げさせ、世界経済フォーラムを私的なベンチャー投資ファンドとして使った。

この甥はフォーラムのイベント運営面の監督を続けた後、1990年代半ば、ほかの業者とともに新会社グローバル・イベンツ・マネージメント社を立ち上げた。資金のおよそ半分がフォーラムから提供された。創業の段階から、この新会社はフォーラムのイベントすべての運営を委託される契約を得ており、その業務だけで年間数百万ドルの規模だった。

クラウス・シュワブはこの事業の成功に大変気を良くして、ハンスに対して5パーセント分の権利が認められるだろうと告げた。甥から、それを公的な契約にするため法律上の契約書を用意しようかと問われたシュワブは手を振りかざし、「我々は家族じゃないか」と退けた。

シュワブは、非営利組織が営利企業の経営に携われば監督当局からの余計な調査を招きかねないことは認識していた。だが、起業家としての自分の業績への誇りがあまりに高かったため、広報責任者のバーバラ・アースキンに、イベント事業についてフォーラムの年次報告書で言及するよう命じた。それではフォーラムが非営利組織の地位を悪用していることを実質的に認めることになると彼女が強く反駁《はんばく》すると、シュワブはその助言に対し、いい顔をしなかった。

「ものすごく怒っていました」とアースキンは私に語った。「彼は私を座らせて、『いいか、私は経営者として仰ぎ見られたいのだ』と言ったのです」

シュワブはそれからまもなく、甥をボストンへ向かわせ、自分が執心してきた事業をまかせた。アドバンスト・ビデオ・コミュニケーション社は、ビデオ会議システムを構築する新興企業だった。シュワブの命で、フォーラムはこのベンチャーに約500万ドルを投資した。

2年間にわたり、甥のハンス・シュワブは製品の改良を統括しながら資金調達を続けた。彼が交渉した取引で、このビデオ会議システム会社は上場テクノロジー企業のUSウェブ・コープに買収され、フォーラム側は評価額約1600万ドル相当の株を手放すことになった。USウェブはクラウス・シュワブを取締役会メンバーに加え、50万ドルに及ぶストックオプションも与えた(36)。USウェブの株価は急上昇し、フォーラムの500万ドルの初期投資は2000万ドルの価値を生んだ。

ところが買収合併が完了する直前になって、クラウス・シュワブが甥のハンスに電話してきて、土壇場の変更を要求した。フォーラムが持っていたアドバンスト・ビデオの株を別の法人、シュワブ財団へと移譲し、この財団が売却益を受け取るというのだ。

ハンス・シュワブは虚を衝かれた。所有権の土壇場での移譲は、取引全体を無効にしかねない。しかし彼のおじは強硬だった。

「おじは『これは今すぐ実行しなければだめだ』と言った」とハンスは明かした。「シュワブ財団という名はそれまで聞いたことがなかったし、契約を突然、全部書き換えなければならなくなった。それまでも、彼がこの取引でちょっとしたごまかしをするつもりだろうというのは私もわかっていた。でも、土壇場になって巨額の金、これまで扱ったことがないほどの金額が絡むということにおじは気づいて、自分がその金を100パーセント管理できる仕組みが欲しくなったというわけだ」

財団のサイトによると、その運営者はヒルデ・シュワブになっている。社会的にみて重要な課題、例えば途上国での安全な水と電気の供給範囲拡大や、女性のための機会創出などに取り組む小規模企業を支援するそうだ。取引による収益がどこに流れたか、実態は把握できない。スイス当局が義務づける情報開示は最小限でしかないからだ。

USウェブとの取引と同じ年、フランスの広告・広報大手であるピュブリシス・グループが、ハンス・シュワブらが作ったイベント運営会社を買収し、契約額は600万スイスフランに及んだ。ハンスはおじに、以前約束してもらったはずの5パーセントの取り分はどうなったのかと尋ねた。

「答えは『それは渡せない』だった。『体面上まずいだろう』と言われた」とハンスは振り返った。

クラウス・シュワブの最大の才能として、一緒に働いたことがある者たちが指摘するのは、権力者たちのナルシシストとしての性分に訴えかける能力だ。シュワブは自分の言葉に信憑《しんぴょう》性があると確信しているふうを装い、たとえそれが現実やフォーラムの理想と矛盾していても、揺るがない。この才能のおかげで、シュワブは権威主義的な指導者たちを公共の福祉を推進する存在として臆面もなく称え、その一方で、そうした指導者たちが支配する市場へのアクセスを渇望する企業からの協力費で、巨額の収入を得てきた。

この年、シュワブはとりわけ大きな収益につながりそうな戦略的成功を収めた。中国の国家主席である習近平を説得して、ダボスに呼んで基調講演を行わせたのだ。

習の講演は2017年総会のハイライトだった。会場の聴衆席最前列にはジャック・マーがいた。合衆国副大統領として退任間近だったジョー・バイデンも同じ列に座り、トランプの対抗馬として大統領選に出馬しなかったことへの後悔の念をかみしめていた。

習近平が登壇の機会を使って主張したのは、自分はルールに基づいた国際貿易システムの究極的な守護者であり、確信を持って国際協力に献身する資質があるということだった[37]。

中国の国家主席が自らをこのように描いてみせるということ自体が、既存の国際秩序が崩れてしまった驚くべき状態の反映といえた。長年にわたって中国は、補助金で国営企業を優遇し、労働者を搾取し、自国製品を不公正な低価格で世界に売りつけるダンピングの慣行で非難の的になってきた。習近平の統治は選挙での勝利によるものではなく、中国共産党の独裁支配ルールに従ったにすぎない。彼の就任以来、中国政府は異論分子に対して残忍な弾圧を加えてきた。

習近平の出席に興奮を隠しきれないシュワブは、引き換えに自分が拠出できる財宝を差し出した。しみ一つない、正統性の付与である。

「世界が大きな不確実性と振れ幅の中にあるとき、国際社会が中国に期待するのは、反応が早く、責任感を伴うリーダーシップです」。シュワブは習を紹介する際、そう宣言した。

フォーラムをめぐる皮肉の最たるものは、ダボスマンの「建国の父」が、統治手法の透明性をめぐる数々の講演で彩られたイベントを主催しながらも、中国の独裁者にへつらい、しかも彼自身が進める事業の手法が、居心地が悪くなるほど中国の国営企業のやり方に似ていることだった。

これはよくある話だった。ダボス会議に出てその潮流に接することは常に、露骨なレベルで演出された舞台に出ることでもあった。

ただ、世界が反リベラリズムへと傾いていたその時期は、ダボスマンと毎年恒例の彼らへの賞賛は、いっそう現実から切り離された印象を与えた。

私は、作家のアーニャ・シフリンや、フィナンシャル・タイムズのコラムニストであるラナ・フォルーハーに誘われ、居心地のいいフォンデュの店で夕食を取り、友人のジャーナリスト連中や経済学者たちと緊張感を解きほぐした。我々はいわば冒険者仲間で、キャンプファイヤーの周りに身を寄せ合うようにして、目撃したダボスマンの生態について語らった。

経済学者のジョセフ・スティグリッツは、億万長者たちの集会に出席を乞われるだけの尊敬を受ける人物だが、賃金労働者たちの苦難に焦点を当てて研究を続けてきたので、彼のフォーラムへの印象は聞くに値した。私たちは互いのメモを交換し合った。どこも格差についての話でもちきりだった。だが、ダボスマンの莫大《ばくだい》な富をほかの誰かへ移動できるようにする政策については、ほとんど議論されていなかった。

スティグリッツは、どう処置すれば合理的か、とうとうと説いた。労働者の力を強化してより高い賃金獲得に向けて交渉させ、累進課税によって富を再分配する。「ところが、労働者の団体交渉権を強めるというところで、ダボスマンが立ちはだかる」とスティグリッツは説明した。「厳しい現実だが、グローバル化が労働者の交渉力を低下させ、企業はそれを利用してきた」

スティグリッツはこの見方を長年にわたり主張してきた。世界経済は偶然の出来事による所産ではなく、受益者たちによって、その利害に沿うように設計されてきたのだと。

グローバル化については、あまりに複雑なので誰も責任を持てないという考えが世間では主流を占め、全か無かという方向へ議論が流れがちだ。地球規模のサプライチェーンや最新医学を保ち続けるか、さもなければ、洞窟で寝起きして虫を食べる生活に逆戻りするほかに道はない、といった形だ。あるいは、大規模な経済格差は、iPhoneやエアコンといった現代の魔術を手に入れた社会にとって不可避の代償であり、嫌ならばベネズエラのような状態に陥るしかない、とされる。

この大前提を作り上げたのはダボスマンではない。1世紀以上前に、カーネギーのような強盗男爵たちが、格差は人類の進歩の避けようのない副産物だと主張していた。

「避けることはできない」とカーネギーの1889年の著書には記されている。[38]「これが人類にとって最善である。あらゆる場で適者生存の原理が保障されるからだ。だからこそ我々は、著しい格差の存在と、経済や産業、商業の一極集中を、自身が適応すべき環境として受け入れ、歓迎する」

ダボスマンはこの考えを推し進めて、自分の地位を正当化する防衛的な論理にとどまらず、より多くの富を獲得するための攻撃的兵器へと転じてきた。これこそが彼らの果てしない嘘の核となる議論、つまり、イノベーションが活発になるのは経営報酬が劇的な多さに達したときだけであり、進歩を望むのであれば市場経済は勝者総取りの仕組みでなければならない、という思想だった。

「我々がグローバル化を進めてきたやり方が、格差を著しく広げた」。スティグリッツは指摘した。「だが、グローバル化をどう変化させれば格差を解消できるかという、まともな議論はまだ聞いたことがない」

同じ晩、米金融最大手の経営者たちが数人、カクテルを手に私的な場に集っていた。話題はトランプや、その正統とはいえない統治手法に及んだ。彼らは貿易戦争を心配していたか？　イランや北朝鮮との対決？　リベラル民主主義による国際秩序の崩壊だろうか？

彼らはただ、肩をすくめただけだった。ツイッターで人々を攻撃し、特に海外投資する米国企業を脅すトランプの性癖や、連邦政府の財務省を自分のカジノと同様に金を巻き上げる道具と見なして政府の借金が多すぎると非難する姿勢については、内心困ったものだと眉をひそめていた。一方で彼らが歓迎したのは、最高位に昇り詰めた人物が、自分たちが最も大切にするもの、つまりマネーを尊ぶということだった。トランプは減税を公約していたし、共和党が連邦議会の上下両院で過半数を制していたことを考えれば、その公約は実現しそうだった。トランプ流世界観のほかのあらゆる事柄と同様、減税は「驚くほどでっかく、しかも例のない」内容だろうと期待された。

格差がパネル討議の議題に取り上げられる中で、ダボスマンが内心抱いていたのは、間違いなく、自分の口座にはもっと金が入ってくるし、税務当局のうっとうしい手もそこには及ばないだろう、という期待感だった。

第2章

グローバル化に毒を盛ったダボスマン

「大戦に行った父親世代が望んだ世界」

ヒューストンに住む小学校6年生だったジェフ・ベゾスは、全生徒を対象にアンケートを実施して、その学校の教師たちの効率性を分析し、それぞれの相対的なパフォーマンスの推移をグラフ化したことがある。[1] 成長した20代のベゾスは、ニューヨークで社交ダンスのクラスに通ったが、その前提にあったのは、そうすれば「女性との接触量」が増加するからという、投資銀行家たちが取引を吟味するように男女交際を分析する発想だった。[2]

ベゾスの強迫観念ともいえる分析への傾倒ぶりについての挿話はあまりに多く、それだけで一つのジャンルを成すといってよい。そうしたエピソードの数々に彩られるようにして、米国の郊外出身のオタクっぽい少年が、本を売るために思いついた素朴な発想から出発し、いかにして現代の暮らしそのものを一変させた強大な帝国へと成長させたかという物語が、まことしやかに語られる。

ベゾスはほかのどのダボスマンと比べても、イノベーション、因習打破、そして純利益の多寡によって定義づけられる現代という時代を象徴した存在だといえる。新興起業家たちは、ほとんどカルト的な敬意をもって彼の伝記を読み、その足跡をたどろうとする。ベゾスもそれに応じ、心の平安をもたらす〝ベゾス主義《ジェフィズム》〟とでもいうべき効率的経営の秘訣《ひけつ》を授け、経済界で受け入れられてきた。「成功へのカギは忍耐と諦めないこと、そして細部へのこだわりだ」といった調子だ。彼が売り込むのは、自分がアマゾンを率いる原則、例えば「顧客のためのこだわり」「最良の人材を雇用し育てる」、それから「最高水準を常に求める」といったポリシーだ。

アマゾンの支配的地位は、確かに創業者の感嘆すべき実行力あってのものだ。だが、この企業が掲げる原則のリストからは、そこに至るまでの、成功とは切っても切り離せない大事な要素がいくつか抜け落ちている。本来ならリストに入っていなければいけないのは、「独占的な力を蓄えて競争相手を打破する」「ためらいもなく従業員の生産性を搾り取る」、そして、「政府に金銭を譲り渡さないように税制度を操作する」ことだろう。

外部から賞賛されるとは思えないような、こうした要素のおかげで、ベゾスは桁外れな形でグローバル化の利得を手にしてきた。個人資産は2000億ドルを超える。その中にはダボスマンとしての戦利品――マンハッタンの5番街にあり、最上階3フロアを独占する2つのプール付きペントハウス、ビバリーヒルズにある1億6500万ドルの邸宅（カリフォルニア州で売られた不動産物件としては史上最高値だ）、首都ワシントンにある約2500平方メートルの家、それから6600万ドルするガルフストリーム社のプライベートジェットと、5000万ドルの価値がある全長417フィートのヨット――が含まれる。ベゾスが構築したのは驚くほど効率的な流通システムと供給ネットワークで、世界中の工場が、何百万という消費者たちと結ばれた。その過程を通じて彼は、かつてなら考えられなかった利便性を人類にもたらした。昔ながらの時空間の制約を取り払い、あらゆるものを、ほとんどどこからでも購入できるという感覚を広めた。しかし、壮大な業績がもたらす利得の大半は、ベゾス自身のふところに収まる。一方で、コストを負担するのは世界中の労働者たちだ。彼らの賃金と労働環境はずっと、アマゾンからの容赦ない圧力の下に置かれてきた。

ベゾスの勝ちぶりは並外れているとはいえ、行動様式は典型的なものだ。ダボスマンはこのようにして、かつては誰でも所得を増やすことができた米国経済から略奪し、普通の人々に届いていた富の果実を横取りしたのだ。

多くのアメリカ人労働者たち――特に白人の労働者階級――が、グローバル化に対して強い怒りを覚えるようになった。その結果、彼らは貿易というものは陰謀であると考えるようになり、そのすべてを吹き飛ばしてみせると吹聴《ふいちょう》した人物を、大統領として受け入れるに至った。

アマゾンの規模の大きさは比類なき成功の表れで、グローバル経済のカギとなるさまざまな要素を活用して達成したものだ。その中には当然、第二次世界大戦後の数十年にわたる国際貿易の爆発的成長もある。しかし、ベゾスの豊かさと従業員たちの絶望の落差から、如実にわかることがある。グローバル化が多くの国々で悪意を向けられるようになり、そこで芽生えた反感を、現実の問題には偽りの解決策しか提示しない政治が悪用し始めたことだ。

国際貿易への信頼が喪失してしまった危うい状況が、大切な伝統を脅かしている。どこの先進経済諸国でも、貿易こそが何世代にもわたって生活水準を向上させてきた。そして武力紛争を抑制し、国際秩序の柱となったはずだった。

第二次大戦が終結した際、戦勝国が新しい国際秩序を設計するにあたって頼りにしたのが、貿易によって生計を立てている社会は永続的に平和を志向する、という考えだった。人命を奪い合った紛争当事者の国々を、利益をもたらすビジネスパートナーに変え、雇用を創出し、収入を増やすことを通じて、ナショナリズムの誘惑を絶ってきた。

そうした状況を、グローバル化の恵みをむさぼるダボスマンが脅かしたのだ。


第二次大戦では、戦火に至るまで事態の悪化を加速させたのが、貿易紛争だった。

米国が大恐慌に見舞われた1930年代、共和党が多数を占める連邦議会は悪名高いスムート・ホーリー関税法を成立させ、米国の製造業や農業を外国との競争から保護した。この法律で課せられた非常に高い関税は、砂糖から鉄鋼まで何百もの産品に及んだ。
憤懣《ふんまん》やるかたない貿易相手の諸国が、自分たちも米国製品への関税を課すことで対抗した。目には目を、の報復合戦が吹き荒れたヨーロッパを手始めとして、世界貿易体制は崩壊し、恐慌が世界規模でいっそう悪化した。

2年後に米民主党が議会の多数派を奪取したとき、同党は関税法を廃止した。だが、英国やフランス、ドイツ、その他の欧州諸国は関税を課し続けたため、ナショナリズムに根ざした敵意が深まり、それが爆発して戦争になったのだ。

そして約8500万人の死者が出た。やっと勝利が見えてきた1944年7月、ニューハンプシャー州ブレトンウッズのホテルで連合国が会議を開き、戦後秩序について協議した。3週間後に成立した合意は、ナショナリズムに基づく紛争を二度と起こさないことを大目標に掲げていた。各国は通貨を相互に交換可能にし、国際通貨基金《IMF》を設立して、財政的な困難の中にある国々への支援にあたらせることにした。国際商取引を促進する機構を作る、という案も支持した。

「人類は、根源的な目標を共有する共同体として、互いに分かちがたく結びついている」と、米国代表団を率いたヘンリー・モーゲンソー財務長官が宣言した。[3]「平和な世界で、現実として人々の望みがかなう生活水準を達成しつつ、完全雇用も実現するには、国際貿易の復活は必須である」

以降の歴代米政権は、開かれた貿易体制を、世界の人々が自由を獲得する大きな原動力として大切にしてきた。この課題は、冷戦のただ中では簡単だった。代わりの選択肢として考えられるのが、抑圧的なソ連のシステムしか存在しなかったからだ。米国は第二次大戦を通じて超大国の地位を獲得した。その経済規模は戦時中の軍需品生産で、ほぼ倍増した。当時は、全世界で生産される工業製品のうち半分がアメリカ製だった。[4] 財政黒字の多さは他国の追随を許さなかった。マネーと消費財が世界中を自由に移動できる限り、米国はどの国よりも繁栄を享受できた。

第二次大戦後の30年間を通じ、アメリカ社会の人種間や性差による根深い差別は根絶しなかった。その間にベトナムでの悲惨な戦争があり、社会は極度に混乱した。ただしその30年間、米国は広範な経済成長も経験した。富裕層への課税率が70パーセントを超えていた時代には、年平均3・7パーセントと堅調な成長がみられた[5]。あらゆる社会層が、雇用と賃金上昇を享受できた。白人、黒人、ヒスパニック、アジア系、男性と女性、高卒あるいはそれ以上の学歴を持つ人々。誰もが利益にあずかったと形容しても過言ではない。恩恵の及び方は平等とはほど遠かったが、格言で言われるように「上げ潮になればどの船も浮上する」という考え方が、前に進む力になっていた。

ブレトンウッズで合意したはずだった貿易機構の設立構想は１９５０年に放棄された[6]。米国が、国際機構の規則が国内制度より優先することに難色を示したからだ。その代わりに、より限定的だが長続きできる形で、関税及び貿易に関する一般協定《GATT》という、商業貿易への障壁撤廃を目指す広範な取り決めが生まれた。２０００年には、ＧＡＴＴの後継組織、世界貿易機関《WTO》の加盟国間での貿易額は、半世紀前の25倍に膨れ上がっていた[7]。結果として消費者が得をして、世界中のビジネスにとっても輸出機会が重層的な形で拡大することになり、雇用の場を創った。

かつては何世紀にもわたって、各国とも国外から期待するのは、自国で調達できないモノだけだった。海は実際広かったし、海賊、暴風雨といった脅威の舞台でもあった。海上運輸はコストが高く、事故に遭うことも珍しくなかった上に、意思疎通の面でも誤解に悩まされがちだった。そんな状況下から、まずコンテナ輸送の導入が劇的に事態を変えた[8]。製品を、トラックや鉄道車両へ簡単に載せられるようになり、荷揚げも荷下ろしも迅速化した。さらに、国際金融システムとインターネットの登場で、世界は相対的にみて縮まった。

貿易に伴うリスクを管理できるようになり、多国籍のブランド企業にしてみれば、自社製品を低賃金の諸国で製造してコストを削減するという、おいしい機会がもたらされた。

地域ごとに貿易機構が作られ、選択肢はさらに増えた。クリントン大統領が署名して1993年に創設された北米自由貿易協定《NAFTA》の下で、米国とカナダ、メキシコが巨大な免税貿易地帯になった。米国の工場労働者はメキシコと競争を強いられたが、製造業者のほうはメキシコ製の部品を輸入して完成品を作れるようになり、国内でも競争力が向上した。

結果として、アメリカ人の労働者が労使交渉に臨む際の力は実質的に弱まってしまった。賃金上昇や労働条件の改善を要求すれば必ず、経営側からの、工場を閉鎖してメキシコへ移すかもしれないという脅しに直面する羽目になったからだ。

同じ頃、米国の資本主義のあり方を変えた別の要因がある。立ち上がった株主たちが会社の経営権を奪い、満足のいく業績を上げなかった経営陣を追い出す。そんな革命を巻き起こしたのが、経済学者のミルトン・フリードマンが、1970年にニューヨーク・タイムズ・マガジンに書いた論文だった[9]。その題名に要旨が凝縮されている。「ビジネスの社会的責任は、利益拡大にある」

フリードマンにとって、市場は聖なるものだった。市場に本来備わっている機能にまかせれば、官僚や仰々しい業界団体など必要なく、最適な投資先が市場原理を通じて見出されるだろう、と論じた。彼は知的にダボスマンを支え、専門用語に彩られた経済理論を駆使することで、むき出しの貪欲に免許状を出したようなものだった。大気汚染や気候変動に拍車をかけること、アメリカ人労働者の解雇、そして製造拠点の国外移転――どれもひどい行為だが、経営者たちは、やめるわけにはいかないと主張する根拠として、そんなことをすれば、株主から金を奪うことになると唱えた。

利益を最大まで上げる行為は、単に容認されたのではない。それこそが道徳的義務になったのだ。

フリードマンの理論を後ろ盾にして登場した企業乗っ取り屋の一団は、ジャンク債《ボンド》と呼ばれる格付けの低い債券を使って、動きが鈍く、のれんの古い企業を買収する手口を開発した。新たに参入した投資家たちは経営陣をすげ替え、株価を上げる筋書きを実行した。従業員数を削減し、利益を上げていない事業からは撤退した。経営者の報酬はいっそう密接に株価と連動するようになったため、経営者たちには、人件費などのコストを削減しようという強い動機が生じた。そうすれば自分たちの報酬増大につながると理解していたからだ。

株主利益の最大化、という思想は１９８０年代、ウォールストリートが新たな資金源を獲得するにつれて力を得て、次の10年も栄えた。各種の年金基金が、労働者の退職年金を株式市場での投資に費やすようになった。一般の人々の貯蓄も、投資信託に回された。インターネットの普及で、普通の人でも気軽に株を売り買いできるようになったし、競争の激化で手数料は値下がりした。

１９９０年代半ば、ドットコム景気のただ中では、アメリカ人は社交の場でも、株式売買をめぐって互いにアドバイスを交わすようになっていた。ベゾスのようなＣＥＯたちが、ハリウッドスターやアスリートたちと同じように、高級雑誌の表紙を飾った。

米国内の株価が高騰するにつれ、フリードマンの影響力が世界中に及んでいった。その結果、先進経済諸国のほとんどで、株主利益の最大化が経済政策に取り入れられた。

ビジネススクールの大学院生たちは、株価高騰をもたらす経営戦略思想にどっぷり浸《つ》かった。[10] その卒業生たちが金融業界でキャリアを積んだ。賢《さか》しげな人々が、会計上の新たなトリックや企業買収戦術を生み出した。だが、市場からの見返りとして得られるのは彼ら自身の報酬増大だけであり、売上高が増えるわけではない。実質的な価値があるものは何ら生み出さなかった。そうした人々の先駆けとなったジャック・ウェルチは、かつては電球やトースターを製造する会社だったゼネラル・エレクトリックを買収し、同社を金融商品の売り手へと変貌させた。

スティーブ・シュワルツマンは、フリードマンの論文が刊行された2年後にハーバード・ビジネススクールを卒業した。ジェイミー・ダイモンは同じ大学院を十数年後に出ている。彼らが栄達を果たした時代は、経済的にみれば、株主という存在が宇宙の中心になった時代だった。

これこそがグローバル化の中核をなす根本原則であり、それを築いたのがダボスマンだった。

モーゲンソーや彼の同時代人たちがブレトンウッズで形作った戦後の貿易システムは、フリードマンの説の下で進んだようなグローバル化のあり方を想定していなかった。

特に見落とされていたのが、世界経済には、最も人口が多い国家として中国が含まれている点だった。中国共産党は積極的にダボスマンとその富を勧誘し、引き換えに、自分たちの国に事実上無限に存在する、簡単に搾取できる労働力を提供した。

ブレトンウッズで築かれた戦後秩序が前提にしていたのは、似た構造の諸国間での貿易だった。古典経済学が描く世界観だ。イングランドが衣類を作り、スペインはワインを醸造する、という具合に貿易が恩恵をもたらした。ところが、中国がＷＴＯに加盟した２００１年、世界中の製造業が、より安価な製造手段を手に入れた。賃上げ要求の団体交渉が禁じられ、職探しに必死な人々であふれかえる権威主義国家である中国に、生産拠点を移転できるようになったのだ。

ＷＴＯ加盟条件に従う形で、中国は自国の市場を多国籍企業へ開放し、引き換えに、自国の輸出品を世界中へ売りつける権利を獲得した[11]。多国籍企業の側からみれば、これは現代におけるゴールド・ラッシュの始まりだった。人口13億人でなお増大する中国は、最大の消費者市場としての可能性を秘める未開拓の地であったのと同時に、製造業にとっては別の面で魅力的な場所だった。

中国が世界貿易システムに参入できたのは、少なからず、ダボスマンがワシントンでひるむことなくロビー工作にいそしんだ成果だといえる。企業経営者たちにとっての中国の魅力は、ミルトン・フリードマンが掲げた原則どおりに株主を豊かにするという使命を、さらに追求する機会にあった。中国の工場では、どんどん種類が増える、さまざまな製品――ブルージーンズや自動車部品から産業用化学物質まで――を、先進国の水準に照らせば、破格に安く製造できた。北米やヨーロッパのメーカーは、生産拠点を中国に移すと脅すだけで、労働組合に賃下げを呑《の》ませることができた。

中国がＷＴＯに加盟した10年後、米国のディスカウント小売り大手ウォルマートが、全世界向けの調達センターを、勃興する中国・深圳《しんせん》へ移した。電化製品からクリスマス飾り、オフィス家具から工具まで、自社の店舗に向けた無数の商品供給を、この地域の工場群に依存していたからだ。ウォルマートは売り上げ拡大が続き、株価も高騰した。創業者のウォルトン家はアメリカで最も裕福な一族になり、その資産は１３６０億ドル以上に達した。

やがて、自動車大手が中国で売る車の数が、米国内の販売数を上回るようになった。世界中の服飾産業が業務の中心を中国に据えてコスト削減し、ＺＡＲＡやＨ＆Ｍ、ナイキといったブランドの経営者たちは、そのおかげで潤った。

ベゾスの資産が増え続け、アマゾンの株価も上昇した原因の一つは、同社が、中国の工場から安価な製品を調達できたからだった。

ジェイミー・ダイモンのＪＰモルガン・チェースのような世界的銀行は、自分たちの顧客に付き従う形で中国に進出し、支店を開設した。スティーブ・シュワルツマンのような大手投資ファンドの運営者は、驚異的な貯蓄水準を持つ中国からも投資を引き入れ、自社の株価をさらに上げた。

この間、ダボスマンのロビー工作によって、米国では法人税が引き下げられ、彼ら個人の所得税や固定資産税も下がった。億万長者たちは、その増え続ける財産を、会計事務所に依頼して生み出した合法的な手段を駆使して、税務当局の手が及ばないところに蓄えていった。

２００７年単年だけで、アマゾンの株価は倍増し、ベゾスの資産総額も40億ドル近く増えた。[12]プロパブリカ「調査報道を専門とする非営利組織メディア」が閲覧調査した文書群によれば、同じ年、ベゾスは連邦所得税をまったく支払わなかった。彼と、当時の妻だったマッケンジー・スコットはその年、４６００万ドルの収入を申告していた。だが、巧みな会計処理の魔術――投資での損失や借入金の利息支払い、その他のあいまいな

〝特別支出項目〟――を通じて、彼らは納税義務を消失させてしまった。

アマゾンをはじめとする米国企業が中国の工場を頼れるのは、インターネットがあってこそだが、そもそも、その社会インフラは公的資金による研究で築かれたものだった。利潤を追求する企業が、部品や原材料、完成品を中国内外で動かせるのも、中国政府が公に維持管理する高速道路や港、空港のおかげだ。雇用創出が期待できる分のコストは社会的に負担され、納税者が支払っている。それなのに、ダボスマンは税務当局の手を逃れることで、中国という鉱脈の利点をすべて私益に充ててしまい、配当や高騰する株価という形で株主と分かち合っただけだった。

ＷＴＯ加盟からの14年間で、中国の輸出額は年間２６６０億ドルから２兆３０００億ドル近くにまで膨れ上がった。この拡大を通じて、ショッピングモールに出かけるか、オンラインで買い物をする人々のほとんど、つまり誰もが恩恵を受けた。

しかし、貿易は勝者と同時に敗者をもたらした。恩恵は裾野こそ広いものの、個々の利得は相対的にさほど大きくなかったのに対し、悪影響のほうは特定分野に集中し、しかも徹底的だった。値段がずっと安い輸入品が氾濫し、工場から仕事がなくなり、地域社会も動揺した。

それこそが、イリノイ州グラニットシティで起きたことだった。


グラニットシティが位置するのはミシシッピ川の東岸で、セントルイスから川を挟んだ反対側である。ドイツ系移民の二人組が１８７８年、ここに製鉄所を建てた。その後1世紀にわたり、鉄鋼業が栄えるとともに、都市も成長した。

この一大工場のおかげで、男たちは幾世代をも通じて、つつましくとも芝生付きでバンガロー形式の住宅を手に入れることができた。彼らの収入は地域社会へと還流し、地元の金物工具店、映画館、レストランや理髪店、それからボウリング場も、その実入りでやっていくことができた。

「家業のようなものだった」と言うのはダン・シモンズだ。彼は１９７８年、18歳のときに製鉄所で働き始めた。父も働いていたし、双子のきょうだいも一緒だった。「二日酔いで出勤して何かやらかしたら、すぐ父さんに知られた。誰かの家で何か支払いがかさむか、子供が大学へ進学することになれば、そいつは残業させてもらえた。私たちは中産階級のお手本だった」

だが、私が２０１６年夏、シモンズが支部長を務める全米鉄鋼労組第１８９９支部の事務所を訪れたとき、彼はそこで事実上のソーシャルワーカーと化していた。組合員１２５０人のうち、３７５人しか実際にはグラニットシティ製鉄所で働いていなかった。残りは一時帰休や一時解雇、早期退職するか、長期傷病休職中。専門用語だとその他の分類もあったが、要は皆、失業中だった。

シモンズは事務所に支援を求めてやってきた人々の話を聞いた。ある男性はコンピューターの操作方法がわからず、求人情報の検索にも手助けが必要だった。自分には一家を支える十分な現金が手元にない、と打ち明ける人もいた。シモンズは、倉庫として使っている窓のない部屋の棚の前へ彼らを連れていき、寄付されたパスタやパンが入った箱を持っていくよう促した。

鉄鋼業によってできた街の真ん中で、工場労働者の組合支部が、困窮者向けに食料を配るフードバンクの役割を担うようになっていた。「誇り高い鉄鋼労働者だった人々だ」とシモンズは説明した。「彼らには受け入れがたいことだと思う」

前の晩には、シモンズは高校の同級生の姪《めい》でもある、解雇された製鉄所従業員から相談の電話を受けたという。その同級生は2人の子を残して自殺していた。

組合の建物周辺で目にする何もかもが、地域共同体がもはや終焉を迎えつつあることを示していた。スーパーは1ドル均一の店に様変わりし、金物工具店やレストランは消え、消費者金融や質店が代わって入居した。ボウリング場は廃業して荒れ果てていた。

シモンズと仲間の労働者たちは、何が起きたのか説明するのは慣れっこだった。中国の製鉄所が24時間態勢で操業し、世界経済の需要よりもはるかに上回る量を製造し、ヨーロッパや北米の市場で自分たちの製品価格をダンピング戦術で引き下げたのだ。

「価格がいくらでも彼らは構わない。中国にとっては、人民の雇用を確保するための事業だからだ」とシモンズは指摘した。「中国は拡大し続け、これまでにない物量で製造する。圧倒的な地位に就こうとしている」

中国の鉄鋼業は国営企業が支配しており、事実上制限なしで資金を調達できる。労働や環境面の規制に違反しても責任は問われない。この10年間、世界の鉄鋼生産に占める中国の市場占有率は、3分の1以下から約半分へと増大し、その輸出量は4倍以上に跳ね上がった。[13] この急拡大が、世界規模で価格の下げ要因になった。米国の製鉄所は、損失を減らすために生産を制限した。

同様の構図が、全米の家具製造業や、サウス・ノースカロライナ両州の繊維工業、ミシガン州やオハイオ州の自動車部品工場、カリフォルニア州の電子部品メーカーを、軒並み消滅へ向かわせた。

１９９９年から２０１１年までの間に、中国の輸入品がもたらすショックによって、１００万人近くの米国製造業の雇用が失われた。[14] 波及効果を合わせれば、消えた仕事はそのほぼ倍に達する。工場が閉鎖されれば、レストランや飲み屋は店をたたみ、トラック運転手も必要とされず、地元の人々が雇用を失った状況では大工も仕事がなくなるからだ。

中国からの輸入急拡大の影響に苦しむ地域社会では、賃金と雇用の伸び悩みは、もう10年以上も続いていた。

ただし、中国という巨人が米国の労働者たちを鋼鉄の車輪で押しつぶす、という構図も、一面的なものでしかない。中国側の視点からみれば、アヘン戦争という犯罪で始まった、自国に対する帝国主義的侵略で富を収奪してきた西側諸国の経済に、やっと追いつこうとしているだけなのだ。世界経済の中で中国が優位な点は、言うまでもなく、豊富でしかも低賃金で使える労働力だ。グローバル化についての意見がどうあれ、全体像を評価するためには、中国ではおかげで3億人以上の人々が貧困から抜け出したという事実を見落とすべきではない。

しかも中国の労働者たちは、米国でみられたのと同様、富が吸い上げられていく状況下で、弱い立場にある。新興の中国実業界の大物たちが農民から土地を接収して財産を蓄積し、その利益の一部を地元の共産党幹部に上納した。コネのある者たちが小麦畑をゴルフコースに、水田は先端技術の工業団地に転じ、その儲けを、マカオの5つ星リゾートへの滞在などに費やしている。

中華人民共和国（名目上は、建国の理念であるマルクス主義革命になお邁進《まいしん》している）は米国と変わらない不平等な社会になりつつあった。1978年から2015年の間に、中国の全世帯のうち豊かな上位10分の1が国内総収入に占めるシェアは、27パーセントから41パーセントへ増えた[15]。同じ期間に、収入で下半分の層のシェアは、27パーセントから15パーセントまで下落した。米国で同様の階層の人々が手にしたシェアの12パーセントと比べても、わずかに上回るだけだ。

しかし、グラニットシティの人たちは日々の生計を立てることにあまりに忙しく、地球の反対側で実際に何が起こっているか、全体像を把握する余裕はなかった。

米国で組合労働者は、伝統的に民主党を支持してきた。だが2016年7月には、シモンズの組合支部でも、共和党の大統領指名を獲得した尋常ではない人物を一部の組合員が支持するようになっていた。多くの人は、ドナルド・トランプが自分の会社を次々に倒産させてきた経歴など、ほとんど何も知らなかった。女性やメキシコ人移民、イスラム教徒、障害者、さらには海外の戦場で戦死し勲章を受けた海兵隊員の両親に対してまで彼が投げつけた侮辱的発言に対する、一連の抗議の動きについても、政治的《ポリティカル・》妥当性《コレクトネス》という建前を並べる動きにすぎないとして、問題視しなかった。

グラニットシティの鉄鋼労働者たちはトランプについて、これだけは理解していた。彼は金持ちの有名人で、政治的な既得権益層が巧妙に築いたインチキな計画を破壊する気である。ホワイトハウスを制すれば、グローバル化を止めて、仕事を国内に戻してくれるだろう存在だ。

かつて製鉄所で働いた人々の間では、トランプの訴求力はほかにもあった。白人労働者たちが共有する暗黙の了解として、彼らの人種グループはそもそも住宅ローンの支払いを心配しなければならないような侮辱的な待遇とは無縁であり、そう保証されているのが当然だという考え方があった。職のない状態、食べ物の施し、無力感といったものは、ほかの人種の問題であるはずだった。

「給料のいい仕事がどんどんなくなって、失業手当頼みになり、仕事は第三世界へと移され続けるのなら、我々はそのうち今の第三世界の状態に陥る」と、グラニットシティ育ちで、父親は製鉄所で42年間勤務したというジム・フェルプスが話した。「私はドナルド・トランプに投票する。彼は、私なら心のうちにとどめて口に出さないようなたぐいのことを、声を大にして言ってくれる」

こうしたレトリックと密接に絡み合う形で、メキシコ国境に壁を建設して、大挙してくる移民を入国させないという案が出ていた。フェルプスの理解では、移民たちは、わずかに残されたアメリカン・ドリームを盗み出すために米国へ流入してきていた。

「ここで生まれた白人のアメリカ人として、私は国境を封鎖してほしいね」

黒人の失業率は長年、白人のほぼ倍のまま変わらなかった。ほかの人種が同じ水準に陥れば、政治家たちが国家の非常事態を叫びかねないような数値だ。実際、失業という災難が白人社会にも及び始めると、白人有権者の間では、システム全体が危機にあるのだと見なす人々の数が増えた。

トランプはこうした状況を直感的に把握していた。現実には、彼が中国の輸入品に課す関税によってさまざまな産品の値段が上がる一方で、何千万人という一般のアメリカ人労働者たちの収入は実質的に目減りしていた。特に、サービス業の労働力の多くを占める女性や黒人、ヒスパニックが影響を受けた。それだけ広範な損害と引き換えに、トランプの貿易戦争は、国の労働力全体からみればほんの一部でしかない層を繁栄させようとした。製造業に雇用されていた、大卒でない白人労働者たちである。労働者全体からみれば、この層は16パーセントにすぎない[16]。

言い換えれば、グラニットシティのように白人男性が大多数を占める町で、工場労働者たちを守ってくれる防護壁は、もっと低い収入と、ずっと高い失業率に長年直面してきた社会集団の犠牲の上に成り立っていた。

「工場労働への過度の愛着は、客観的な政策とは呼べない」と経済学者のアダム・ポーゼンは述べた[17]。「男たちが危険な作業をして重厚なもの作りに携わった、というイメージは懐古の念をかき立てて票につながる。だが、女性が中心となってサービス業を支える、といった話にはそれがない」

組合支部長のシモンズ自身はといえば、トランプをいかさま野郎と軽蔑していた。だが、なぜトランプが支持を集めるかは理解できる、とも言う。工場の街を根本で支えてきた考え方に訴えかける、トランプ流の言葉に共鳴する人は多かった。グラニットシティで、あるいは何百という類似の地域社会であっても、アメリカ社会の根本的な約束事として保証されていたのは、目覚まし時計を毎日きちんとかけて働きに行ける人間であれば、それなりに快適な暮らしを送れるということだった。しかし、その前提はもはや成り立たなかった。

「地球の反対側から輸送されてきた製品のほうが、ここで作るより安く買えるのは、何か間違っている」。グラニットシティの製鉄所に38年勤続したあげく解雇されたダン・ドレナンは主張した。「これは、第二次世界大戦に行った父親世代が望んだ、我々に残そうとした世界じゃない」

しかし、米国の工場が衰退した責めを貿易やグローバル化に負わせることは、屋根を吹き飛ばされたときに、いい加減な建材で造った大工の責任ではなく、天気のせいにするようなものだ。究極的な主犯は、ダボスマンである。彼らは自分をさらに富ませるようにシステムを改悪し、労働者が得るべき相応の利得を奪ってきたのだ。

グラニットシティの製鉄所を所有していた巨大企業USスチールは2016年には、4億4000万ドルの赤字を計上した。だが、それでも同社は3100万ドルの配当金を株主に拠出した。[18] さらに、社長兼CEOであるマリオ・ロンギには150万ドルの給与に加え、ストックオプションやほかの株主交付の仕組みを使った報酬が与えられ、総額は1090万ドルに達した。[19]

これこそ、資本主義が米国で機能してきた方法だった。何か問題が起きたときには、その帰結するところは失業か破産、恐慌という形で労働者に押しつけられた。企業経営者たちは何が起きようが、自分たちのふところを温める方策だけは見つけた。

経済学者の中には、中国の世界経済システム参入を許せば、中国以外のあらゆる製造業が立地している地域にとっては厄災となる、と早くから警告した者もいた。

米国政府が参入に同意してしまえば「労働者の権利保障や環境基準の追求はもはや国際経済の目標にはなりえないと、米国から世界に発信するようなものだ」。経済学者ジェフ・フォーは2000年にそう述べた。[20]

しかし、そうした指摘は、ダボスマンとその相棒たちからのあふれんばかりの歓声にかき消されてしまった。中国への投資は株主の利益になるばかりではない、と彼らは主張した。中国の成功の可否は世界経済との結びつきに左右されるので、中国の指導者たちも貿易相手の国々と同じ価値観を受け入れるようになる、というのだった。この考え方の下では、ダボスマンは中国を低賃金労働で搾取しているわけではなく、むしろ市民の自由を推進している、という論理になっていた。

ビル・クリントンはこの公式を受け入れ、中国のWTO加盟支持を訴えた。同時に、中国市場に参入することを熱望する多国籍企業からの多額の政治献金も吸い上げた。

「中国は、我々の製品をもっとたくさん輸入するだけではなく、民主主義の最も大切な価値観の柱である経済的自由の概念も取り入れることに同意したのだ」とクリントンは2000年に宣言した。[21]「これで、人権と政治的自由にも大きな影響が及ぶことだろう」

その5年後、クリントンは中国で最も有名なダボスマンであるeコマース企業アリババの創業者、ジャック・マーからの招待を受け、中国でのインターネットに関する会議で、基調講演をした。舞台となったのはマーの出身地で、湖に臨む風光明媚《めいび》な杭州市《こうしゅう》だった。その時点で、マーが率いるアリババ株の40パーセントは、インターネットポータルのヤフーが保有していた。

国際人権組織への内部告発にヤフーメールを使った1人の中国人ジャーナリストが、懲役10年の実刑判決を受けた直後だった。[22] ヤフーが中国司法当局に対して、メールアカウントの持ち主の身元情報を開示したのだ。同社は、中国の国内法を遵守しなければならなかったと弁解した。数々の人権団体がクリントンに、訪中機会を利用してこの話を取り上げてほしいと要望した。しかし彼は講演でそのことに一言も触れず、代わりにインターネットは人類を自由にすると称えてみせた。

講演の終了後、私はクリントンに対し、自由についての彼の見解と、彼に物見遊山を提供したスポンサー企業のせいで当局に引き渡されたジャーナリストの投獄は、どう整合性がつくのかを問い質《ただ》そうとした。だが、クリントンはニヤリとして、質問が聞こえないという身振りをしてから、警備された立ち入り禁止ゾーンの中に消えていった。

中国を変革するどころの話ではなく、西側経済のほうが中国によって変質してしまった。JPモルガン・チェースがインターン研修の機会を中国共産党幹部の子供たちに提供し、[23] その親たちは同社の投資銀行サービスの愛顧者になっていった。

シュワルツマンのプライベートエクイティ（未公開株投資）会社ブラックストーンは、中国企業向けに総計数百億ドルに相当する不動産を売却したが、その中にはニューヨークのウォルドーフ・アストリア・ホテルも含まれていた。中国の政府直轄ファンドである中国投資有限責任公司は、ブラックストーンが自社株を新規公開した際に30億ドルを投資し、同社株の10パーセント近くを保有するようになっていた。[24] この取引を中国の国家指導部もすぐ評価した。

進歩を生む重要な源泉になっているという触れ込みで、シュワルツマンが最も情熱を傾けて推し進めてきた大義が、シュワルツマン・スカラーズ・プログラムだった。ローズ奨学金〔オックスフォード大が世界のエリートに出す奨学金〕をモデルとしたこのプログラムでは、ハーバード、イェール、ケンブリッジといった名門大学の学生が、国際理解を奨励するという目的の下で、中国の清華大学で学ぶことになっている。

ブラックストーン社のトップであるシュワルツマンは、自分の富で支援された若き学徒たちを顕彰する式典には喜んで顔を出した。支援対象の選考過程で中国共産党当局が果たしている役割についての質問には、答えないのが常だ[25]。私がシュワルツマンに向けて出した質問にはブラックストーン社が書面回答を出し、清華大学が「中国人研究者の選考過程を監督しています」と書かれていた。「プログラムの創設以来、常に我々が意図してきたことは、将来の指導者たちがそこに参加できるような選択を、中国側が下すことです」との説明だった。

シュワルツマンが避けたかった話題は、もう一つあった。シュワルツマン・スカラーズは、ある企業ＣＥＯを修了式記念講演の話者として招いた[26]。その企業が、ＡＩで少数民族のウイグル族を監視するシステムを開発していた。ウイグル族は中国西部で強制収容所に入れられ、迫害を受けている。しかし、「講師の人選は、人工知能の世界的な権威として知られているからであり、将来の指導者にとってこの話題は意味があり重要だからです」とブラックストーン社は回答してきた。「貴殿が非難の前提としているような、大学への招聘《しょうへい》が、その本人の批判対象になりうる活動に全面的に関与しているとか、それを支持していると見なされるのは、不条理でしかありません。そうした意見は、長年続いてきた学術上の伝統及び常識に根本的に反するものです」

ブラックストーン社はさらに、書面回答の中の一文を太字にして下線まで引いていた。「貴殿が提案されたような、将来の政策形成を支える若き学生リーダーたちの文化交流を中止したほうが、より平和な世界を作る最善の道だという考え方について、我々は断固として拒絶いたします」

実際には私の質問は、そんな前提に基づくものではまったくなかった。私自身、中国で6年近く暮らした。シュワルツマンとはかつて、北京のシュワルツマン・スカラーズが主催する3日間の高官級国際会議に共に参加したことがあり、そこで習近平国家主席にも会った。私のような、ごく取るに足らない相手にも、ブラックストーン社はダボスマンが既得権を擁護するためによくやる戦術を繰り出してきた。誤った前提に基づいて架空の二者択一を突きつけるのだ。この場合でいうと、米国の億万長者たちが中国の指導者とねんごろになって投資を引き出すのが嫌なら関係断絶しかない、と暗に脅していた。

グラニットシティの労働者たちが中国にこだわるのは間違っていなかった。彼らの生活水準を脅かしているのは中国との競争だった。しかし、彼らの豊かさを台無しにした主犯は自国内、例えばニューヨークやシリコンバレーの企業の役員室、あるいはワシントンの政府官庁オフィスにいた。ダボスマンが決めたルールが文書として記される場所だ。

国によっては、例えば特に北欧諸国では、貿易活動のあおりを食らって苦しむ人々は、政府のプログラムで苦境を緩和したり、生計を回復したりすることができる。労働者が職を失ったときには、国が新たなキャリア形成に向けて訓練し、失業中の経費も補助する。しかし米国では、ダボスマンが納税を控えたことから、社会全体のセーフティネットへの支出はどんどん削減された。

デンマークなら、典型的な4人一家の世帯主が失業した場合、その後6カ月間にわたり、失業手当やその他の社会保障によって、失職前の収入の88パーセントが支給される。[27] 米国で同様の境遇に置かれた一家は、それまでの収入の27パーセントで生き延びる道を見つけなければならない。

デンマークは年間ベースでみた国内経済の生産規模のほぼ45パーセントを、政府が税として徴収している。一方、米国政府は、自国経済の25パーセント以下の規模で運営されている。

グラニットシティが置かれた絶望的状況の原因は、グローバル化ではない。責められるべきなのは、社会の利得分配のあり方だろう。それは偶然ではない。ベゾスのようなダボスマンが意図的に、綿密な手法を通じて、いっそうの富を手にしてきたのだ。

表面上は、グラニットシティではアマゾンは小さな存在にみえる。同社が運営する物流倉庫では製鉄所を解雇された労働者たちが雇われ、ほかのあらゆる地域と同様に、配送トラックは地元の通りを走り回り、荷物を配っている。だが真の影響はもっと根源的なところにある。どんな企業にも増して、アマゾンは従業員と雇用側の力関係を変容させてしまった。

総従業員数で130万人近くを擁するアマゾンは、企業として、ウォルマートに次ぐ米国第2の雇用主へと成長した。同社はその規模がもたらす力を、賃金を下げる圧力として活《い》かし、その一方で、勤務時間中の生産性向上の名目で従業員を絞り上げた。

要するに、アマゾンは現代世界を勝者と敗者に二分する流れに寄与してきた。勝ち組は、並び立つものがない同社の物流ネットワークがもたらす利便性を享受できる立場にあり、残された負け組は、同社の市場競争力の高さの犠牲になる。

「強盗男爵」たちが経済的支配を確立したのは、鉄鋼が産業の中心だった時代である。一方で、ベゾスがその帝国を構築したのは、インターネット接続が死活的な商品となった時代だ。おかげで彼は世界中を見渡し、現代の商業活動のほとんど全分野で、自社のサービスを広められた。

ベゾスは第二次世界大戦後の何十年かにわたって築かれてきた国際貿易体制の受益者であると同時に、その成果を悪用して、利得の大半を彼のような億万長者たちに振り分けた主犯でもある。

中流階級の上のほう、快適な家庭に育ったベゾスは、成果を出し続けてきた人物だ。そのことを他人に伝える際、ためらいはみせない。

「私は、学業はいつも賢くこなしてきた」と語ったこともある。[28]

マイアミパルメット高校に通っていたとき、彼は周囲に自分は卒業生総代になると言いふらし、[29]そしてそのとおりに実行した。それから、興味の持てそうな唯一の大学だったプリンストンに進んだ（「とにかく、アインシュタインがあそこにいたから」と説明した）[30]。

1986年に最優等で卒業すると、通信業界のスタートアップ企業で働き始め、銀行での仕事を経てヘッジファンドの業界へ入り、デービッド・E・ショーに仕えた。ショーは伝説的な投資家で、利益を生み出す取引を、数学的アルゴリズムで見つける手法を早くから採用した。その頃ベゾスは、やがてアマゾンを生み出すアイデアを思いついた[31]。彼とショーが「何でも商店」と呼んだものだ。

1990年代半ば、インターネットがビジネスの世界を再編しようとしていた時期だった。ショーはベゾスに命じて、オンラインで売れば最も利益が上がる製品は何かを調べさせた。書籍というのは、直感に反する例だった。インターネットは印刷メディアを滅亡させるように思われていたからだ。だがベゾスは秘策を編み出した。当時、出版点数は300万件あり[32]、既存の大規模書店では在庫を抱えきれなかったため、オンラインショッピングには勝算があった。

ベゾスは、自分と同様に脳が高速回転するようなタイプを雇った。採用面接はソクラテス哲学ばりの尋問を伴った[33]——米国内にガソリンスタンドは何軒あるか？——そのやり方で、ベゾスは面接対象が問題をどのように分析するかを観察した。

彼は、ウォルマートが支配的地位を得るに至った過程を模倣した[34]。同社の幹部を引き抜き、倹約姿勢を取り入れた。シアトルにある本社のコーヒースタンドで、ポイントカードにスタンプを押してもらう姿を皆に見せつけた[35]。シアトルを本拠に選んだ理由の一つは、支払う売上税を減らせるからだった[36]。課税対象となるのは、企業活動の物理的本拠となっている州に在住する顧客に対する売り上げだけで、シアトルのあるワシントン州はそもそも人口が少なかった。従業員には、駐車場料金を払わせた[37]。

ベゾスは「容赦ない」という言葉を好んだ。ベゾスが掲げた市場支配の目標を達成するためには、日々の1分1秒が大切だとされた。ある女性社員がベゾスに、より良いワーク・ライフ・バランスをどうやったら達成できるかと尋ねたところ、彼の答えは彼女をがっかりさせた。

「我々がここにいるのは何かを成し遂げるためだ」とベゾスは言った。[38]「もし全精力を注いで卓越した結果を出せないのなら、うちの会社は君にはふさわしくないかもしれない」

ほぼ全員が、彼はどんな場でも常に最も賢い人物だと尊敬していた。ただし、彼の集中力にそぐわない非常識な笑い方には、皆が慣れるのに苦労する。その笑い声は「ブンブン音を立てるロバのうがい」とか「発情したオス象の鳴き声と電動工具の混ざった音」などとさまざまに形容されてきたが、慣れない人が聞けば、緊急事態で医療従事者を呼んでいると誤解する可能性がかなりある。

笑い方はさておいて、ベゾスにアイデアを出すように言われた人々の間では、彼は嫌悪感とない交ぜになった恐怖の源だった。彼は愚か者には我慢しなかったし、そういう連中は至るところにいるのだった。

「この問題には人間の知性を使ってもらう必要がある」。ベゾスの意に染まない提案を、ある部下が説明した後、彼はそう告げたことがある。[39]別の部下には「君は怠け者か、それともただ無能なだけか？」と言い放った。[40]

アマゾンの経営幹部たちが最も緊張するのは、カスタマーサービスへの苦情がベゾスから転送されてきたとき、しかも一番上の1行に「？」とだけ書かれているときだ。[41]

今や広く知られるようになった決定的な変革を成し遂げ、アマゾンは多様な品々を対象とする流通の中心へと成長した。衣料品、オフィス文具、電化製品、玩具、そして最終的には食料品も扱うようになった。２０１９年に、その国際配送ネットワークは年間35億個の荷物を配った。地球上の人類、２人に1人へ届けた勘定になる。

事業は動画配信へと拡大し、さらにハリウッドでも重要な存在になり、映画やテレビ番組の制作を手がけるようになった。最大の収入は、電子データを保管したり転送したりするクラウド事業での支配的地位から上がっており、同社は、かつての鉄道網のような機能をデジタル時代において果たしている。ベゾスは地球外生命にときめいた子供の頃の夢も捨てておらず、衛星打ち上げや商業ベースの宇宙探査事業にも乗り出した。

ジャーナリストのフランクリン・フォアが形容したように「マルクス主義革命家たちが米国で権力を握るようなことが万が一あったとしても、アマゾンを国営化すれば、すべての国営化事業が1日で完了する」[42]。

文化的背景やその構成という面でみると、ベゾスの会社には、彼が育ってきた社会の伝統的な権力構造がそのまま投影されていた。2019年末の段階で、ベゾスが率いる経営最高幹部17人の中にはアフリカ系アメリカ人は1人もおらず、女性は1人だけだった[43]。それにもかかわらず、ベゾスはアマゾンが実力主義であると主張し、多様性という言葉は、品質の低下と同義語であると切って捨ててきた。

1990年代後半、ドットコム景気のただ中にあった頃、世界経済フォーラムでベゾスはスター並みの集客力を誇っていた。仲間の参加者たちと同様に、彼は自分の個人的成功を一種の社会的勝利だと見なし、自分のようにすばらしい発想を抱けば巨額の富を得ることができるのだから、このシステムが正しいと主張した。ベゾスやほかのダボスの億万長者たちの考え方では、彼らが成功を収めたのは、不正な構造につけ込んだ余得とか、人種上の特権、あるいはアイビーリーグ卒業生のネットワークに入っていたことのおかげではない。単に、より勤勉に働いた結果であるとされていた。彼らが手にした富は正当な報酬であり、ベゾスと倉庫で働く人々の境遇が異なってしまったのは、後者は試験に向けた詰め込み勉強に失敗したから、というわけだ。

こうした考え方を、ダボスマンは、自分たちの利益を減らしかねない規制策に対抗するための予防線として使った。ベゾスの知性と勤勉な職業倫理は確かに非難すべきものではなかったが、一方で彼の巨額の富は、単なる市場の力の作用でもなかった。ベゾスは財産と洞察力を用いて、市場そのものを自分の有利になるようにねじ曲げたのだ。

アマゾンの成功は国際貿易にかかっていた。ベゾスは直感的に操作しやすいウェブサイトと、精巧に構築された物流事業を立ち上げ、モノを売るために、商品製造は世界中の工場を頼った。デービッド・ショーと描いた「何でも商店」のコンセプトだった。

「誰かが仲介者として利益を上げてもいいはずだという発想は、常にあった」。ショーは1999年に語った。[44]「一番の問題は、誰がその仲介者になるのかということだった」

アマゾンは中国で供給元になる業者を積極的に募ったが、その結果、画面上でうたったのとは異なる製品が届く事例が急増し、連邦政府の安全基準にも違反していたことを、ウォール・ストリート・ジャーナルが調査報道で明らかにした。[45] 2019年の段階では、アマゾンで取引が多い業者アカウントの上位40パーセント近くが中国に拠点を置いていたという（ただし、同社はこれを否定している）。

ベゾスは長らく、倉庫労働者の処遇のひどさや、独立系書店などに冷酷な価格競争を仕掛けているといった批判に直面すると、技術革新でもたらされる、不可避で人知を超えた変化の中で、自分はただ慎重に利益を出してきただけである、という主張で逃げてきた。

「アマゾンが書店業界に来襲したのではなく、未来が書店業界にやってきただけだ」。彼はかつて、そう形容したことがある。[46]

だが、ベゾスがその未来を、自分の意のままに形作ってきたのだ。アマゾンは資金を提供してロビー工作活動を展開し、自社の事業を妨害する恐れがある売上税拡大の動きを撃退してきた。売上税の導入を検討した各州は、アマゾンから、その州内での事業を、もっと利益が見込める州へと移すかもしれないという脅しを受けた。アマゾンは影響力を行使して法人税率を引き下げるよう働きかけ、[47] この運動はトランプが就任したときに実を結んだ。

2018年の段階でアマゾンがワシントンで雇っているロビイストは28人に達したが、[48] これは、ほかのどのテクノロジー企業よりも多い。さらに１００人以上が契約で業務を請け負っている。この手練《てだ》れの一団の中には、連邦議会の元議員４人も含まれる。

米国外では、アマゾンは労働組合ともめてきた。フランスとドイツでは特にそうで、アマゾンは労働力のアメリカ化、つまり賃下げをはかろうとしているとの非難を浴びた。

アマゾンはまた、米国の独占禁止法を骨抜きにしてきた長年の企業ロビー活動を通じて利益を受けてきた。おかげでベゾスは、いくつもの会社を吸収して自社の市場占有率をさらに高めることができた。顧客の消費行動に関して前例のない量のデータを集め、その知識を使ってさらに売り上げを増やすという、透明性が確保されているとはとても言いがたい手法が許された。ボールペンから食器用洗剤まで、あらゆるものが購入される場としての決定的地位を利用して、顧客が自社製品を選ぶよう仕向けてきた。[49]ベゾスがクウェート一国の年間経済生産よりも大きな財産を築けた理由の一つは、顧客たちが知らず知らずのうちに割増料金を支払わされていたからなのだ。

これは皮肉な事態である。アマゾンは、何十年にもわたる企業ロビー活動で独禁規制が弱体化した状況の受益者にほかならない。だが、そうしたロビー活動が根本で掲げた主張は、巨大な企業はより効率が高く、それゆえに消費者にとっても〝もっとお得な〟存在だというものだった。

同じ論理を、ダボスマンの祖先たちが、１９３０年代のニューディール時代から始まった企業の悪行防止策を骨抜きにする際に使った。そのときも巨大企業は、労働者の搾取や、中小企業に対する略奪的な競争手法に対する規制から免れてきた。価格引き下げにつながるものがすべて、公益と一致すると称えられた。アマゾンは、この方式によって成功を達成した記念碑のような存在といえる。

アマゾンが２０２１年４月に従業員50万人に対する最低賃金を1時間15ドルへ引き上げたのは、[50]倉庫内での劣悪な労働環境が報じられたことへの対応策との触れ込みだったが、現実には社内の不公平な待遇の改善よりも、競合他社を苦境に追い込むための動きであると捉えられた。賃金を上げれば、アマゾンはウォルマートのようなライバル社を、労働力確保に苦労するような状況へ追い込める。そうすればeコマース市場での支配的地位をより強固にすることができるのだ。

貿易とグローバル化は、ブレトンウッズ体制の父祖たちが思い描いたように機能した。敵対国家同士を貿易相手に変え、雇用と経済成長を生み、手の届く価格で製品を世界中の商店にあふれさせた。しかし、ベゾスのようなダボスマンが、その利得のほとんどを手中にしてしまった。

こうして、グラニットシティの製鉄所で長年働いていたマイケル・モリソンは、収入を絶たれたため、嫌々ながらアマゾンの倉庫で働き、かつての賃金からみればごくわずかでも稼がざるを得ない状況に追い詰められた。

モリソンは1999年に製鉄所で働き始めたとき、38歳だった。小さな子を3人抱えた、当時まだ年若い父親だった彼は、そのときに初めて長期的な人生設計を考えられるようになったという。「あてにできる仕事にやっと就けた。引退するまで、ここで終身勤め上げられるだろう、と感じていた」と振り返った。

最初は最も低い職位で、鋼滓《スラグ》を溶鉱炉からシャベルで掻《か》き出す肉体労働にまず従事した。最終的には最も賃金の高いポジションである、クレーン操作手まで昇り詰めた。梁《はり》につるされた運転室の中から天井クレーンを操り、350トンの取鍋《レードル》を動かして、溶けた灼熱《しゃくねつ》の鉄を流し込む仕事だ。

手腕の巧みさと、常に切らさない集中力を必要とする困難な仕事で、ちょっとしたミスが多額の損害や、場合によっては命取りになりかねなかった。1時間あたり24ドル62セントを稼げたので、家のローンを支払うことができた。釣りに行くボートやトラックを購入する余裕もあった。

モリソンは3人の子供にはホワイトカラーの仕事に就けるように育ってほしかったので、できるだけ残業をして、大学の学資を蓄えた。娘は疫学の修士号を取った。息子は地元にある私立のマッケンドリー大学へ進んだ。

ところが２０１５年の秋、ＵＳスチールがグラニットシティでの生産量を落とし始めた。クリスマスの2日前、モリソンが製鉄所での通常のシフト勤務を終えて休憩室に向かったときのことだった。「みんながゾンビのように立ち尽くし、掲示板を見ていた」と彼は振り返った。そこに張り出されていたのは氏名が記された解雇者リストで、彼の名前もあった。リストに挙げられた者たちは、自分のロッカーを明け渡さなければならなかった。

「自分は12歳の頃からいつも働いてきた」と言う彼は、運命を呑み込むのに苦労しているようにみえた。最初に働いたときは新聞配達、その後は兄が営むタコス屋の厨房《ちゅうぼう》に立ったこともあった。

彼は、いかつい体を全米鉄鋼労組の青いＴシャツに包んでいた。ゴツゴツの手が長年の肉体労働の証《あか》しだった。だが、それまで2週間に２０００ドル支払われていた給与の埋め合わせは、週４２５ドルの失業手当しかなかった。それもやがて止まった。失業手当を受給可能な6カ月の期限が来てしまったのだ。

「息子には、3年生からはマッケンドリーに通うわけにはいかなくなったと告げなければならなかった」と振り返るモリソンは、必死で気分を落ち着かせようとしていた。「公立のコミュニティカレッジに転学しなければならなくなった」。大きく息を吸いながら、目の端に涙を浮かべた。「あれは特にきつかった。俺は大学には行けなかった。子供たちには成功してほしかったのに」

その直前、彼はアマゾンの倉庫での管理職募集に応じて面接を受けたが、応募条件であるコンピューターのスキルが彼にはなかった。そこで、より低位の「物流《フルフィルメント》アソシエイト」という仕事、実態は倉庫内の通路を行ったり来たりして製品を棚から取り出し箱詰めする単純労働に携わることにした。1時間あたりの賃金は13ドルで、製鉄所での給与水準からみればやっと半分程度だった。

出勤初日、管理要員らが作業員らを集め、シフトに入る前のチーム構築のための儀式を行わせた。

『3回手を叩いて、それから大声で、さあ行こう配送フロア！　と叫びましょう』と言われた」とモリソンは振り返った。

彼は従わなかったので、アマゾンの上役たちの目を引くことになった。

「そのうちの一人が来て、『あなたは拍手していなかったようですね』と言ったので、『うん、俺はいい。そういうことはしないんだ』と答えた。するとそいつが『いや、ここではこのやり方で団結を固めていますから』と念押ししてきたんで、『ああ、俺は30年以上組合員だったけれど、その間一度たりとも拍手はしたことがないね』と言ってやった。尊厳を傷つけられた気分だった」

シフトの仕事を終えるとそのまま去り、次の日から出勤しなかった。だが、最終的には別の倉庫で夜勤の仕事を時給17・5ドルですることになった。

同僚の製鉄所員の多くと同様に、モリソンは物心ついてからずっと民主党員だった。そして組合の仲間の多くと同じく、トランプに引きつけられた。中国をやっつけるという約束と、標的に移民たちを挙げていたことが気に入った。トランプ陣営の選挙運動を支える虚構の中では、移民こそが職を強奪する元凶だった。

トランプが女性の股間をまさぐったと自慢しているビデオテープが発覚したときには不快に感じたが、同時に、多くの政治家がそうやって振る舞っているのだと理解したという。ネオナチ活動家や白人至上主義者を称えたトランプの言葉を受け入れるのかと尋ねると、モリソンは深く息を吸ってから言った。「自分が人種差別者だとはみじんも思わない」。ただし、トランプの選挙戦で中核を占める、白人たちは存亡に関わるような脅威に直面している、という考え方を受け入れる姿勢も明確にしていた。

最終的には、モリソンは2016年大統領選ではトランプに投票しなかった。態度を変えたのは、組合支部長のシモンズから、組合を尊重してくれと懇願されたからだった。だが、ほかの多くの人々がトランプに共感して票を投じ、ホワイトハウスへ向かわせた。機会にあふれた地としての自国のイメージに慣れ親しんできた米国で、トランプは、社会的地位の低下から生じる人々の感情を悪用し、移民についての嘘と組み合わせることで、権力を掌握するための手段にした。

当時、間に合わせで流布された多くの分析とは異なり、トランプの勝因は単に白人労働者層の票を獲得したからだけではなかった。2016年の彼の総得票のうち、この集団からの得票は3分の1以下にとどまる。(51) シュワルツマンのようなダボスマンは、減税と規制撤廃を実現する手段としてトランプを受け入れた。より広範な白人有権者がトランプ側に結集したのも同じ理由からで、彼らはすでに1世代にわたって共和党へ傾斜し、小さな政府と低い税率という考えに忠誠を示してきた。それはまた、福祉国家という思想に対する暗黙の拒絶でもあった。多くの白人が、福祉というのは少数派への施しであるとみていたが、実際には福祉政策の最大の受け手は、白人だった。

白人労働者層の有権者のうち60パーセントが2016年にトランプに投票し、共和党支持へとさらに一歩着実に進んだ。全米各地の郡ごとでみると、中国やメキシコからの輸入産品によって経済的に負の影響を受けた度合いが大きい各郡では、共和党大統領候補への支持が拡大していた。(52)

モーゲンソーが国際協力によって規定される時代の到来を宣言してから、70年。トランプの就任演説は好戦的で、「米国第一《アメリカ・ファースト》」という言葉に集約されていた。

「私たちは、私たちのものであった製品や私たちの会社を奪い、私たちの仕事を破壊した他国による略奪行為から、この国境を守らなければならない」とトランプは宣言した。

2020年には、モリソンは製鉄所での仕事に復帰しており、その変化はトランプが中国の製品に課した関税のおかげだと受け止めた。彼はその年、トランプに投票した。

「俺の印象では、共和党が職を支えているが、民主党は労組を支えている」とモリソンは私に言った。

「でも、職がなければ、労組もいらない」

このときまでに、モリソンは、中産階級の暮らしを破壊した責任はメディアにあると考えるようになっていた。彼は民主党と、移民たちやソーシャルメディアのことも責めた。非難はあらゆる人々に向けられたが、唯一の例外がダボスマンだった。その略奪ぶりがあまりに徹底的だったために、実際には目に見えない存在になっていたのだ。

第3章

ダボスマンの先祖たち

「突然、注文が来なくなった」

人類の進化を解明するのにチンパンジーを研究する必要があるように、ダボスマンの進化を理解するには、まずイタリアに行ってみなければならない。

ほかのどんな国と比べても、イタリアの富裕層が、自分たちの財産を政府の手の届かないところに蓄える手腕は芸術的なほどだし、脱税はもはやサッカーと肩を並べる国技のようだ。この現実のせいで、あの国の大衆の間には冷笑的な雰囲気がはびこり、統治機能が損なわれ、政治状況は騒々しく、分断され、無能なご都合主義者《オポチュニスト》たちに利用されやすいものになってしまった。

ダボスマンが世界中で略奪を開始する何十年も前から、イタリアではその先祖たちが技を磨いてきた。彼らが政府の財源から略奪したせいで、国家がパンデミックのような危機に対応する能力は弱まり、活力のある経済を生み出すために必要な投資も限られてしまった。

イタリアのエリート層が自分たちの利得のために資本主義を悪用したやり方を痛烈に示している、典型例といえる会社がある。フィアットは、イタリアで最も強い権力を持った人々が、何世代にもわたって搾取してきた企業だ。この巨大自動車メーカーの経営者たちは、公的支援を出させ、実際には私的な利益を増やすための道具にしてきたのだ。

そんな詐欺的行為に最も精力的にいそしんだ人物がジャンニ・アニエッリである。イタリア中で「ラッヴォカート（ザ・弁護士）」のあだ名で知られる。

1921年にイタリア北部トリノに生まれたアニエッリは、その生涯を通じて、大衆を魅惑し続けた。彼の祖父が創業したフィアットは、その会社としての成長そのものが、第二次世界大戦の荒廃の中から成し遂げたイタリアの奇跡的復活の象徴だった。フィアットはイタリアという国家と一緒に豊かになり、デザイン性や技術の高さをもって世界中が欲しがる製品を製造した。

彼が経営者の座に就いたのは1966年だった。フィアットは中産階級の増加とともに繁栄し、信頼性があって値ごろな自動車を供給した。同社は、自社の存在を丸ごと国のイメージと同一視するよう訴えかけるマーケティングで、売り上げを増やした。フォードがまさにアメリカの会社だったように、フィアットはイタリアの会社そのものだった。1970年の時点で、フィアットは年間140万台以上の車を国内で生産し、10万人を雇用していた。

「アニエッリはフィアットだ」とのスローガンが繰り返し使われた。[1]「フィアットはトリノ、トリノはイタリアだ」

アニエッリ家はよく、イタリアのケネディ家として喩《たと》えられる。富、栄光と名声、時に悲劇に見舞われたこと、そしてスキャンダル体質という点で比べても、確かに似通っている。

ジャンニ・アニエッリは南仏リビエラ海岸でスポーツカーを走らせ、若者たちをはべらせるアバンチュールを好んだ。ファッションに特に傾倒したイタリアで、彼はしきたりを打ち破ってみせるアイコンだった。

「ネクタイを斜めに締め、腕時計を袖口の上から着けてみせたのは、まさに〝スプレッツァトゥーラ〟、つまりイタリアに特有の、外見のお洒落さにこだわりすぎない、さりげない着こなしであり、ライバルたちの裏をかいた」とエスクァイア誌は評価し、[2]「世界の歴史で最高の服を着た男たち」の一人にアニエッリを選んだ。

彼が結婚した相手もやはり流行の発信源となった女性で、アメリカとイタリア両国にルーツがあるのだが、貴族としての出自を示す称号つきの「ドンナ・マレーラ・カラッチョーロ・デイ・プリンチピ・ディ・カスタネート」が彼女の正式な名前だった。美術品収集家であり服飾デザイナーでもあった彼女は、ファッション雑誌に取り上げられる常連だった。２人の結婚生活は絶え間ないゴシップの対象になり、アニエッリが、リベラルな知識人でしかも恋多き女性外交官でもあったパメラ・ハリマンや、ジョン・Ｆ・ケネディ大統領の妻だったジャッキー・ケネディ・オナシスらと浮き名を流したことで、いっそう拍車がかかった。

権勢の頂点にあったとき、アニエッリはイタリア産業界の王であり、同国で最も裕福な者として称えられた。その資産は20億ドル以上と見積もられた。彼が率いる企業活動はイタリアの株式市場で時価総額の４分の１を占め、36万人を雇用していた。イタリアの主要な新聞２紙や、強豪サッカーチームのユベントスも所有していた。国にとって象徴的な存在だったフェラーリの経営権も手に入れ、フィアットを世界展開へと導いた。

アニエッリが２００３年、82歳の誕生日まであと２カ月というときに前立腺癌《がん》で死去した際、その葬儀は国営テレビで生中継された。10万人以上が、遺体が安置されたフィアット本社を訪れ、トリノの大聖堂になきがらが運ばれる前にひと目でも別れを告げようとした。

当時の首相シルビオ・ベルルスコーニ（億万長者仲間でもあった）が告別式に参列した。教皇ヨハネ・パウロ２世は声明を出し、アニエッリは「イタリアの歴史で最も重要な場面を何度もくぐり抜けた、権威を備えた主人公だった」と祝福を授けた。

しかし、死後６年して、アニエッリの存在はそうした話とは別の文脈で脚光を浴びた。それは途方もない水準の税金をめぐる詐欺行為だった。

発覚したのは２００９年のことで、娘のマルゲリータ・アニエッリが、自分の母親やその法務・財務顧問たちを相手取って訴訟を起こし、父親の資産の相当部分を隠していると非難したのだ。この提訴によって、秘密のカーテンが引きずり下ろされ、イタリア中に衝撃が走った。アニエッリは長年にわたり、財産を小分けにして海外に蓄えていた。

隠し資産の総計は10億ユーロに達すると見積もられ、[3]その一端として世界各地の豪奢《ごうしゃ》な邸宅の存在が明るみに出て、パリだけで6軒を数えた。アニエッリは、複雑な国際財務の仕組みを用いて資産を隠していた。リヒテンシュタインに財団があり、英領バージン諸島には3つの会社が登記されていた。スイスにある2つの法人のさらに傘下に、アムステルダム、ルクセンブルクと米デラウェア州の持ち株会社があった。

生前はイタリアに車と賃金を供給した人物として名を馳《は》せたアニエッリだが、自身は密《ひそ》かに、海外の租税回避地《タックス・ヘイブン》で活動する会計士や弁護士たちのお得意様になっていた。

イタリア当局はアニエッリの妻と娘を脱税容疑で調査した。2人は最終的には政府に追徴金を支払って和解したものの、マルゲリータはその後再び、海外の隠し資産について釈明を迫られる立場に追い込まれた。パナマ文書と呼ばれた、世界で最も裕福な人々がどうやってその資産を隠しているかを明るみに出した一連の漏洩《ろうえい》文書が公開されたときだった。この文書によって、彼女も自分の持ち株会社を英領バージン諸島に設け、15億ユーロの資産を置いていたことが明るみに出た。[4]

イタリアはその頃までに、戦後の成功物語の輝かしい例から、欧州の主要国で最も活力を欠いた存在へと転落していた。社会の腐敗が進み、マフィアが力を持ち続けた。イタリアの銀行は焦げついた不良債権を大量に抱えていた。政治的なコネを持つボスたちが支配する、怪しげなベンチャー企業への貸し付けも、その一因になっていた。危険な水準に達した政府債務の多さは、１９８０年代に野放図に財政支出を拡大したことのツケだったが、そのせいで国家として教育や保健医療、インフラ整備といった分野に投資する能力が削がれていた。

ＥＵの創設時からの加盟国であったイタリアは１９９９年に共通通貨ユーロを導入し、そのおかげで、債務を徹底して嫌うドイツが取り仕切る通貨システムの下での安定性と規律、という恩恵にも浴した。だが、通貨圏の厳密なルールで多額の財政赤字を出すことが禁じられたため、[5]政府は成長を促進しようにも財政出動ができなくなった。

イタリアは２００８年の世界金融危機からは立ち直れずじまいだった。あの危機は、ダボスマンが国際銀行を隠れ家カジノのように使い、無謀なギャンブルに手を染めた結果だった。莫大な規模の脱税に加え、ＥＵに赤字財政を禁じられたイタリア経済は資本力を欠き、景気停滞に陥った。

若年層の失業率は２０１３年時点で40パーセントを超え、若者たちは英国やフランスへと職を求めて脱出した。逆に親元に戻った者も多く、キャリア設計や家庭を持つタイミングなどの長期計画が立てにくくなる影響で、出生率は著しく低下し、さらに絶望の念を深めた。高齢化は、退職した人々の年金や医療を財政的に支える税金を支払う生産年齢人口の減少を意味していた。容赦のない現実を前に、イタリア人は失われた歳月と世代、破れた夢についての話ばかり交わした。

イタリア南部では、景気停滞が常態化している空気がひしひしと感じられる。私が出会った28歳のエリオ・バガリという男性は、民家の掃除や果実摘みで生計を立てていたが、ヤミ就業ばかりで正規雇用の保護は受けていなかった。追い詰められた状況が、彼が熱望する仕事内容にも反映した。彼の志望先はイオニア海に臨む都市タラントにある錆《さ》びかけた工場、イルバ製鉄所だった。周辺地域で癌患者のクラスターが発生し、工場との関係が疑われていた。バガリは、健康上のリスクを取ってでも定期収入を得て、親元を出たいと望んだが、そんな仕事ですら空きはなかった。

「誰か知り合いがいなければ、入り込めないですよ」。２０１８年2月に私と会ったとき、バガリはそう説明してくれた。「この土地に僕の就職先は何もない」

ダボスマンは労働組合の力を削ぎ、「財政規律」を促すため、イタリアを、ほかのヨーロッパ諸国に向けた反面教師として掲げてみせた。財政規律というのは彼らが大好きな言葉で、彼らにしてみれば、歳出削減さえできれば自分は減税の恩恵に浴するという意味だった。ダボスマンは、政府が予算上の制約を無視し、労働者へ年金を椀飯《おうばん》振る舞いした結果こそが、イタリアの現在だと説く。その上、従業員の解雇は不可能に近いという状況が、イタリアが投資を呼び込む障害となってきた。

こうした説明には、一面の真実味がある。イタリアの労働保護政策は非常に官僚的で、経済成長にブレーキをかけてきた。裁判には絶望的に時間がかかり、担保を回収しようにも不可能なので、銀行が不良債権を清算できない大きな要因になっていた。しかし、イタリアの問題の本質は、成長要因の欠如と政府の財源不足にあった。そして、イタリアがそんなふうに活力を失って半永久的に財政状況が悪いのは、大半がダボスマンによる略奪の結果だった。

ローマの中央政府を支えるテクノクラートたちは、ユーロ圏の規則に基づいたEUからの予算削減要求に同意してきた。緊縮財政と脱税が合わさって、イタリアは常に財源不足の状態に陥った。道路や橋、線路が荒れ放題にされていることや、緻密なはずの保健医療システムがパンデミックに直面して崩壊してしまったことも、それで説明がつく。経営者たちは政治的コネを利用して私企業への公的支援を獲得してきたが、そうやって得られた収益は自分たちのふところに収めてしまった。

高い債務と財政赤字に直面した政府は、ギャップを埋めるために徴税業務を改善しようとした。2009年にシルビオ・ベルルスコーニ首相は――のちに本人が脱税スキャンダルによって辞職するが――いわゆるタックスシールド制度を導入し、海外に隠し資産を持っているイタリア人が、そのお金を国内へと戻して合法的に申告すれば、わずか5パーセントの課税で済ませることにした。

この仕組みは、ヤミで私腹を肥やしていた裕福な人々にとっては魅力的だったが、政府にとっては高くついた。立件できれば相当額の税収を確保できていたはずの大がかりな脱税捜査を、税務当局は何件も中止しなければならなかった。スイスのＨＳＢＣ銀行口座に資金を置いていたイタリア人らに対する提訴を取り下げただけでも、7億ユーロを放棄することになった。[6]

その後の歴代政権は、脱税に対する闘いを折に触れて表明したが、実際には租税特赦を提供しただけだった。イタリアの財政赤字は増大し、インフラが荒廃する中、貧困層や中間層は、格差がさらに国内で広まる状態を目にして、悪感情を募らせた。

2014年の時点で、EU付加価値税の納税回避だけで、イタリア財務省は370億ユーロを失ったとEUは推定した。[7]

フィアットもまた、イタリアという国の後を追うように衰退した。赤字を出し、雇用を切り捨て、消費者が求めないような車しか製造できなくなった。車作りの技術水準に取って代わったのが、まったく別の才能、政府の支援を確保するために政治的つながりを駆使するという熟練の技だった。

2003年のアニエッリの死去後は、弟のウンベルトが短期間フィアットを率いたが、彼も翌年死去し、同社はセルジオ・マルチオーネをCEOに選出した。

ぶっきらぼうで強気で、純利益の確保をもっぱら追い求めるタイプのマルチオーネは、スーツ姿を嫌がり、カジュアルな服装を好んだ。経営を引き継いだとき会社は1日に500万ユーロの損失を出していた。マルチオーネは幹部の首を切り、不採算事業からは撤退した。最も優秀なダボスマンとしての性格を発揮し、危機をだしにして政府から金を引き出す才覚をみせた。

2005年8月、イタリア人の大半がビーチでバカンスを楽しむ季節に、マルチオーネはローマにあるベルルスコーニの首相公邸を訪れた。このままでは、フィアットはイタリアに残した工場の閉鎖を検討せざるを得ない、と警告した。そうなれば何万人もが職にあぶれる。公的救済以外に回避策はなかった。マルチオーネは即時の公的資金注入、額にして1億3000万ユーロ以上を要求し、加えて研究開発計画への政府補助金の支出と、消費者に同社の車購入を促す税制優遇措置を設けるよう求めた。[8]これが認められなければ、最後には、イタリアの象徴だった会社がなぜ、もはやイタリアの会社ではなくなったのか、ベルルスコーニにも説明が求められるだろう、と迫った。

ベルルスコーニは同意した。

2005年10月にはフィアットは再び利益を出すようになり、株主に配当金を払っていた。成功に味を占めたマルチオーネは再び賭けに出て、大量解雇をちらつかせることで公的支援をさらに確保した。政府を説得し、ナポリ郊外にあるフィアット工場の従業員給与の大半を負担させた。国家としてのイタリアが、同社の海外進出にまで資金を援助した。(9) そんな公的支援にもかかわらず、フィアットはシチリア工場を閉鎖し、1500人の労働者を解雇した。

マルチオーネの最も目を引く業績は、世界経済の中でイタリアの地位を変えることになる合併だった。フィアットは、米国自動車ビッグ3の一つ、クライスラーを買収した。2014年に合併取引が完了した時点から、フィアットはニューヨーク株式市場に上場した。その結果、イタリアで最も有名だったこの会社の賃金や労働環境に対し、国際投資家たちが大きな影響力を及ぼすようになった。同時に、フィアットは正式にイタリアを捨て、本社の登記を英国に移した。(10)

アニエッリはかつて、FIATという名前に含まれているIとTはイタリアとの分かちがたい絆《きずな》を裏付けるものだ、と発言したことで知られていた。だが、英国の低い法人税率、特にキャピタルゲイン課税の低さという誘惑の前には、そんな絆も続かなかった。英国移転で税制上の特典を活かし、同社はさらに多額の配当金を株主に支払えるようになった。

イタリアの国を挙げての公的支援と、落ちた賃金水準のおかげで、フィアットは競争力を回復し、それで雇用が増えて税収も増すはずだった。しかし、英国への登記移転に伴い、フィアットが収める納税の大半はそちらへ行くようになってしまった。

マルチオーネが経営権を握ってからの10年で、フィアットがイタリアで抱える労働者は、4万4000人以上から約2万3000人まで減った。残った約半数の従業員には、特別に設けられた国が管理するシステムから支援金が払われるので、フィアットは彼らに対しては契約額以下の給与支払いだけで済むのだった。

一方で、裕福になり続けた社員が1人だけいた。マルチオーネはイタリアで最高報酬額を受けるCEOとなり[11]、2017年にその総額は、株式交付金やボーナスも含めて4600万ユーロに上った。総体としてみれば、これは彼が勤勉に奉仕してきた相手である株主からの見返りだった。

フィアットがたどった運命が指し示しているのは、イタリアのダボスマンによる征服だった。長年にわたって納税者の公金による救済策や支援の下にあった企業が、今ではロンドンやニューヨークなど富裕層の中心地で、株主たちへの報奨金を配っている。育ててくれた地域社会や労働者たちのことは、見捨ててしまった。

ダボスマンがイタリアの活力喪失につけ込み、あらゆる面から略奪した結果は、10年単位の時間をかけて判明することになる。この国の衰退は、国家制度とそれを司《つかさど》るエリート層への信頼の念を消失させた。

2019年の段階で、ピュー・リサーチ・センターの世論調査によると、77パーセントのイタリア人が今の経済状況は悪いと答え、一方で73パーセントが、選挙で選ばれた政治家たちは市井の人々の暮らし向きに関心がない、と答えた[12]。こうした状況に乗じる形で、イタリアが混迷しているのは内側から国家を略奪した者たちの責任ではなく、抽象的な〝よそ者〟、つまり外部の勢力のせいであると主張する、冷笑主義の政治家たちが力を得たのだ。

米国でトランプの権力掌握が進んだ一因に、白人労働者階級の深まる怒りがあったのと同様に、イタリアの極右は自分たちの勢力拡大へ、経済的機会の喪失を利用した。そして、トランプが根拠のない移民への恐怖心をかき立てることで得票を増やしたのと同様に、イタリアの右翼勢力は、本当は国内に原因があるさまざまな問題の責任をアフリカからの移民に押しつけ、政治力を獲得した。

2014年、イタリアの海岸に漂着する移民難民が増えるにつれ、「同盟」という政党の党首マテオ・サルビーニが、その大量流入を党勢拡大のバネとして使い始めた。イタリアが抱えるさまざまな課題に対し、彼はわかりやすい処方箋として移民拒否策を示し、人種差別のアピールを通じて文化的な白人優位主義に働きかけた。大衆に苦難をもたらした真の要因は無視した。実際は腐敗や脱税、緊縮財政の結果なのに、サルビーニはダボスマンを非難することを避け、ひたすら外国人叩きの戦術を磨き上げた。

サルビーニが訴求力を持ち得たのは、多くの労働者にとって経済が機能しなくなってしまって久しいこの国では、偏狭さが根強い魅力になるからだ。サルビーニやほかの極右政治家は、実際にはニセモノであっても、ぱっと見には一貫性のありそうな物語を提供し、イタリアの中産階級に何が起こったのかを説明して勢力を拡大した。

そうした変化を実際に見て取れる場所の一つが、トスカーナの地方都市プラートだ。ここの有権者たちは長年、政治的にみれば左翼政党を支持してきたが、突如として右旋回を始めていた。

グラニットシティが鉄の街だったように、プラートは繊維の街だった。エドアルド・ネシはそうした工場群の全貌を眺められる場所にいた。市街地よりも高い丘の上にある彼の自宅の眼下には、一族の富の源泉となった、祖父が興した繊維工場が見えた。

ネシはかつて、経営者として繊維工場を切り盛りする傍ら、夜は小説を書いて日常を過ごしていた。家の壁には本棚が並び、詩集や美術書、左派の経済書でいっぱいだった。彼の父はベートーベンと文学、それから会社の買掛金をきちんと支払うことに情熱を傾け、経営権の4分の3を優位な条件で息子へ譲渡した。ドイツのコート工場にウール生地を供給していたが、その会社は納入してから10日後には欠かさず支払いをしてくれた。

「父は『学校を出たら私の下で働け、すべてうまくいく』と言っていた」。ネシは振り返った。「『我が家はこれまで何でも成功してきた。お前もそうなる』と言われた。秘訣は簡単で、とにかく良質な品を期限に間に合うように提供するだけでいい、と言い聞かされてきた。我々の街ではあらゆる物事が40年間、うまく進んだ。将来に不安を抱く人などいなかった」

何世紀にもわたって、プラートは高品質な繊維産業の中心として富を蓄積してきた。ローマ人たちが敷設した運河のネットワークがあり、ビセンツィオ川の水利を必要なだけ使うことができた。

第二次世界大戦後、周辺の農村地帯から出てきた人々が工場で働くようになった。最初はこの地域の工場は、安価なウールの毛布を編んでいたが、そのうち重さや手触りもさまざまな各種の生地を作り始め、伸びや光沢のある合成繊維も扱うようになった。1980年代には、ミラノのファッション業界からデザイナーがプラートへ派遣され、新素材の導入にあたった。この地域の工場が手がけた生地は、アルマーニ、ヴェルサーチ、ドルチェ&ガッバーナなど、業界の象徴的企業に納められた。プラートの経営者たちは、パリ・コレクションのステージ上で自分たちの製品を身にまとったモデルたちの姿を見て、不動の地位を得たと感じていた。

「我々は世界一だと思っていた」とネシは言う。「みんなが儲かっていた」

プラートではイタリア共産党が優勢だった影響で、豊かさが広く分配された。同党はマルクス主義を信奉し、ソ連へ連帯の意思を表明していたものの、資本主義の打倒は掲げていなかった。デンマークなどの北欧諸国にあるのと同様の左派政党で、党指導者たちは、経済成長の利益を分配させ、誰もが家を購入し、ステーキを食事に出せ、車を買えるような状態を保障しようとした。地元の労働組合のおかげで、高賃金と快適な労働環境は確実なものになった。共産党は財政支出への発言権を使って公共事業を行わせ、図書館や繊維博物館などを建てさせた。

だが、1990年代になると、ネシの取引先だったドイツの工場は旧東ドイツ、ブルガリアやルーマニアで縫製された安い生地を購入するようになった。さらに中国からも調達するようになった。中国製の素材は、ネシのところと同じようなものでも、半分以下の価格しかしなかった。

2000年になると、ネシの事業は収益を出すことが困難になっていた。そして翌年、中国がWTOに加盟する。「突然、注文が来なくなった」

プラートが経験したことは、ある意味では、かつて他地域との競争で自分たちがしたことに対する因果応報ともいえた。19世紀半ば、この都市の職人たちは世界中からウールの古着を輸入し、つむぎ直して新しい生地を作ることで、よそよりはるかに安く製造できるようになり、それでフランスや英国の競争相手を出し抜いたのだった。

だが、中国の台頭ぶりは、規模も掲げる目標も、前例のない水準だった。上海や広州など沿岸部の都市にある工場が、プラートの業者たちが使っていたのと同じ縫製機械を導入した。イタリア人のコンサルタントを雇い入れ、最新の業界の手法を学んだ。プラートに6000社あった繊維業者は3000社にまで減り、一時は4万人いた繊維労働者は1万9000人まで落ち込んだ。[13]

グラニットシティと同様、ここの人々も、やまない悲惨さゆえに、グローバル化や中国との競争に対する絶望を憤りながら語った。だが〝中国〟は、ダボスマンが利益の最大化によって自身の儲けを増やす目的で用いる、単なる手段にすぎなかった。本当に状況を圧迫していたのは、衣料品貿易で圧倒的な地位を占めるようになった多国籍企業だった。

ネシの取引先であるドイツの衣料品メーカーは、今や業界を牛耳る新興の小売業者たち、それも、株主の利益にしか尽くさない企業の一群から、製品価格を切り下げるよう容赦ない圧力を受けた。ZARAやH&Mといった巨大ブランドは、やがて自社製品の製造に低賃金で使えるアジアの工場をますます使うようになった。

ZARAを創業したのは、めったに表に出てこないスペイン人、アマンシオ・オルテガだ。彼が築き上げたインディテックスという複合企業体は、世界最大の衣料品小売業グループへと発展した。スペイン北西部で1936年に生まれたオルテガは、男物のシャツを扱う店で配送係の少年として働き始め、次に仕立屋の助手となり、そして自分の衣料品店を開いて富裕層相手の商売を始めた。1975年にはすでに最初のZARAストアを営業していて、ファストファッションとして知られるようになるコンセプトを先取りしていた。トレンドをつかむために雇ったチームにファッションショーを鑑賞させ、有望な新しいスタイルを模倣し、数週間以内に、安価なバージョンの服を店頭に並べた。[14] ZARAは自社製品を売るため、洗練されたエレガントな店舗を、グッチやシャネルといった高級ブランドの店舗近くに戦略的に配置し、ブランドショップの魅力を拝借した。[15]

インディテックス社はなお、生産活動の大半はスペイン国内で行っているが、中国の工場への依存を増やすことで自社の賃金水準を低く抑え込めるようになった。こうして、ほとんど誰も名前を聞いたことがないオルテガが、最も富める人間の一人となった。自社のカフェテリアでの食事を好むとされながらも、その資産は推定550億ドルに上る。[16]

H&Mは、衣料品小売業として世界第2位であり、やはりファストファッションの典型といえる。スウェーデンで同社を1947年に創業したのはアーリング・パーションという男性で、女性向け衣料の小売業者としてスタートした。創業者の息子であるステファン・パーションが1980年代に経営に携わるようになり、同社の世界展開を率いた。その海外取引には搾取絡みの情報がつきまとう。カンボジアの縫製工場では化学物質の煙を吸った労働者が意識を失い、ミャンマーの工場では児童労働が摘発された。ある意味で当然の帰結ともいえるが、同社の収益は巨大で、それがパーションの135億ドルと推定される資産形成も支えてきた。[17]

プラートでは、ネシの会社は事実上、売り上げを喪失していた。彼はZARAのために生地を作ることまで試みたが、絶え間ない値下げ要求に憤慨させられることになった。

「ZARAに納入するには、品質を落とす方法を編み出さなければならなかった」とネシは指摘する。「品質を保っているように見えても、実際はそうでないものを使わないと見合わなかった。まあ、それが彼らによって変えられた我々の生活の本質だ。昔ながらのようにみえるのはうわべだけで、暮らしの質はずっと落ちてしまった」

結局は2004年、倒産が不可避になる前に事業を売却し、父親が「恥さらしな晩年」を送らずに済むようにした。

その経緯を15年後、自宅の食卓でパスタの皿を前にしながら振り返ったときも、ネシはそんな終局を迎えなければならなかったことをひどく悔やんでいた。

「私は父を崇拝していた。父の工場は神殿だと思っていたが、私がその神殿を壊してしまった。製品を売る方法がもう見つからなかったからだ。でも、気がついたのだが、私が抱えていた問題はよくある話で、他社でも生地を売る手段がなくなったというところは多い」

丘を下ったプラートの平坦《へいたん》な市街地では、成人した息子2人の母親である61歳のロベルタ・トラヴァリーニが、自分の両親に年金の一部を分けてもらって、やっと暮らしていた。彼女はイタリア右翼政治家への熱狂的支援を強め、自分をこんな境遇におとしめた原因と見なす人々、例えば廃業した繊維会社を居抜きで買い上げた工場で働く中国人労働者や、彼女のアパートのすぐ外にある公園敷地をそぞろ歩くアフリカ系の移民たちに対する、人種差別的な怨恨のフィルターを通じて、何事も把握するようになっていた。

トラヴァリーニとその一家ほぼ全員が、かつては地元の繊維工場で働き、政治的には左派政党の強固な支持者だった。子供の頃の楽しかった記憶は、父親が連れていってくれた、共産党の賑《にぎ》やかなパーティーだという。音楽とダンス、ただで出てくるワインに彩られた集会だった。

だが、私がプラートで会った2019年春、トラヴァリーニはもう3年も失業中のままだった。近所の人々に頼み込んで服を直す半端仕事を請け負って、両親のアパートの地上階にある部屋を作業場に使っていた。彼女は、大量に入ってきた中国人移民の景気の良さをみると、虫唾《むしず》が走るという。移民たちは中国から輸入した生地で服を縫製し、完成品をパリの市場で売って相当な売り上げを得たが、そこで重要なのが〝メイド・イン・イタリー〟のタグがつけてあることだった。

そういう表示をした製品はイタリア人が作ったものでなければならないはずだ、と彼女は憤りを露わにした。アイデンティティの問題として、その〝イタリア人〟という集団に中国出身者が含まれるとは考えていない。移民を親に持つ世代で、プラート生まれで地元の学校を出て、母語としてイタリア語を使い、服の縫製から事業を拡大して洗練されたデザインの仕事も手がけ、独自のブランドを築くようになっていたとしても、ありえないのだ。

中国人たちが所有する工場ならば仕事は見つかるのだが、トラヴァリーニは応募する気がないという。「あの人たちがここに来て、イタリア人から仕事を奪ったのは公平だとは思えない。現状に抗議している立場として、そういう場所で働くことはできない」

これは的外れな抵抗だった。中国人移民が大量に入ってくるよりも前から、経営が傾いたプラートの工場群は、ほぼ操業していなかった。今はそれらの工場から、縫製機械の音が絶え間なくカタカタと聞こえてくる。プラートを餌食にするのとは正反対で、移民たちは再興の原動力だといえた。

「私たちはイタリア人がやろうとしない仕事をしているだけ」というサン・ウェイは、14年前に安徽省《あんき》からやってきてレストランを始め、ご飯や野菜入りの弁当をテイクアウトで売っている。「私たちのほうがまめに働いている。毎日、朝一番に起きて、休みなしで週7日。朝6時から8時まで店を開けている。イタリア人はこんなことはしない」

プラートの中国人コミュニティはヨーロッパ最大規模と推定する調査がたくさんある。トラヴァリーニも彼らの顧客として、自分のアパートの近くにあるブティックで、安売りの服を買っている。だが彼女は移民の存在を、イタリアの衰退がもたらした病気の症状として話す。そしてグローバル化がもたらした歪みや、政治家たちから気にかけてもらえなくなり、よりどころを失った自らの立場を嘆く。その前年の総選挙では、彼女はサルビーニの党に投票した。

世界金融危機から数年のうちに、サルビーニが率いる、当時は「北部同盟」と称していた党が、プラートで権力を握るようになった。同党は、中国人たちが所有する工場の摘発を始めた。夜間に取り締まりを行って工員らに嫌がらせをする一方で、[18]「不法移民」が経済衰退の原因だと非難した。

現在の具体的方針として同党が標的にするのは、北アフリカからイタリアの海岸に近年漂着し続ける、シリアやアフガニスタン、ソマリアでの戦争を逃れた難民たちだ。サルビーニは彼らがイスラム教信者であることを指摘し、ヨーロッパが「イスラム教帝国」と化してしまう危険性を警告する。[19]彼は、移民到来は「侵略」であり、イタリア人を「民族浄化」の危機に陥らせていると位置づけた。[20]トランプと同様、彼も自分こそがグローバル化による統合への修正策の担い手であると訴え、自分は何ら恥じることのないナショナリストなので、もうずいぶん前に縁遠いエリート集団へと変貌したイタリアの左派政党とは違い、収奪されてしまった人々を救うことができる、と主張した。

トラヴァリーニは、彼女の人生で起きてきた出来事を、サルビーニがうまく説明してくれていると受け止めた。

「私たちは国際エリートに支配されているし、そういう人々は私たちをもっと貧しくしたいと思っている」とトラヴァリーニは私に語った。「私が若い頃は、労働者たち、つまり私たちの社会階層を守るのは共産党だったけれど、今は同盟のほうが人々を守ってくれている」

サルビーニはすでに政権与党の一員としての地位を獲得したことがあった。驚くほど無能な「五つ星運動」によって率いられた、短命な連立政権に加わったのだ。すると彼は策を弄して、連立を離脱すれば政権が崩壊して解散総選挙になるとみて、賭けに出た。しかし、五つ星運動は別の連立相手を見つけることに成功したため、サルビーニは野党党首の座にとどまっていた。それでも政治勢力としては衰えていなかったので、次期総選挙まで待つ余裕があった。

トスカーナ、ウンブリア、マルケ、エミリア・ロマーニャの4州は、1980年代まで共産党議員を選出し続け、その後も中道左派の強固な地盤だったが、最近は極右政党が伸長している。

左派が退潮した背景として読み取れるのは、左派の政策は、分配するだけの果実がある限りは機能していたが、欠乏の時代が到来すると、分かち合う収入がなければ解答を示すことができず、右派に好機が生じたということだろう。

だが、なぜ十分な仕事がないのだろうか。

中国人移民は何も関係していない。彼らは雇用を創出しているのだ。

北アフリカからやってくる難民とも関係はない。彼らの漂着は、イタリアが瀕死《ひんし》の状態まで落ち込んでから何年も経った後のことだ。

ダボスマンの足跡が、至るところでみられた。脱税、いかさまな金融、権力者たちによるシステムの強奪などである。

極右政党は、こうしたことをほとんど語らない。生活水準の向上に向けて彼らが示す処方箋には中身がほとんどなく、整合性を欠いている。こうした政党は、恐怖心をもてあそびながら、イタリアの過去を取り戻すという聞こえの良い約束を掲げて、影響力を獲得した。その訴えの中核が、よそ者の流入を阻止するということだった。

極右は、移民排斥論がアピールしやすい、収奪されたと感じている人々の情感に訴えることで、関係性を築いた。手を休めずに生計を立ててきたような人々は、自分たちの暮らしと身分の安定が、もはや国境を超えた手の届かない存在によって決められてしまうと考えていた。サルビーニは、我が党なら主導権を取り戻せるという、虚構の構図を描いてみせた。

かつて一族が持っていた繊維工場を見下ろしながら、ネシは自分の人生を襲った痛みに耐えていた。彼は極右勢力を、単に昔に戻ろうとするだけの動きだとして軽蔑していたが、それがまさに魅力として作用していることも理解していた。

「これはノスタルジーの力だ」と私に語ってくれた。

工場を売却した翌年には、当時10歳だった娘にコートを買いたいとせがまれて、一緒にH＆Mの店舗を訪れたという。

「すばらしい店だった」と振り返る。「明るい照明の下、きれいな人たちがいた。服もきれいだった。だが、それは30メートル離れて見ているときだった。一歩近づくごとに、何かがおかしいと感じ始めた。そこで私は服を手に取ってみた。布地は非常に質が悪かった。値札を見ると、どんな店より半額以上安かった。それで、西洋世界はもうおしまいだとわかった」

だが、終わりを告げたのは、これまでイタリアが問題に向き合うのを妨げてきた、気取った文化的おごりだけである。ネシの家業をだめにしたのは、〝東洋〟とか、グローバル化、あるいは、種々の当てこすりの的になってきた中国による不公正な競争、そのいずれでもない。ＺＡＲＡとH＆Mは実際、ヨーロッパの会社なのだ。こうした企業の出自そのものは、プラートの人々の苦境を解き明かしてくれるわけではない。そうではなくて、株主への配当金拠出を何より優先して運営される、この種の企業のやり口が問題だった。プラートは、ダボスマンによって骨抜きにされたのだ。

極右伸長の原動力としてネシが挙げたノスタルジーは、イタリア人が自分たちの中産階級としての地位を当然のこととして受け止められた時代への、よくある憧れである。彼らの地位を奪った人々は、海の向こうにはいなかった。ごく身近に、そこら中にいたのだ。ローマの政府官庁オフィス、さらにフィレンツェの壮麗な邸宅といったダボスマンの隠れ家となる場所にこそ、イタリア人の労働の成果と蓄えを、自分の銀行口座へ振り向けた者たちが存在する。

ノスタルジーが政治的に強い力となり、人々を動員する手段となったのは、イタリアだけではない。大陸から英仏海峡を挟んだ反対側では、ダボスマンとけんか別れした分派がこの感情を利用して、英国の経済的地位を損なうような企てを通じて、私的な利得を手にすることになる。

第4章

ダボスマンとブレグジット
「俺たちが奴らにやり返すチャンス」

ジョージ・オズボーンの性分として、大衆の支持を得ようと動くことはまれだ。彼の身のこなしや弁舌からは、英国貴族の一員として敬意を払われることに慣れた人物なのだとすぐわかる。

オズボーンは第17代バリンテイラー準男爵の長男で、1629年に先祖が得て以来、代々受け継がれてきた爵号の家柄である。彼がまず学んだのは全寮制エリート学校のセント・ポールズだ。ロンドンにある同校の広大な敷地はテムズ川に沿って広がり、ボートハウスとクリケット場7面まで擁している。卒業後は、オックスフォード大学へと進んだ。蔦《つた》に覆われたキャンパスは、支配階級にとっての巣立ちの場といえる。

彗星《すいせい》のように登場した政治キャリアを通じ、オズボーンは抜け目のない戦術家としての評判を獲得してきた。自分の賢さをためらいもなく他人に向けて誇示する人物としても知られた。まだ38歳だった2010年、英国史上最も若い財務相となり、国家財政の舵《かじ》を握った。やはりオックスフォード同窓生の(飲酒サークルのメンバーでもあった)デービッド・キャメロン首相が率いる政権である。オズボーンはその地位を利用して、実態としては以前からほとんど喪失しかかっていた英国の社会的セーフティネットを潰しにかかり、財政規律の名の下、さまざまな政府支出について削減策を押しつけた。

タブロイド紙は彼を、小さな政府というイデオロギーを冷酷に遂行する十字軍の戦士気取りで、貧しき者、弱き者、老いた者、そして障害のある者たちは政府のお荷物になるべきではない、という思想の持ち主として描いてきた。オズボーンはその人物描写は名誉の印であり、勇気に欠ける者たちが目を背けてきた大切な戦いに自分が携わってきた証しである、とみているようだった。8歳の息子に、父親の良くない評判を耳にするだろうと警告したこともあるという。

「私は息子を座らせて、『父さんの仕事について、知っておかなければならないことがいくつかある』と告げた」と回想している。(1)「『父さんは、いつでもすごい人気者なわけではない。父さんのことを嫌う人たちがいるかもしれない。そのことはわからなくてはいけない』と伝えた」

だが2016年6月のその日、イングランド南部の海岸沿いの中規模都市ボーンマスで、オフィスビルの吹き抜け広場にいたオズボーンは本来の性格に似つかわしくなく、彼を取り囲んだ数百人の人々から歓心を買おうとしていた。

彼とキャメロン首相は、英国で最も惨めな成果を残した政治家として歴史に名前を残しかねない状況に直面していた。あとわずか3週間で、英国は国民投票を実施し、EUを去るか否かという大きな問いに結論を出そうとしていた。

キャメロンがこの問いを国民投票に付したのは、人々は必ず残留に向けて投票し、欧州諸国の中、特にその有利な自由貿易圏の中にこそ、英国の大切な地位を見出すだろうと予想していたからだった。国民投票を設定すれば、与党保守党内に渦巻く反乱分子を制圧できるのではないか、との期待もあった。保守党内では長年、非主流派が、英国のEU加盟を問題視することで、うるさい国粋主義者たちからの支持を獲得しようと試みてきた。有権者がブレグジット(離脱オプションはそう呼ばれた)を否決すれば、そうした選挙向けの立ち回り方も永遠に消えるはずだった。保守党指導部は、節操なしに英国旗《ユニオンジャック》を振りかざす者たちからの不意打ちを心配することなく、既定路線を歩むことができるはずだった。

だが問題は、有権者が期待どおりの反応を示していないことだった。世論調査の数字は、居心地が悪いほど拮抗《きっこう》した情勢を示しており、キャメロンとオズボーンの政治生命が重大な疑義に直面し、国家の尊厳も揺らいでいた。スコットランドは、ブレグジットが可決されれば連合国家から抜けると脅していた。国民投票の結果次第で、英国経済が大きなリスクに直面しかねない。この国の経済が大前提にしていたのは、英仏海峡を挟んで大陸側との貿易が障壁なしで続くことだったのだ。

最も懸念を募らせていたのが金融業界だった。国庫を司るオズボーンの職務と密接に関わる産業というだけでなく、現実に後日そうなったように、ブレグジット後の彼個人のキャリアとも切り離せない業界でもある。

現代の英国経済の発展は、金融業の興隆、中でも米国の金融機関が世界展開してきたことと深くつながっている。

１９８０年代にさかのぼると、英国の鉄の女と言われたマーガレット・サッチャー首相が、金融取引を制限してきた数々の規制を撤廃することで、投資を呼び込んだ。この路線の下で、ロンドンはニューヨークと肩を並べる唯一の国際金融センターへと発展した。

営業日にロンドンの取引立会場に集う人々が、デリバティブとして知られる複雑な金融商品を含む、さまざまな取引を実施した[2]。その総額はおよそ1兆ドル、世界全体の約4分の3に相当する取引高だった。世界の銀行取引のほぼ5分の1は英国内のどこかが介在しており、毎日２兆４０００億ドル分の外国為替取引が実施されていた。

一つの産業としてみれば、英国内で金融業での雇用は１１０万人以上に達し、年間の国庫収入は２５００億ドルを超えていた。

ブレグジットによって、この産業はかなり損なわれる心配があった。英国での金融取引の３分の１近くが、大陸欧州に拠点を置く顧客に絡むものだった。もし英国がヨーロッパから本当に去ることになった場合、今後どのようなルールが適用されるのか、誰もわからなかった。それだけで、この種の金銭を取り扱う人々にとっては、どこか別の場所に預け替える十分な理由になった。

かかっている利害の大きさを強調することを通じて、有権者にブレグジットを否決するよう促すため、オズボーンはボーンマスにやってきた。訪れたのは、英国が金融業で卓越するように力を貸してきた金融機関のオフィスである。その金融機関こそ、米国最大の銀行であるJPモルガン・チェースだった。

「この世界で直面するいくつもの課題について、〝橋〟さえ落とせば自国を守れるといった考え方は、答えにはならない」とオズボーンは言明した。「ブリテン島の周囲に壁を立てる余裕などない。我々は、外部と関係を築くことによって成功してきたのだ」

オズボーンはうやうやしく、その日の集まりの主役に向かってうなずいてみせた。この銀行の会長兼CEOであるジェイミー・ダイモンだ。彼が英国に足を踏み入れていること自体が、はっきりしたメッセージになっていた。つまり、ブレグジットは単なる国内政治問題ではなく、世界経済にとっての脅威なのだ。そこに秘められた破壊的なポテンシャルはあまりに不穏だったので、当時2兆5000億ドルの総資産を保有していた銀行を経営するダイモンですら、懸念せずにはいられなかったのである。

オズボーンとは対照的に、ダイモンは人好きする人物で、そのことを自覚して受け入れているように振る舞う。彼のくだけた物腰や、皮肉っぽい笑みと乱れた白髪に接した人々は警戒を解いてしまい、純粋な温厚さを感じ取るのだった。

ほかのCEOたちだと、部下とのやりとりは堅苦しくなりがちで、金儲け以外のことでも他人を気にかけているふうを装うために、あらかじめ用意しておいたジョークを披露してみせるものだ。それに対しダイモンは、誰からもジェイミーと呼ばれ、実際には彼のことをほとんど知らない者たちにも親しみの念を抱かせる人物だった。

しかし、国民投票が間近に迫ったその日、ダイモンは人々を心地よくさせようとはしていなかった。逆に、恐怖心をあおろうとしていた。もちろんお定まりの、主権国家である他国の選挙に干渉はしないという姿勢を、形だけはみせた。「英国の人々にどう投票すべきか、私には言えないし、言うつもりもない」。だが続けて、自社の従業員たちに向けて、ブレグジットに投票することは自分で札束に火をつけるようなものだと警告した。

そして「英国経済と雇用にとっては、ひどい考えだ」と告げた。

ダイモンの銀行は英国内で約１万６０００人を雇用しており、ボーンマスだけで４０００人に上った。そこに業務の拠点が置かれた理由は、英国がＥＵに加盟しているからという要因が大きかった。同行は、欧州大陸全域の顧客に対するサービスを提供するハブとして、英国を使っていた。

もし英国が投票で離脱を選択すれば、そこから、非常に地味だが複雑極まりない離別プロセスが始まることになる。人によってはそれを、オムレツを卵の殻の中に戻すようなものだと喩えた。残りのＥＵ加盟27カ国との商取引の規制をめぐり、何年間にもわたって不確実性の下に置かれることで、コストはかさみ、通商が妨げられるだろうとみられていた。結果がどんな方向に進むのかは誰もわからなかった。

ダイモンの銀行は、従来どおりの取り扱いが維持される合意が成立するだろうとの希望的観測だけを根拠に、座して待っていることなどできなかった。最悪を想定し、そのための計画を事前に立て始めなければならなかった。英国での業務が、新たに復活した国境の壁によってヨーロッパ中の顧客たちから隔てられる前提で想定せざるを得なかった。どんな結果になろうと、顧客へのサービスに遅れが生じないよう保証するには、ダイモンとしては、英仏海峡の向こう側へ仕事を移し始めないわけにはいかないのだった。

「対象となる雇用が１０００人分か２０００人分になるのか、私にはわからない」とダイモンは言った。「最大で４０００人に及ぶかもしれない」

ダボスマンは一般的に言ってブレグジットを嫌悪し、世界の商業地図の理想的なあり方を傷つける営みだとみている。何十年もかけてロンドンが卓越した金融センターとなってこられたのは、英国が、欧州単一市場という、世界でも裕福な5億人が暮らす自由貿易圏に加わっていたからだった。

スペインの公益事業体が新規発電所建築のための資金を調達する際、ロンドンで債券を売る。デンマークの豚肉輸出業者はロンドンでデリバティブを購入し、外為《がいため》市場の変動リスクを回避する。ヨーロッパ各国の年金基金はどこも、資産管理でロンドンに依存していた。

ブレグジットはこうした取引の多くを危うくするものだった。EUはすでに、加盟国中19カ国が使用する共通通貨ユーロによる金融取引は、欧州大陸内に限定するよう要求せざるを得なくなると脅し始めていた。

ダボスマンにとってEUが好ましかったのは規制対策の面で、これまでは集権化された単一の当局だけを窓口にして工作すれば済んでいた。だがブレグジットになれば、銀行の経営者たちは膨大な時間をかけて、エストニアからマルタまで広がった地域ごとの規制当局のうち、どこが重要なのか判断しなければならない。世界のマネーの流れを止めることすらできる巨大な権力を突如として手にした小役人たちを、なだめすかす必要も出てくる。自尊心をくすぐるディナーや、仕事のない子息たちのためのインターン機会の提供など、各国の内情に沿った奥義を繰り出さなければならない。当然それは利益を削ぎ、時間を浪費する頭痛の種といえた。

歴史的にみても、その動きは後退といえた。サッチャーによる金融業の規制緩和でロンドンが投機家の天国と化して以来、国際的な銀行はそこに事業を一元化し続けてきた。金融機関が人員をミラノやフランクフルト、アムステルダムから動かして、急成長したロンドンの本社に移動させた。かつて波止場が連なっていたロンドン東部の地域が、おかげで超高層ビルが建ち並ぶ景観に変わり、カナリー・ワーフの名で知られるようになった。ブレグジットはその歴史を逆行させてしまい、銀行は人員を大陸欧州へと戻そうとしかねなかった。

単に金融の問題にとどまらず、ブレグジットをヨーロッパの存亡に関わる課題として受け止めていたのが、EUだった。欧州統合は、第二次世界大戦後のリベラルな国際秩序の一部として築かれてきた。あの大戦に勝った連合国が構想した延長線上で、貿易を振興し幅広い連帯を実現することで、ナショナリズムに抗していくための手段だった。

とはいえ、EUの組織は行き当たりばったりで築かれてきたため、その全体像や意思決定のプロセスは一般の理解を超えていた。冷戦が終わると、かつての東側諸国も加わって規模が拡大した。だが、そうした国の中にはハンガリーやポーランドのように、EUからの開発援助資金には強い関心を示すものの、法の支配などあまり気にかけない政府もあった。

EUは緊急事態に直面した際も、お役所的というか、哲学的とさえいえる予備交渉がお定まりで、妥結するまでに延々と時間を要した。ジャンボ機が地上に向けて急降下しているのに、どの周波数で交信すべきか議論している管制官たちみたいなものだ。この国家連合は、財政破綻に陥ったギリシャに対し、何年にもわたる苦難を強いた。最終的には公的資金を注入することで、債権者、つまりこの場合は主にドイツの銀行を保護したが、ギリシャの一般市民はひたすら非難され、絶望的な状況下に何年間も置かれた。2015年の夏に地中海沿岸に難民たちが次々に漂着したとき、各国の政治家たちは、どう対応すべきかの議論を果てしなく続けた。何人を受け入れ、どこに収容するのかといったことだ。結局のところ、基本的に何もしなかった。各国政府はお互いを非難し合い、国境にフェンスを立て、悲惨な状況に置かれた人々に対し、近隣国に向かうよう促すだけだった。

EU改革は毎年のようにシンクタンクの会議や学術論文で取り上げられるが、専門用語に満ちた不可解なプロセス自体には、何の変化の兆しも見て取れない。英国では右翼政治家らが長年、EUのことを、主権国家の尊厳をむしばむ雑草であるかのように扱ってきた。右派のタブロイド紙はいつも、EUの規制当局から馬鹿げた細かいルールを押しつけられたという話でいっぱいだった。実際は大半が作り話なのだが、例えば、バナナの屈曲率はどこまで許容されるか、といったことだ。左派もEUを嫌い、この国際機構は新自由主義の道具で、国内の規制を撤廃してヨーロッパを多国籍企業による略奪にさらすための手段にすぎない、とみていた。

それでも、欧州統合というプロジェクトは、間違いなく戦後の希有《けう》な成功例であり続けた。EUが取り仕切ってきた数十年間の成果とは、平和と広がる繁栄、そして集団としてのヨーロッパへの帰属意識が築き上げられたことだ。国家連合の中核を成す、単一市場という考え方は、長続きするし有益であると判明した。企業は、この連合を一つの巨大な国家のように取り扱うことで、国境管理、税関検査といった商業面の障壁を回避できた。

「欧州連合のことを私は本当に、人類の歴史で最も偉大な営みの一つだと思っている」とダイモンはボーンマスで語った。「この大陸が一つとなり平和に暮らそうと試みるまでには、1世紀どころか100年に及ぶ戦争があった。今回の試みはうまくいってきた。もちろん完璧ではない。誰かが指導力を発揮する必要がある。だからこそ残留すべきだ」

ダイモンのブレグジットに対する評価は正しかった。この事実が明確になるまでは、国民投票が終わってから何年もかかるだろう。英国は根深い政治的対立に足をすくわれたまま、今後のヨーロッパとの関係を築き、経済的退潮と向き合わなければならない。英国の輸出業者の仕向け先はおよそ半分がEU諸国だった。どのような形のブレグジットになるにしても、商業活動の一定部分に障害が出るのは避けようがない。その最中にも、交渉の紆余曲折が投資を冷え込ませ、成長を鈍らせるだろう。

ダイモンの主張は真っ当なものだったが、米国最大の銀行の経営者として、英国の人々にとって何が最善なのかを意見する資格は欠いていた。それだけでなく、彼が属する種族であり、国際金融を取り仕切ってきたダボスマンにこそ、ブレグジットの起点となった怒りを生んだ責任があった。公的資金を注入した救済策のおかげで、銀行家は自分たちの投機がもたらした惨状に向き合わずに済んだ。それなのに、財政緊縮で苦しめられたのは、彼ら以外の全員だった。ブレグジットは英国経済に苦難をもたらすとダイモンが警告しても、賃金の伸び悩みと生活水準の低下で、何十年も苦渋を味わい続けてきた英国の労働者に受け入れられるわけがなかった。まさにオズボーンをはじめとするダボスマンの手下が、ジェイミー・ダイモンのような人物から投資を呼び込むために作った政策のせいで、労働者たちの苦境が生じたのだから。

オズボーンは緊縮財政の立役者だったため、大衆から支持を集めるための顔としてはどうにも用をなさなかった。彼の血筋、紺のスーツ、独善的な上から目線の雰囲気、それからトレードマークの気取った薄ら笑い。こうしたものが容易に、彼が抱き続ける特権意識への当てこすりにつながった。「彼はいつもほんのり赤ら顔で愉快そうだ」。あるとき労働党の議員がこう指摘した。[3]「まるで人生そのものが、エリート校の坊ちゃんたちのおふざけでしかないみたいだ」

これは、他人に犠牲を要求し続けることで業績を達成してきた政治家としては、プラスに働く素質ではなかった。オズボーンが社会福祉事業や地方自治体支援への歳出カットを行った結果、地域社会はさまざまな施設を閉鎖せざるを得なかった。彼は国民健康保険制度への支出を停止した。そうしておきながら法人税を削減し、ダボスマンの果てしない嘘を支えた。

一言で言えば、オズボーンは普通の英国人の経済的安定を犠牲にして、ダボスマンの富を増やすほうを選んだのだ。

ボーンマスで、ダイモンの隣に立ったオズボーンは、すべてが完璧にうまく進んできたと強調した。「5、6年かけて我々が変えてきたこの状況を誇りに思っている。世界と向き合うことで、我々は成功してきた」

こうした彼の態度のせいで、ブレグジットに反対することは、国全体が傷だらけの状態がさらに続いても構わないと言っているようなものだ、と社会全体から受け止められた。

ジェイミー・ダイモンが9歳のとき、父親から、大人になったら何になりたいか訊かれた。答えは「お金持ちになりたい」だった。(4)

実はそれは大それた望みではなく、自分が生まれた環境の生活水準を維持したいという意思表明にすぎなかった。

彼の祖父はギリシャからの移民として1921年、ニューヨークに来た。(5) バスの車掌として働き始め、やがて株式仲買人としてひとかどのキャリアを築いた。この仕事は祖父から父へ伝授され、今度は父が息子を手ほどきした。一家はもともとの姓だったパパデメトリウからダイモンへと改名した。(6) 昔からよくあるアメリカ社会への同化の一幕だった。

ダイモンは自分がギリシャ移民のルーツを持ち、ニューヨークの中でもクイーンズという、川を挟んだマンハッタンの洗練とは違う、庶民的な地域とゆかりがあることを何かと持ち出す。だが、実際には若い頃のほとんどをマンハッタンのパーク・アベニューで過ごした。(7) 生まれた家のすぐそば、同じ通り沿いに、成人してから邸宅を購入した。(8) 彼自身も2人の兄弟も、近くのブラウニング校に通った。(9) 私立の男子校で、その卒業生にはロックフェラー家の者も何人かいた。

週末にはコネチカット州グリニッチにある別荘で過ごした。(10) この地域名だけで莫大な富と権力を意味するといってよい。そこで一緒に時を過ごした証券業界の長者サンディ・ワイルが彼の師匠となり、キャリアを軌道に乗せてくれた結果、彼はやがて金融業界の頂点に達することになる。

それは偶然の出会いではなかった。父はかつてワイルの下で30年にわたって働いた。グリニッチの別荘がお互いの近所にあったし、両家にはいつも付き合いがあった。ワイルは、ブルーカラー労働者の世界であるブルックリン区フラットブッシュ出身のポーランド系ユダヤ人だ。(11) 一族は、20世紀初頭にニューヨークへ大挙して渡ったヨーロッパ移民たちの一員だった。

ワイル家とダイモン家が共有していたのは、合衆国とは誰もが繁栄を享受できる、制約なき機会の地だという意識だった。だが両家は、大っぴらにはしないがもはや自明の理であるパターン――米国では往々にして、エリート層が社会的ネットワークを効果的に駆使して成功する――の典型だった。ダイモンがタフツ大学で3年生になる前の夏休みには、ワイルが自分の会社でインターンの機会を与えてくれた。[12] 大学院で経営学を学んだ後、ダイモンは、アメリカン・エキスプレスに自分の会社シェアソンを売却したばかりだったワイルの下で働いた。

ダイモンはワイルが新しい事業を興すときに付き従い、一連の合併事業を手がけ、次第にその規模を拡大していった。その結果、かつてはボルチモアを本拠としていたささやかな融資事業が成長して、史上最大の金融コングロマリットの一つであるシティグループとなった。

ダイモンはやがてワイルの事業を継承する後継者と見なされていたが、もっと早く経営権を移譲するよう急《せ》かしたことで、師匠を怒らせた。まだ引退するつもりがなかったワイルは銀行事業にダイモンが加わることを拒み、最終的には解雇した。[13]

それは1998年のことで、ドットコム景気のさなかだった。ダイモンは新興のアマゾン・ドットコムという名の会社で働くことも少し考えたが、結局は金融業界にとどまることを選んだ。シカゴを本拠に融資業務を営んでいたバンク・ワンの経営権を買うと、わずか4年のうちに同行の価値を倍増させた。JPモルガン・チェースに働きかけて2004年にこの銀行を580億ドルで買収させ、翌年には統合企業のCEOとなった。[14]

ダイモンの栄達は一般には、彼の比類ない労働倫理と、細部へのこだわりから生じたとされる。ウォールストリートでは、真実の伝え手で、短気だが賢い人物として称えられてきた。

「馬鹿なことは何もするな」。自分の下で働く経営幹部にそう言い聞かせたことがある。[15]「それから浪費するな。ほかの者たちに浪費や愚行をさせるんだ。その後から我々が買収すればいい」

ダイモンは銀行お抱えの弁護士たちなら決していい顔をしないような、常識とは異なる言動をみせることがある。２００７年、世界金融危機の前年には、ウォールストリートが債権を抱えすぎで、リスクの高い投資案件へのギャンブルに手を染めていると認めた。「近年の業界としての行きすぎが最終的にどのような影響を及ぼすかわからない」と、株主向けの年次報告の中で論じていた。[16]

ただし、現実としては彼の銀行自体も、そんな行きすぎから利益を得ていた。ダイモンは、危険信号は見ないふりをして部下たちに危険な賭けを続けさせ、それが銀行の株価を上げていた。

ＪＰモルガン・チェースが金融サービスを提供していた顧客の中に、バーナード・メイドフ［日本ではマードフまたはマドフ表記が多いが原音はメイドフ］がいた。この人物はポンジ・スキームと呼ばれる手口で米国史上最悪の投資詐欺を働き、投資家たちから得た１９０億ドルを食い逃げした。[17] ダイモンの銀行内では、多くのスタッフが何年もの間、メイドフが財務状況を偽装していると警告していた。ある行員は帳簿上の数字が「本当だと信じるには良すぎる」と記したし、[18] 別の幹部は「Ｐ始まりの例のやつ」という表現を実際に使っており、メイドフが出していた運用益が「ポンジ（Ｐｏｎｚｉ）・スキームの一環である疑い」をすでに抱いていたことを裏付けている。

同行は経営陣の刑事責任を回避するための主張として、銀行全体の組織が恐ろしいほど混乱していたために、自行融資の下でポンジ・スキームの詐欺が実施されていたことを明確には把握できなかった、と申し立てた。[19] 連邦当局に対し、21億ドルの和解金を支払うことに同意したが、不正行為があったことは認めなかった。

ＪＰモルガン・チェースが世界金融危機へとつながる中心的な役割を果たした際も、ダイモンは経営の舵を握っていた。米国の金融業界は、融資先が誰だろうと、署名さえあれば何も問わないほどの野放図さで貸し付けを決済していた。数百万件に及ぶローンを束ねた形で債券を発行し、格付け機関に料金を払うことで「健全な投資先」としての認定を得て、その商品を世界中のカモたち相手に売った。

住宅価格が暴落し、ローンに紐《ひも》付けられていた投資、数兆ドル分が焦げついた。２００８年秋の段階で、それまでこうした証券を積極的に取引していた機関は破綻の危機に見舞われた。ジョージ・Ｗ・ブッシュ大統領の政権や連邦議会、さらに連邦準備理事会《FRB》が取った対応の大前提になっていたのが、市場を資金であふれさせない限り、第二の大恐慌が起きてしまう、という見通しだった。

　ダイモンはブッシュ政権の財務長官、ハンク・ポールソンに掛け合い、この危機で最初の大規模な破綻例となった金融機関、瀕死の投資銀行ベアー・スターンズの買収を実現させた。これは、規制するはずの当局とダボスマンとの間に存在する、心地よい関係の典型例である。ポールソンはやはり投資銀行大手であるゴールドマン・サックスの元ＣＥＯだ。彼はダボスマンとしての人脈を活用して、ダイモンを介してベアー・スターンズとその住宅ローン絡みの危うい投資案件を市場から排除し、金融業界全体に波及効果が及ばないようにした。ポールソンはＦＲＢに公金２９０億ドルを投じさせ、ベアー社の投資がこれ以上損失を出さないような状況を整えた。おかげでダイモンは納税者のお金で支えられた救済策も得た上で、かつてのライバル社を手中に収めることができた。

　ポールソンは議会との交渉を急ぎ、３ページからなる〝計画書〟をかざして、自分が必要と判断した場合は無条件で使える、７０００億ドル分の歳出権限付与を求めた[20]。議会は一瞬だけ提案を吟味するポーズを取ったものの、結局は同意し、名目だけの条件として、世界を破綻させかけたような経営陣への報酬にこの支出が充てられないように求めた。

　ＪＰモルガン・チェースは連邦政府からの救済措置で２５０億ドルを受領した。ダイモンは、彼の銀行は実際は支援を必要としていなかったが、財務省に促されたので受け取っただけだと主張した（彼が言及しなかった事実としては、連邦政府の対応策がなければ、彼の銀行から融資を受けていた企業の多くは消失していた）。混乱のさなかで、ＪＰモルガン・チェースは、やはり破綻した金融機関であるワシントン・ミューチュアルの小口取引業務を引き継いだ。そうした動きはすべて、国民としての義務からなされたものであり、金銭的動機は絡んでいない、とダイモンは主張する。

「多くの人たちが考えているのとは異なり、我々が取った非常措置の多くは、利益を上げる目的ではなかった」と、10年後に記した自行行員宛ての書簡で書いている。[21]「ああしたことを実施したのは、我が国と金融システムのためだった」

だが、ダイモンが取り仕切った一連の動きで、以前から巨大だった彼の銀行はさらに拡大し、企業価値も跳ね上がった。2019年時点で、米国で最大手の銀行5行は預貯金総額の46パーセントを預かっていた。[22]その20年前には、当時の最大5行のシェアは12パーセントにすぎなかったのが、それほど拡大したのだ。投資家は、大手金融機関は破綻させるにはあまりに巨大だと理解していた。つまり、金融システムの中であまりに重要な位置を占めているので、政府が常に救済策を用意するのだ。おかげで銀行は格安の利率で資金を調達でき、収益率が伸び、株価も高騰してくれて、ジェイミー・ダイモンのようなダボスマンのふところには、さらに大金が入ってきた。

ポールソン財務長官の古巣だったゴールドマン・サックスは、保険大手アメリカン・インターナショナル・グループ（AIG）を救済する1820億ドルの支援策という、やはり納税者負担の支出を通じて、自行の取引上の損失129億ドルを回収した。AIGは支援金の一部を、自社の最高幹部らに対するボーナス報酬支払いに充てた。しかも、最初の救済資金850億ドルを受領して1週間も経たないうちに、AIGは経営幹部たちを南カリフォルニアの高級ビーチリゾートへ慰安旅行に連れていった。その際の支出44万ドルには、マッサージスパの施療料2万3000ドルも含まれていた。[23]アメリカの資本主義社会がペテン師にとっては天国である、という感覚をいっそう強めたエピソードである。企業経営者たちは、8兆ドル近くの資産が蒸発するという大損害を引き起こし、何千万人という人々の雇用を奪っておきながら、救済資金を受け取ると、海辺の享楽施設でのマッサージとストロベリーチョコに費やしてしまったのだ。

バラク・オバマが2009年1月に大統領に就任すると、彼は8000億ドル相当の財政出動パッケージを用意し、景気を刺激しようとした。そしてダイモンやほかの大手銀行CEOたちをホワイトハウスへ招集し、厳しい話し合いの場を設けた。

オバマは一同を、ステート・ダイニング・ルーム［ホワイトハウスでの公式晩餐会などに使われる大食堂］に集合させた。彼らは長いマホガニー材のテーブルに着席したが、水のグラスしか出なかった。その場で大統領は銀行家たちに対し、巨額の報酬パッケージを支出し続けることに苦言を呈した。出席した者たちが、市場原理に従い、才能ある人材を確保するのに必要な額を払っているにすぎないと反論すると、大統領は彼らを遮って言った。「皆さん、そういう発言をするときは、ものの言い方に気をつけたほうがいい」。オバマは一同に告げた。[24]「大衆はそんなことは真に受けていない。彼らが振りかざす鎌の刃先から、あなた方を守ってあげられる存在は、我々の政権しかない」

結果的にみると、ダボスマンに対して説明責任を求め、つるし上げて流血を望むような動きに対する防護壁として、オバマ政権は、十分すぎるほどの機能を果たした。この政権の司法省は、経営者たちの金融危機に際しての役割に絡んで、一人も刑務所送りにできなかった。[25]彼らが代わりに選択したのは、司法取引して一連の大甘な和解に達する道だった。

オバマはその一方で、国内の住宅オーナーたち向けの救済策を実施することは拒んだ。彼の政権の財務長官ティモシー・ガイトナー――ウォールストリートでの職歴もあり、退任後はプライベートエクイティファンドのトップを務めることになる人物――が、住宅オーナーを直接救済する案を葬った。当時、住宅差し押さえの戸数や、それに付随した破産やホームレスといった問題が急速に増えていたにもかかわらず、である。住宅ローンの借り主たちが包括的な債務免除に浴するようなことになれば、住居による担保をまるでATMと同じように使い、向こう見ずに与信枠いっぱいにお金を借り、バケーションや新車に注ぎ込んだ人々が結果的に得をしてしまう「モラルハザード」を招くだろう、というのがガイトナーの論拠だった。

そんな借り方をした者たちも確かに実在した。だが、より多くの人々がローン延滞に陥ったのは、賃金が何十年間も伸び悩むか、減少さえしていた中で、住宅、衣料、教育にかかるコストがすべて増大したからだった。ベニオフのようなダボスマンが、株式交付による報酬を使って不動産物件をため込んだせいで住宅価格が急騰したため、普通の人たちは、より多額の住宅費支払いを強いられた。質の高い教育が受けられる学校に子供を通わせようと思えば、いい学区に住まいを構えるだけの費用が生じた。そうした人々の多くが、子供を大学に進学させたり、急な病院通いで生じた費用をカバーしたりするために2件目のローンを組まざるを得なくなった。

それでもガイトナーとオバマは譲らなかった。苦境に陥った借り手たちへの多少の救済スキームを提示したが、返済期限を延長したり金利を下げたりするだけだったし、債権者側が条件を自らに有利なように操作しても見て見ぬふりをした。この政策的失敗のせいで市井の人々が持ち家を失っても、その人たち自身が責められるだけだった。一方で、機会に乗じたスティーブ・シュワルツマンのような投資家にとっては、行き詰まって売りに出され、買い叩ける物件リストが確実に増えた。

一方、ＦＲＢは何兆ドル分もの債券価格を高騰させると同時に借り入れコストは抑制し、企業が好きなだけ債務を抱えられるようにした。企業はただ同然で信用供与を受ける恩恵に浴し、株主に配当を出しながらも、投資や積極的な雇用は控えた。

世界金融危機からの10年間で、米国株式市場では、S&Ｐ５００インデックスを構成している各業界の代表企業が、その収益の半分以上にあたる総計5・3兆ドルを費やして自社株を買い戻し、株価を高めた。[26] さらに3・8兆ドルを使って配当金を出した。その10年間で、米国の最富裕層の富は80パーセント以上増大した。[27] 一方で大半のアメリカ人は、なおも景気回復を待ち続けていた。

ダイモンの銀行は最終的には金融規制当局と和解し、１３０億ドルの追徴金を支払うとともに、住宅ローン担保証券を投資機関に対して法外な値段で売っていたことを公に認めた。不正の大半はベアー・

スターンズとワシントン・ミューチュアルによって計画実行されたもので、ＪＰモルガン・チェースが経営権を握るよりも前のことだったが、ダイモンの経営監督下となってもなお、取引の一部は生じていた。和解合意は２０１３年に結ばれた。同行に対する制裁のはずだったが、総資産2兆ドル以上を有する金融機関にとっては、和解金はささいな額だった。ダイモンの報酬額はその年、ほぼ倍増し、２００万ドルに達した[28]。

それでも、彼は翌年1月のダボス会議で、自分の銀行の描かれ方は不愉快であり、とても気に障っていると文句を言った。

「ほとんどの話が不公平だったと思う」とダイモンは主張した[29]。「だが、もう立ち入らない」

連邦議会が、将来同じ失態が繰り返された場合の対策として銀行に予備金確保を義務づけると、ダイモンと手先のロビイストたちは精力的に動き、オバマ政権がこのルールを海外子会社に適用しないよう求めた。国際的な金融規制ルールの下で、十分な支払準備金を用意しない銀行に対し資本サーチャージ［自己資本への上乗せ規制］が課せられることにも、ダイモンは不満を露わにした。２０１１年に非公開の席で、当時カナダ中央銀行の総裁で、その後英国中銀のイングランド銀行総裁になるマーク・カーニーと激論になると、ダイモンはそんなルールは「反米的だ」と形容した[30]。

規制が行きすぎだと抗議していたダイモンの言葉は、その翌年になると、とりわけ不誠実に響くことになる。ＪＰモルガン・チェースは、同行のロンドンのディーリングルームを舞台とする一連の投機的取引が行われた結果、衝撃的な大穴を開けてしまい、損失は60億ドル以上に達する、と発表したのだった[31]。この向こう見ずな取引に手を染めたトレーダーは「ロンドンの鯨」として知られるようになった。

ダイモンはそれまでは、金融危機を招いた〝腐った卵〟はもう取り除かれたので、政府は規制緩和して、銀行に銀行本来の仕事をさせるべきときが来た、と誰にも語っていた。「ロンドンの鯨」をめぐる騒動は、巨大銀行がなおも怪しげなスキームをでっち上げていたのに、経営者たちが暗黙のうちに認めていたか、あるいは把握すらしていなかったのだ、と痛烈に批判されることになった。

一連の不始末にもかかわらず、ダイモンは英国に対し、ブレグジットは軽率だとするお説教をやめようとはしなかった。


ブレグジットという運動自体が、やはり過去の不始末から派生したものだった。

世界金融危機が最悪の状況にあった2009年12月、英国の納税者たちは、同国の破綻しかけた銀行業を対象とした1兆ポンド近くの債務保証という負担を強いられた。救済策を実施したのは労働党政権だった。2010年5月に新しい連立政権がキャメロン率いる保守党主導で発足すると、前政権の失態を突く形で、英国にわずかばかり残されていた社会福祉国家としての仕組みに対して、長年かけ続けてきた解体圧力をさらに強めた。

世界金融危機がもたらしたのは、会計帳簿上でみれば荒廃そのものだった。英国の年間の財政赤字は約100億ポンドから1000億ポンドへ膨れ上がり、国家の累積赤字は約1兆ポンドに達した。当時新任の財務相だったオズボーンは、苦痛から皆を解放すると称し、緊急補正予算を組んだ。

「この国は実態としては、不景気が到来した時点まで、身分不相応な水準で、収入に合わない生活を続けておりました」とオズボーンは議会で答弁した。「今や、我々は失敗した過去のつけを払い終え、より豊かな将来のための基礎を築いていています」

オズボーンとキャメロン首相は、緊縮財政を「偉大な社会《ザ・ビッグ・ソサエティ》」と名付けた高貴な改革の一環として位置づけた。英国が肥大した官僚機構に大ナタをふるいさえすれば、草の根組織や慈善団体、私企業が進み出て、苦境にある地域社会を再び活性化し、助けを必要とする人々を支える仕事を肩代わりしてくれる、と想定されていた。

確かに一面では、ボランティア精神が緊縮策の中で強まった。公共図書館は、憂慮した市民たちによる無給の奉仕活動頼みになり、やがてボランティアの数が有給スタッフを上回った。学校では昼食だけでなく、朝食も提供されるようになったが、これは貧しい家庭の子供たちが空腹のまま登校していたからだった。親たちは、制服のお下がりを融通し合った。だが、こうした共同体精神の発揮をザ・ビッグ・ソサエティの一環として称えてみせることは、自分の家に放火しておきながら、消火活動を手助けしようと駆けつけた隣人たちを賛美するようなものだった。

政府の歳出削減は警察、道路の維持管理から高齢者のケアにまで及んだ。裁判所は業務の執行に苦労した。刑務所は受刑者でいっぱいなのに刑務官が削減されたことで、暴動や自殺が起きた。

予算の上で数字を動かすだけにとどまらず、緊縮財政は国家としてのアイデンティティにも影響し、未来への希望を損なった。

それが最も顕著に感じられた場所はイングランド北部の、基幹産業を失って苦境に陥った町や市だった。こうした地域の現代史は悲嘆の系譜が続き、放置と略奪が繰り返される物語だった。サッチャーが1980年代に組織的な労働運動を制圧したため、彼女の名は忌み嫌われていた。彼女はかつて、「社会などというものは存在しません」と切って捨てたことで知られる。鉱山民営化に反対するストを打った鉱員たちを壊滅に追い込み、苦境にある人々を支援する公的事業を縮小させた。

それから四半世紀後、オズボーンが押しつける緊縮策は、サッチャー路線を完成させようとする企てと受け止められていた。

「明らかに我々の階級への攻撃だ」と、リバプール郊外カークビーに住む61歳の元レンガ職人、デーブ・ケリーは感じていた。「我々の存在そのものへの攻撃だ。社会構造全体が壊れつつあった」

カークビーの町は第二次世界大戦中、弾薬工場を取り囲むように発展した。戦後は工業の中心地として栄えた。ケリーの父はクレーンの操作手だった。母親は冷凍食品工場の検査係として働いた。彼ときょうだいたちが育った家は寝室が3部屋あり、ガレージもついていた。地元のコミュニティセンターで卓球をし、家から通りを隔てた反対側にある公共プールで泳いだ。

だが、２０１８年初頭になると、地元は憂鬱な話ばかりだった。母親が働いていた工場は廃墟になった。プールは何年も前に、自治体の予算がなくなり閉鎖された。ケリーが建築を手伝ったダンスホールは、解雇された労働者が失業手当を申請する窓口事務センターに転用された。彼と子供たちがかつて通った青少年クラブの窓に貼られた掲示が、人々が今そこにやってくる理由を示していた。「家計と借金についての助言／住宅事情についてのアドバイス／家賃滞納問題」

「これは悲劇だ」とケリーは語った。「この町の衰退ぶりは末期的だ」

10キロほど南方の町プレスコットでは、住民たちが、ある告知に接して衝撃を受けていた。地元の広域自治体が、歳入を得ようと苦しまぎれに立案した計画の中で、開発業者への売却検討リストを提示したが、町民に親しまれている公園も含まれていた。すでに図書館は売却されて、改修されてガラス張りの玄関を持つ高級住宅になっていた。郷土史博物館も、すでにそれ自体が歴史の1ページとなってしまった。警察署の建物がなくなり、代わりに新しい合同庁舎に窓口が設けられたが、対応してくれる人がいることはまずない。そして今度は人気のある公園、ブラウンズ・フィールドが消えかねないのである。町の中心部にあり、遊具広場とサッカー場も含まれていた。

「この公園はみんなが使っています」と、この町で子育てを終えたばかりの世代で、青々とした芝生で犬を散歩させていたジャッキー・ルイスは語った。「地元コミュニティのために残された場所としては、たぶんここが最後。一つひとつなくなってきた。もう絶望するしかありません」

人々は陰謀論を披露し合って、この町を含むノーズリー地域の広域自治体の長で、まもなく職を解かれるアンディ・ムーアヘッドが公園を売りに出した動機を解明しようとした。私がムーアヘッドに会いに行くと、彼は緊縮策を推進する悪役のようにはみえなかった。当時62歳、ほとんどの職歴を貧しい子供たちを支援する活動に捧《ささ》げてきた。長年の労働党員で、街角のパブで日ごろ出会う善良な隣人がかもし出す雰囲気を帯びていた。

「私が政治家になったのは、人々から奪うためではなかった」と彼は話した。「でも、対処しなければならない現実がある」

その現実とは、ロンドンの中央政府が地方自治体への交付金を減らし続けた結果、最終的に自治体側は固定資産税と法人税だけで公共サービス事業をまかなわざるを得なくなったということだった。「イデオロギーが原因だ」と彼は言った。「こんなことを誰もすべきではない。全世界で5番目に裕福な国なのに」

リバプールは気風こそ荒っぽいものの、美しい港町で人口約50万人が住まう都市だが、緊縮財政路線が始まってから、市の予算の3分の2が削られた。

マージーサイド消防救急サービスは、リバプールを含む広域都市圏を管轄している。5つの消防署を閉鎖せざるを得なくなり、隊員は約1000人から620人に縮小した。

「こうした削減は明らかに、地域の安全にはつながらない」と消防長のダン・スティーブンスは話す。

3年前にあった火事のことを彼は振り返った。高齢の夫妻が真夜中、自宅で火災に巻き込まれた。最初の消防車は6分後に到着したが、2台目はその4分後まで来なかった。別の消防署から出動しなければならなかったからだ。

「1人は助かったが、もう1人は亡くなった」という。「もしもっと早く出動できていたら、2人とも助かった可能性は高い」

こうした個々の財政問題が積み重なった結果が、単純な足し算よりも悪い結果につながっていた。緊縮財政で在宅医療が削られると、自宅で何も面倒をみてもらえない状態に置かれた高齢者が増えた。市当局は精神衛生関連の事業を縮小したので、古い新聞紙の山を積み上げるようなゴミ屋敷を見回るスタッフも減った。貧しい人々は現金給付を絶たれたので電気代を滞納するようになり、夜はロウソクに頼るようになった。

　こうした懸念材料の一つひとつは、消防署の関知するところではない。だがそれらの要因が複合的に重なり、火災の危険性を憂慮すべき水準まで高めた。高齢者が放置され、新聞紙の山が増えたところにロウソクである。さほどの想像力を駆使しなくても、サイレンの音が聞こえてくるだろう。

「社会のシステム全体に、波及効果が出ている」とスティーブンスは言った。数週間後には彼は辞職し、オーストラリアに移住した。

　米国が１９３０年代に大恐慌の中からニューディールを生み、社会保障《ソーシャルセキュリティ》という政府の施策を立てたのと同様に、英国でも画期的な社会の仕組みが作られた。その支柱が国民保健サービス《NHS》である。この医療システムの創設は、社会全体にとっての大きな転機だったとして称えられてきた。英国はその負の遺産を伴う歴史、例えば残酷な植民地支配、奴隷貿易を金銭物資両面で支えた中心的役割などから抜け出して、国の豊かさと独創性を、もっと誇らしい事業に費やすようになったのだ。

「我々は国家として〝これまで我々は冷酷だったが、これからはお互いに親切にして皆の面倒をみよう〟と考えるようになった」と語るのは、リバプールの医療センターで働く家庭医、サイモン・バワーズである。「ＮＨＳは誰もが支持する。豊かさや貧しさの程度は関係ない。この国の精神構造に刻み込まれている」

　私が訪れた２０１８年、バワーズの診療所は、診察を受けるために何時間も待つ人々で、ごった返していた。バワーズは、ストレス絡みの疾病での受診者が増えている状況に、緊縮財政の影を感じていた。高血圧、心疾患、不眠症、不安障害などだ。

　これは保健医療政策としては、理にかなったものとはいえない。

「英国をこれまでと違う方法で動かそうという、政治的な選択だ」と彼は語った。「裕福な人をさらに富ませておいて、貧しい人たちの暮らしをさらに悲惨にする理屈が、私にはわからない」

英国の有権者が2016年、EUに残るべきか否か投票する際、緊縮財政という言葉が投票用紙に記されていたわけではない。だが、緊縮の影響をどうみるかは、投票態度と密接に絡んでいた。

離脱派は、融通の利かないブリュッセルのEU行政府がルールに固執するせいで、英国はグローバルな大国としての血湧き肉躍るような前途を妨げられているのだと主張した。英国はもっと速いペースで成長を遂げている国々、例えば中国、インドや米国と貿易協定を結ぶことができる、と請け合った。実際にはそうした国々との貿易高が欧州とのそれに匹敵するほど伸びることなどありそうもなかったが、数字よりもシンボルのほうが力を帯びやすかった。

キャメロン首相は国民投票を設定する際に、騒々しい選挙運動を経た後では、国民も残留という理にかなった選択肢を支持するだろうとみて、賭けに出た。だが、首相もオズボーンも、彼らのような存在に対して有権者の大半が抱く怨嗟《えんさ》の念がどれだけ強いかを理解していなかった。

キャメロンたちの誤算は投開票日の夜、BBCが結果を報じ始めたときから、すでに明らかだった。ごく早い段階で開票結果がわかったイングランド北部の都市サンダーランドでは、日本の自動車メーカーである日産が最大の雇用主だ。日産はサンダーランドで製造した自動車を、関税抜きで欧州中に持っていって売ることができたが、ブレグジットがその環境を台無しにしかねなかった。同社のCEOは「企業としての希望」として、英国が欧州にとどまるよう、公然と求めていた(32)。従業員たちは当然、自身の給料についての心配をほかの要因より優先させるだろうとみられていた。

しかし現実には、サンダーランドの票は圧倒的に欧州からの脱出を選んでいた。

数カ月後、私は列車でサンダーランドを訪れ、何が起きたのか理解しようとした。その頃にはブレグジット賛成票の構成は明らかになっていた。英国はヨーロッパとの将来の関係をめぐって何年も続くすったもんだの論争に入っていた。投資はすでに冷え込んでいた。今後どのような悪影響があるにせよ、サンダーランドより手ひどく割を食う土地はあまりなさそうだった。

では、なぜ人々は離脱へと投票したのか？

私は日産の工場で働く人たちの一群に交じってレストランに入り、福祉手当の支払いを削減させようと思ってブレグジットに賛成した、というその店の経営者の話を聞いた。彼はすでにブレグジットを後悔し始めていた。皿洗いを雇うのに苦労するようになっていたからだった。そうした仕事に、これまでだったらすぐ応募してきた東欧系の移民たちが、英国を離れつつあったのだ。ただし、私が接した限りで最も核心を突いていたのは、メディアの記者がよくやる手段を使って申し訳ないのだが、あるタクシー運転手から聞いた言葉だった。

「ブレグジットが何なのか、誰もわかっちゃいなかったし、賛成したらどうなるかも知らなかった」とその運転手は言った。「わかっていたのは、覚えている限りずっと前から、ロンドンの連中が俺たちに対してやりたい放題だったってことだ。サッチャーは俺たちをもてあそんだ。キャメロンとオズボーンも俺たち相手にやりたい放題だった。そのキャメロンとオズボーンが、ブレグジットには反対して助けてくれと頼んできたんだ。俺たちがそっちに投票するわけがなかった。あれは俺たちが奴《やつ》らにやり返すチャンスだった」

有権者が英国の欧州離脱に向けて投票した理由はほかにもたくさんあった。離脱キャンペーンはテロの恐怖に働きかけ、欧州に到着するイスラム教徒の難民たちの写真を掲げた。ブレグジットを、移民に門戸を閉ざす方策として売り込んだのだ。離脱派はまた、ＥＵを去れば節約になるという触れ込みで、財政について嘘をつき、ＮＨＳのような国内の優先事項に支出を回すことが可能になる、と主張した。彼らが隠していたのは、実際には英国は欧州からの補助金を受ける側で、貿易が落ち込めば国庫収入も減るという現実だった。

だが、最終的に論争の分かれ目となったのは、現代の英国という国のあり方を、有権者がどう考えるか、だった。自分たちは大きな欧州というブロックに属する、大切ではあってもその一員にすぎない存在で、多文化主義を選び取り世界と統合された土地であろうとするか。それとも、かなり昔の夢を再び追い求め、独立した帝国主義の大国であろうとするか、である。

　離脱派を団結させたお決まりのスローガンは、ブレグジットは主導権を取り戻すことだ、というものだった。ノスタルジーをかき立てる、小ずるい戦術を進めたのが、ダボスマンの主流から外れて反旗を翻した分派である。ヘッジファンドを経営し、ギャンブル的な不動産取引に手を染めてきた者たちだ。彼らが英国旗を振りかざした動機は、大きな儲けにつながる特定分野での金融規制に関して、主導権を握りたいからだった。彼らの郷愁が目指す原点は、ＥＵ官僚たちからの干渉抜きに、英国の社会構造につけ込んで自分たちだけでルールを決めることができた時代だった。

「我々は、負担が大きく不必要な規制から抜け出したいのだ」。ロンドン不動産業の大物、リチャード・タイスは離脱キャンペーン創設者の一人であるが、投票の1カ月前、取材で私にそう語っていた。英国経済は「多少の混乱や停滞」が今後何年か続くだろう、と彼は認めた。「人生で大切なのは金だけではない」

　タイスの会社が買い集めて管理している不動産は、評価額で7億５０００万ドルに達する。彼は紺ダブルのスーツに身を包み、ツインベッドのスイートルームが1泊４３００ドルもする高級なメイフェア・ホテルのロビーを見下ろす長椅子に座っていた。「ここは私のオフィスの新館みたいなものだ」と言う。ウェイターたちが、シャンパングラスをのせたトレイを捧げ持ち、緊張した顔で忙《せわ》しく行き交う。玄関前には赤いマセラティが停めてあった。

　世界金融危機に際して、ＥＵ当局はヘッジファンドの活動を規制するルールを導入した。業者は山のような書類提出を義務づけられ、資産内容を明らかにさせられ、借入金も制限されたばかりか、報酬総額に上限を課せられた。ヘッジファンドにとって最悪だったのは、取引相手を〝プロの投資家〟に限定され、一般の個人客を保護するという名目で、小口取引が禁じられたことだった。[33]

ヘッジファンドの運営者たちにしてみれば、こうした新ルールのせいで、次の豪邸を手に入れる算段に狂いが生じかねなかった。その打開策となるのがブレグジットで、好きなように事業を展開できた黄金時代への回帰を意味していた。

英国金融業界では100人の経営者が離脱キャンペーンを支持する書簡に署名した。[34]「我々は、EUの規制姿勢が、今や我々の金融サービス産業に対する明らかな脅威となっていることを憂慮している」と訴えた。

署名した著名な経営者の中には、ヘッジファンドマネージャーのクリスピン・オデイがいた。[35] 彼の資産は8億2500万ポンドと見積もられていた。かつて、13万ポンドを浪費して田園地帯にある大邸宅を改修し、世界で最も金をかけた鶏《とり》小屋とでもいうべき建物を造った。[36] パラディアン様式［イタリア・ルネッサンスの建築家パラディオの作品をモデルに英国で流行した古典様式］で灰色の亜鉛を使った屋根の下に、古代アテネ風の小さな彫像が飾られており、すぐに「クラッキンガム・パレス」［バッキンガムにクラッキング（雛鶏の鳴き声）をかけた揶揄］として知られるようになった神殿である。彼は離脱派に90万ポンド近くを寄付していた。[37] ほかの署名者には、6億3000万ポンド相当の資産を持つヘッジファンドマネージャーのポール・マーシャルもいた。[38]

こうした人々が財政的に支える運動が、主権を取り戻すとか、欧州での地位低下という不名誉に終止符を打つとか、人々のお金を取り返す、といった大言壮語で英国を満たしていたのである。

ブレグジットという物語がどうやって英国社会を動かすようになったか、その真相は、トランプがどうやって鉄鋼労働者たちの怒りを原動力にして大統領執務室に乱入し、そこで得た地位を使って億万長者に減税の恩恵をもたらしたか、という話と似ている。それは、緊縮路線を招いた強欲の持ち主であるダボスマンに対して、持たざる者たちが起こした反乱だった。ただし、乱をあおった側にいたのもダボスマンの分派だった。彼らは好き勝手にできる自由を取り戻そうとしたのだが、そんな放蕩《ほうとう》こそが、人々に経済的苦境をもたらした、そもそもの原因だった。

ブレグジットは、それを取り仕切った者たちにとっても危うい動きだった。魔女の大釜から立ちこめる毒の煙が、どこに漂っていくかわからないようなものだ。

ブレグジット国民投票で屈辱的な不信任を突きつけられた翌日、青ざめた顔のキャメロン首相は辞任した。後任は政治運の悪いテリーザ・メイで、彼女は2016年の国民投票運動期間中は公にブレグジットに反対していたが、それを実現するという任務を押しつけられることになった。

メイは3年間にわたり、最後にはもはや儀式と化してしまった議会からのつるし上げに遭った。表向きは離脱といえるだけの細かい条件を満たしつつ、欧州単一市場への参加といった重要な要素は残すような方策を示すことは、結局できずじまいだった。彼女はその間ずっと、与党内の反主流派からの造反の危機にさらされていた。一生分の屈辱を味わわされ尽くしたあげく、彼女はブレグジットという未完の事業を、後任のボリス・ジョンソンに託した。

ジョンソンもやはり英国上流階級の産物だった。キャメロンとはイートン校で同級生だった。20人以上の英国首相を輩出しているエリート校である。彼は風刺漫画家の格好の題材で、丸顔に、あえてボサボサにしている髪型、ステーキハウスの常連であることが見て取れる体格だ。ジャーナリストとして出発し、ブリュッセルで、事実に基づかない、ある意味で創造性に満ちたEU攻撃の報道で知られるようになった。その彼が「ブレグジットを完了する」ことを約束して政権の座に就いた。大方の事情通は、彼もメイと同様に餌食にされるだろうとみていた。

しかし、ジョンソンが有利だったのは、信条と呼べるものを何も持たず、縛られていないという点だった。彼が縛られているのは、首相官邸の住人であり続けたいという自身の欲望だけだった。さらに大きな政治的特典が転がり込んできた。野党を代表する労働党党首のジェレミー・コービンは、濡《ぬ》れた靴下のごとく嫌われていた。

その政治スタイルも信条も古めかしいコービンは、１９８3年から議員を務めてきた。彼も長年、左派の立場からＥＵへの反感を募らせてきた。そのせいで、ブレグジットの成り行きに恐れをなす市民が増え続けた中でも、労働党の下に結集しようと思う者はほとんど出なかった。有権者の過半数がブレグジットは間違いだと考えるようになっていたのにもかかわらず、ジョンソンはこの労働党の弱点につけ込み、２０１9年12月の総選挙で圧勝した。

ジョンソンの勝利で、内戦ともいえるプロセスの第一段階が終わりを告げた。ブレグジットは実現することが確定した。欧州側との何らかの合意を経て実現するか、皆が経験したことがない不確実な領域に混沌とともに突入することになるのかは、誰もわからなかった。だが、ブレグジットは何らかの形でやってくるのだ。

ジョンソンの勝利の熱狂も、この先に待ち受ける道がどんなに危ういものかという現実認識の前では、すぐに冷めてしまった。ジョンソンが政権に就けた大きな理由は、イングランド北部の地域で、伝統的に労働党を支持してきた層が保守党支持に転じたからだった。こうした層の支持をつなぎ止めたいのであれば、彼らを緊縮財政から解放しなければいけなかった。ジョンソンは鉄道や道路への支出を増やし、人々を仕事に就ける必要があった。ＮＨＳへの財政支出も劇的に増やすべきだった。

ただし、ジョンソンは保守党の強固な支持層にも借りがあり、こちらは、まごうことなくブレグジットを実現するよう求めていた。メイが策を弄して実現しようとしたようなソフトなやり方ではなく、ヨーロッパとの決別である。その道は貿易を冷え込ませ、歳入を減らすとみられていた。

ジョンソンには、英国を欧州の影響圏から脱出させるという公約を果たすか、あるいは経済成長を通じて、自分を当選させてくれた産業地帯の人々の暮らしを好転させるだけの財政資金を見つけるか、どちらかの道しかなかった。両方とも実現する方法を見出すのは困難だった。

市井の人々の何十年にも及ぶ経済的闘争が、ブレグジットを生み出した。英国のヨーロッパからの別離を実現するための混沌とした交渉プロセスは延々と続きそうで、宙ぶらりんの状態が恒久化するのではないかと心配された。そうなれば、人々の争いも永遠に終わらない。

何カ月間もかけて、芝居がかった交渉や、合意なしのまま決裂するという脅し文句が交わされたあげく、ジョンソンはついに、欧州側と最小限の合意に2020年12月に達した。英仏海峡を挟んだ商業活動の柱となる条件は、維持されることになった。だが注目すべきなのは、この合意が金融分野を対象にしていないことだった。結果としてダイモンは、自分の銀行が、いずれかの時点で英国を完全に放棄する日が来る可能性についても言及し始めた。

「パリ、フランクフルト、ダブリン、そしてアムステルダムの重要性が増し、より多くの金融取引が行われるようになる」とダイモンは2021年4月に株主宛ての書簡で記した。「相当経ってからかもしれないが、やがては臨界点を超えて、我々がすべての業務を英国から欧州へ動かすほうが理にかなう日が来るかもしれない」

英仏海峡の向こう側では、ダボスマンのもう一人の相棒が、英国の不協和ぶりをみて、銀行家たちにパリへの移転を誘いかける好機だ、と判断していた。

第5章

ダボスマンのフランス大統領

「爆発して当然だった」

エマニュエル・マクロンは、ビジネスを冷笑し敵意を向けることで知られている国フランスで生まれ育ったが、自身が元投資銀行家として億万長者に憧れた経歴を持つこともあり、裕福な者たちを満足させることこそがフランスにとっての機会拡大につながる、という考え方を、大統領としての政治の中核に据えた。

「我が国社会の改善のためには、成功した人々の存在が必要だ」。2017年、就任後まだ数カ月の段階でそう語っている。(1)「彼らをねたむべきではない。〝すばらしい〟と言うべきだ」

ダボスマンによる果てしない嘘に向けられたマクロンの忠誠心が、彼の政策を形作った。だが、その政権統治を危うくもした。富裕層への減税を実施しておきながら、一方でガソリンへの新たな付加価値税を導入したため、働く人々を怒らせ、「黄色いベスト運動」として知られる激しい抗議の盛り上がりにつながった。

マクロンが国の年金システム改革に着手した際、まるで神託の伝え手であるかのようにもてなす相手だった億万長者がいる。ブラックロック社の会長であるラリー・フィンクだ。ダボスマンの一人で、誰よりも巨額の富を管理し、その助言はフランスの退職貯蓄制度政策にも大きく影響した。フィンクの関与が国民に知られるようになっても、マクロンは、フランス国民の利益を大統領が億万長者の遊興向けに売り渡しているのではないかという、くすぶる疑念の声を無視してやり過ごそうとした。
フランスをダボスマンにとっての聖域に変えようとするマクロンは、残りのすべての人々にとっての生存領域を脅かすに至っていた。

マクロンはそれまでの半生を通じて、富裕層の思考様式や社会的慣習に染まってきた。彼が投資銀行部門で働いていたロスチャイルド社は、グローバル化の歴史と密接な関わりを持ち、ヨーロッパ中の鉄道建設や英国政府の海外軍事派遣などに資金を出してきた会社である。

野心をむき出しにする性格のマクロンは、若いときから大統領の座を目指して準備してきた。大学で学部の卒業論文はマキャベリについて書き、修士を取ったのはパリ政治学院。7人の大統領と13人の首相を輩出したエリート育成校だ。さらに官僚としてのキャリア形成のために、支配階級にとってのもう一つの練習場といえる、国立行政学院に進んだ。同院の創立者は、マクロンにとって英雄でありお手本でもあるシャルル・ドゴールだ。フランス軍を率いてナチスと戦い、戦後も十数年にわたって国家にとって圧倒的な存在感を誇った指導者である。

自信に満ちた物腰、流暢《りゅうちょう》な英語、洒落たスーツ、そして億万長者たちを賞賛する姿勢のおかげで、ダボスの世界経済フォーラムでマクロンは高い地位を得ていた。大統領に当選するよりずっと前から、新しくバージョンアップされたフランスを代表する人物であるという雰囲気をかもし出していた。

彼が大統領に当選したことは、フランスが何十年にもわたる反ビジネスの潮流を断ち切ろうとしている兆しとして、富裕層から歓迎された。

「この政権はフランスにとって、さらに何よりヨーロッパにとって好ましいと思う」と2017年6月、ラリー・フィンクは発言した。(2)「フランスは精力的に経済改革に取り組むだろう」

パリを金融センターとして売り込む会合の席で、ジェイミー・ダイモンは、マクロンが「起業家精神、成長と雇用」への刺激剤となるだろう、と語った。
そして付け加えた。(3)「自分たちが歓待されているというのは気分がいいものだ」

まだ39歳だったマクロンは、フランス共和制政治史上で最年少の大統領となった。デジタル時代の現実に通じているので、時代遅れを伝統の尊重として美化しがちなフランス社会を変える、良い薬を効かせる存在となるように思われていた。

彼が当選できたのは、フランスの既成政党が立てた候補たちの対抗馬として、一番抵抗感が薄い候補として差異化できたからだった。社会党は自滅した。党を代表する現職大統領のフランソワ・オランドはあまりに不人気だったため、再選出馬自体を断念した。マクロンはオランドの下で経済相を務めたが、社会党が的外れな方向へと突っ走っていく中で決別した。中道右派政党のほうは、内紛のごたごた続きだった。

マクロンは、修理が必要なものを直すことができる、実務的なテクノクラートとして立候補した。自分自身の党として「共和国前進」を一から組織し、彼がどの陣営にも縛られていないことの証左として打ち出した。選挙資金として1600万ユーロを蓄えたのは驚異的な水準で、それ自体が大衆の期待のうねりを示すものとしてアピールに使われた。

しかし、こうしたことは本質ではない。当初からマクロンは、ダボスマンの手先として用いられることで権勢を培ってきたのだ。

実際には彼の選挙資金の半分近くは、わずか800人という選《え》りすぐりの支持者を出どころにしていた。(4)バスティーユ監獄を襲撃した民衆蜂起で始まったフランス革命の構図とはまったく異なり、マクロンは、自分がその一員として栄達を遂げてきた〝宮廷〟のほうを代表していた。マクロン陣営の選挙資金収集を担ったのは、フランスの大手銀行BNPパリバの元経営幹部だった。陣営に入った人物の中には、JPモルガン・チェースの元幹部エマニュエル・ミケルもいた。投資銀行ロスチャイルドの取締役であるフィリップ・ゲーズは、資金集めパーティーをパリの自宅で開き、ほかの銀行業界幹部らがマクロンと知り合う舞台として斡旋《あっせん》した。ロスチャイルドの経営パートナーを務めるオリビエ・ペクーが催した選挙資金パーティーは、パリの目抜き通りシャンゼリゼで開かれた。

マクロンが経済相に在任中、本人と妻のブリジット（マクロンの高校時代、仏文学の教師だった女性である）はいつも、セーヌ川に臨んだパリの自宅アパルトマンで、フランスでも最も裕福な人々をもてなしていた。時には一晩に2回続けてディナーの席を設けた。

中でも、ほとんど毎週のように夕食を共にした相手が、世界最大の高級ブランドメーカーであるLVMHモエ・ヘネシー・ルイ・ヴィトンの会長兼CEO、ベルナール・アルノーだった。アルノーのブランド帝国傘下にはクリスチャン・ディオール、ブルガリやジバンシィも含まれている。鞄《かばん》1つでも15万ドルを払う気がある顧客たちの御用達《ごようたし》となってきたアルノーの資産は、推計で1000億ドル以上に達し、世界3大富豪の一人になった。(5)

アルノーが所有するヨット、シンフォニー号はフットボール場よりも大きく、6つのフロアを有し、中にはゴルフ練習場、ヘリポート、野外映画場まで含まれる。(6)ガラス底のプールには滝壺《たきつぼ》もある。所有する不動産としては、海辺のリゾート地サントロペの別荘、バハマでは島1つを丸ごと、加えて壮麗なパリの自宅がある。世界的に有名なボルドー地方のシャトー・ディケムのオーナーでもある。産出する貴腐のデザートワインが詩歌で称えられてきたシャトーだ。現代美術のコレクションとしてはピカソやアンディ・ウォーホール、ジェフ・クーンズらの作品を所有している。

アルノーが情熱を傾ける対象は、ピアノと、自らの土地にある花園を散策すること、そして、税金納付を回避する新たなトリックを生み出すことが挙げられる。マクロンに対しては、この3番目の趣味に関連して役立つ存在になるかもしれないとの期待を、すぐに寄せるようになった。

100万ユーロ以上の所得には75パーセント課税するという、結局は不首尾に終わったオランドの政策提案に対し、マクロンは経済相として反対した。マクロンは、そんなことをすればフランスは「キューバから南国の陽光を抜きにしたような」存在に成り下がってしまう、と主張した。アルノーはこのとき、提案に強い危機感を覚えたあまり、ベルギーの市民権取得を申請することで税を逃れようと企て、国家への反逆に等しいと非難を浴びることになった。

アルノーは自分が所有する経済紙レゼコーを使い、友人の大統領選出馬を支持する寄稿文を掲載させた。「エマニュエル・マクロンの政策がよって立つところは、フランスに持続可能で健全、かつ大量な雇用の創出をもたらす手段は、私企業しかないという確信である」とアルノーは書いた。(7)「発展を妨害されたり、不合理な課税や官僚的手続きで成長の意志がくじかれたりすることさえなければ、企業にとっての目標はもっぱら、投資をして自己革新し、持続的な雇用を生むこととなる」

アルノーは何かに妨害されているようにはみえなかった。彼は税逃れという芸術の達人だった。彼のヨットは価値にして約1億3000万ユーロと見積もられており、年間200万ユーロの奢侈《しゃし》品税の課税対象となるはずだった。アルノーの税理士たちは、租税回避地マルタのペーパーカンパニーの名義で、このシンフォニー号を登録することによって、そうした納税義務をかき消してしまった。(8)ペーパーカンパニーが寛大にも船をリースし返して、購入主であるベルナール・アルノーに専有して楽しんでもらう、という仕組みだった。

こうした仕組みを使っているアルノーを経済政策の助言者と仰ぐことは、健全とはいえないのではないかとジャーナリストたちから指摘を受けても、マクロンはお食事仲間のことを弁護した。「あなた方が脱税と呼んでいるものは法律上、刑事罰に処することができない」と、テレビのインタビューで語った。(9)

マクロンにとってみれば、アルノーが抜け目なく富を蓄えてきたことは、むしろこの大富豪からの支持を獲得できれば利点といえるのだった。これによってマクロンは使える候補者として認定され、ほかの富裕層からも彼の選挙運動への寄付を促す結果になった。彼の選挙資金集めは銀行家、起業家、ロビイスト、インフルエンサーたちを標的にし、税負担からの解放を約束していた。

マクロンは特に、裕福な国民がフランスの国外に脱出していく潮流を逆転させる必要性に脚光を当てた。この方向性を打ち出したのは２０１６年10月に開かれた資金獲得のためのディナーで、舞台はブリュッセル郊外、人気のメンズファッションブランド、セリオ創業者であるマーク・グロスマンの邸宅だった。この席で、出席者たちの前に進み出た大統領候補マクロンは、富裕税を大幅に削減することを公約した。マクロンはまた、30万人のフランス国民が住むロンドンも何度か訪れ、国際金融業で働く在英フランス人たちからの寄付を獲得した。(10)

マクロンは決選投票で、目障りな「国民戦線」からの反乱を抑え込んだ。かつては過激派扱いされていたが、今や本流だと自称するようになった右派政党である。同党党首のマリーヌ・ルペンが、イスラム教徒の移民たちにむき出しの攻撃姿勢を示しながら支持率を拡大したことで、欧州全体で右翼ポピュリズム攻勢への警戒の念が強まっていた。

マクロンが何かと嘲笑の対象になったのは、その大言壮語ぶりだ。よく知られているのは、フランス大統領の座を、ローマ神話に登場する全能の神ジュピターになぞらえたことだ（俗物の一員として、ウラジーミル・プーチンや習近平が持つ絶対権力への羨望を隠そうとしなかったトランプですら、神話を利用した権威づけはしなかった）。だが、マクロンをビジョンに欠けると批判できる者はいなかった。フランス国内にとどまらず、彼は、ナショナリズムや反自由主義勢力に対する一つの対抗軸としての希望をかき立てた。

２０１８年1月のダボス会議では、彼が大ホールで行った基調演説に聴衆が詰めかけた。マクロンは自分自身をリベラル民主政治の最後に残った守護者として示してみせ、フランスが復活を遂げるかどうかが、第二次大戦後の国際秩序を維持できるかの分かれ目となると位置づけた。欧州全体に連帯を広げて初めて、ブレグジットやトランプ、危機に瀕する民主主義への対応が可能になる、と論じた。

「もし我々が、このように分断される世界の状況を避けたいのであれば、もっと強いヨーロッパにならねばならない。それが間違いなくカギとなる」。マクロンはダボス会議で言った。[11]「フランスは欧州の中心に戻ってきた。ヨーロッパ諸国が成功することなしにフランスが成功することもありえないからだ」

マクロンは意識して、ルペンやその他の毒を吐くご都合主義者《オポチュニスト》候補への支持を切り崩すのに必要なものを差し出そうとした。それが経済成長だった。そして、国内に漂う無気力状態を根絶する、と訴えた。失業率が10パーセント近くで高止まりする中、この国を徐々にむしばみ、フランスのアイデンティティといえるまでに至った気風のことである。教育を振興し、人工知能のような分野の研究開発を拡充することで、経済的繁栄に必要なスキルを教え込む方針を示した。技術革新に投資し、気候変動との闘いで世界を導く存在へとフランスを変えよう、とアピールした。フランス最良の知的人材がロンドンやニューヨーク、シリコンバレーから帰国すれば、この国はイノベーション先端地域になるだろう、と予見した。成長こそが、世界中で民主主義国を毒している怒りから国を守るのだ、と主張した。

「グローバル化は良いことで、皆が暮らし向きを良くするのに役立つと国民に説明できなければ、彼らは、ナショナリストや過激主義者となり、システムそのものから抜け出したいと思うだろう」とマクロンはダボスで主張した。[12]「そして、どの国もそうした人々に制圧されてしまうだろう」

この改革のカギとなるのが、リスクを取る気風に水を差す、厳格で古びたルールという束縛からビジネスを解き放つことだった。

マクロンが最初に取り組んだ課題は、フランス労働法制の全面改正だったが、そのために国内の主要な産業別労組と真正面から対立することになった。これらの労組にはフランス国内の労働力のうち10パーセント以下しか所属していないものの、[13]大衆を動員する力を持ち、ストライキを打って国内を麻痺状態に陥れるという能力をふるってきた。3324ページにも及び、意味不明なことで知られたフランスの労働規制法を、マクロンは全面的に書き換えようとした。

フランスで労働者を解雇するには費用と時間がかかり、長期にわたる契約解除と法務プロセスを伴った。このため、人を雇い入れる際には、婚姻と同様の覚悟が求められた。双方の関係が満足のいくものでなかった場合の離婚に相当するプロセスが、高価だし苦痛も伴うので、雇用主は長期の正規雇用をそもそも嫌がった。その影響で、派遣や臨時雇いの労働力への依存が強まり、結果として失業率は高く賃金は低いままだった。

過去20年間、労働法制の下での厳密な正規雇用契約――持ち家を手にして、余裕を持って人生設計を立てられるような仕事――による雇用創出は、年間約100万人で変わらなかった。それなのに、1カ月未満の短期就労契約は、160万人から450万人へと爆発的に増えた[14]。

マクロンの改革は合理的な前提に立っていた。労働者の解雇が容易になれば、雇用主は思い切って雇用を増やす。より良い仕事に就けるようになった人々が支出を増やし、経済成長の起爆剤となるはずだった。

この目標を掲げたマクロンにとって、有利に働いた現実がある。フランスでは、主要な労組は幅広い大衆層の利益とは無縁な存在となってしまい、組合員にとっての特権クラブとしてだけ機能していた。労組が動くのは、自分たちの仲間である、ほぼ白人だけで占められるフランス生まれの中年層の雇用を確保しようとするときだけだった。

24歳未満の5人に1人が失業していた[15]。大都市圏を取り囲むように広がり、荒廃し隔絶された郊外《バン》地域《リュー》に住んでいるのは、一度も正規雇用の仕事に就いたことがないアフリカ系の移民集団ばかりだった。ただし、この危機的状況の進み具合については、正確な量的データがない。フランスでは人種間の不平等を測定すること自体が、禁じられているからだ。ナチス占領の負の遺産も手伝って形作られてきた、〝すべての市民間の平等〟というフランス流の幻想が反映してのことだった。

労組は滑稽なほど、雇用の創出を論じることに関心を払わなかった。フランス最大の労組の一つ、

CGTで役員を務めるマヌ・ブランコにインタビューしたところ、彼が示した案は、1週あたりの労働時間を現行の35時間から短縮し、既存の仕事量をより多くの人が分かち合えるようにする、というものだった。労組の幹部が、十分な仕事がない状況への解決策として、仕事を減らすよう提案する国など、フランス以外にはないだろう。

当然ながら、マクロンの労働法制改革に対しては街頭での抗議運動が巻き起こったが、大統領は労働運動の分断をはかり、さらに失業が増えるのは必然だと脅すことで、一部から消極的な支持を獲得した。[16]その上で、一連の改革案は、フランスの社会的道徳観にとって理にかなったものであると主張した。それはアメリカ流の資本主義、ジェフ・ベゾスが自社の倉庫を強制収容所のように運営するやり方ではなく、もう少し穏やかな変種である北欧諸国のようなスタイルで、自由な経済活動を認める方向性だ。[17]何カ月かすると、抗議のストは雲散霧消してしまった。そして、改正労働法が成立した。

ただし、するとマクロンは踏み込みすぎてしまった。政治的に有利な立場を使い、ダボスマンに惜しみなく贈り物を与えることに力を注いだ。公約どおりに富裕税を骨抜きにし、実質的に70パーセント削減した。[18]この施策で、国庫収入が最初の3年間で100億ユーロ減ると予測された。

彼は、億万長者をこれだけ厚遇すれば、海外からの投資を呼び込み、さらなる経済成長につながるだろう、と主張し続けた。

結果として、即座に生じた怒りの渦は、激烈で、ひるむことを知らなかった。

フランスは、市民による暴動が噴出し続ける舞台としてはイメージしにくい。経済格差は、米国や英国の水準にはほど遠い。[19]医療では包括的な国民皆保険制度が人々に提供されている。働く世代を対象とした社会福祉事業への支出が、国の経済の中で占める比率で言えば、フランスより高いのはわずかにデンマークとスウェーデン、ベルギーだけだ。[20]

しかし、富裕層とそれ以外の格差は、数十年越しで拡大してきた。1983年から2015年までの間に、フランス国内全世帯のうち、最も豊かな1パーセントの平均収入は倍増したのに、残りの全員、下から99パーセントの層の収入は25パーセントしか増えなかった[21]。

さらに、こうした全体的な数字からは、不平等の一番極端な形は見えてこない。例えば都市居住者と町村居住者の格差、あるいは常勤雇用と非正規雇用の格差、さらには老いた者たちと、政府の支援もなく放置された若者たちの間に横たわる格差である。

フランスでは、平等という概念は特に重きを置かれる。フランス革命が掲げた理想である「自由、平等、博愛」は、単に政府庁舎の玄関に刻まれたスローガンという以上の働きを持っている。それは国家と人民の間で交わされた、聖なる約束といってよい。

過去には、大災害が格差解消につながった時代もあった。第一次世界大戦の開戦から第二次大戦が終わるまでの間には、不平等の劇的な是正がみられた[22]。富の大半を支配していた層の資産が戦災で破壊されたことによって、是正が実現したのだ。だが戦後すぐの20年間には、一転して不平等が拡大した。そしてやってきたのが1968年5月の破壊的なストと大学や工場の占拠だった[23]。文化的にみても政治的にみても、社会を揺るがす革命だった。抗議が向けられた対象は、ドゴールの保守主義や伝統的な性道徳観、さらに米国がベトナムで続けていた戦争、そして資本主義そのものだった。

ドゴールは――半世紀後にマクロンが倣うことになるやり方だが――デモ参加者たちへの宥和《ゆうわ》策として最低賃金を引き上げた。ドゴールのときは、結果として貧しい人々は支出する力が向上し、格差は縮小した。

ところが1980年代になると逆戻りする現象が起きた。サッチャーが英国で社会福祉を削り、ロナルド・レーガンが米国で〝大きな政府〟への異議申し立てを率いたのと同じ頃、フランスでは歴代政権が貧困層への賃上げを停止し、その一方で失業手当も減らした。

２０１４年の時点で、収入で下位5分の1の世帯に割り当てられた国家の社会福祉支出は、20パーセントにすぎなかった[24]。このシェアは米国よりも低い。かつてなら貧しい人々に振り向けられていた分の金銭が、アルノーのような人々のほうへ流れていた。

黄色いベスト運動に共鳴した人々は、マクロンに何かまったく新しい怒りをかき立てられたのではない。むしろ、最後の一撃を加えられたのだった。

富裕税は、国全体がくぐり抜けた改革の影響を和らげようという趣旨の税だった。導入されたのは１９８２年、社会党から初めて大統領になったフランソワ・ミッテランが、社会福祉政策を充実させる手段として設けた。それ以来、この税は、フランスが富裕層を優遇していないと説明するときに引き合いに出されてきた。フランスがベレー帽の革命活動家たちに牛耳られ、スーツを着たビジネスマンは〝人民の敵〟扱いされてしまうという強迫観念を支える〝証拠〟として挙げられたのが、富裕税だった。

マクロンは、不動産以外のあらゆる分野で課税を撤廃すれば、フランスが海外から投資を誘致する際の良い宣伝になると主張した。英国がブレグジットを進めた結果として、ＪＰモルガン・チェースなどが英国からの撤退を考える場合に、避難先としてパリを検討するよう、ジェイミー・ダイモンのような人々に促す思惑も込められていた。

ロンドンを標的にした、もう一つの動きとして、マクロンは未上場株への課税水準を75パーセントから30パーセントへ大幅に引き下げると公約した[25]。これはスティーブ・シュワルツマンのような経営者に直接向けられた誘い水だった。

ひとたび大統領に就任すると、当初はマクロンも慎重に動いた。政権運営の最重要課題だった労働法制改革に悪影響が出ないようにしようという計算が働いていた。だが、マクロンの最も堅い支持層であるダボスマンが、自分たちへの褒美を急かし始めた。２０１７年夏、エドゥアール・フィリップ首相が演説の中で、富裕税をあと2年は継続する方針を示すと、フランスの最富裕層は激怒した。その３日後、エクサンプロヴァンスで開かれた経済界の年次フォーラムで、経営者たちは裏切られた憤りを露わにした。[26]フォーラムの主催者で新自由主義を標榜《ひょうぼう》するシンクタンク、フランス・エコノミスト・サークルは、マクロンに対して、即座に富裕税を撤廃するよう要求した。

有力企業が加盟するフランス私企業協会のメンバーらは、エリゼ宮の大統領府で秘密裏にマクロンに会い、撤廃の遅れに対する不満を伝えた。[27]この協会加盟社の中にはアルノーの会社も入っている。まもなく、マクロン政権の財務省は、富裕税が翌２０１８年に廃止されると発表した。

富裕税の撤廃で、確かに豊かな人々がフランスに住むようになった。[28]だが、投資の顕著な増大などはみられなかった。フランス議会上院の財務委員会が後に出した報告書は、この減税策により、フランスの長者番付上位１００人にとっては平均で年１２０万ユーロの節税効果がもたらされたと結論づけた。[29]だが、彼らはそのお金を、工場拡大や新規事業の立ち上げ、雇用拡大には費やさなかった。代わりに使った対象が車や株だった。ルイ・ヴィトンの鞄やドン ペリニヨンのシャンパンもケースごと買いあさられ、アルノーの資産をもっと増やす結果になった。

「下向きの波及効果は存在しなかった」と上院財務委員長は報告した。「これは富裕層に向けた大きな贈り物でしかなかった」

廃止される前年、富裕税の課税対象は、総人口６７００万人のフランス国内で、わずか35万１０００世帯しかない、０・５パーセントの最富裕層だった。[30]この恩恵を被った人々の中には、豊かなパリっ子が通う海浜リゾート地ルトゥケに家を所有する、大統領自身と彼の妻も含まれていた。[31]

こうしてマクロンは彼の支持層に取り入ったが、その代償として、芳《かんば》しくないあだ名が、すっかり定着することになった――「富める者たちの大統領」である。

それは、悪評判を一つひとつ積み上げていった結果として獲得した称号でもある。

最初に判明したのは、就任後の3カ月間でマクロンがメークアップ謝礼に費やした2万６０００ユーロの支出だった[32]。そして自分の40歳の誕生日パーティーの会場には、ロワール渓谷の広大な狩猟原のただ中にそびえ立ち、たくさんの尖塔《せんとう》と２８０以上の暖炉を有するシャンボール城を選んだ[33]。マクロンは貴族気取りで浮かれている、との批判をこれで招いた。次にその評判に拍車をかけたのは、エリゼ宮で使うためにディナー用大皿９００枚と副菜皿３００枚を、おそらく50万ユーロ以上の値段で注文したという情報の暴露だった[34]。たたみかけるように、コートダジュールの大統領別荘に、豪華なプールを新築しようとしているとのニュースが続いた[35]。

マクロンは豪華品を愛《め》でる自らの性癖は棚に上げて、膨れ上がる国家予算へ不満を募らせ、おまけに、豊かになることをかたくなに拒んでいるのは大衆の側だと難癖をつけた。まるで、公共プールが未改修で放置されているのは、人々の優先順位が間違っているからだと言わんばかりだった。

政府は「途方もない金額を社会福祉に投じている」。ある日、惨憺《さんたん》たる結果に終わったテレビ出演の際に、マクロンはそう主張した[36]。「だが、人々は貧しいままだ」。農村部にあった工場の閉鎖について苦情を申し立てた労働者たちに対して「じたばたするのはやめたほうがいい」と説教し、職が見つかる、どこか別の土地にすぐ移住するよう勧めた[37]。

こうしたエピソードの積み重ねは、単なる失言として片付けられる範囲を超えていた。そこから明らかになったのは、マクロンがダボスマンの世界観にどっぷりと浸かった人物であり、自分がいくばくかの戦利品を手にするのは当然の権利だという意識を抱いていることだった。

２０１７年秋、マクロンは彼の政権を定義づけることになる、ある決定を下した。アルノーのような友人たちへの課税は大幅削減したのに、彼はガソリンへの課税を増やしたのだ。その上で、これは環境に優しいエネルギーへの転換を促すために必要な措置だ、と説明した。

フランス中で、抗議の人々が、労働者階級の〝制服〟である黄色い安全ベストを身にまとって街頭に繰り出し、国中を麻痺状態に陥れた。

マクロンが住むパリならば、公共交通機関の発達したネットワークが、快適な地下鉄、どこにでも行ける公営バス、整備された自転車道という形でひととおりそろっている。だが、それ以外はフランス国内のどこでも、人々は通勤、通学、買い物のために、自動車に頼るしかない。

多くの地域社会で、人々はガソリン税を、自分たちの苦境がマクロンの計算から外されている表れとして受け止めた。さらに彼が増税を正当化しようとした根拠が、怒りに火を注いだ。マクロンが「環境に優しいフランスを目指す」とダボスのような場で発言して賞賛を受ける一方で、国民はその代金を負担させられるのだ。ベストに記された人気のスローガンがうたうように「マクロンは世界の終末が気がかり、我々は支払いの月末が気がかり」なのだった。

3人の子を抱えた40歳のシングルマザーであるヴィルジニー・ボナンは、ガソリン税問題で国中を揺るがした反乱の輪に加わった。彼女はフランス中央部にある人口約6万の都市、ブールジュの住人だ。町の中心部はゴシック様式の大聖堂を取り囲むように狭い通りがひしめいているが、市域の大半を占めるのはくすんだ郊外の町で、道沿いに駐車場つきの大規模量販店が並び、周辺の平原まで続いている。

かつて火薬製造や繊維工業の中心地だったブールジュでは、多くの仕事が失われてきた。まだ残っている工場が雇い入れるのは、非正規の労働者が圧倒的に多かった。

「私たちは替えが利く存在でしかない」。成人してからの大半の期間、地元の自動車部品工場で働いてきたボナンはそう語った。

彼女のひと月の稼ぎは1900ユーロだった。毎週、木曜日の夜になるまで次の週の勤務シフトがわからないので、子育ての責任を果たすのもひと苦労だった。こうした嘆きがアメリカ人の間で聞かれることはよくある話で、ウォルマートで働く人などにはつきものだった。だが、同じような現実がフランスでも増えていた。

ボナンが職を失ったとき、よくあるように彼女の頼みの綱は失業手当だった。「月末までもたせられる額だけど、いつもぎりぎり。そういうときには、私が肉を我慢して子供に食べさせる」

すでに何カ月も燃料価格が高騰していたときに、ガソリン税が付け加わった。「仕事に向かうには給油しなければならないし、ガソリン代を稼ぐには仕事をしなければならない」

彼女のフェイスブックは怒りの書き込みや抗議行動の呼びかけで埋め尽くされていた。人々は、自動車専用道の入り口ランプで集会を開くことにした。黄色いベストを着て、トラックや乗用車の通行を止めようというのだ。

抗議活動の初日、2018年11月のどんよりと曇った寒い朝、ボナンは、そこに集った数百人の中にいた。道路上に立って、文字どおり物理的にフランス経済の動脈を塞ぐと、多くのドライバーはそのため生じた交通渋滞で立ち往生したが、それでもむしろ連帯の証しとしてクラクションを鳴らした。

「誰もがうんざりしていた」とボナンは言った。「爆発して当然だった」

まもなく、フランスのどの都市も、黄色いベスト運動による混乱に巻き込まれた。銀行や商店の窓ガラスが割られ、車は放火され、凱旋門《がいせん》まで破壊行為の対象になった。警官隊は、デモ隊ともつれ合いになると、鎮圧のためにゴム弾や催涙弾を発射した。(38)

めったなことで動揺しないマクロンも、このときは追い詰められた様子だった。数週間後、彼は方針を転換して、ガソリン税の引き上げを凍結した。(39) 暴徒化した反対運動を前にしての、驚くほどの譲歩だった。だが同時に、手遅れでもあった。

抗議運動はもはや、個別の政策や、マクロンが体現する雰囲気だけに向けられるものではなくなっていた。黄色いベスト運動は、社会の調和は平等から始まるというフランスの中核を成す思想がないがしろにされてきたことへの怒りの表現として、勢いを獲得したのだ。マクロンはガソリン税引き上げを撤回することはできても、国民の精神に刻んだ傷と、フランスの倫理綱領を彼が捨て去ってしまったという印象を消すことはできなかった。

抗議が続行し、マクロンが有していた、テクノクラートとしての冷静なオーラは消えた。支持率は23パーセントにまで低下した。5カ月後、彼は一連の対話集会を国内各地で開いて、不満の声に耳を傾ける姿勢をみせた。さらに、就任後初の記者会見に応じた。

「誰でも常に改善すべき点はある」と彼は話した。[40]「我々は政策の中心にいつも人間の存在を据えてきたとはいえなかった。私は、自分が常に命令を出す側で、公平さに欠けるかのような雰囲気をかもし出してしまった」。そして「方向性を根本的に変えて、私の信じる哲学、より人間的な、ヒューマニズムの方向へ向かう」ことを約束した。

マクロンは中間層向けに50億ユーロ相当の減税を約束した。病院や地方の学校は閉鎖を中止させるとした一方、自分の母校でもあるエリート訓練機関、国立行政学院は廃校にするという方針まで掲げた。だが、金銭面での手当は、不公正への怒りによる動乱を鎮めるには十分ではなかった。ボナンの一家は手頃な家賃のアパートに住んでいたし、その住宅費の一部は政府からの補助金でまかなわれていた。彼女が黄色いベスト運動に加わった動機は、絶望というよりもむしろ、募る一方の不満の念だった。「こちらはあれこれ犠牲ばかり払っているのに、リッチな人たちは税金を払わずに済むなんて」と彼女は指摘した。「嫌になってくるし、社会的に不公平でしょ」

黄色いベスト運動がブールジュで拠点にしたのは、市の南郊に無造作に立てられたテントだった。支援してくれる農家が、最初の抗議活動の舞台となった高速入り口ランプの近くの土地を提供してくれたのだ。

テント内では、十数人が木製のベンチに腰掛け、インスタントコーヒーをすすり、たばこの箱を回していた。外で冷たい雨が降りしきる中、何人かの参加者は、建材を積み上げて燃やす粗製の屋外ストーブの周りで身を寄せ合っていた。

年配の男性が、自分の年金では生活費がまかないきれない、と嘆いた。21歳の女性、コラリ・アノヴァッジは、ウェイトレスの短期バイトを渡り歩くようにして生計を立てなければならず、両親の家を出て住む余裕がない、とこぼした。彼女の世代は、政府による低所得者支援のための交付金といった福祉施策から除外されている。

彼女はマクロンを本能的に憎悪していたが、輪をかけて厳しい言葉を、もっと身近な集団に対して浴びせた。その対象はアフガニスタンやスーダン、シエラレオネ、そのほか紛争で荒廃した国々からやってくる難民たちだった。この町ではそうした人々は、高速沿いにある、かつて安ホテルだった建物をあてがわれて暮らしていた。アノヴァッジにとっては、彼らの存在そのものが、自分と同じ境遇のフランス人たちが根無し草の扱いを受けていることの証明だった。

「ああいう移民たちは、最新のスニーカーとか最新のスマホを持っていて、全部国が払っている」という。

別の女性が、椅子を蹴るように立ち上がりながら会話に割って入ってきて、同意を示した。クローディーヌ・マラルディは、そうした難民たちが「いつも、ここらの女性を狙って性犯罪をしている」と語った。「あなたがフランス人なら、支援を受けられない。外国人は受けられる。私も黒いペンキ缶をもらって顔を塗れば、支援を受けられる」

あからさまな人種差別的な発言を正当化できるのかと私が彼女を問い詰めると、マラルディはついに、自分も支援金を受給していることを認めざるを得なかった。1カ月に860ユーロの失業手当だ。住んでいるのも公営住宅で、国家からの補助金助成を受けているアパートなので、家賃は1カ月300ユーロで済むという。

彼女は、難民と実際に接したことがある人は誰も知らなかった。男たちが性犯罪を起こし、地元の女性が被害を受けているという主張に関しては、マラルディは、よそで聞いたことを単に繰り返していただけだと認めた。「フェイスブックで読みました」

フランスの労働者階級が直面する問題の原因は難民たちだという説は、実際はまったく検証に耐えないものだ。以前はホテルだった建物に入れられているという難民たちに会いに行ってみた。若い男性が中心で99人いたが、ほとんどは自室で静かに過ごしていた。難民申請が審査されている間は就労が認められないので、彼らはすり切れた教科書類を使ってフランス語を勉強したり、故国にいる友人や親類とテキストメッセージをやりとりしたりしていた。歩いていける範囲には何の商店もないので、バスで町の中心部に出かけて日常の買い物をし、公的支援として受け取る1カ月２００ユーロの中で、なんとか工面しようとしていた。

もしもこの人たちがフランスの繁栄の成果を盗んだというのなら、よほどうまくどこかに隠してしまったのだろう。

だが、移民難民問題は、機に乗じた極右政治家にとっては突破口になった。２０１９年初め、欧州議会選挙の運動を繰り広げた際に、マリーヌ・ルペンは、自分こそが黄色いベスト運動を代表していると主張した。

「今や、闘いはナショナリスト対グローバル主義者たちのものだ」とルペンは宣言した。[41] 彼女の党は総得票数で最多を獲得した。

黄色いベスト運動でこれだけ非難を浴びたにもかかわらず、マクロンはフランスを改造しようとする自分の計画を諦めていなかった。２０１９年秋、彼はフランスの年金制度を改革する構想を打ち出した。

フランスは国としての経済生産高のうち14パーセントを年金に費やしており、先進経済諸国の平均、8パーセントを上回っていた。典型的なフランス人の労働者の退職年齢は60歳だった。[42] 全体の制度は、42もの個別の年金機構から成り立っており、その一つひとつに、複雑なルールや無駄な業務が付け加わっていた。どこかの労組の利害を優先したせいだ。

マクロンは黄色いベスト運動で追い詰められていたので、この計画を打ち出すにあたり、退職年齢の引き上げや政府の年金支出を削減することはしない、と約束した。単に混乱した状況に秩序をもたらすのが目的だ、という説明だった。絡み合った個々の年金制度を整理して一つの統一したシステムを作ろうというのが、彼が掲げた目標だった。

だが、労組はそこに悪だくみの存在を嗅ぎ取った。彼らの理解では、年金に多額を費やしていることは、国として誇るべき、文明社会の旗印であり、改革を要する問題ではないはずだった。

現行の年金制度の下では、一般的に労働者は標準年齢で退職の権利が生じ、その人にとって最も稼ぎが多かった期間、25年間の平均賃金を算出根拠にして、それに応じた額の退職金を得ることになっていた。マクロンの提案ではこれを、職歴を通じて加算されたポイントの総計に応じて年金額が決まる仕組みに変えようとしていた。そんなやり方は、国家が保障するこれまでの年金システムを捨て去り、運頼みの宝くじで置き換えるようなものだった。中には損をする人も出るのだ。

究極の勝者としての座を確実に手にしていたのは、ラリー・フィンクだった。ダボスマンの一員で、長い年月をかけて、世界中のマネーの流れに対する比類のない影響力を密かに蓄えてきた人物である。マクロンも、フィンクの言葉になら耳を傾けた。フィンクは自分の立場を巧みに使ってフランスの年金制度を改変し、これまでなら自分たち国際金融サービス企業には手が出せない、壁で囲まれた聖域だった国家制度を、魅力的な新しい市場へと変貌させようとしていた。

フィンクは金融の世界では最重要人物の一人だが、興味深いことに、その影響圏の外側ではほとんど知られていない。彼の会社ブラックロックは世界中で事業を展開することに成功し、年金機構や大学の基金、健康保険組合などの機関に働きかけて、資産管理を受託することで、7兆ドル以上を管理するようになった。その過程でフィンクは億万長者となり、しかも資本主義の世界におけるカメレオンのような存在として、政府首脳や中銀総裁、そして仲間のダボスマンたちにとっての陰のアドバイザーとなった。

中でも、最も財力のある顧客としての米国政府から信頼を勝ち取ることにフィンクは長けていた。「彼はオズの魔法使いのような存在だ」と、元投資銀行家で金融ジャーナリストのウィリアム・Ｄ・コーハンが形容したことがある。[43]「舞台裏の男だ」

ロサンゼルス北郊のサンフェルナンド・バレーに広がる住宅地で育ったフィンクは、経営大学院を出ると米東部に向かい、ウォールストリートで職歴を積み始めた。

ファースト・ボストン銀行で働き、当時の米金融界では、退屈な守りの分野と考えられていた債券取引に携わった。フィンクはその業務を、並外れた利益を生む分野へ変え、モーゲージ証券と呼ばれる新しい債券の仕組みを築いた。不動産ローンなど個別の融資案件を買い集め、それを担保として発行した証券を投資家に売るのだ。こうして住宅ローンは、巨額の利益を生み出す投資取引の対象へと変化した。

この分野でのフィンクのイノベーションは当初は前向きな結果をもたらし、住宅ローン融資のリスクを低減し、住宅所有を促進した。しかし、モーゲージ証券を使ったウォールストリートの行きすぎたギャンブル行為は、やがて２００８年の世界金融危機の主要な原因へとつながっていく。

フィンクが最初に積み上げた業績は、複雑な企業再建に熟知した銀行家としてのものだった。31歳で代表取締役の地位に昇り詰め、ファースト・ボストンでの最年少記録となった。しかし１９８６年、手痛いミスを犯して銀行に1億ドルの損失を出すことになった。金利上昇を誤って予測したのが原因だった。フィンクはそれを自分が使っていた分析システムのせいだとしているが、これで銀行内でのさらなる栄達の道は塞がれた。それはまた、データを扱うコンピューターの処理能力を上げることにフィンクがこだわるようになった原点でもあった。

その事件があった2年後にフィンクは銀行を退職し、スティーブ・シュワルツマンが経営する企業ブラックストーンに加わり、その傘下の、債券取引業務に特化したブランド事業であるブラックロックを取り仕切った。

この事業はとてつもない利益を生んだが、フィンクもシュワルツマンも互いに平和裏に共存するにはエゴと虚栄心が大きすぎた。彼らは利益分配の方法をめぐって衝突した。結果として、シュワルツマンはブラックロックの事業をピッツバーグの銀行にわずか2億4000万ドルで売却したが、これはウォールストリートでも取引の達人といわれる人物にしては珍しい、ひどく損な商売だった。

フィンクの会社は合併を繰り返して競合他社を呑み込み続け、1999年には株式上場した。債券取引から、金融のあらゆる分野――株式、不動産、ヘッジファンドにまで業務を拡大した。

ブラックロックは、業務規模の大きさのおかげで、世界的な市場動向に関する独自の視点を持てるようになった。そのこと自体が、最も重要な業務分野の開拓につながった。ファースト・ボストンでの手痛い失敗で鍛えられたフィンクは、コンピューターで管理されたリスク管理システムを作り上げた。対象資産を洗い出して未知の危険を探し当て、市場の空気急変や金利変動など、重大な変化が起きた場合の影響をシミュレーションにかけるようになった。アラディンと名付けられた、この高度に発展したシステムのおかげで、ブラックロック社には市場にひそむリスクを探知する能力が備わった。1990年代半ば、フィンクは、このアラディンをほかの金融機関向けのサービスとして売れるということに気づいた。ジェイミー・ダイモンの銀行がその顧客となっているほか、そのリストには100以上の金融機関が加わっている。

アラディンのおかげで、いわば究極の投資家である米国政府も、ブラックロックに業務を発注するようになった。

合衆国政府は2008年秋の金融危機のさなかに公的資金を注入して救済策を実施した際、債券やその他の証券を含む多大な資産を監督下に収めた。そうした投資案件を誰かが管理する必要があった。引き受けたのがラリー・フィンクだった。

インサイダー中のインサイダーといえる彼は、絶好の立場にいた。金融危機前の数カ月、ブラックロックの顧客の中には、崩壊しつつあった大手企業のほとんどすべて、例えば保険大手のＡＩＧやリーマン・ブラザーズ、そして政府系不動産融資会社のファニーメイとフレディーマックが入っていた[44]。フィンクの下にいるデータ専門家のチームは、これらの企業の資産を点検し、リスクに関する内輪の知識を彼に提供した。

ハンク・ポールソンとティモシー・ガイトナーは、財務長官の先任・後任として連邦政府による救済策作りに携わったが、彼らもフィンクの助言を頼りにした。ＪＰモルガン・チェースにベアー・スターンズを救済買収させる案件が、法務上の問題で暗礁に乗り上げかけた際、具体的に問題になったのは、特別融資で保証の役割を担ったＦＲＢに損失が生じた際、財務省がそれを補塡《ほてん》できるかどうかだった。だが、フィンクがそれを解決した。ブラックロックからＦＲＢに対して、これ以上損失が出るリスクは事実上、存在しないと証明する書簡を提出できる、とポールソンとガイトナーに伝えたのだ[45]。

フィンクは、いくつかの具体的事項について間違っていた。フィンクは顧客に対して、よりリスクの高い投資案件を進めて、より大きな利益を求めるよう助言していた。しかも彼は、巨大な投資銀行リーマン・ブラザーズが崩壊し、金融市場に恐慌の波を広げる直前まで、同行の経営は健全だと公に保証していた[46]。どれも、ささいな点などではまったくない。ベアー社が破綻した後になっても、

だがフィンクには非常に貴重な資産があった。システムを運営する人々からの信頼である。

米国政府との取り決めにより、本来は納税者に帰属するべき資産をブラックロックが管理するようになった。そうした資産の中には、ブラックロックの顧客だったファニーメイやフレディーマック、ＡＩＧ、それから当時はすでにダイモンが傘下に収めたベアー・スターンズといった会社が粉飾した取引の残滓《ざんし》が詰め込まれていた。

これは、開いた口が塞がらないほどの利益相反の典型例といえる。[47] ブラックロックは破綻した企業の債務の評価額を操作できる立場にありながら、同時に、その債務を使って取引していた。

フィンクはそうした批判を一蹴する。「顧客は我々を信頼している」というのだ。[48]

その主張には一面の真実が含まれている。目立たない服装、はげかけた頭、空回りする元気、クラシックな金属フレームの眼鏡といったものと相まって、フィンクは細部が気になって仕方がないオタクの雰囲気をかもし出す。余暇を過ごすのは壮大なレジャーボートではなく、コロラドに持っている家で、フライフィッシングを好む。フランスのアルノーがソーテルヌ貴腐ワインのすばらしさについて詩的に語るのと対照的に、フィンクはインアンドアウトバーガー〔米南西部を中心に展開するファストフードチェーン〕の愛好家だった。

一方で彼がひいきにする立ち寄り先には、例えばマンハッタンのミッドタウン地区にあるイタリア料理店サン・ピエトロのような店もある。[49] ここは金とコネのある人々専用の会員制クラブのような場所で、銀行経営者やニューヨーク証券取引所のトップ、さらにビル・クリントンまで来店する。フィンクは世界経済フォーラムにも足繁《しげ》く出席し、やがて理事会の一員となった。フィンクはその立場を足がかりに、ダボスマンの相棒でフランスを統治するマクロンに取り入るまでに至ったのだ。

就任から1カ月も経たない２０１７年6月、マクロンは大統領宮にフィンクを招いた。[50] 同じ月、マクロン政権の経済財務相、ブルーノ・ルメールがニューヨークを訪問し、ウォールストリートからの投資を募った。ルメールの旅程にはフィンクとの夕食も入っていた。[51] さらにその4カ月後、マクロン政権が招集した年金改革のための専門家パネル30人の中には、ブラックロック・フランス法人のトップが含まれていた。

ブラックロック社は大統領宮で開催された最高幹部級会議の運営を支援した。[52] 20社ほどの投資機関が集められ、年金改革を含む、フランスで今後期待される機会について討議した。フィンクは参加者向けに「機密：部外配布を禁ず」の印をつけたメモを送り、この会議は国家の最高指導層との間で「またとないダイナミックな討議」ができる機会だと記した。「我々は丸一日を費やし、マクロン大統領の変革のビジョンに関して、政権の代表者たちと討議する」

フィンク自身もこの会議に出席した際、もう一人のダボスマンの相棒を連れてきた。元英財務相で、緊縮財政路線を敷いたジョージ・オズボーンだった。オズボーンが自らの地位を失うことになったブレグジット国民投票での大失態から1年が過ぎ、彼は金融サービス産業の手先に変身して、自分を売り込むようになっていた。

オズボーンが財務省を悲惨な方向で運営したことがブレグジットの一因ともなったし、彼は自国では悪玉と化していた。ただし、その経験を通じて、彼は金融業界と政府の間で交わされる相互作用について、内情を熟知していた。それだけで、ダボスマンに代価を払う気にさせる、貴重な商品といえた。

オズボーンは喜んでその売り手になった。ブレグジット国民投票後の数カ月で、彼はシティバンクやブラックロックを含む金融サービス企業向けの一連の講演で、60万ポンド以上を稼いだ[53]。

オズボーンはまた、ＨＳＢＣでも働いた。ヨーロッパのあちこちの国で、顧客の脱税需要に応えようとした疑いで捜査対象にしばしば浮上してきた、悪名高い銀行である。

まだ財務相だった２０１５年、オズボーンはＨＳＢＣが本社をロンドンから移転しないよう説得するために、特別銀行税を削減していた。しかし、ブレグジットでＨＳＢＣは英国にとどまる方針を再考することになった。２０１7年1月、ブレグジット国民投票から半年後のダボス会議では、ＨＳＢＣの経営者が、同行はパリにおそらく１０００人分の雇用を移す方向で検討している、と述べた[54]。同じ年にやはりダボスで、ＨＳＢＣは選りすぐった20人の顧客だけを相手に非公開イベントを開いたが、その目玉はオズボーンの講演だった。

その数日後、フィンクはオズボーンをアドバイザーとして雇用したことを発表した。「我々の使命の中核は、世界中の人々が貯蓄して、退職後に備えて投資するのを手助けすることだ」とフィンクは声明の中で記した。[55]「ジョージの洞察力によって、我々の顧客はその目標を実現できるだろう」

ブラックロックでのオズボーンは、ひと月にわずか4日しか勤務しないのに、1年の報酬は65万ポンドに及んだ。2017年10月には、そのわずかな日数を充てて、フィンクに対して、フランスの年金生活者たちからどうやって利益を搾り取るかを助言することになった。

パリでの最高幹部級会議で、オズボーンは「地政学とマーケット」と題してプレゼンテーションをした。続いてマクロン政権の閣僚らが登壇し、年金・労働改革案、フランスの交通網への投資、そして国際金融企業にとっての機会といった話題について討議した。

のちにフランスのメディアが発見したことだが、出席した閣僚のうち誰一人として、公式日程にこの会議出席を入れておらず、一般の目からは隠された場になっていた。会議は、マクロンも出席したレセプションで幕を閉じた。

それから2年が過ぎ、マクロンが年金制度の再構築に向けて提案を始めた際には、ブラックロックは自社の目標を首尾良くフランス政府の提案の中に忍び込ませていた。

2019年10月に出されたブラックロックの分析報告書によると、フランスは国際金融資産の運用マネージャーにとって、金鉱のような機会を生む地とみられていた。フランス人は多額の貯蓄を、現金で保有するか、安全な国債という形で託していた。総貯蓄額のうちわずか5パーセントだけが株式で保有されており、[56]米国の34パーセントと対照的だった。

ブラックロックはフランス政府に対して、民営化された退職年金基金の創設を進めて、一般の人でも複数銘柄を集めたバスケット取引を使って投資できるようにするべきだと促した。

こうした詳細に、フランスの大衆はほとんど注意を払わなかった。しかし、2020年1月にマクロンは、ブラックロック・フランス社の社長、ジャン・フランソワ・シレリに対して最高位の栄誉であるレジオン・ドヌール勲章を授与すると発表した。世界最大の資産管理企業国内支店のトップが、今やフランスでは公式に国家の英雄ということになった。

年金制度改革は、すでに声高な抗議運動を巻き起こしていた。バリケードの中で抗議する側からみると、ブラックロック現地法人社長への政府からの褒賞の大きさは、あらゆる面でマクロンへの疑念を裏付ける証拠でしかなかった。マクロンはやはり国際金融業の手先であって、富める者たちの大統領として、国家の蓄えをダボスマンに横流しすることで、公共の利益を売り払ったのだ、と受け止められた。

100人近くのデモ隊がブラックロック現地法人のパリ本社に押しかけ、同社が人々の富を接収する陰謀を企てたと非難した。[57] デモ参加者たちが反資本主義のスローガンを壁やカーペットにペイントスプレーで殴り書きしているところに警官隊が到着し、逮捕者が出た。

ブラックロックは、自社がまるで無関係な通行人であるかのように抗議した。「政治的な動機に駆られた根拠なき論争に、当社が巻き込まれたことを遺憾に思います」と同社の声明は記した。[58]「繰り返しになりますが、ブラックロックは現在の年金制度改革に関与しておりませんし、今後もその意図はございません」

だが、ブラックロックが年金制度改革を働きかけたか否か、あるいはそのやり方がどんな手口だったかなどは問題の本質ではない。フィンクの会社は、フランス国内の貯蓄が株式市場へシフトしていけば、どんな形であっても、間違いなく、世界最大の資産管理会社であるという自社の地位だけで恩恵を被る。世界の金融市場で出回るほぼすべての商品、株、債券、投資信託などをブラックロックが買っているため、市場の個別の動きには、どこかで同社が嚙《か》んでくる可能性が高いのだ。

ダボスマンはすでに、勝利を手にしていた。マクロンとその党は、芝居がかった演出はともかくとして、年金制度の改変を実行するだけの力を持っていた。

マクロンは、今後も拭えないであろう本人の屈辱感や、彼を嘲笑するあだ名、非難のスローガンの連呼が続こうとも、実質的にみて革命と変わらないものをもたらした。フランスは今や、米国や英国で億万長者の資産増大を加速したのと同じ原則で統治されている。国家を救えるかどうかは、ラリー・フィンクのような者たちをさらに裕福にできるかどうかにかかっている、という思想だ。

ダボスマンの果てしない嘘が世界を徹底的に包み込むようになったため、社会民主主義の最後の砦ですら、その説が経済政策を形作るに至っていた。その国とは、スウェーデンである。

第6章

ダボスマンはどうスウェーデンを征服したか

「どこでもブラックストーンでつまずいた」

国連の「適切な住居に関する特別報告者」として、カナダ出身の人権弁護士レイラニ・ファーハは世界各国を訪問し、金融業者らが住宅をまるで替えの利く商品であるかのように取引してきたことの影響を分析してきた。立ち退《の》き、差し押さえ、住まいとふるさとを捨てざるを得なかった家庭のトラウマ、根無し草となった絶望などである。

ファーハはチェコの首都プラハで、ひどい差別を長年受けてきた被差別少数集団ロマの人々ばかりが住むビルのことを知った。ロマの人たちは新規開発プロジェクトによって立ち退きを迫られ、ホームレスになる危険が迫っていた。ファーハを驚かせたことに、新規プロジェクトの投資者は、ある米国企業だった。すぐに、同じ会社にドイツ、スペイン、米国でも出くわすことになる。

「問題を探ると、どこでもブラックストーンでつまずいた」と私に教えてくれた。「彼らは、至るところにいる」

ブラックストーン社は世界最大のプライベートエクイティ企業だ。比類のない規模で不動産を管理し、収益確保を最優先させる無慈悲な地主でもある。ブラックストーンの共同創業者であるスティーブ・シュワルツマンは、歳月をかけて尽きることのない活力を注いで、前例のないビジネス帝国を築き上げた。一連の持ち株会社やジョイントベンチャーの枠組みを使い、シュワルツマンの会社は、世界各国の都市にある集合住宅群、住宅やオフィスビルを管理下に置いた。基本的な手法はどこでも同じで、まず、店子《たなこ》が弱い立場にある土地で、安く買い叩く。そして家賃を上げ、諸費用を絞り取ってから、その資産を別の者に売り払う。

このモデルはシュワルツマンに出資する株主たちにとっては利益の源泉だったが、彼の管理下に置かれたコミュニティの住人にとっては、精神的苦痛を伴うものでしかなかった。

ブラックストーンは、進歩的な社会民主主義の鑑《かがみ》であるはずのスウェーデンにも進出していた。同社は地元企業をパートナーに、ストックホルム近郊の低所得者向け住宅地域へ投資した。住人たちはサービスの低下、飛躍的に高くなった家賃、そして立ち退き要求に憤慨することになった。

ファーハは、これは驚くべきことだとみる。スウェーデンには、その国が獲得してきた評判どおりなら、億万長者が家主として搾取するような事態を防止する仕組みがあるはずだったからだ。

だが、そうしたイメージは急速に過去のものになりつつあった。

ほかの国々と同様に、ダボスマンがスウェーデンでも支配権を手中にし、政府を説得して富裕層への課税を削減させた。経済格差は拡大し、公共サービスが不足して、大衆は不満を募らせた。ネオナチとつながりを持つ右翼政党、スウェーデン民主党にとってはそれが好機だった。この党は、スウェーデンの諸問題は移民に非があると責める運動で支持を拡大した。フランスやイタリア、米国と同様、そうした構図を描くと、選挙では効果的に票を得られたが、説明としては的外れだった。スウェーデンのさまざまな問題の背後にいる真犯人である、シュワルツマンのようなダボスマンは、おかげで責めを負わずに済んだ。

スウェーデンでは、手の届く価格で住まいを見つけるのが難しく、人々は不満をためている。そこに現実問題として、シュワルツマンら億万長者たちが不動産市場を圧倒してしまった手口が反映していた。

２０１９年３月、ファーハと、やはり人権分野に携わる別の国連特別報告者が共同で、シュワルツマン個人に直接宛てた公開書簡を出した。

「住まいの金融商品化は、世界中で何百万という人々にとって、適切な住居を享受する権利に対し、重大な影響を及ぼしています」と書簡は指摘している。[1]「不動産を扱うプライベートエクイティ企業として世界最大級であり、北アメリカ、ヨーロッパ、アジアとラテンアメリカ各地で１３６０億ドル相当の資産を管理下に収めている貴社の活動は、明らかにこうした状況に加担しています」

書簡は、スウェーデンでファーハが訪問した地域で、賃貸人たちが高い賃料で追い立てられた例を具体的に挙げた。ブラックストーン社が「相当な資源と政治的影響力を行使して、国内法制や政策の弱体化、具体的には賃料をめぐる法規制を撤廃させること」に注力したと批判していた。

ブラックストーンは、完璧なダボスマンの論理で自社を擁護してみせた。同社の不動産事業は人々を困らせている原因ではなく、実際のところは解決策だというのだ。

「世界中の大都市圏での恒久的な住宅供給不足に対する貴殿らの懸念は、我々も共有するものであります」と同社は綴《つづ》った。「そして、我々ブラックストーンは、十分な資本と専門性をこのセクターで提供することで、よく管理された賃貸住宅の提供に寄与してきたことを誇りに思っています」

経済格差について論議していると必ず、誰かがスウェーデンに言及するものだ。

社会問題の解決へ政府が積極的役割を果たすことを是認する人々の間では、スウェーデンは、理想的な具体例としてすぐ挙げられる。いわゆる北欧モデルと呼ばれる枠組みの下で、経済活動が営まれている。資本主義の行きすぎを緩和する実証例としての評判は、多くの経済学者の間で定着してきた。このモデルでは、市場の力の利点であるイノベーションや競争は維持したまま、社会の下層部に最低限の保障を設けることで、ホームレスや極貧化を防ぐ。

カギは、手厚い公共サービスと引き換えなら、世界でも最高水準の税金を納めることになっても構わないという意思が、スウェーデン国民の間で共有されていることだった。保健医療と教育は誰に対しても提供されている。スウェーデンでは新生児が生まれると、その両親には、分割可能な形で合計480日間の育児休業の権利が保障される。この政策と、政府が提供する保育ケアによって、ほとんどの国と比べて、スウェーデンの女性は高い率で仕事を持つことができていた。[2]

労働組合は雇用側との協議会で、最低賃金を設定する契約交渉に臨む。労働者は利益の相応の比率を受け取る権利があるということを、誰もが了解している。誰かが職を失えば、包括的な失業手当と、実際に役に立つ就業訓練プログラムへのアクセスが提供される。

アメリカ人は自国の勝者総取りシステムが資本主義の純粋な形だと見なしがちで、北欧の変化形は過保護の国家社会主義にすぎないと軽視する。しかしこの議論はあべこべで、米国でみられる資本主義は、国としての社会のセーフティーネットが最低限しか備わっていないせいで、足かせをはめられこそしても、促進はされていない。もしも大学の年間学費がBMW1台分もしなければ、失業した鉄鋼労働者たちのうち、いったい何人が、もっと生産的なキャリア形成に向けて教育訓練機会を得られていただろうか？　雇用者が提供する民間の医療保険以外に公的なバックアップがほとんど存在しないため、無保険となるリスクを前に新しい挑戦に尻込みするようになった結果、いったい何社のスタートアップ企業が創業せずじまいに終わったことだろう？

スウェーデンの政府高官がよく言うのは、国が保護するのは人々であって、仕事ではないという点だ。どの仕事が成功し、どの仕事がなくなるかを決めることは市場の力に委ねられている一方、労働者はその悪影響から保護されている。

2017年に私は、スウェーデン中部にある鉱山の操業センターを訪れた。そこではトラック運転手たちの代わりに自動運転車両が導入されようとしていた。身の凍る坑道を下って粉塵《ふんじん》や排煙を吸っていた鉱山労働者の姿が消え、代わりに少数の労働者が、地上の建物内からジョイスティックを操って、現場で銀やニッケルを物理的に採掘するロボットを制御していた。

世界の多くの国では、自動化は労働者層にとって恐怖の源であり、給料減に直接結びつきかねない。ロボットは病気にならないし、家族と過ごす時間にも関心がない。ベゾスはかつて「倹約がイノベーションをもたらす」と発言し[3]、その思想を現実化する一環として、配達ドライバーの代わりにドローン、倉庫労働者の代わりとしてロボットの開発に着手した。多くの国々では、労組が大動員をかけて、自動化に反対している。

だが、スウェーデンは違う。鉱山労働者たちは北欧モデルを信じた[4]。会社が自動化によってより柔軟性を増し、利益が向上すれば、自分たちもその利得の分け前を得られるとの信条に従っていた。

ただしその信条は、北欧モデル自体に耐久性があるという仮定の下に立っていた。そしてその前提条件を激しい試練にさらしたのが、国民1人あたりで見れば欧州最大規模となる難民の流入だった。

難民たちの出身地は、世界で最も問題の多い国々、例えばシリア、ソマリア、アフガニスタン、そしてイラクだった。彼らのために住宅や医療、精神的カウンセリングと、雇用訓練が必要とされた。子供たちを学校に通わせる必要もあった。そうしたすべてに金がかかった。

スウェーデン人が、公共サービスへお金を拠出することに前向きであり続けてきた伝統の背景には、基本的な了解事項として、誰でも働くべきである、という考え方があった。

新しく入国してきた人々の多くはスウェーデンで職を見つけるのが困難だった。スウェーデン語を話せず、たいていは教育も不足している。

「市民は働かない人々の支援のために税金を払いたくはない」と、ストックホルム西郊に広がる湖沼地帯にある町、フィーリップスタードで、町議会議員を務めるウルバン・ペテルションは言う。「難民の90パーセントは社会に何も貢献しない。こうした人々は生涯を通じて社会福祉に依存することになる。これは大きな問題だ」

これはペテルションが属するスウェーデン民主党の党員からよく聞かれるたぐいの偏見だ。同党の党員は、移民のことを怠惰な寄生虫として切り捨てる傾向があるが、実際には移民の大半は必死にスウェーデン語を学び、職を得るために訓練をしている。同党は移民の存在を、自分たちが必要としていたイメージチェンジのために使った。人種差別に根ざす多文化主義の拒絶姿勢を、あくまで財政規律を守る訴えの一環である、という形へと作り替えたのだ。

町の真ん中にあるカフェで2019年6月に会ったとき、ペテルションは彼が移民に反対する理由を、予算上の数字を挙げて説明してみせた。だが、我々の会話が長くなるにつれて、ペテルションは、自分の町の繁華街でソマリア人の女性がショッピングカートを押している光景に対して、心の奥底で抱いている抵抗感を隠しきれなくなった。

「こうした集団の人々と我々とは、言葉が異なる」とペテルションは言った。「宗教も、生活様式も違う。あまりに違いが多すぎると、互いに仲良くするのは難しい。違う国から来た人に30分だけ会うのは興味深いことだけれども、共に暮らしていくとなると難しい」

スウェーデン民主党は荒廃した政治状況の中から生まれ、主要政党としての地位を得ようとしていた。2019年の総選挙では、難民の社会統合事業が財政的負担になっているというメッセージが共鳴を呼び、第3党になった。

フィーリップスタードの地元当局は当初、自治体の財政難に対する解決策として難民たちを受け入れた。かつて地域に多くの雇用をもたらした一帯の鉄鉱山は1970年代に閉山した。職を求めて地元を離れる人が増えるにつれ、町の人口は2万人から1万人へ半減した。町に残った人々は、高齢で手厚い医療ケアが必要な人が多かった。高齢者の面倒をみるのは地方自治体の大切な責務といえた。課税ベースが縮小する中で、祖父母世代をケアするための財源を、どこから捻出できるだろうか?

町当局が描いた構想だと、そのギャップを埋めるのが難民だった。入ってきた人々の大半は公的支援を必要とするが、その子供たちはスウェーデン語を話しながら育つ。スウェーデンの学校で教育を受ければ、キャリアを形成するための完全な能力を得られる。そして、彼らの納税によって、必要なサービスをまかなうことができるはずだ。

「今の事態で、スウェーデンの福祉モデルは何も揺らぎません」と、フィーリップスタード町役場の助役、クラース・フルトグレーンは私に説明した。「むしろ、我々がこの人たちと共存できれば、彼らは多大な資産となるのです」

数十年に及ぶスウェーデンの経験はその見方の正しさを裏付けるはずだった。だが問題は、町当局が、今必要な支援を十分に提供できていないことだった。

難民たちの第1波がフィーリップスタードに来たのは1980年代で、多くはバルカン諸国からだった。現在の波は2012年からで、16万人が難民申請をした2015年にはピークを迎えた。スウェーデンは国全体で人口1000万人しかない。米国に置き換えれば、1年間に500万人が流入したようなものだ。

中央政府は難民たちをバスにぎゅう詰めにしてフィーリップスタードに送り込んだ。空いた公共住宅が使えるからだった。そんなに多くの人々を社会に統合する費用負担について、町の当局者たちが懸念を表明すると、中央政府は最初の2年間分をカバーする資金を出した。3年目以降は、支援金の拠出は停止された。それまでに難民たちが就業する準備も整うだろう、という前提だった。

だが、その前提そのものが錯覚にすぎなかった。かつての第1波の難民たちの中には、医師などの専門職層が含まれていて、統合もたやすかった。その後の到着組は、はるかに困難だった。私が訪れた2019年、町は生産年齢の難民750人を抱えていた。うち500人は高卒未満の学歴しかなく、しかも200人は非識字者だった。

「中央政府は我々に、人々の適応準備を早めろ、とばかり言う」と、町の訓練プログラムを運営するハンネス・フェルスマンは言う。「そんなのは不可能だ。まず教育する必要がある」

スウェーデン民主党の党員と会うと、移民についての話ではいつも、最初は政府の財政負担をめぐって慎重に論じている。だが、そのうち方向がずれていって、結局は、スウェーデンがもっと多様な社会になりつつあることへの彼らの反感を聞かされることになった。

フィーリップスタード町議会のもう一人のスウェーデン民主党議員で、本職がバス運転手というジョニー・グラーンは、町が難民支援事業を拡大するために、さまざまな削減を強いられた、と不平をもらした。高齢者センターでの活動コーディネーターを廃止され、歯科診療所では、待ち時間が果てしなく長くなったという。

「システムそのものが崩壊しかけている」とグラーンは語った。「こうした削減策は町の予算を均衡させるために必要になったわけだが、今は歳出のほとんどが福祉に取られている。働かない者があまりに多く入ってくると、すべてが台無しになる」

彼はさらに、町に建てられたモスクのことを話した。早朝の礼拝告知が、長年の住人たちの安眠を妨げている、とグラーンは苦言を呈した。保育園は難民の子たちで「あふれ返っている」し、暴力的な犯罪が増えているという。

「私が言っているのは、スウェーデン語を学ぶ気がなく、社会の中に組み入れられる意思もない人々のことだ。社会統合というのは、単に彼らを助けるというだけの話ではない。彼ら自身がそうしたいという希望を持っていなければならない」

だが、そうした難癖は、ここまで苦難の道のりを耐えてきた難民に、誰か一人にでも会ったとたん、無意味だとわかる。

私はスウェーデン南部で、アフガニスタンからの難民だったババック・ジャマリと、ある日の午後を一緒に過ごした。彼は6年前、まだ13歳だったときに、生まれ故郷のアフガニスタンの戦乱を逃れ、車のトランクに入れられてパキスタンを通過し、イランに入った。そこで1日2ドルの建設作業員の仕事にありつき、未完成のアパートの建物に不法侵入して寝泊まりした。身分証明書がなかったので、常に警官から脅されて賄賂をむしり取られた。手配師に金を払って、トラックに乗せられてトルコへ向かい、そこからギリシャに入った。バスに乗ってバルカン半島を北上し、やっとドイツ南部まで来た。ほかのアフガン難民が、スウェーデンの暮らしのほうがましなはずだと教えてくれたので、列車に乗ってマルメ市まで来たのだという。

ジャマリはこの1年ほど、ヘルビーという町で、配管工事が施されていない古いレンガ造りの家に、あるアーティストと同居していた。法的に、難民申請が審査中の間は就労できないので、スウェーデン語を学ぶことに時間を充てていた。週に6時限のクラスに出ながら、将来は電気技術者になる夢を抱いていた。通学には、真冬で気温が零下であっても、未舗装の道を15分歩き、そこで町の中心部へのバスを待たなければならない。運転手に乗車を拒否され、次のバスまで待つはめになったこともあった。時おり、通りすがる車窓から罵声を浴びせられ、故郷に帰れと言われた。

難民管理業務をこなす役人たちが整える統計グラフの上に置き換えれば、ジャマリは最悪のシナリオが予想されるグループに属していた。こうした人物は納税者の善意にいつまでも頼る可能性が高いと分類されている。中学すら卒業できておらず、スウェーデン語はほとんど使えない。だが、そうした属性にだけ注意を払っていると、彼が、現在に至るまでの身の毛もよだつような障害を乗り越えてきた人物で、自分で働いて身を立てたいという強い意志の持ち主であるという現実を見落としてしまう。この履歴だけで、彼の知性と気骨は十分に証明されているというのに。

「私も、ほかの人たちが暮らしているように生活したいです」とジャマリは語った。

スウェーデン民主党の中に染みついた人種差別主義は、公共財政政策についての党員たちの見解とも無関係ではない。そうした考え方こそが、税金逃れを増やし、北欧モデルの存続を脅かしていた。社会全体から恩恵を受ける対象の中に、多数派と異なる背景を持つ人々がどんどん含まれるようになった段階で、集産主義の精神はほころび始めてしまった。

これと似たような団結感の喪失は、１９８０年代から米国で始まった、納税拒否という反乱の動きを理解する背景知識として欠かせない。人種間の統合が進んだことによって、白人中心の権力構造の下で、公共サービスが廃止されたとみることができるのだ。

米国南部では、１９６０年代に人種差別的なジム・クロウ法が廃止されたことで、黒人社会を敬遠した白人世帯が、郊外へと大量に移住した。移動の足としてミニバンを使うようなホワイトカラーの白人層は、交通機関など公共サービスの運営をまかなうために税金を払うことを嫌がったのだ。

２０１０年代に入る頃には、米国が金融危機から抜け出そうとする中で、アトランタやナッシュビルといった都市の職業安定所は、就業先が見つからないアフリカ系の男性であふれ返っていた。多くは都市の中心部に住む人々だったが、仕事は郊外に移ってしまっていた。公共バスでは、このギャップを乗り越えることができないのだ。

公共交通機関を平等に使える権利を黒人が確保すると、白人の納税者たちは資金を引き上げ、そうした公共システムそのものを、持続できない状態へ追い込んだ。ローザ・パークス〔「公民権運動の母」と呼ばれた黒人活動家〕が、バスの車内でどこに座ってもよい権利を獲得したというのに、そのバス自体が今はもう、なくなってしまったのだ。

スウェーデンは、もっと思いやりのある社会とみられてきた。だが、世界で最も均質性の高い社会の一つでもある。スウェーデン生まれのスウェーデン人たちの中には、自分たちの税金が自分たちとは違う外見、違う信仰を持つ人々を定着させる事業に使われているのを目の当たりにして、拒絶する者も出てきた。

スウェーデンは確かに、伝統的に手厚かったはずの公共サービスを維持するのに苦労している。だがそれは、新参者たちがやってきて、耳障りな騒音を出す礼拝堂を建てたり、歯科診療所の待合室を占拠したりしたからではない。移民難民問題と公共資産をめぐる議論で見過ごされているのは最富裕層で、本当は彼らが問題の核心である。ダボスマンが好きにできる聖域としてスウェーデンを手に入れ、巧みに納税義務を逃れてきたからこそ、数十年に及ぶ緊縮の時代が到来したのだ。

2018年1月に91歳で死去したとき、IKEAの創業者イングヴァル・カンプラードは国全体のアイコンとして称えられた。彼の棺《ひつぎ》もやっぱり組み立て家具だろうというジョークがお決まりのように流布しただけでなく、彼の死去は、国全体がスウェーデン版の立身出世物語をおさらいする機会でもあった。

カンプラードが最初に商売を始めたのは実家の農園で暮らしていた5歳のときで、マッチを大量に仕入れて、それを小分けにして近所で売った。まもなくクリスマスの飾り、ボールペンや時計も売り込むようになった。17歳のときにはすでに自分で通信販売カタログを出し、牛乳配達のバンを使って商品を地元の駅まで運んだ。そして次に手がけたのが家具だった。彼が扱う商品のこぎれいで簡素なデザインが受けただけでなく、その価格が人々を引きつけた。この方式によって、IKEAは世界最大の家具小売業者になった。

よく知られたことだが、カンプラードは大富豪が陥る典型的な罠《わな》を嫌って、エコノミークラスで移動した。(5) 運転するのが古びたボルボというのは、人物紹介記事では必須のエピソードだった（実際にはポルシェにも乗っていたが）。着るのは蚤《のみ》の市で買った古着だし、ベトナムのような給与水準の低い国を旅行しているときにあえて床屋に行くことの利点を説いた。(6) 世界中のIKEA店舗にお忍びで姿を現し、品定めに来た顧客を装う習癖があった。(7) その外見や物腰のおかげで、そこらの男性が安い本棚を選び出したりカフェテリアでミートボールの皿を取ったりしているようにしかみえなかったのだ。

彼の伝記のすべてが愛すべきエピソードで埋まっているわけではない。カンプラードはかつてナチスに共鳴したファシスト団体に入っていたことを、不本意ながら認めざるを得なかった。[8]時おり、運の悪い部下に対して落とすカミナリも伝説的だった。それでも大方の点で、彼が示す一連の気質は、スウェーデン人の多くが自分たち自身にも当てはまると感じるものだった。勤勉で才覚があり、革新性を求め、良い考えを推し進めるためなら労力を惜しまない、といった点だ。

だが、カンプラードはスウェーデンで最も賞賛される起業家であると同時に、まったく別のいかがわしい業績の象徴でもあった。税負担の軽減という、最富裕層にとっての大勝利である。

彼は1973年には、最大で90パーセントにも達する高額の課税を免れるためスウェーデンを離れてデンマークに移住し、さらにスイスへ動いた。1982年にはＩＫＥＡの経営権をオランダで登記した財団に移管したが、これは同社が最低限の納税負担で済ますための法的な策略だった。

「彼が長年抱き続けた哲学は、ＩＫＥＡは何をおいても税金の支払いを避けるべきだということだった」とカンプラードに長年仕えた元側近が回想録で書いている。[9]「カンプラードは、彼自身にしか知りえない何らかの理由から、税金が人々の福利厚生に使われるのを好まなかった。保健医療、教育、社会福祉といった言葉は端的に言えば、カンプラードの辞書には含まれていなかった」

慈善団体への寄付こそ施したものの「表面を取り繕うだけの額だった」と、元側近は記し、[10]このＩＫＥＡ創業者が実は「普通の納税者には理解不能な、底知れずの貪欲」の持ち主だった、と非難している。

2013年に、妻の死去を受けてカンプラードは住まいをスウェーデンに戻した。[11]彼が国外に住んでいた40年余りで、この国は壮大な財力を持つ人々にとって、はるかに快適な環境へと転じていた。今後カンプラードのような人物が出国してしまうのを予防するためでもあった。

同国は最富裕層の所得税率を57パーセントへと削減し、財産資産や相続に関するさまざまな徴税を廃止した。法人税はカットした。その正味の結果として、国家経済生産の7パーセントに相当する国庫収入が失われた[12]（ただし、そのうち約40パーセントは抜け穴を封じたり、ほかの課税範囲を広げたりすることで埋め合わせができた）。

この国庫収入の減少に対し、スウェーデンは、経済活動全体の65パーセントほどを占めていた公共事業を、50パーセントをわずかに上回る程度にまで削減することで、採算を取った[13]。国営サービス事業の民営化は高齢者ケアにも及んだ。

こうした改変の多くには、スウェーデンの政策立案者たちが、ほとんどの国々と同様に、ミルトン・フリードマンのような経済学者の思考様式を取り入れるようになったことが反映していた。大学やシンクタンクといった場や、政策紀要などを通じ、ある種の経済学者たちが、政府の存在は社会問題を解決せず、むしろ国全体のダイナミズムを損なう障害である、と描くようになっていた。

「あの考え方は流行みたいなものだ」と、スウェーデンの労働組合コムナルで首席エコノミストを務めるトールビヨルン・ダリンは言う。「政策を担当している人は、自分は流行を追っているとは思っていないし、そんな態度は取らない。けれども全体の流れは明らかにそうした方向なので〝よくわからないが、この動きは知っているから、大丈夫〟と自分に言い聞かせる。当然、流れに追随する。そして、あちこちで固定観念になっていく」

お決まりのように、経済学者たちはスウェーデンの労働者に対する厚遇は持続不可能だと警告していた。政府の支出を原動力とした経済成長が消えてしまうと、失業が目に見えて増加した。1960年から1994年までの平均失業率が2パーセント程度に抑えられてきたスウェーデンでは[14]、ほとんどの人が経験したことがない状況だ。それでも経済界のリーダーたちは、国際競争力のない産業を、まだ政府が補助金で支えていると不平を言った。賃金が上昇するにつれて、スウェーデン経済全体がインフレーションに見舞われた[15]。

1992年秋の時点で、スウェーデンの中央銀行は最大75パーセントの利下げを実施し、[16]インフレを制圧しつつクローナの急激な通貨安を防ごうとした。景気はひどく停滞した。翌年になると、失業率は8パーセント以上にまで跳ね上がった。[17]

スウェーデンはEU加盟を目標として掲げ、1995年に加盟を実現した。債務を基準以下に収めるという加盟国としての義務を果たすため、スウェーデン政府は公共セクターの仕事を削減した。[18]職業訓練と失業手当は縮小された。[19]児童保育への支出も削減され、国の医療保険システムでの本人負担が増えた一方、高齢者へのケアは減らされた。

スウェーデンの大企業は、海外進出によって賃金水準を低く保つことができた。米国の労組にはおなじみの脅し戦術が使われた――より低い賃金でより長時間働くか、そうでなければ、生産拠点が海外に移っても黙って見ていろ、というのだ。

スウェーデン政府は豊かな人々に対し、減税によってご機嫌取りをしながら、大臣たちはダボスマンの果てしない嘘を繰り返し、富裕層が投資を促進するので、減税の採算は取れると主張した。[20]

かつて世界でも有数の社会福祉プログラムにスウェーデンが費やしていた資金の相当部分が、H&M創業者の御曹司であるステファン・パーションのような人物のふところに入っていった。

スウェーデンが富裕税を廃止した後、パーションは確かに投資額を増やしたが、その行き先は英国の田園地帯だった。彼が購入したのは約35平方キロメートルの田舎の地所と、[21]中世からの教会とクリケット場までついたイングランドの村丸ごと一つ、[22]それから約34平方キロメートルの敷地を持つマナーハウスで、[23]そこで中世領主のようにしてウズラやキジを狩り歩くのだった。

スウェーデンの所得格差はほかの豊かな国々と比べても速いペースで拡大していた。[24]貧困に陥った人々は1995年から2013年までの間に倍増し、人口の14パーセントを占めるに至った。[25]

一方で、上のほうの階層は資産をいっそう積み上げた。不動産価格が上昇する中でもなお、それが可能だったのである。

全国的にみると、青年層の4人に1人が両親と同居していたが[26]、その大きな理由は、住居費が彼らの手が届く範囲を超えていたからだった。家賃に国庫補助が出る集合住宅に入居するための待ち時間は、平均14年だった。

状況が特にひどいのはストックホルムで、そのような手頃な住宅の空き室率は約1パーセントしかなかった。ニューヨークなら、空き室率は3・8パーセントである。

住居費の高騰を招いた犯人の一人が、スティーブ・シュワルツマンだった。

ほかのダボスマンと同じように、シュワルツマンは、一個人がここまで富を独占できるという不正義を調べようとする者たちに対し、自分の出自をめぐる物語を振りかざすことで牽制《けんせい》してきた。「私は中産階級が住むフィラデルフィア郊外で、1950年代のアメリカを支えた価値観を吸収して育った。それは誠実さ、率直さ、そして勤勉だ」と回想録に書いている[27]。

10代の頃、彼をいらだたせたのは、週末になると父親の「シュワルツマン・カーテン・シーツ店」で働かなければいけなかったことだった。高校でダンスパーティーに出かける代わりに、カーテンを採寸しなければならなかった。

当時の米国は第二次世界大戦後で建設ブームの真っ最中だった。帰国してきた何百万という元兵士たちが一家を構え、新しい住宅への爆発的な需要が生まれた。シュワルツマンは父親に対して、店を全国チェーン展開するよう懇願した。

「うちだってシアーズ［カタログ通信販売で有名な百貨店］みたいになれるよ」と教えたのだ。

だが父は、シュワルツマンには決して理解できない〝充足感〟というものを知る人間だった。

「スティーブ」と父親は言って聞かせた。「私はとても幸せな男だ。いい家がある。車も2台持っている。お前ときょうだいたちを大学に通わせるだけの金もある。もっとほかに何が必要というんだ？」[28]

シュワルツマンはもっと多くのものを必要としていた。

イェール大学4年生の学年末、彼は秘密結社スカル・アンド・ボーンズ［イェール大の伝統的な排他的クラブ］のメンバーであるコネを使って、やはり会員だった、元外交官でニューヨーク州知事を務めたアヴェレル・ハリマンに、進路についての助言を仰いだ。ハリマンは、マンハッタンのアッパー・イーストサイドにある自宅での昼食にシュワルツマンを招いた。

シュワルツマンが、自分は政治の道に進むことを考えていると言うと、当時80歳近くだったハリマンは問い返した。「お若いの、君は独り立ちできるほど豊かかね？」

「いえ」がシュワルツマンの答えだった。

「なるほど」とハリマンは引き取った。「それは君にとっては人生で大きな要素だ。私からアドバイスさせてもらえるならば、もし政治に何らかの興味があるとしても、まず社会に出て、なるべく多くの金を稼ぎなさい。そうすれば、もし政界に入ろうと決断したとしても独立性を保てる。私の場合は、父がユニオン・パシフィック鉄道のE・H・ハリマンでなかったら、君が今こうしてここで私に話しかけることもなかったろうよ」[29]

シュワルツマンはウォールストリートで職歴を積むことにした。投資銀行ドナルドソン・ラフキン＆ジェンレットで最下層の行員として出発し、マンハッタンのロウアー・イーストサイドにある、ゴキブリが出没し、エレベーターのないアパートの4階に住んだ。[30]年長の同僚からパーク・アベニューにある自宅でのディナーに招かれた際には、書斎に飾られたデ・クーニング［オランダ出身で抽象表現主義の画家］の絵を目にして、優雅な暮らし方というものを実感した。[31]

彼はリーマン・ブラザーズに転職し、わずか6年のうちにパートナー社員の地位にまで昇進した。その際に、当時の同社CEOで、ニクソン政権では商務長官を務めていたピーター・G・ピーターソンとの絆を深めた[32]。

ピーターソンが社内抗争に敗れてリーマンを追われると、シュワルツマンは彼と一緒に起業し、ブラックストーンを1985年に創業した。社名は創業者2人の名前をもじり、ドイツ語の「シュワルツ」が意味する「黒＝ブラック」と、「ピーター」がギリシャ語で意味する「石＝ストーン」を合成して名付けた。

彼らが進めたいわゆるプライベートエクイティの仕事は、かつてレバレッジド・バイアウトと呼ばれ敬遠されるようになった分野の業務を、美辞麗句で言い換えたものといえる。そうした企業乗っ取り手法が鮮烈な印象を残したのが1980年代で、典型例とされる投資家マイケル・ミルケンは、証券詐欺の罪で2年近くを獄中で過ごすことになった[33]。基本戦略としてはその頃から変わっていない。巨額の金を借り、企業を買収し、（しばしば大量解雇によって）コストを削減し、巨額の配当を得てから資産を売り払うのだ。

銀行強盗が事前に逃走経路を手配するように、プライベートエクイティの大物たちは常に、投資案件を売り払う出口を探している。

カギとなるのがレバレッジと呼ばれる手法だ。例えば、資産を10ドルで買って11ドルで売却すれば、利益は1ドル、収益率は10パーセントにしかならない。だが購入費用10ドルのうち9ドルが借金で、自己資金は残りの1ドルだけなら、利益が同じ1ドルでも収益率は100パーセントとなる。

ピーターソンとシュワルツマンは各種の年金基金を説得して、その貯蓄資産を自分たちに寄託させた。特に頼りにしたのが大学基金や医療機関だった。資金力のある国際的な金融機関に投資を誘いかけ、ペルシャ湾岸諸国の石油収入で蓄えられた政府直轄ファンドにも取り入った。

ブラックストーンの経営陣と一緒になって、好況の恩恵に浴した特定の受益者集団がいた。忌まわしい政府の介入を受けて状況が台無しにされないように雇われた、税務弁護士や会計士、ロビイストの一団である。

シュワルツマンやほかのブラックストーン経営陣は自分たちの分け前を、いわゆる〝繰越利益〟という形で取り扱う。会計専門用語で、ほかの業種のカモたちが払っている所得税と比べれば、せいぜい半分程度の税率で済む、という仕組みだ。

ブラックストーンは社業を拡大し、ヘッジファンドを作って、国際金融市場の乱高下から利益を上げた。別のファンドを作って不動産にも投資した。

これに歩調を合わせて、シュワルツマン個人が所有する不動産のリストも拡大した。2000年には、3700万ドルを払い、かつてはジョン・D・ロックフェラーが所有していたニューヨークのアールデコ様式コンドミニアム「パーク・アベニュー740番地」の3フロアにまたがる、全35室の物件を買った。[34]このマンション内の隣人には、ゴールドマン・サックスの幹部からトランプ政権の財務長官となったスティーブ・ムニューシンや、破綻した証券会社メリルリンチのCEOジョン・セインもいた。[35]

3年後にシュワルツマンは、フロリダにある英国コロニアル様式の邸宅、約1200平方メートルに、2100万ドル近くを費やした。20世紀前半にパームビーチ在住だった建築家モーリス・ファシオの設計で、歴史的建造物に指定されていたが、シュワルツマンはその指定を外させて増築し、地元の保存運動家たちを落胆させた。さらにその3年後には、ハンプトンズ［ニューヨーク州ロングアイランドの最高級避暑地］の物件を3400万ドルで購入した。これで彼が所有するビーチ沿いの物件が、また1軒増えた。これまでのリストには、南仏サントロペの地所やジャマイカのウォーターフロント地区の一つまで含まれている。

「住宅が好きだ」と彼は語っている。[36]「なぜかわからないが」

ブラックストーンはその後まもなく、株式市場からも資金を調達することにして、新規株式公開のための書類を2007年初めに提出した。この過程で、公の閲覧に供する資産公開義務が生じ、賃借対照表の内容から、78億ドルの資産を所有していることが明らかになった。[37]

新規上場でシュワルツマンが得た財産の大きさはその後、明らかになった。現金6億7700万ドルに、株式の24パーセント、80億ドル相当が加わる。お仲間の受益者集団が〝創造的な会計処理〟の力を駆使して、シュワルツマンの所得のうち37億ドルを課税対象から控除させてしまった。[38]

その頃には時代の空気が彼にとって不利に働き始め、シュワルツマンは行きすぎた時代の象徴として取り上げられるようになった。メディアは彼を新たなウォールストリートの王者として追いかけ、ブラックストーンが史上最大のプライベートエクイティ取引で39億ドルを支払って米国の不動産取引市場の記録を更新したときは、特に騒ぎ立てた。フロリダにいる彼の専任シェフはウォール・ストリート・ジャーナルに対して、週末にシュワルツマンをもてなすために買い出しする食材は、蟹《かに》の爪1つで40ドルするフロリダストーンクラブなど、1回3000ドルに達すると明かした。[39] シュワルツマンはあるとき、プールサイドでの日光浴をわざわざ中断して、使用人が制服と一緒に義務づけられた黒い靴を履いていない、と文句をつけた。

ピーターソンのほうは、政治的な立ち回りのすべをもっと心得ていて、自分より年下の共同経営者に対して、豊かさを派手に見せびらかさないよう忠告を試みた。だが、シュワルツマンが自身の60歳の誕生日に向けて描いていた夢の前には、そのアドバイスも利かなかった。

シュワルツマンと妻のクリスティーン・ハースト・シュワルツマンは、マンハッタンのアッパー・イーストサイドの1ブロック全体を占める、レンガ造りの旧造兵廠《ぞうへいしょう》の建物を借り切った。蘭《らん》の花やヤシの木で全体が飾られ、壁にはシュワルツマンが私蔵する絵画の列が並び、その中には本人の全身像もあった。[40] コメディアンのマーティン・ショートやポップスターのロッド・スチュワートが雇われて出演し、バースデーソングを歌ったのはソウル歌手のパティ・ラベルだった。ゲストの中には不動産の大物だったドナルド・トランプや、億万長者にしてニューヨーク市長であるマイケル・ブルームバーグ、さらにジェイミー・ダイモンを含む、ウォールストリートの金融機関CEO数人の姿もあった。[41] パーティーの経費は推計で３００万ドルから５００万ドル程度とされた。シュワルツマンは後に、「私たちにとって大切な６００人の方々との祝祭」と表現した。[42]

その1世紀前、ニューヨーク社交界の中心だったコーネリア・マーティンが開いたのが、金メッキ時代［19世紀後半の資本主義が急成長した時代］における彼女の足跡とされる、ウォルドーフ・ホテルでの悪名高い夜会だった。招待客リストは８００人近くに及び、当時の支配層エリートたちが、自分たちのヨーロッパ世界での先祖、裕福さの象徴とされた者たちへのオマージュを捧げた。かつてその浪費が国家を破綻させ、自分自身は断頭台の露と消えることになったマリー・アントワネットの扮装《ふんそう》を、１００人以上の列席者が競ったこともあった。[43] だがこの会で飲み騒いだ者たちは、自分たちの享楽ぶりを公正な社会の反映だと主張することはなかった。「我々は富める者だ」と一人のゲストは宣言した。[44]「我々がアメリカを所有している。それは確かだ。どうしてか理由はわからなくとも、この富を保ち続けるつもりだ」

これに対し、シュワルツマンと仲間のダボスマンたちは、富だけでは満足しなかった。彼らは社会に対し、自分たちの特権待遇を、道徳的に健全なものとして承認するよう要求した。シュワルツマンはマハラジャのように快楽主義をむさぼりながらも、一般人として取り扱われる資格を求めた。

「私は自分が裕福な人物だとは思わない」と彼は言ったことがある。[45]「他人は私がそういう人物と思うようだが、私はそうではない」

他人は明らかにそう思うだろう。ブラックストーンの株式上場直後、連邦議会の財政委員会に、プライベートエクイティ企業への課税を劇的に増大させる法案が提出された。この法案によれば、繰越利益の仕組みによる納税特例は減らされるはずだった。この通称「ブラックストーン法案」を作った超党派の共同提案者4人の中には、イリノイ州選出の若い上院議員だったバラク・オバマも名を連ねていた。[46] 下院でも同様な効果をもたらす法案が出された。[47] 可決すればブラックストーンに対する課税率が15パーセントから35パーセントへと増大し、財務省には、次の10年間で２６０億ドルの追加歳入が見込まれた。

シュワルツマンは、何十年も前にアヴェレル・ハリマンから授けられた方針どおりに、物事を実行した。彼はこれまで、影響力を行使するための道具として富を蓄積してきた。今こそ、自分の富を守るために影響力を行使するときだった。

ほかの金融業界大手と一緒になって、業界団体としてプライベートエクイティ協議会を設立した。協議会と加盟各社はロビー業者20社を投入した。ブラックストーン社単体でも、２００７年にはロビー活動費として５００万ドル近くを費やした。[48]

彼らが標的にしたのはチャック・シューマー上院議員で、ニューヨーク州選出の民主党議員だ。ウォールストリートが選挙区に含まれるのは偶然ではない。シューマーは新たに編み出した手法を駆使して、公共の利益のため規制強化を提唱するふりをしながら、その実としては現状維持で決着するよう取り計らった。[49] 法案の対象範囲を不動産業にまで広げて、反対勢力を大幅に増やしたのだ。法案は結局、廃案になった。

この勝利にもかかわらず、シュワルツマンは手を緩めなかった。自己防衛策を強めるために、共和党か民主党かを問わず、元政権高官らを雇い入れた。２０１１年から２０２０年の間に、ブラックストーンとその従業員は、５４００万ドル近くの政治献金を、連邦レベルの各種選挙に出馬した候補者たちや、企業収益からもたらされる選挙用資金を貯《た》める仕組みである、いわゆるスーパーＰＡＣ（特別政治行動委員会）に拠出した。

一方で、シュワルツマンは新たな執着の対象を追い求めるようになった。米国経済は過去70年間で最も厳しい景気停滞に陥っていた。何百万もの世帯が住宅ローンを支払えなくなった。オバマ新政権は有効な救済策を打てず、波及的に無数の差押物件が生じた。これは巨大な機会といえた。

ブラックストーンは、買い取りチームを各地の裁判所前で開かれる競売に派遣した。[50] ２０１４年末の段階で、シュワルツマンの会社は78億ドルを費やし（もっとも大半は借入金を充てたが）、約４万１０００

軒の住宅を手中にした。アメリカ国内の10以上の都市に散らばっていたが、大半はカリフォルニア、フロリダ、アリゾナ、ジョージアといったサンベルト地帯に集中していた。物件リストが焦点を当てていたのは、アフリカ系やヒスパニック系の住民が多い地域だった。

やがて、ブラックストーン社の差押住宅への投資は100億ドルに膨れ上がった。同社は新たな子会社を作って、危機下にあった不動産の山を管理することにした。それがインビテーション・ホームズ社だ。

シュワルツマン本人の言い分としては、彼が差押物件を大量に買いあさったのは公の正義のためで、祖国が見舞われた大災害からの復興を支援したのだという。

「今や何百万ものアメリカ人が、住宅を購入するのではなく賃貸を探そうとしていた」。彼の回想録には、差押物件急増の危機が、単に消費者の性向が急に変わった結果であるかのように書かれている。彼の会社に雇われた電気や配管の工事作業員、建設労働者らが、放棄された住宅を修繕し、芝生がぼうぼうでネズミが走り回る、ジャングルと化した庭を手入れした。

「ひとたび我々が住宅を修繕し終え、家庭向けに賃貸に出すと、地域社会は息を吹き返し、社会のつながりも取り戻された」とシュワルツマンは書いている。[51]

よちよち歩きのかわいい幼児がゴールデンレトリバーの子犬とじゃれ合う芝生の向こうに、ペンキ塗り立てのコロニアル様式の家が立つ光景がCM音楽とともに流れる——そんな生命保険会社のコマーシャルが目に浮かびそうになる。だが、インビテーション・ホームズ社をめぐる話はそのようにきれいなものではない。入居者たちは害虫やカビ、下水の詰まりなどの問題に誰かが対応してくれるまで、いつまでも待たされると不平を言っていた。こうした人々を相手にインビテーション社が差し出してくれる招待状《インビテーション》は、ずっと高い家賃を支払うか、さもなければ退去を、と迫る通告状だった。[52]一方で同社は各世帯へ延滞料を厳密に科し、その延滞が実は、同社のしょっちゅうフリーズするウェブサイトのせいだったとしても、例外扱いしなかった。

私がこうした顧客の不満について調べ、シュワルツマンの見解をただそうとした際、同社はインタビューの機会を設けることを拒んだ。その代わりに広報担当者らのチームが連名で回答文をよこして、インビテーション・ホームズの卓越性は証明されており、それに反する風評は誤っているし、ブラックストーン社は公益に尽くしていると主張した。

驚くべきことに、ブラックストーンは、同社は差押物件によって利益を得てなどはいない、なぜなら金融危機より前には1軒の住宅も所有していなかったからだ、と主張していた。だが、投資家たちに対する説明の中では、同社は紛れもなく、事情に通じた受益者として振る舞ってきた。２０１３年10月には、差し押さえた３０００軒以上の住宅を担保に発行した債券を売り出すことで、４億７９００万ドルを得た。シュワルツマンはこの債券発行開始を祝って、ウォルドーフ・アストリア・ホテルで３００人を集めてパーティーを開いた[53]。１世紀前に金メッキ時代の夜会が開かれたのと同じ場所である。

インビテーション・ホームズが最後の債券を売却し終えた２０１９年末には、ブラックストーンの収益は70億ドルに及び、最初の投資を倍以上に増やしていた[54]。

米国の住宅価格は劇的に回復したが、その利得が流れ込んだ先は、衰退した地域社会の労働者や中間層の家庭ではなかった。シュワルツマンに代表されるプライベートエクイティ大手各社が、賞金のほとんどを手中に収めてしまった。

スウェーデンは、世界中の不動産から利益を得るブラックストーン社の戦略の中では、ささいな一要素にすぎなかった。金融危機が世界各国に広がるにつれて、ブラックストーンの差押物件購入事業も拡大したが、これはシュワルツマンが予想していたとおりの展開だった。

「現在はヨーロッパの状況を見ており、影響を被った人々の気持ちがどう推移するか、人々が資産を売却する気になり始めた地域はどこかを見極めている」。ゴールドマン・サックスが2010年に開いた会議でシュワルツマンは語った。「街角に血の気がちゃんと戻ってくるまでは、待っていたほうがいい」

ブラックストーンはスウェーデンでの事業を1990年代半ばから活発化させ、同国の代表的な投資銀行エンスキルダ・セキュリティーズなどと提携して、北欧諸国での物件買い取りを始めた[55]。提携先の経営陣には、ダボス会議の常連であるヤーコブ・ヴァレンベリが入っている[56]。ヨーロッパ主要企業の多くに影響力を及ぼしてきた一族に連なる人物である。

2016年には、スウェーデンで最大の上場不動産会社であり、ストックホルムを中心に1万6千軒の集合住宅を所有管理していたD・カーネギー・アンド・カンパニーの株式の3分の1近くを、ブラックストーンが2億8700万ドルで買い叩いた[57]。最終的にはその株式保有率は61パーセントにまで達した[58]。

エーヴァ・カニェテグと彼女の一家がダボスマンの素顔を知ったのは、次のようないきさつだった。カニェテグは、ストックホルム郊外のヒュースビイにある3ベッドルームの集合住宅で、40年以上暮らしてきた。そこで2人の息子を育て上げた。住まいとしては十分に広く、採光もいい上に、市営バスの運転手を務めていた彼女の給与でも十分まかなえた。

入居したときには、地元自治体が集合住宅を所有していた。修繕には作業員たちがすぐ対応してくれた。だが、1990年代初頭、その住宅が民営化されて以降は、所有者が何度も替わった。

2017年、ブラックストーンが実質的に彼女の大家になった。

最初の変化の兆しは、地元のカスタマーサービスセンターで必要な修繕を頼んだときだった。以前なら週5日受付が開いていたが、突如として週2日の営業となり、さらに開業日も2時間しか受け付けなくなった。カニェテグはコールセンターに電話するよう促されたが、そうするとたいていの場合、1時間ほど電話口で待たされなければならなかった。

このアパートは44年間、改修されていなかったが、カニェテグにはリノベーションを依頼できないことがわかっていた。家賃はヘンブラという名のブラックストーン子会社と、入居者組合の間の交渉によって決められる原則だが、貸主側が集合住宅をリノベーションにかけた場合は個々の入居者と交渉することが可能になり、劇的に賃料を上げることも可能になってしまうのだ。

「あの人たちはあらゆる機会を使って、入居者を追い出そうとする」とカニェテグは私に告げた。

彼女の家賃は月額950ドル程度で、光熱費などの諸費用込みだ。隣人であるビンタ・ジャメが住むのは、もっと高い家賃なのに1ベッドルームしかないアパートで、リノベーションされた物件だった。夫とともに2017年11月に引っ越してきたが、わずか6カ月後にはヘンブラ社が家賃を引き上げ、さらに水道及び電気料金も負担を求められたので、全体で約20パーセントの家賃上昇となった。

ジャメの一家がガンビアから20年前にスウェーデンに来たとき、彼女はまだ8歳だった。だから流暢にスウェーデン語を話せ、自分の権利も理解している。彼女は家賃上昇を不服として争い、わずかながら減額を勝ち取った。だが、アフリカ系移民社会に属する両親や友人たちは抗議する方策に欠け、彼女に言わせれば、明らかに差別に苦しめられていた。

「私たちのような人々の大半は、問題にされたいなどと思っていない」とジャメは語る。「ただ単に、諦めているだけ」

2019年秋にブラックストーンは、所有していたヘンブラの株をドイツの住宅不動産業者に売却し、12億6000万ドルを得た[59]。これだけの収益が上がったのはブラックストーンの「入居者に対する揺るぎのない関与」のおかげだと、ブラックストーンの欧州不動産事業部門のトップは断言した[60]。

カニェテグはこの取引にあきれていた。64年間の半生のほとんどを過ごした自分の家が、どこか遠くの権力者たちによる、単なる金融取引の対象にされてしまったことを裏付ける動きだった。

「ここで暮らしている人たちには、何もない」と彼女は言った。「世界最大級のプライベートエクイティ企業がなぜ、私たちの暮らしのあり方を勝手に決めることができ、私たちには何もしてくれないのに、あんな途方もない額のお金を手に入れているのか、私には見当もつかない」

「以前ならスウェーデンではこんなことはなかった」とカニェテグは続けた。「私たちの家というのは、安心して安全に過ごせる場所であるべきなのに、もうそうは思えない」

　ここまで挙げてきたような事象は何かの点で、北欧モデルの持続可能性と関係があるのだろうか？答えは、すべてとも、いっさい無関係だともいえる。

　ダボスマンによる略奪、公的支出の削減、民営化、そして住宅コストの上昇はすべて、何十年もかけて展開し、人々の暮らしの背後に忍び込んできた。一方で、難民たちの到着の波は、実感しやすい現象だ。新参者たちの姿を、誰でも鉄道駅、商店街や公園で実際に目撃できる。スウェーデン民主党にとって、移民や難民は、熱を帯びた愛国心をかき立てるための便利な道具であり、この国に何が起きたのかに関する嘘なのだが、もっともらしい説明になっていた。

　スウェーデンのような国ですら歴史がこうした経緯をたどるということは、事実上、ほかのどの国でも、そうなりうるということだ。

　イカサマが加速度を増していた。特に米国がそうだった。

第7章

ドナルド・トランプのダボス道中

「連中は舌なめずりしている」

トランプ大統領が2018年1月に世界経済フォーラム年次総会出席のためにダボスに到着したとき、大方の人々は、彼がそこに姿を現したこと自体が、ストリップショーまで提供する安居酒屋のオーナーが、ユダヤ教の律法学者の集いに闖入《ちんにゅう》してきたようなものだと受け止めた。

すでに就任から1年が過ぎ、トランプは「アメリカ・ファースト」のスローガンを単に唱える以上のことを成し遂げてきた。これから彼が出席しようとしているイベントは、国際協力の重要性を前提とする場で、その年の主な議題は「分断された世界で、共有できる将来を形作る」だった。だが彼は、多文化主義などというものは、付和雷同する者たちのやることだと揶揄してきた。トランプは気候変動を否定し、「政治的妥当性《ポリティカル・コレクトネス》」として引っくくった事柄のすべて――ジェンダー間や人種間の平等など――を茶化していた。対照的にダボス会議の出席者は、こうした考え方こそが大義であるとして、強く気にかけてきたはずだった。

だが、世界のエリートに宣戦布告したトランプに対して、世界経済フォーラム側の受け入れ方が敵意に満ちたものになるだろうという予測は、ダボスマンの行動の基本原則を見落としていた。アルプスのふもとに到着したトランプはすでに、億万長者たちが地球上で最も大切にするものを築いていた――目に見えて膨れ上がる札束の山だ。

ダボスへ向かう1カ月足らず前、トランプは自分で「でかく、すごい」と形容した減税パッケージ、1兆5000億ドル相当を実現する法案に署名していた。減税・雇用法というもっともらしい名前がつけられた政策措置だったが、減税としては確かに大幅なものの、もう片方の雇用にもたらす効果は疑わしかった。ダボスマンが減税の実現を求めて展開したロビイング工作の大騒動に少しでも注目していれば、すぐにわかることだった。

億万長者たちは、経済的再分配の課題を扱う際に手腕をふるい、結果的にほとんどの利得を手にして立ち去った。要するに、下から吸い上げたのだ。

減税パッケージの中核は、法人税を35パーセントから21パーセントへと引き下げることだった。この減税による恩恵の4分の3は、株を持つことができる社会層が享受し、全世帯の中で最も裕福な1パーセントが一番多く利得を手にした。[1]

中間層も多少は減税の恩恵に浴したが、それは8年後には消え、増税される。最富裕層や大企業を支えてきた一連の会計処理上のまやかしのほうは、無期限に続くことになっていた。

2027年には、年収4万~5万ドルのアメリカ人が納める税の総計は53億ドル増えると見込まれる一方で、100万ドル以上の収入がある集団はその時点でもなお、58億ドル分の減税の恩恵に浴することになっていた。[2]

「こうした符号を突き合わせてみると、結果として浮かび上がってくるのは、我々が巨額の金を浪費しているという事実だけだ」と、上下院合同税制委員会の首席スタッフを務めた経歴の持ち主で、先日亡くなったエドワード・D・クラインバードが教えてくれた。[3]「成長を目指したものではないし、中産階級を支援する目的からでもない。すべての要素が、大口の政治献金を拠出できる層に向けたゴマすりとして設計されている」

クラウス・シュワブは、原則にこだわるあまり権力に取り入る機会を逃してしまうことなど、ありえない人物である。ダボスでもさっそくトランプに向かって、その代表的業績を称えてみせた。

「この場に集うビジネス界のリーダーを代表し、先月成立した歴史的な税制改革に関して、あなたを祝福したい」。トランプの紹介に立ったシュワブはそう言った。減税策が「雇用創出を促し、米国の経済成長への刺激剤となり、世界経済にとって壮大な成長要因となっている」と彼は評価した。

シュワブはさらに、トランプが繰り返してきた良識のとんでもない破壊に対し、免罪符めいたものまで差し出した。人種差別的な攻撃、女性をあざけったこと、アフリカ大陸のほとんどは「肥だめみたいな国々だ」と切り捨てたことまで含め、すべて問題なしにする態度だった。

「私の認識では、あなたの強いリーダーシップは誤解や偏った解釈にさらされがちだ」。シュワブはトランプに向かって告げた。「だからこそ、この部屋に集う私たちとしては、あなたから直接話を聞くことが欠かせない」

トランプがダボス会議で歓迎を受けたという事実は、このフォーラムの中核をなす偽善を露呈した。この会議は本来なら、その綱領を埋め尽くしている高尚な関心事、例えば「グローバルな公共益」「最高水準の統治」、それから「道徳的かつ知的な誠実さ」といったことをもっぱら扱う場のはずであり、開催費用を負担している者たちの自己中心的な野望とは関係ないはずだ。

だがこのフォーラムはダボスマンにとって、より多くの富と権力を追求するために使う道具なのだ。ほかのすべては、偽装にすぎない。


就任した当日から、トランプは、シュワブと彼の団体が掲げてきた目標に激しい敵意を示す人物として、突出した存在だった。

彼は気候変動についてのパリ協定から米国を抜けさせた。第二次世界大戦の終結以来、ヨーロッパを支えてきたＮＡＴＯの意義を疑問視した。あまつさえ、トランプは全面貿易戦争の準備に入り、米国企業に対して中国から撤退するよう命じる独裁的な大統領令を出した。

トランプのこうした動きは、貿易問題を担当する上級補佐官であるピーター・ナバロの助言を受けていた。ナバロは学界の大半からはペテン師としてあざ笑われていたが、トランプの世界では、真実を告げることをいとわない戦士として持ち上げられていた。ナバロが共著した本の題名は『*Death by China*（中国による死）』だ。その中で扱われているのは、米国の経済的な問題は中国政府による意思決定の副産物であり、ダボスマンが米国政治を操っているからではない、という致命的に誤った考え方だった。

トランプは北米自由貿易協定《NAFTA》を破棄すると脅していたし、ルールに基づく国際貿易システムの要である世界貿易機構《WTO》から脱退するかどうか検討していた。トランプ流の思考法では、この国際機関は米国がパワーを行使するためには余計な障害でしかなかった。世界最大の経済大国である米国は、自国の利益に従ってルールを決める権限を有しており、ジュネーブにいる国際主義を振りかざす小役人たちが決めた構図に従う必要はない、という理屈だ。

トランプの言葉は単なるこけおどしではなかった。前世紀にヘンリー・モーゲンソーが同盟国と一緒に築いた戦後のリベラルな国際秩序を崩壊させようと、真剣に考えていた。もしダボス会議で交わされる会話にいくらかでも真意が込められているのであれば、ダボスマンはこんな歴史の展開に対して唖然《あぜん》とするはずであり、トランプの会議出席が刺激的な見ものになってもおかしくなかった。

確かに、米国外に工場を移した多国籍企業をやり玉に挙げるトランプの性癖については、企業人たちの多くが不快に受け止めた。明らかに、グラニットシティのような地域での支持拡大を目指した演出だったからだ。しかし現実には貿易戦争が多くの米国企業を衰弱させ、戦いで守る対象のはずだった国内の第二次産業による雇用を危うくした。関税は米国内の工場にとっては、中国から買い付ける半製品や部品の価格上昇につながる混乱要因でしかなかった。

トランプはその後、鉄鋼に対する関税を、重要な同盟国である欧州やカナダ、日本に対してすら課した。その際に示した口実は、核兵器使用になぞらえられるほど言語道断のものだった。国家安全保障上の脅威に対抗するために、関税が必要だと主張したのだ。アメリカ・ファーストの時代になったので、カナダのオンタリオ州から金属コイルを調達することが、まるで、過激派組織「イスラム国」にディズニー・ワールドの警備を委託するのに等しい利敵行為である、ということにされてしまった。

トランプの貿易戦争のせいで、米国の工業全体に負の影響が及んだ。鉄鋼関税は特に損害をもたらした。トラクターなど建設機械を製造するキャタピラー社のような大手は、鉄鋼価格が上昇したため、生産を縮小した。(4) ミシガン州では、それまで生産拠点をメキシコへ移さずにがんばってきたメーカーが、関税によるコスト上昇に耐えきれず、移転を検討するようになった。

トランプは中国に立ち向かうという公約を、労働者階級のアメリカ人たちのために実行した。実際にもたらされた結果は、彼を当選させるにあたって最も重要な票を投じてくれた人々を傷つけることになった。それでも、トランプは工業で支えられた地域では高い支持率を保ち続けた。これは彼が、異論の余地なく成功を収めてきた唯一の分野に関しては、天才であることの証明といえた——つまり、テレビのリアリティー番組である。トランプ政権では政策より映像が重要なのだ。

自動車製造工場で働くアメリカ人のほうが、製鉄所で働く者より7倍以上多い。トランプの鉄鋼関税は前者の産業競争力を削ぎ、後者を喜ばせるものだった。だがトランプは、テレビで流れるコンテンツとしては、仕事を取り戻す少数の人々の話のほうが、仕事を確保し続ける大勢の話よりも、はるかに強力だということを理解していた。仕事を得た一団にはカメラを向けることができるが、働き続ける者は役所が出す報告書の脚注ぐらいにしか登場しない。トランプはグラニットシティに飛び、ヘルメットをかぶって、製鉄所の再開を喜ぶ労働者たちと一緒に、カメラマンたちに向かって見得《みえ》を切ってみせた。労働者たちが感謝しているということこそが、決定的な現実だった。

ダボスマンは、貿易戦争はほんの一時の芝居で、トランプの関心はやがて、ほかの何か別のことに移ってほしいと望んだ。シュワルツマンが懸念を抱いたのは、中国との〝デカップリング（分離）〟論議だった。世界の2大経済がまるで口げんかをしたカップルのように扱われる中、彼は舞台裏で両国に働きかけ、トランプにも習近平にも接触できる自分の立場を使って、緊張を緩和し、決裂という、代償が高くつく事態を防ごうとした[5]。

フィンクも仲介者として動いた[6]。外国の金融機関として初めて、中国政府から投資信託の営業許可を得ようとしていたからだった。

ダイモンは、貿易戦争は愚かなことだと頭を抱えていた。「報復を受けるかもしれない」とテレビのインタビューで語った[7]。「ほかにも、あらゆる種類の問題についてパンドラの箱を開けるようなものだ。事態はエスカレートする可能性もあるし、成長を阻害する可能性がある」

トランプが新たに貿易上の対抗措置をかざして脅したり、貿易戦争に勝つことは可能だと主張したりするたびに、株式市場はおののき、値を下げた。トランプの世界観では、どんな製品であろうと、他国で製造されて米国で販売されるということは、アメリカ人がぼったくられている状態を意味する。だが、投資家たちは世界に広がるサプライチェーンの意味を理解していた。ミシガン州の工場が、中国にある必須部品の工場と隔離されれば、どんな損失が出るかも計算できた。中には、ムニューシンが仲裁に入って、経済的損失をもたらすナバロの助言から大統領を引き離してくれないかと期待する者もいた。時おり休戦状態があり、最終的には暫定合意が成立したが、高関税はトランプ政権の特質であり続けた。

それが、米国のブルーカラー労働者たちのためにトランプが仕掛けたパフォーマンス、満足感は得られるが空疎な、米国の〝男らしい力〟を誇示したことの代償だった。

ただしその間も、トランプはダボスマンに対しては、確実で長続きするものを与えていた。

彼は金銭を差し出したのだ。

フランスにおけるベルナール・アルノーと同様、スティーブ・シュワルツマンは、ダボスマンの協力者が政権を取ったことの利点を、金銭という形で引き出すつもりだった。

シュワルツマンは、フロリダにあるトランプの別荘マール・ア・ラーゴで頻繁に食事を共にした。自分も近くに海辺の別荘があるのだ。シュワルツマンは2016年大統領選ではトランプには献金しなかったが、就任式典委員会に対して2万5000ドル寄付することで埋め合わせていた(8)。

トランプはシュワルツマンを、経済問題について大統領に助言するという触れ込みの「戦略政策フォーラム」の座長に選んだ。この諮問機関にはダイモンとフィンクも名を連ねた。政権幹部の人事を進めるにあたり、トランプはシュワルツマンが心安くいられる人物（正確には、心安くいられる男たち——ほとんどが男性だったのだ）をそろえて、周囲を固めた。彼らは、未公開株取引という甘い蜜にくちばしを突っ込んだことがある者たちだった。

商務長官のウィルバー・ロスは自分自身がプライベートエクイティ企業を興した人物だ。証券取引委員会《SEC》の委員長という金融機関のお目付役であるはずの別の人物は、プライベートエクイティ支援を中核事業としてうたうウォールストリートの法律事務所サリバン&クロムウェル出身だった。トランプが財務省をまかせたムニューシンは、マンハッタンでシュワルツマンの隣人だっただけでなく、差押物件で商売することを肯定的に評価する仲間だった。

トランプの就任式からまもなく、シュワルツマンがまた大がかりな誕生日パーティーを、今度は70歳を期して開いた。フロリダにあるフォーウィンズ・エステートで彼が繰り広げた饗宴《きょうえん》からは、60歳での大騒ぎを反省した痕跡はみじんも感じ取れなかった。新・金メッキ時代の〝顔〟という悪評に拍車がかかることへのためらいなど、皆無だった。砂浜にラクダが2頭放し飼いにされ、12分間にわたる花火が夜空を彩った。ポップスターのグウェン・ステファニーがハッピーバースデーを歌った後に、2階建てテントの中に設けられた舞台で、曲芸師たちが飛び跳ねながら、さっそうと登場した。ケーキは龍《りゅう》まできちんと配した中国式寺院の形をしていた。自分の誕生日にお祭り騒ぎをしないと我慢できない人物が、900万ドルでどこまでできるかを示す営みといえた。(9)

トランプの娘イバンカと娘婿ジャレド・クシュナーの姿もあった。ムニューシンも来ていた。彼らがそこにいること自体が、蓄えた財産をこの先の10年も守る役割を果たしてくれるだろうと、シュワルツマンがトランプに期待している証しだった。

ジェイミー・ダイモンも、取引とは何かを理解している友人の大富豪がホワイトハウスの主である利点を、あまさず吸い上げる気だった。

米国最大の銀行を経営するのに加え、ダイモンは主要企業の経営者らで構成する組織、ビジネス・ラウンドテーブルの理事長でもあった。そのポストに就いたのは2017年1月のことで、まさにワシントンの中心プレーヤーといえる組織の舵取り役になった。ダイモンは経営者らによる合意形成を通じて、このラウンドテーブルの影響力を増大させようと強く意識していた。選んだのは、企業の幹部なら誰でも同意できる課題だった。減税である。

ダイモンがこの組織の会長に据えたのは、息子のブッシュ政権で大統領首席補佐官を務めたジョシュア・ボルテンだ。ボルテンは大統領選では反トランプ陣営で活発に動き、不動産の大物とはいっても何度も破産したような者は、大統領執務室に入るのにふさわしくない、と表明したこともあった。だが、ワシントンでは、儲け話こそが、いわば即効性があり万能の〝記憶喪失薬〟なのだ。

「それは昔のことで、今は今だ」とボルテンは発言した。(10)「トランプ政権誕生と、共和党が議会多数派を制したことで、多大な恩恵をもたらす成長重視の政策が作られる機会が生じた。私は大変期待している」

「成長重視」というのはワシントンでは魔法の呪文で、誰も反対できない。連邦政府の手続きに慣れている者たちは、ほとんどあらゆる目的達成のため、てらいもなくこの言葉を使う。例えば、農業分野の補助金をごく少数の巨大企業が受領すること。あるいは、貿易保護政策によって、何百万人という消費者にとっての必需品（例えばスノータイヤとか木材）の価格を跳ね上げることと引き換えに、ごく少数しかいない大口の政治献金主を競争から守ることなどである。

だが、トランプ減税は、そうした厚化粧を異次元へと引き上げた。ワシントンの流儀では、億万長者たちにさらに財産を与える際には、それが、衰えた中産階級を救うための強壮剤だということにされる。ビジネス・ラウンドテーブルが展開したテレビの意見広告キャンペーンは、空虚な情報操作の傑作とでもいうべき出来だった。

「何百万人というアメリカ人が、仕事を追われています」。2017年8月に放映された広告で、ナレーションがそう告げた[11]（ちなみに、このときの失業率は5パーセント以下で安定していた）。画面は、失業対策事務所の混雑した列を映し出してから、荒涼とした会社のオフィス、閉鎖して窓が破れた工場の光景へと移り、最後に、この衰退をもたらした首謀者をクローズアップする。内国歳入庁［日本の国税庁に相当する連邦政府機関］の本部である。

「米国の時代遅れな税制が、経済成長を減速させています」とナレーターが続ける。「まともな職が失われているのです」。では、解決策は何か？　それが〝税制改革〟だった。

〝改革〟も、ダボスマンの語彙の中では愛用される言葉で、退職給付金の廃止から、学校教師の給与削減分をジェイミー・ダイモンに与えることまで、あらゆる事象を進歩的であるかのように響かせるための道具である。

トランプはその減税策を、ダボスマンの果てしない嘘で飾り立てた。企業は投資し、雇用を増やすだろう。富裕層は消費する。お金の行き着く先は、ウェイトレス、車のセールスマン、クリーニング店主といった人々のポケットだ、と。

「この税制改革案は単にそれ自体で採算が取れているばかりでなく、赤字も削減するだろう」。財務長官のムニューシンは、議会に法案通過を促す際にそう強調した。[12]

この主張は、ほぼ全世界から嘲笑を買った。イデオロギー上は立場の異なる経済学者38人にシカゴ大が調査したところ、減税が意味のある経済成長につながるという考えに信憑性があると答えたのは、たった一人だった。[13]

その主張の根拠を示すよう議会から要求されたムニューシンが、財務省に出させた1ページのメモは、夢想的な水準の経済成長率を前提にして、減税による国庫収入の減少分をカバーするだけの歳入が生まれると予測していた。

「経済学者によっては、異なる経済成長率を予測していることは認識している」とメモには記してあった。これが意味するところは、「実現は、土星で石油採掘が可能になってから」というようなもので、ワシントン流の隠語を用いつつ、現実にはありえないと認めていた。

減税策が発効してから2年後、企業投資は以前より低下していた。[14] 2018年を通じて、企業は設備投資や雇用に費やすのではなく、転がり込んだ棚ぼた利益から記録的な1兆ドルを投じて自社株を購入し、株主の富を増やした。[15] この年、企業が支払った配当金総額はやはり新記録の1・3兆ドルに達した。[16] 賃金上昇は減税後の最初の年、失業率が低下したのにもかかわらず、3パーセントに満たなかった。財政赤字幅は3割以上の割合で拡大し、減税はそれ自体で採算が取れるとしたムニューシンの主張は虚言だった、との印象を残した。

だが減税は、世間を仕切る者たち、つまりジェイミー・ダイモンやビジネス・ラウンドテーブルに集う仲間のCEOにとっては、申し分のない特典として作用した。JPモルガン・チェースの収益は2018年に325億ドルと過去最高を記録した。株主向けの年次報告でダイモンは、そのうち37億ドルは法人減税が生んだものだと認めている。

ダイモンは報酬として3100万ドルをその年受け取った。ウォールストリートで払われたボーナスは総計275億ドルに達し、最低賃金をもらってフルタイムで働くアメリカの労働者全員分の収入総額の3倍以上になっていた[17]。

マーク・ベニオフのセールスフォースは法人減税を求めて直接ロビー活動をした。ベニオフは減税が投資意欲につながるとの説を唱えた。

「経済はすばらしい状況だ」と、2018年にベニオフは表現した[18]。「確信を持ってお伝えできるが、何百人というCEOに、国内だけでなく世界中で話を聞いたところ、誰もが例外なく、投資を増やしている理由は、減税から生まれた信頼感のおかげだと言っていた」

減税のせいで、すでに20兆ドルを超えていた連邦政府の財政赤字はさらに拡大しようとしていた。やがて議会では、共和党と民主党保守派の議員らが、この数字を、予算カットの必要性を示すものとして受け止め、最も弱い立場に置かれた人々のための事業に照準を合わせた。高齢者や低所得層に向けた医療を提供するメディケアとメディケイド、食糧切符《フードスタンプ》、住宅費補助、現金給付などである。

共和党の政治家たちは、自分たちが政府の財布のひもを守っているのだと主張し、財政規律をまともに守っている同党は、就職せず生活保護に頼る人々に金をばらまく民主党とは違うのだ、という姿勢を取った。ところがトランプの減税が、この主張は虚勢にすぎないことを明るみに出した。

共和党員たちが財政赤字への警鐘を鳴らすのは、選挙資金を出してくれるダボスマンにとって関心の外にある事柄について話し合っているときだけだ。例えば、ほかの先進民主主義国がまず例外なく運営できている国民医療保険については、米国は財政赤字のせいでまかなう余裕がない、という理屈になる。だが、億万長者たちに減税を贈るための余裕だけは常に存在するのだ。

もっとまじめな態度でダボス会議に参加する人々――問題意識を抱いたNGOのメンバー、人権団体や環境運動家たち――の間では、トランプの出席は実際に、不快な出来事として捉えられた。

投資家だが民主主義推進の活動家でもあるジョージ・ソロスは、自分が毎年ダボス会議に併せて催す夕食会の席で、トランプは、これからやってくる権威主義政治という大波の、ほんのさわりにすぎないと警告した。「我々の文明の存続そのものが危機に瀕している」とソロスは話し、「金正恩《キムジョンウン》やドナルド・トランプのような指導者の台頭」を引き合いに出した。(19)

だが、最も多額を費やし派手なパーティーを催すようなグループの人々にとっては、トランプは今しがた、空からお金を雨あられと降らせてくれたばかりの人物だった。

トランプが政権発足期に招集し、シュワルツマンが座長を務めたCEOたちの諮問機関は突然、解散になった。バージニア州シャーロッツビルで、暴力的な示威デモを繰り広げた白人至上主義者やネオナチたちへの共感を大統領が示した直後だった。さすがの企業経営者たちも、ナチスの鉤《かぎ》十字を振りかざしながら「ユダヤ人にこの国は渡さない」と叫んだ暴力的なデモ行進参加者たちのことを、「とても良い人々」と形容した大統領に対して、助言者であり続けるわけにはいかなかった。

しかし、減税によって、そうした不快さすらも記憶の貯蔵庫から消去されてしまったのだ。「世界中の企業が今や米国に期待を寄せ、『先進諸国で次に投資するならここだ』と言っている」。シュワルツマンはダボス会議のパネル討議でそう言明した。私的な席でもシュワルツマンは、トランプは偏見の持ち主ではない、と弁護した。「彼の内面に人種差別主義者の要素はない」。シュワルツマンはダボス会議で登壇するたびに主張した。

トランプはダボスで私的なパーティーを催し、欧州の主要企業10数社の経営者を招いた。彼はテーブルを回り、経営者たちの肩を叩きながら、米国に投資するよう促した。トランプという個人が米国の経済開発公社そのものであるように振る舞っていた。

そして次の日、主会場のコングレス・センターに彼が登壇して、基調演説をする番が来た。

トランプの演説は手短で、珍しくマイルドな内容で、抑制されたといってもいいほどだった。国際協調主義者たちの顔を立ててみせ、「アメリカ・ファーストはアメリカだけという意味ではない」とまで言った。大まかに言えば、彼の演説は米国のビジネスのためのもので、海外からの投資を招こうという狙いがあった。

その後、私はノーベル経済学賞を受けた学者のジョセフ・スティグリッツと出くわした。彼は金融業界の人たちとの会合から出てきたところだった。

「連中は舌なめずりしている」と教えてくれた。「ダボスマンは、トランプの〝アメリカ・ファースト〟のレトリックや、気候変動対策に水を差す行動、保護主義、移民排斥、人種差別、偏見、ナルシシズム、女性排除《ミソジニー》といったことは全部見逃して、儲け話に飛びつくんだ。どうやら、それがダボスマンを真に動かす力のようだ」

その後のパンデミックで、ダボスマンの果てのない強欲の全体像が明らかにされることになる。

第2部

パンデミックでも勝ち組

「混乱は落とし穴じゃない。混乱からこそ這い上がれる」

——「リトルフィンガー」ことピーター・ベイリッシュ
テレビドラマシリーズ『ゲーム・オブ・スローンズ』より

「デモ参加者ら、プライベートエクイティからの資金援助を得ずに企業を強奪したかどで、批判の的に」

——風刺紙『オニオン』の見出し、2020年5月28日

第8章

ダボスマンは医療もぶち壊す
「彼らは私たちの心配には興味がない」

ミン・リンには、危機の高まりが手に取るようにわかっていた。

2020年3月、彼が救急医として働くワシントン州ベリンハムの病院に、インフルエンザのような症状を訴えてやってくる患者の数が増えていた。

リン医師は救急外来での経験が豊富なベテランだ。テキサス出身だが、2001年9月11日の同時多発テロのときには世界貿易センター最寄りの病院で働いていた。その後の2003年に、米北西部の太平洋岸へ家族とともに移り住み、シアトルから約160キロメートル北の小さな町、ベリンハムで働き始めた。それから17年が経過し、すっかり土地に根付いていた。

リン医師の両親も妻も、台湾出身だ。台湾政府は、新型コロナウイルス感染症に対する素早い対応で注目された。彼はウイルス感染がアジア諸国で拡大しているニュースを追っていたので、米国へまさに及ぼうとしていた危機の兆候を、敏感に受け止めていた。その段階で感染者数は全世界で10万人を超えていた。確認された感染例はオレゴン、カリフォルニア、ワシントンの各州でみられ、彼が住むワシントン州では、知事が非常事態宣言を出したばかりだった。しかし、患者が来始めていたというのに、リン医師が働く病院はその脅威を真剣には受け止めていないようだった。

高熱と痰《たん》の絡んだ咳《せき》を訴える人々が病院にやってきて、ソーシャルディスタンスも取らずに待合室で待たされていた。受付デスクの職員たちにはマスクは供給されていなかった。私物のマスクを着けてきた者は、患者に恐怖感を植え付けないために外すよう命じられた。

物資不足のため、手術室内で勤務する看護師には1回のシフトで手術用マスクが1枚渡されただけで、それも防護力が強いN95タイプではなかった。看護師たちは支給された1枚のマスクを使い回しながら患者たちに次々に接したが、基本的な感染予防の原則からは危惧すべき逸脱といえた。

リン医師は、病院建物の屋外にトリアージセンターを設ければ、医師が外来患者の優先度を判断し、ウイルスの拡散を防げると提案した。だが経営側は、それを無視した。治療を受けに来た患者を、まず問診票と検温で選別するべきだという提案も、同様に受け入れられなかった。経営側が恐れたのは、収益性の高い手術を受けに来院するような患者たちの足を遠のかせてしまうことだった。

彼は病院スタッフの感染検査を加速するため、いつも使っている、1週間以上かかる検査機関に頼むのではなく、1日で検査結果を出す地元の研究所に依頼してはどうか、とも促してみた。だが、いつもの検査機関は1回あたり50ドルで済むのに、迅速検査ができる研究所は4倍の費用がかかるので、ここでも答えはノーだった。

リン医師は形式上、全米規模で救急外来に医師を供給する人材派遣企業、チームヘルスの従業員だった。会社の上層部に対し、この病院は自分個人の身の安全だけでなく、全米3億人の公衆衛生を脅かしていると不服を申し立てたが、会社は受け付けなかった。まさにその病院が収益をもたらす顧客であり、そんな申し立てに取り合えば経営幹部たちを怒らせることになるからだ。

リン医師は、収益性を確保することのほうが、やがては50万人以上のアメリカ人の命を奪うことになったパンデミックを懸念することよりも優先されているという状況に対して、恐怖心を覚えた。だが、驚きはなかった。彼の雇用主、チームヘルスはブラックストーン社の子会社なのだ。

スティーブ・シュワルツマンは金のなる木を見出す天性の才覚があった。世界最大の経済大国である米国では、21世紀に入っていっそう有望になってきた分野が、医療だった。

２０１９年の1年間だけでも、アメリカ人が医療に費やす支出は3兆８０００億ドルに上る。[1] 20年前の水準と比べて倍以上に拡大し、ドイツの国全体としての経済生産高よりも多い。しかも医療にまつわる取引が、人々にとって不可欠だが、ほとんどの場合は透明性に欠けるという点が、ダボスマンにとって特に魅力的だった。

シュワルツマンは不動産分野で成功を収めたことでわかるように、弱い立場にある人々からの搾取に長けている。米国の保健医療は、究極の機会を生んでいた。自分の医療保険についた複雑な諸条件をきちんと理解している人などほとんどいないため、医療は価格をつり上げて、たやすく利益を稼げる分野だった。さらに医療ビジネスは、ほぼ不況知らずの産業でもある。

とりわけ魅力的と思われた分野が、救急外来だった。[2] 医療サービス全体のほぼ半数が施されている舞台である。そこに来る顧客は往々にして、費用を値切ろうとしたり、施術を受けることの金銭面でのプラスマイナスを考慮したりする余裕はない。

「あらゆる投資家の人生で、飛び抜けた機会がいつかは到来するものだ」。シュワルツマンはそう回想録に記している。[3]

シュワルツマンにとっては、２０１６年がそうした機会だった。ブラックストーン社は、61億ドルを費やしてリン医師の雇用主であるチームヘルスを支配下に収めた。同社は米国で救急外来スタッフを派遣する2大企業の一つだった。

この企業買収は、米国の医療分野でプライベートエクイティ企業が取った強気一本やりの拡大戦略でたどり着いた、画期的な成果ともいえた。過去20年間で、投資は8億３３００万ドル以上に達し、７０００件以上の売買が行われた。[4] ２０１８年単年だけでも、投資額は1億ドルに上った。

プライベートエクイティ企業は、実質的には相手の医療業務全体を買収する。ただし、まがい物の組織を作って、法的には医師たちが監督権限を持ち続けている体裁だけ整え、国による規制を回避するのだ。医療機関は高価な専門医療、例えば整形外科や皮膚科、心臓手術などに注力した。

プライベートエクイティが進出した分野のご多分にもれず、医療も、利益を出せという強まる要求の前に屈服した。病院や診療所の新たなオーナーたちはコストを削ったが、これは普通、医療ケア内容の低下を伴った。彼らは医療施設を統合し、診療費を上げた。一方で、ロビイストや弁護士を雇って、既存の反トラスト規制を骨抜きにした。十分な収益を生めない医療機関は、閉鎖した。

利益の最大化という考え方が力を増し、伝統的な医業の責務よりも優先されるようになると、経営側が防護マスクや人工呼吸器の購入を控え、米国全体として災害に対する備えが損なわれる結果となった。新たに導入された評価指標を通じて、医師たちはビジネスの駒として動き、健康を優先するのでなく、収益拡大に注力するような姿勢が奨励された。

備えよりも、効率が重視されるようになった。株主の利益が時代の支配原理となったため、病院では、空き病室というものが、ホテルの空室や車の在庫と本質的に変わらない存在へおとしめられた。それは資本の浪費であり、その分を配当という形で株主に還元したほうが良いとされた。

専門家の中には、米国で医療分野の大半をシュワルツマンのようなダボスマンの手に委ねてしまうのは危険だと警告していた人もいた。

経済学者のアイリーン・アッペルバウムは2019年に「これはプライベートエクイティが得意とする、いつもながらの戦略を当てはめ、対価を搾り取る手口だ」と書いた。(5)「違うのは、今回は文字どおり、生死に関わる事象だという点だけだ」

その翌年、この危険はもはや避けようがないものとしてやってきた。新型コロナウイルスが米国を、そして世界を席巻《せっけん》していた。

チームヘルスは、救急医療スタッフ派遣業としては二番手だ。最大手はエンビジョン・ヘルスケア社で、やはりプライベートエクイティの世界で突出した存在であるKKR社が、100億ドル近くで同社を買収していた。この派遣業大手2社のいずれかによって、米国の緊急外来病棟で働く人の、ざっと3人に1人が雇用されている。(6)

この両社こそが、米国の医療保険システムを取り仕切る支配者だといえる。そのシステムは極めてわかりにくく、競合し合う保険会社が、別々の医療機関ネットワークと提携し、それぞれに異なる還付率が設けられ、州ごとに違う規制に服している。そのため、政府が運営するメディケアなどとは違って、派遣業者が付け入る隙が生じた。民間の医療保険は契約ごとに条件が定められ、同じ治療を受けても支払う額が著しく異なる。ストレッチャーに乗せられて救急外来に来る人は当然ながら、健康で思考がはっきりしている人でさえ、たいがいは契約条件を理解できずに頭を悩ませる。

さらに、たいていの患者がわかっていない、非常に重要な前提条件がある。加入している保険の医療機関ネットワーク内で診療を受ければ、最低限の自己負担で診療してもらえると思うのが普通だ。だが実際には、そんな病院であっても、救急外来に担ぎ込まれて保険ネットワーク外の医師の診療を受ければ、診療請求書はしばしば法外な金額でやってくる。

コロナ禍に見舞われるよりもずっと前から、こうした慣行、いわゆるサプライズ医療請求が、議会による調査対象になっていた。救急外来で診療を受けた患者の5人に1人以上が、自分を治療したのは保険適用外の専門医だったということを後から知る。診療請求額は、往々にしてメディケアの下で認められる最高限度の7倍にも達する。(7) 低賃金の職に就いて常に支払いに追われているような人々は医療費が支払えず、取り立て専門業者に脅かされる。(8) これこそが、米国社会でよく聞かれる、体を壊して破産した、という話の本質だ。

イェール大学の研究チームは2017年に発表した論文で、米国のサプライズ医療請求は、医療の組織的な破壊行為であり、自由主義の市場経済原則に対する挑戦だと記した。「こうした高額の医療請求は、需要と供給のメカニズムに基づかずに、患者を〝不意打ち〟する能力に支えられており、受益者が消費者から医師の側に移ってしまった状態を反映している」と、その論文は主張する。[9]

2020年夏には、チームヘルスはカリフォルニア州で集団訴訟を起こされ、何も知らない救急外来の患者たちを組織的に食い物にしたと非難された。ブラックストーン社の広報は、チームヘルスがサプライズ医療請求に手を染めたというのは「まったくの言いがかり」だと反論した。しかし、イェール大学の研究者らの論文によれば、チームヘルスが救急医療に進出してからの数カ月間だけで、保険適用外の医療費を請求される患者の率は、10パーセント未満から60パーセント以上へと跳ね上がっていた。[10] この研究論文は、チームヘルスの進出によって、保険外の医療費請求は約3割強の割合で増えたと結論づけている。[11]

サプライズ医療請求はとても実入りが良い事業だったため、チームヘルスとエンビジョンの両社は2019年に、2800万ドルを費やして意見広告キャンペーンを展開することで、この仕組みを禁止しようとした議会の動きを封じた。[12]

そのキャンペーン広告は「患者の結束《ペイシェント・ユニティ》」という団体名のものだったが、主張の内容は、これまた傑作といえるほどの責任逃れだった。繰り返し放映されたコマーシャル映像では、ブロンドの髪をした母親役がまっすぐこちらを見つめ、こう言う。「サプライズ医療請求は衝撃ですよね。特に救急診療を受けた後は」。しかし、現在審議中の法案を推し進めているのは「大手の保険会社なんです」。保険会社の動機は、「政府が医療費を設定する仕組みを利用して、記録破りの利益をもっと増やすこと」で、もし、それを許してしまえば、結果は「あちこちで医師が不足し、病院が閉まるでしょう」と告げるのだ。

今回が初めてではないが、ダボスマンは、自分たちが形作ってきた悲惨な状況そのものへの恐怖心をあおることによって、顧客たちから搾り取れる立場を維持しようとした。その一方で、規制強化は国家への反逆に等しいものだと描いてみせた。

ウイルスの広がりによって浮き彫りになった問題もある。リン医師が勤める病院は、ほかのビジネスと同様に、株主のためとにかく無駄を削減せよという、行きすぎた強制の下にあった。

多国籍企業が無駄の削減を追い求めた結果が「ジャストインタイム生産方式」だ。予備の部品を在庫で抱えるのではなく、そのときどきで必要なものをネットで注文する。中国の電子部品工場がロックダウンで閉鎖したため、韓国をはじめ、ミシガン州に至る各地の工場が、中国製部品の不足に悩まされた。ｉＰｈｏｎｅや自動車部品の不足ならば耐えることができたが、医療分野での物資不足は深刻だった。リン医師の病院だけでなく、世界中の医療施設で防護マスクが不足したのは、この「ジャストインタイム」の普及も一因だった。

無駄を省く精神が招いた最も重大な結果が、病床数の深刻な不足だ。

米国では過去10年、病院の統合が６８０件あったが、連邦政府の独占禁止規制当局はほとんど何も手出ししなかった。新たなオーナー企業は、来院する人々を顧客と見なし、政府運営のメディケアやメディケイドのような補助制度が適用される患者への対応はなるべく減らした。これらの制度には、医療費請求額に上限が設けられているからだ。その一方で、民間の健康保険に加入できる、もっと裕福な患者の治療は最大限に増やした。人口過疎地や低所得者世帯の多い地域にある病院は、相対的にみて収益性が不足しているという理由で、閉鎖された。

全米の農村地帯で、パンデミック前の15年間だけで１７０の病院が閉鎖された。[13] こうした地域では外科手術から産科診療まで、さまざまなサービスが矢継ぎ早に提供されなくなった。[14] このトレンドは、メディケアへの政府の歳出が削減されたことで、さらに悪化した。

オーナー企業は、傘下に収めた病院でのサービスの供給水準を、需要に合わせて調整した。ゆとりのある対応能力を備えようとすれば、診療報酬の下げ要因につながる。逆に、病院を閉鎖して業務を統合し、病床数を減らせば、航空会社が便数を減らすのと同じ原理で、優位な立場を確保し、より高い額を請求できた。

パンデミックが到来した時点で、米国の総病床数は92万4000で、1970年代半ばから150万床近くが削られた[15]。最も統合が進んだ25の大都市圏では、入院費用が5割近く上昇した[16]。ニューヨーク市では、2003年以降で18の病院が閉鎖し、2万以上の病床が消えた[17]。国内最大の人口過密な大都市圏が、医療ニーズが急上昇した際の備えを何も持たない状態に陥った。

2020年3月末、市当局はセントラルパークに緊急の野戦病院を建てて対処した[18]。地元の安置所に場所がなく、遺体を冷凍車に安置しなければならなかった[19]。遺体収容袋は在庫切れになった。

2020年12月には第2波が来た。米国は1日に20万人以上の新型コロナ感染者を出し、病床が足りないので、診察待ちの患者たちはストレッチャーに乗せられたまま廊下に置き去りにされ、何時間も過ごさねばならなかった。国の人口の3分の1に相当する、1億人以上のアメリカ人にとっての最寄りの病院が、機能停止寸前の状態に陥った[20]。集中治療室《ICU》占有率は、85パーセント以上にまで達した。

パンデミックの何年も前から、リン医師は、世界最大のプライベートエクイティ企業の傘下で医療に携わることへの影響が、微妙な形で表れてきたと感じていた。彼の勤める病院では収益がわずかに改善したとはいえ、患者の利益を見捨ててでも収益を上げようという要求は目に余った。救急病棟では、医師たちが下す各種の医学的配慮——例えば、脳梗塞患者の正しい治療法や実施すべき感染症検査——と、治療をできるだけ早く終わらせることにのみ利益を見出す経営側の指示とが、正面からぶつかるようになっていた。

スタッフミーティングでは、患者の治療に関する議題は半分ぐらいしかなかった。残りの半分は、個々の患者からどうやってもっと収入を上げるか、だった。シュワルツマンの会社は救急医に対する報酬を、患者1人あたりの収益を測定する「相対評価単位数《RVU》」によって査定した。チームヘルスの管理職は医師たちに向かって、患者に特定の検査、例えば心電図などを施せばRVU数が増加すると、あえて言及した。また、医師全員の名前を記したRVU数ランキングを配り、誰が結果を出しているか、誰がもっと努力が必要かを明示した。

リン医師は、この手法に良い面もあることは理解していた。勤務時間数に応じて報酬を出す病院では、医師によってはほとんど何もせず、ただ待機して時間を稼ごうとする者もいた。一方リン医師の病院では、ただ座っているスタッフなどいなかった。彼らの報酬には、何人の患者を治療したかが直接反映されるからだ。

こうした問題の上に、パンデミックではもっとずっと急を要する問題が見えてきた。

病院には、緊急ではない〝選択的手術〟や施術、例えば、膝や股関節の置換手術、大腸内視鏡検査、ヘルニアや腰の外科的治療などのために来院する患者がいる。それらは、大口の収入源だ。

連邦政府は疫学者の警告をもとに、このような選択的手術を控えるよう推奨した。だが、株主に仕える企業によって管理された病院は、収益に響くので抵抗した。実際にそうした施術を控えた病院では、多くの場合は職員の手当を削り[21]、時には解雇することで収益減を埋め合わせた。

ピッツバーグ大学医療センターは、ほかの医療機関を何度も統合する形で膨れ上がり、ペンシルベニア州西部の保健医療マーケットで41パーセントを占有していた。収益は年間200億ドルに達し、理事長兼CEOのジェフリー・ロモフは2019年には850万ドル以上の報酬を受けている[22]。同センターは、選択的手術の中止を求めたペンシルベニア州知事の命令を無視した。同じ時期に、センターの最高医事責任者を務めるスティーブン・シャピロ博士は大っぴらに、パンデミックの脅威など存在しないとして退け、経済活動を再開するよう当局に求めていた[23]。これは明らかに利益相反だった。社会の活動レベルが正常に戻れば、彼の病院はもっと儲けることができるからだ。

ベリンハムの病院ではリン医師が、命に関わる手術のみが実施されるべきだと説いていた。だが、選択的手術はこの業界を支える収入源であるため、中断されることなく続いた。

リン医師は、手術室で働く看護師には十分な個人用防護具が与えられていないのにもかかわらず、病院側が地元紙に対し、十分なストックを確保していると説明したことで、いっそう怒りに駆られた。チームヘルスの管理職に対し、従業員の命が脅かされていると訴えたが、何の対策も取られなかった。チームヘルスは病院との関係を損ねたくなかったのだ。

不満を感じたリン医師は、フェイスブック上で警告することにした。

それまで彼はあまりこのＳＮＳを使っておらず、何カ月も書き込みしないことも多かった。特定の主義主張を推し進めるための手段にしたこともなかった。そんなリン医師が3月16日、管理職宛てに提出していたメモをアップした。その中で彼は、病院内の危険な状況についての懸念を詳述していた。「患者と地域社会を守るためにできていないことがあまりに多い。しかし、スタッフの防護策となると、もっとダメだ」と記した。

チームヘルスの人事部門が、彼のフェイスブックへの書き込みに気づいた。その翌日、リン医師と同社幹部たち、そして病院側代表との三者が、電話で協議する機会が設けられた。1時間にわたって話し合ったが、リン医師はまったく安心できなかった。

「私が受けた印象としては、彼らは私たちの心配には興味がない」と彼はフェイスブックへ書き込んだ。「バーやレストラン、不要不急の商業活動が休業するのであれば、選択的手術も止めなければならないはずだ」

リン医師の直接の上司であるワース・エヴェレットが電話してきて、フェイスブックの書き込みを削除して、チームヘルスのＣＥＯに謝罪するよう求めた。雇用主を批判するのは不適切だという。チームヘルスの業績は「量的な減少」に悩まされているとエヴェレット医師は告げた。原因は救急外来に来る人が減ったことだったが、人々を怖がらせてその風潮に拍車をかけたのはリン医師だ、と上司は非難した。

リン医師は削除と謝罪要求を拒んだ。医師として、彼の忠誠心が向けられるべきは患者と同僚、そして公衆衛生であり、収益の最大化ではなかった。その頃には、院内のコロナ感染者数がどんどん増えていた。

彼のフェイスブックページは、全米からの支持の書き込みでいっぱいになった。人々は彼を英雄視した。ほかの医療現場で働く人々も、やはり十分な防護装具を与えられず苦闘を強いられている、と知らせてきた。マスクを寄付しようという人たちもいた。リン医師は収集活動をすることにして、近隣の保健所に物資を持ち込むよう、人々に頼んだ。

そんなとき、病院のCEOが地元紙に対し、コロナウイルスに感染した医療スタッフのうち、患者からの院内感染例など存在しない、と請け合った。

激怒したリン医師は、そんな主張は噴飯ものだとフェイスブックに書いた。

最初に書き込みをしてから、12日が経過していた。別の管理職がメッセージを送ってきた。「あなたは出勤する必要はない。あなたの業務シフトはカバーされました」

リン医師はエヴェレット医師にメールで確認した。戻ってきた返答に、疑いの余地はなかった。彼は解雇されていた。後日、病院を相手取って不当解雇訴訟を提起した。

上司のエヴェレット医師は、私が再三にわたり残した留守番電話メッセージに返答しなかった。ブラックストーン社に連絡して、リン医師が提起した問題について質問したところ、チームヘルス社の企業広報を請け負うナラティブ・ストラテジーDCという会社から回答が来た。

「COVID‐19パンデミックが始まった当初から、チームヘルスは、我々の臨床医による英雄的な行動を支援するために、できる限りすべての手段を取ってきました」と回答文は主張していた。チームヘルスはリン医師を解雇したわけではなく、病院側がその任務を「解いた」だけだという。「我々の側は何度も、国内各地の契約病院でのポジションを彼に提示し、世界規模のパンデミックの中で、患者を救う医療という重要業務を続けられるよう配慮しました」と書かれていた。

これは典型的なダボスマンの戦術といえる、強気一本やりの反撃だった。チームヘルスが公衆衛生よりも営業利益を優先させたという証言を突きつけられた同社は、「リン医師は、災害時に職務放棄した」の一言で反撃したのだ。

リン医師が去って数週間後、チームヘルスは収入減に対応する形で、救急医の勤務時間を削減した。そのときまでには、シュワルツマンと仲間のダボスマンたちは新たな搾取の機会を手にしていた。コロナ禍は経済に対する深刻な脅威と化した。世界各国の政府が記録的な規模で救援策のパッケージを準備したが、そこには、監督の目がほとんど及んでいなかった。

ダボスマンは、こうした状況を前にも経験している。「彼」には、どうすればいいかわかっていた。

第9章 ダボスマンは非常事態を見過ごさない

「金儲けの手段は常にある」

大物カジノ経営者としてのトランプの得意技は、借金を踏み倒すことだった。合衆国大統領としての彼は、今度はその正反対の立場から、世界で最も裕福な人々に公金を差し出した。

トランプの減税策は再選を保証するチケットとみられていた。この戦略は、コロナウイルスが存在しなければうまくいったかもしれない。実体経済にはほとんど何も恩恵をもたらさないが、株式市場は活況を呈していた。

トランプが税制改正法案に署名した2017年12月から2020年2月初めまでの間で、広く参照される株価指標であるS&P500は20パーセント以上値上がりし、3兆ドル以上の利益を生んだ。トランプは高値更新のたびに騒ぎ立て、株価が自分の優秀さの尺度であり、米国復活を告げるネオンサインであるかのように扱った。

米国の全世帯のうちほぼ半数は、まったく株式を所有していない(1)。一方で、最富裕の1割が全株式の84パーセントを持っていた。ブルーカラー労働者の暮らしが安定しているかどうかを測る尺度としては、株式市場の状況には何の意味もない。例えてみれば、南仏カンヌでのヨット係留費の変動と同じくらい、働く人々には無縁なことなのだ。だがこの現実は、メディアによって次々にもたらされる、最高値記録更新というニュースによって覆い隠されてきた。そうして株式市場と実体経済が混同される状況は、ダボスマンとその協力者である大統領には助けになった。トランプは株式市場の好況を支えに、米国経済が活性化したという印象をかもし出した（実際には好況が始まったのはオバマ政権下で、雇用はもっとたくさん創出されていたことを付記しておく）。

トランプにとって、彼の政権を次々に襲ったスキャンダルの数々――ポルノ女優への口止め料の支払い、政権内の人事をめぐる安っぽい浮沈劇、複数の捜査案件、休むことを知らない嘘の連続、偏見、そして弾劾といったことに対する火消し材料が、経済だった。再選できるかどうかは、経済にかかっていた。

「世界で最もすごい」と、彼はいつも語った。「歴史上で最もすごい」

トランプの大統領再選は、確固たるものにみえていた。米国大統領選の歴史を通じて、経済が良いときの現職大統領が再選する可能性は、非常に高かったからだ。

だが、コロナ禍で彼の祝勝パレードの構想も台無しになった。

ウイルスが最初に出現したのは中国中央部の工業都市、武漢だった。2月にはイタリア北部に広がり、感染症専門家らが、これはまさに世界規模の脅威だと警告した。東京、ロンドン、ニューヨークと、株価が急落した。3月の終わりには、ダウ平均は3割以上値を下げ、1日の下落幅ポイントの最悪記録を3度も更新していた[2]。

マーケットが反映していたのは、世界経済に関する簡明な真実だった。中国で工場が操業できなければ、世界のほとんどの国で、驚くほど多様なモノが不足する。ロンドンからロサンゼルスまで、小売業者たちは中国で作られる衣類やスマートフォン、家具だけではなく、中国以外の国で完成品は製造されていても、中国製の布地、電子部品やパーツを使った製品の在庫を確保するのに苦労した。東欧やラテンアメリカの自動車工場も、必要な部品を調達するのに大わらわとなった。

鉱工業生産が世界中で大幅に減速したことは、石油や天然ガスの需要落ち込みの前触れで、ペルシャ湾岸やメキシコ湾岸の油田地帯にあるエネルギーに依存する経済にとっても打撃となった。

しかも中国は、単にさまざまなモノを製造するだけでなく、大量の上に増える一方の消費国でもある。中国の消費者が感染防止のため動けず、ショッピングモールやエンターテインメント会場に群がらなくなってしまえば、幅広い分野のモノやサービス、例えばハリウッド映画、建築機械、大豆、鉄鉱石、投資銀行業務などが、需要の低下に直面する。

危機が進行する中で、米国やEUなど各国の中央銀行は、前例のない量で資金を供給し、マイナス金利を設定することで、消費者や企業がお金を使ったり投資したりするよう促した。だがパンデミックの最初の数カ月間は、新たな緊急支援策が発表されるたびに、並外れた売りがさらに引き起こされた。

各国中央銀行は繰り出せる限りの手持ちの措置を講じて対応しようとしたが、効かないようだった。人々が休暇を取りやめたりデパートでの買い物を控えたりしていたのは、金利が高すぎるのが原因ではなかった。消費が落ち込んだのは、人間と接することが死につながりかねないリスクを伴うからだった。世界経済を救う唯一の方策はウイルスの伝播《でんぱ》を止めることだったが、その唯一の方法が、経済の息の根を止めることだった。

トランプにとってこの危機で余計に始末が悪かった点は、彼が当初、パンデミックというのはでっち上げで、自分の再選可能性を損なうために作られたフェイクニュースの一つにすぎない、と切って捨てたことだった。国民に対してソーシャルディスタンスの重要性を伝えつつ、大規模に検査を実施することができたはずの数カ月間が浪費された。代わりに、すべては順調にいっており、ウイルスは通常の流感と変わらず、人々はとにかく日常生活を続けるべきだと主張して、体裁だけを保とうとした。

そんな立場を取り続けているわけにはいかないという状況が見えてくると、トランプは戦略を変えた。パンデミックは恐ろしいものだということになったが、それは彼の責任ではないのだった。検査数が増やせないことを、現職を離れて3年経っていたオバマのせいにした。ウイルスは、卑怯《ひきょう》な中国が押しつけてきた最新の輸出品だと位置づけ、人種差別的な言辞を弄した。カンフーをもじって「カンフル（エンザ）」とか、「中国ウイルス」などと呼び、アジア系のアメリカ人に対するいつ終わるともしれないハラスメントの波を引き起こした。

ウイルスが猛威をふるうにつれて、トランプは再び自分を変身させた。今度は、誰よりも早く危険を察知した、戦時下の大統領として振る舞おうとした。ホワイトハウスで毎日の記者会見を自ら取り仕切り、魔法のような薬剤がまもなく手に入るという情報を発して、安心させようとした。米国のメーカーは彼の要求で、工場ラインを作り変えて人工呼吸器を製造した。

トランプが明らかに基本的な事実を把握していないのを見て取って、人々は恐怖をさらに募らせた。ある時点では彼はアメリカ人に対し、漂白剤を打ってウイルスを殺せばいいと示唆した。住宅用洗剤大手のクロロックス社は声明を出して、それがいかにひどい考えであるかを説明しなければならない羽目になった。

トランプは成人してからの半生を通じ、社会の慣習を無視し、伝統的な経理のやり方を軽視し、莫大な負債を背負ってもそれを認めず、実質的な責任は何ら問われずにやってきた。何回も破産したことや、相手が銀行家だろうが配管業者だろうが支払いを拒絶することなども、かえって彼のオーラを高めて、暴露本の出版契約や人気テレビ番組シリーズから声がかかる、という結果につながってきた。だがパンデミックはそれとはまったく違い、トランプが初めて出合った、単に無視したりほかの誰かに責任を押しつけたりすることができない存在だった。これまでの放蕩の際のように、彼のスターとしての力にうっとりして肩代わりを申し出てくれるお人好《よ》しの貸し手など登場しなかった。自然界に彼のブランドは通用しなかった。パンデミックはトランプに逃れようのない天罰を与えていた。

3月末の1週間だけで、300万以上のアメリカ人が失業保険の給付を申請した。過去最悪を5倍近く上回る記録だった。トランプ政権発足以来の雇用の伸びは完全に相殺された。

翌月には失業率は14パーセントを超えた。無料で食べ物を提供するフードバンクに列を作って何時間も待つ人々の姿がみられ、新たな大恐慌が来るのではという話が広まった。極めて短期間のうちに、トランプの再選見込みは非常に厳しくなったように映り、トランプは彼自身の辞書で最低の分類である〝敗者〟の領域へと、不快なほど近づいていた。状況を打破しようと、彼は必死になった。人々が職場に復帰し、ショッピングモール、ホテルや空港、レストランに戻ってこない限り、市場は回復できないのだ。

4月中旬、トランプは彼一流の大言壮語とショーマンシップを駆使して、「偉大なる米国経済復興産業グループ」という名称の大手企業経営者のグループを作った、と発表した。経済をどうやって再開させるか、トランプに助言するという任務がもっともらしく掲げられていた。

メンバーの多くがダボスマンの仲間から集められた。ダイモン、ベニオフ、ベゾスも入っていた。「この偉大な闘いを次の段階へ持っていくにあたって、我々が持てるすべての力を注ぎ、米国の労働者に必ず繁栄を取り戻してやらなければならない」。トランプは会の設置を発表した記者会見でそう言った。「基本的な目標は、アメリカの健康と富である」

その「アメリカの健康と富」という言い回しは、両者の間に明らかに矛盾があることを覆い隠すものだった。ベゾスが最も端的な例だったが、彼の急増する富は、倉庫の従業員たちが防護具抜きで健康を犠牲に提供する労働を源にしていた。

助言者とされたメンバーの一人が、食肉加工の最大手タイソン・フーズ社のCEO、ディーン・バンクスだ。トランプはその後まもなく、戦時のための国防生産法を発動して、食肉加工場の操業継続を命じた。(3) そうした工場がウイルス伝播のホットスポットになることなど、お構いなしだった。トランプは、食肉加工業者たちが提案したとおりに、そうした工場を「必須インフラ」と指定した。そこで働く労働者たちはエッセンシャルワーカーだということになった。

ホワイトカラーの専門職はネットを使って家から安全にリモートで働くことができた。だが、何万人という食肉加工労働者たち（その多くが最低賃金で働く移民だった）は、豚や牛、鶏肉をさばき続けるために命を賭けることになった。[4] その労働環境は、作業ラインで〝密〟にならざるを得ないものだ。健康を守るか、さもなければ給料を守るかの二者択一で、両方とも手に入れることは無理だった。

タイソン社は、トランプが大統領権限で国防生産法を発動したのは食肉の供給不足を避けるために不可欠だったと主張した。彼らが言及しなかった現実がある。米国が食肉の供給不足に陥りやすくなったのは、タイソンなど大手3社が、中小の競合他社を食い潰した結果として生じた状況なのだ。整理統合によって豚肉の加工能力は2割以上減った。[5] 一方でタイソン社とその株主たちは、値上げによって利益を増やしてきたのだ。

トランプがやることの例にもれず、経営者たちの助言グループの設立発表自体が、演出にすぎなかった。ベニオフは、ほかの人から彼自身もメンバーに入っていると聞かされるまで、会のことを聞いたことすらなかった。会合は一度も開かれなかったし、助言を与えるよう頼まれたこともいっさいない、とベニオフは私に明かした。

再選を目指すトランプの必死の努力は究極的には、彼にとっては最も理解しやすい媒体である、お金の話に落ち着くのだった。彼が取った態度は、度量の大きい王侯貴族のように振る舞い、大衆に向けておひねりをばらまこうとすることだった。議会と交渉して、巨大な支援パッケージを成立させようとした。

公衆衛生上の危機が経済の崩壊と合わさったことで、政府の財政支出に関する、平時の規律条件は事実上、撤廃された。

トランプはその後、数兆ドルの救援金支出を、世界最大の経済を救うという名目で、迅速に、しかし最低限の監査の下で実現させた。米国は、ただ同然で手に入る救援資金であふれかえろうとしていた。

その資金を提供させられたのがまったくの素人たち、つまり納税者だった。

そしてダボスマンがその配下のロビイストを使って、祝祭の輪に自分も入れるよう画策していた。

2020年3月末にトランプが署名して成立した2兆2000億ドルの支援法は、正式名称はコロナウイルス支援・救済・経済安全保障法で、頭文字をつづめて「CARES《ケアーズ》法」と呼ばれた。何かを〝ケア〟する法律だといわんばかりの名前だが、実際の内容は、大災害をいいことに社会から搾取して莫大な利益を上げる利権集団のための法律として、記憶に刻まれることになる。

法案パッケージの中には失業手当の大幅な拡充も含まれていた。消費を促すために、通常の手当に加えて週あたり600ドルが追加された。何百万もの世帯に対し1200ドルの給付金が出され、景気低迷を和らげようとした。この手法は最終的にはかなり効果を生む見込みで、稼ぎ手が収入や給料を失っても、立ち退きや破産などの災難を避けられるだけの資力になるはずだった。だが、給付金の小切手（まるで皇帝からの個人的な贈り物であるかのように、トランプの名前が記されていた）は、支払えずにいる請求書がどんどん増えて人々が苦境に陥る間も、何カ月も届かなかった。

救援パッケージは失業手当や給付金、さらに学費の負債を抱える従業員を支援した企業に対する税控除も含み、総計で6000億ドル以上に達した。平時なら巨額といえる資金注入であり、景気が低迷しても失業者たちにもっと悪い影響を及ぼさずに済んだ、主な理由でもあった。だが、この支援が実現した陰には、政治的代償があった。あらゆるダボスマンに対し、分け前にあずかるよう招待状が出されてしまったのだ。

完全に無駄といえる歳出項目があった。不動産デベロッパーなどに対する減税1700億ドルで、いかなる観点からもコロナ禍とは関連が認められない。私の同僚であるジェシー・ドラッカーが明らかにしたように、この条項は、全体で880ページある法案の203ページに、作業が完了するまで誰も気づかないよう、こっそりと上院共和党によって挿入されていた。この条項のおかげでデベロッパー企業は、当該年度の納税申請で、新型コロナウイルスなど存在しなかった何年も前の損失であっても、控除対象に挙げることができた。[6] 必然性はいっさいなく、ただ財務省から富裕層に金を転送する手段になっただけだった。その歳出の恩恵に浴しようとした者たちの中には、ドナルド・トランプと彼の娘婿ジャレド・クシュナーも含まれていた。

ＣＡＲＥＳ法の中核的な要素は大企業向けの５０００億ドルの支援で、その中には航空会社向けに計上された２９０億ドルや、「国家安全保障上、不可欠な企業」に向けた１７０億ドルも含まれていた。後者は、実質的には航空宇宙大手ボーイング社のことだった。

こうした支援のうち財務省が出す約４５４０億ドルは、ＦＲＢから拠出可能な緊急融資枠４兆ドル以上の担保にもなっていた。非常に込み入っていたが、重大な結果をもたらすプロセスで、内情に通じた者たちしか仕組みを理解していなかった。

日々提示されていた支援策はすでに歴史的な水準だったが、４兆ドルという総額は理解の範疇《はんちゅう》を超えていた。その前年にすべての米国企業が得た総収入を足し合わせた、そのさらに倍以上に相当する巨額だ。融資がどこに向けて、どのような条件の下で渡されるのかに関して大きな影響力を及ぼしたのが、トランプ政権の財務長官だったスティーブ・ムニューシンだった。

ムニューシンはいつも浮かべている薄ら笑いの向こうに、シルクのパジャマ姿がすぐ浮かぶ、まさに漫画で描かれる富豪のような容貌だ。祖父はヨットクラブの創立者で、[7] 父はウォールストリートで働き、ゴールドマン・サックスの経営陣に入る大物だ。１９６２年生まれの彼はパーク・アベニューで育ち、週末はハンプトンズの別荘で過ごした。ニューヨーク市で最も狭き門とされる私立学校リバーデール・カウンティ高校に通い、緑豊かで広いキャンパスに、赤のポルシェに乗って登校した。父親の足跡を追うようにして、まずイェール大、そしてゴールドマン・サックスへ進んだ。

ムニューシンが配属されたのは住宅ローン部門で、[8] そこで得た知識がやがて彼自身に莫大な利益をもたらした。破綻したローン業者のインディマックの吸収合併を取り仕切り、苦境に陥った住宅の持ち主に対して巨額の手数料を押しつけ、大規模に差し押さえを実施し、そうした物件の取引で利益を得た。人々を住まいから追い出す営みはとても実入りが良かったので、ムニューシン自身は2700万ドルで、ベルエア［ロサンゼルス西部の高級住宅地］にある、9ベッドルーム、浴室を10も備えた館を購入し、[9] ふだん居住しているパーク・アベニューのメゾネットに加えて別宅とした。

ムニューシンが2016年にトランプの選挙陣営に加わって財政金融部門の委員長になったとき、彼を知る人々はショックを受けた。選挙資金集めの経験はまったくなかったし、どのような形であれ、政治的な大義へのこだわりを示したこともなかった。だが、トランプと彼は、ニューヨークの不動産業界で大きな取引を行う者同士として知り合いだった。[10] 選挙集会でのトランプを観察し、彼なら勝てると確信して陣営に加わった。

ムニューシンの親族はトランプと関わり合いになることに落胆した。義母は周囲に、自分はムニューシンの実の母ではないということを強調し始めた。[11] トランプは当選後、ジェイミー・ダイモンに財務長官を引き受けるよう説得を試みたが、辞退されると、ムニューシンを選んだ。[12]

ぎごちなく口数も少ないムニューシンは世間話が下手だが、ピンク・パンサー映画のドジな主役、クルーゾー警部のものまねを不意に始めることで知られていた。[13] 分厚い角形の眼鏡フレームとたるんだ頬が特徴で、フォーマルウェアに身を包み、ずっと若い妻であるスコットランド出身のブロンド女優ルイーズ・リントンと一緒にいるところを写真に撮られることも多かった。

この妻は、涼しい顔で特権を振りかざし、享楽に水を差すような自省とはいっさい無縁な人物として悪名を博してきた。かつて、ザンビアについて語ったとき、高校卒業後に同国で過ごした年のことを茶化しながら酷評し（「アフリカは見えない危険でいっぱいだって、すぐわかった」と発言した[14]）、同国政府から公式に抗議を受けた。財務省造幣局が夫の署名が入った最初のドル紙幣の印刷を始めた日、リントンは夫とともにカメラの前に現れ、黒の革手袋を着けたまま色目を使い、印刷されたばかりの紙幣シートを、まるで強奪された宝石のように掲げてみせた。ムニューシンに同行してフォートノックスにある連邦政府の金地金倉庫を訪れた際には、政府専用機から降り立つ自分の写真をＳＮＳに投稿し、世間が彼女のエルメスとバレンティノの衣装に確実に気がつくように、ハッシュタグを使ってアピールした。オレゴン州のある女性が、それは品性に欠けていると批判すると、リントンはその女性を「素敵なほど現実を知らない」と攻撃し、自分とムニューシンが無私の精神で納めてきた巨額の税金に感謝すべきだとまで言った。もしマリー・アントワネットがインスタグラムの時代に生きていたら、その投稿はおそらくこんな感じだったろう。

そのムニューシンが、細かなプロセスには関心のない大統領の下で業務を遂行し、ＦＲＢに途方もない金額を放出させるよう監督指導にあたったのだ。

航空会社やボーイング社向けに計上された予算は、付帯条項として、受給者がその資金を株主への配当や経営者報酬増額に振り向けることを禁じ、従業員の大半について雇用を維持するよう義務づけてもいた。だが、もっと重みのある歳出、ムニューシンの指導下でＦＲＢが出す４兆ドルはそうした条件の足かせから免れていた[15]。

いちおう、幹部報酬を増額せず、解雇せずに団体交渉を尊重するよう求める条項を上院が挿入してはいた。ただしその条文は、〝努力義務〟でしかなかった[16]。ＦＲＢはできるだけ早期にマーケットへ資金を注入したいという意向が強かったので、当局者たちは、企業経営者の側が支援を断念するような条件を付加することを躊躇《ちゅうちょ》した。

議会民主党は、トランプ政権が管理する怪しい闇資金のような支援策にぞっとする思いだった。だが彼らも、審議に不必要な時間を費やせば、緊急事態のさなかに働く人々への救済策が遅れることになるという共和党の議論の前に、矛を収めた。CARES法案は賛成96票、反対0票で上院を通過した。ダボスマンの富をさらに膨れ上がらせる目的のために、職を失った人々がまんまと人質に取られた形だった。

民主党側は、少なくともこうした財政支出が議会による公の監視下に置かれることになったという点に慰めを見出そうとした。だが、2008年の金融危機に際しての公的支援で、そうした監視機能は見かけだけだということもわかっていた。議会は目に見える動きを監視して記録することはできても、介入して金の行き先を変えさせる権限はなかった。

CARES法に署名した数時間後には、トランプは職権を発動して監察長官の権限を制限し、実質的に監査をなくした。[17] ムニューシンとFRBにとっては、基本的に外部の監督抜きで4兆ドル以上を支出する道がクリアされた。

世界金融危機の直後に公的資金が注入された際と同様に、ムニューシンとFRBは、金融資産の価値を安定化させることで市場の秩序を回復しようとした。当初の目標に掲げたのは、債務が「投資適格」という格付け機関によるお墨付きを得ていた、コロナ禍以前は安定していた企業を支援することだった。だが4月末になると、ムニューシンとFRBのジェイ・パウエル議長が支援枠を拡大し、極めてぼろぼろの状態の企業も公的資金の恩恵にあずかれるようになった。その典型が、実質的に支払い不能状態に陥り、社債がジャンクボンドと格付けされているような石油・ガス会社だった。

エネルギー業界では、金融危機の名残で、長年続けられていた低利の融資のうまみを投機筋が享受していた。その事業は多くが、環境破壊をもたらす、地層の水圧破砕法に依存していた。生産コストが高いので、業界全体として原油高頼みの体質だった。だが、エネルギー価格が下落したため、はなから怪しげだった、こうしたギャンブルの多くが破綻した。[18]

それでも企業は、株主に富を手渡すことはできた。過去10年、石油ガス大手5社は配当や自社株買いに5360億ドルを投じており、[19] これは5社の収益をはるかに上回っていた。表向きはエネルギー源を求めて地面を試掘していたが、実際にはもっと実入りのいい埋蔵資源とでもいうべき、巨額の低利融資を吸い上げて、その上がりを投資家たちに捧げていた。

宴《うたげ》は終わりを告げようとしていた。世界経済がロックダウン状態にあるため、エネルギー需要が喪失し、マーケットもさらなる融資を見合わせていた。そこで石油ガス企業が頼りにしたのが、自分たちの最も得意とする技術といえる、ワシントンでのロビイング工作だった。大がかりな活動の結果、堅実経営の企業にだけ救済資金が拠出されるルールは撤廃され、[20] ムニューシンとFRBは、支払い能力のない環境汚染企業を支援しても構わないことになった。

それだけでなく、ムニューシンの救済は、シュワルツマンのような金融投資家たちにも及んだ。[21] 彼らの投資案件は、債券市場に警戒感が広まる中で、値を落としていた。

ブラックストーン社のトップは公的支援に感謝した。

「今回の経済運営には高得点をつけたい」。シュワルツマンは4月にテレビ番組でそう語った。[22]「主導したのは大統領だ。社会全体を構成する我々にとっては幸いなことに、事態は好転するだろう」

「社会全体を構成する我々」というのはダボスマンが用いる隠語の中でも便利な言葉で、アマゾンの倉庫で働く人々、新型コロナ感染症患者を診る医師たち、以前は仕事があったが今はフードバンクの列に並ぶ人たちにとっての利益と、パーク・アベニューの隠れ家からリモートでテレビ出演する、プライベートエクイティ界の億万長者の利益とが、体よく一緒のものとして扱われてしまう。

もう一つ、CARES法の重要な要素として、「給与保護プログラム」として知られる3490億ドルの枠組み（後に6600億にまで拡大された）があった。銀行はこの資金を使って中小企業に融資を実施した。こちらは運用規則として、雇用側が従業員解雇を回避する限り、借金が未返済でも免責されることになっていた。

理論的には中小企業は直接、政府に融資を申し込むことも可能だった。しかし現実としては、それはまるで、地元の税務署に電話して、納税申告を手助けしてくれないかと直接頼むようなものだった。FRBにはこのプログラムを運営するだけの人員はおらず、政府が資金を配るには銀行頼みになった。融資先を決定する際に、銀行は社会的ニーズではなく、彼らの株主に配慮した。取引する相手はたいていの場合、銀行の収益を改善してくれそうな存在だった。また、融資を受ける側は、大量の申し込みを処理できるJPモルガン・チェースのような大銀行との関係が必要とされた。

ジェイミー・ダイモンの銀行は、こうした中小企業向け融資を強盗の分け前のように扱い、優良顧客だけに分配した。長年の取引がある最優良顧客向けに「コンシェルジェ」のサービスを提供し、申し込み書類の記入から提出までを請け負った。[23] インディアナ州に本拠を置くスポーツ用品メーカーはJPモルガン・チェースからすでに5000万ドルの融資枠を与えられていたが、新たに560万ドルの融資を獲得した。[24] レストランチェーン大手や製薬会社、ホテルチェーンが何もせずに融資を受けられた一方で、この米国最大の銀行と取引のない企業は、営業の自由という名の下で放任されるだけで、現実にはほとんど融資は入ってこなかった。

アフリカ系やヒスパニック、女性が経営する企業の多くが、営業を停止した。給与保護プログラムは最終的には最低額15万ドル以上の融資65万件を実施したが、その規模で融資を受けられた黒人企業家は143人しかいなかった。[25]

ムニューシンは、このプログラムが最優先で焦点を当てるのは「労働者への給与支払いと雇用が継続することだ」と請け合っていた。しかし、大企業の中には支援金を受け取っておきながら従業員を解雇するところが出た。一方で、本来ならふさわしくない多くの者たちが濡れ手で粟《あわ》の融資を受けていた。

サンディエゴにある高級ホテル、フェアモント・グランドデルマールは640万ドルを受給したが、それでも営業を中止し、何百という従業員への給与支払いを止めた。[26]
　ジョージア州を本拠とするバイオ製薬のミメディックス・グループは、退役軍人省との取引で価格をつり上げたと告発され、６５０万ドルを払って最近和解した企業だ。以前にも証券取引委員会《SEC》との間で、歳入過大申告の可能性をめぐって調査対象となったが、和解に持ち込んだ。かつての経営陣は、ニューヨークの連邦検察から会計詐欺の疑いで起訴された。だがそうした経緯があるにもかかわらず、給与保護プログラムの下で資格を得て、１０００万ドルの融資を受けた。[27]
　中小企業向けのはずのこのプログラムで、最も恩恵を被った人物が、モンティ・ベネットである。彼はダラスを本拠として、１００以上のホテルを傘下に収める3つの会社で取締役会長を務める。ホテル群の中にはセントトーマスとレイクタホにあるリッツ・カールトン、ビバリーヒルズとラスベガスのマリオット、さらにニューヨークのヒルトンホテルが入っている。3月中旬、ホテル業界が業績激減にあえぐ中、ベネットが所有する上場企業の一つ、アシュフォード・ホスピタリティ・トラストの株価は90パーセント以上の大暴落となった。同社は債務支払期限を守れなくなっていた。
　アシュフォード社は通常の株主に対して配当を出す計画を放棄したが、それでも１０００万ドルをかき集めて〝優良株主〟へ配当を行った。[28]その中にはベネット自身と彼の父への２００万ドルが含まれていた。
　破綻が近づく中、ベネットは内省的なポーズを取ってみせた。「アメリカはどうしてしまったのか?」と題した公開書簡を出した。
「私の業界、我々の仕事は完全に押しつぶされた」と彼は記した。[29]「それよりも悲しく感じるのは、ワシントンＤＣの状況だ。政治家の中には、検討されている救援策が、中小ではなく〝大手〟、個人ではなく〝企業〟を保護するものではないかという懸念ばかり言い立てる者たちがいる」
　不動産業界の大物が、救済を求める失業者の列に割り込もうとして排除されたからといって、優先順位を誤った政治のせいだと主張できるものだろうか？　ベネットは「我々が払ったあれだけの税金は、そもそも何に費やされるはずだったのか？」とも綴っていた。「米国の資本主義者であることについて、私は謝罪するつもりはない」

ベネットは2016年にはトランプの大統領選挙陣営と共和党全国委員会に20万ドルを、その後も大統領再選に向けて40万ドル近くを寄付してきた(30)。彼がすぐに打った手は、困難に直面したとき、力のあるアメリカ人起業家なら必ずやる定石だった。ロビイストを雇ったのだ。

まず雇われたのがジェフ・ミラーで(31)、彼はトランプの就任式典委員会で財務部会長代理を務め、共和党全国委員会及びトランプの再選キャンペーンに向けて300万ドル近くを集めることで、有力者たちに取り入っていた。ベネットがほかに頼ったのはベイリー戦略アドバイザーズ事務所で(32)、やはりトランプに近い弁護士ロイ・ベイリーが運営していた。すぐに、給与保護プログラムの抜け穴が見つかり、ホテルやレストランの大規模チェーンも、個々の物件は500人未満しか雇用していないという理屈で、融資を申し込めるようになった(33)。

ベネットのホテル王国は7000万ドル相当の融資を確保した(34)。だが、中小企業向けと喧伝《けんでん》された納税者のお金を、上場企業が吸い上げているという話が出回り、非難の声はやまなかった。ベネットの会社は業種が何であれ、決して中小ではない。アシュフォード社は2019年、2億9100万ドルの収益を計上していた(35)。ベネットは560万ドル以上を報酬総額として手にした(36)。

ムニューシンが取った態度は、映画『カサブランカ』の中で、非合法だが黙認されていたカジノを見つけて怒ってみせる役人のようだった。政権としてプログラムの運用規則を強化し、監査を入れる、と彼は警告した。規則違反が判明した企業は2週間以内に資金を返上するか刑事訴追を受けることになった(37)。

ベネットは明らかに刑務所の房内よりリッツ・カールトンのスイートルームのほうが好みとみえ、資金を返上した。8月にはＳＥＣが彼の会社を調べていた[38]。

恥知らずという点では、米国の医療分野の大半を支配するようになった金融投資家をしのぐ者を見つけるのは難しい。医療システムをパンデミックに対して脆弱《ぜいじゃく》な状態に追い込んでおきながら、彼らはその結果として生じた災難を、救済資金を自分たちの下へ吸い上げる好機として利用した。

２０２０年3月、プライベートエクイティ大手サーベラス・キャピタルが所有する病院チェーン、スチュワード・ヘルスケア社が、ペンシルベニア州が４００万ドルをよこさない限り、フィラデルフィア北郊にある施設を閉鎖すると警告した[39]。サーベラスの会長は元副大統領のダン・クエールで、４３０億ドルに相当する投資を管理している。共同創業者であり共同ＣＥＯのスティーブン・Ａ・ファインバーグの年収は推定18億ドルに上った。それでも同社は、州当局による公的資金の注入が必要だと主張し、それがなければペンシルベニア州イーストンの住民3万人はパンデミックのさなかに最寄りの地域病院を失ってしまうだろうと脅した。

このイーストン病院は1世紀以上前に、地元教会の信徒団の献金によって創立された。２００1年まで非営利団体だったが、その年、上場病院チェーンに買収された。6年後、同病院の不動産資産が、サーベラスを含む投資機関傘下の不動産信託に売却された。その売買条件によって、病院側はかつて自己所有していたのと同じ建物に入居し続けるために年数百万ドル単位で賃貸料を支払わなければならなかった[40]。

州当局は救済資金として合計８００万ドルを拠出した。それにもかかわらず、スチュワード社は州側に病院閉鎖計画を進めると通告した。6月になり、地元の非営利事業体、セント・ルークス大学ヘルスネットワークが病院買収を申し出て、経営を引き継ぐことになった[41]。だが新たなオーナーであるこの事業体も、病院従業員７００人近くを代表していた２つの労働組合との交渉は拒否すると言い渡し、解雇をちらつかせた[42]。

CARES法には、選択的手術が制限されたことで収益が減少した医療事業体に対する、保健福祉省からの補償の給付も含まれていた。「金融改革を求めるアメリカ人連合」が収集した公的記録によると、リン医師の雇い主だったブラックストーン傘下のチームヘルス系列企業は、そうした連邦政府の支援融資によって少なくとも280万ドルを得た。

国内最大規模の病院チェーンの一つ、プロビデンス医療システムも5億ドル以上の給付を受けたが、そのCEOは2018年に1000万ドルの報酬を受け、企業体としては120億ドル近くの手元資金を誇っていた。[43] さらに、約3億ドルを管理する2つのベンチャーキャピタルを運営していて、プライベートエクイティ企業とも取引していた。

クリーブランド・クリニックもまた、全米で最良の病院という評判があり、医療ケアの品質改善をもたらす革新的勢力として知られてきた病院だったが、コロナ禍で別の顔が浮かび上がった。なりふり構わず手に入れた救済資金の運用主であり、ダボスマンの協力者でもあるという側面だ。手元資金が70億ドルあり、投資利益は12億に上っていたにもかかわらず、政府から救済資金として1億9900万ドルを得た。[44] 投資顧問会社には、2800万ドルを託して運営させていた。

2020年6月、パンデミックが制御不能となり米南部や西部に広がる中、クリーブランド・クリニックが特別な配慮を示した相手は、すでに十分に恵まれた一人の投資家だった。それが、ブラックストーンの創業者だった。

「スティーブ・シュワルツマンは今の時代、最も傑出したキャリアを築いてきた一人です」。クリーブランド・クリニックのCEO、トム・ミハリェビッチは、「明日に向けたバーチャルなアイデア」と題した一連のオンラインイベント開幕にあたって、そう言い切った。「彼の善意も、同様に傑出していま す」

ミハリェビッチは、シュワルツマンの半生を画像でたどるプロモーションビデオまで用意していた。

父親のカーテンとシーツの店、郊外の住宅地で芝刈りをして稼いだ子供時代、オバマ、トランプ両大統領とのやりとり、中国への進出……。

シュワルツマンは自分の回想録を、その中国語版を手でかざしながら売り込んだ。「私は中国のベストセラー著者になった」そうだ。自分の成功は、倫理観に身を捧げてきたおかげであり、「品性で他人の手本になるようでなければいけない」という。そして振り返ったのが、イェール大学の学生だった頃、級友のためにニューヨーク・シティ・バレエ団の特別講演を企画し、団を説き伏せて、ニューヘイブン［イェール大の所在地］にバレリーナたちを呼び寄せた手法だった。それを皮切りに、自分の業績について総ざらいする言葉が続いた。

「私が人生で学んだのは、ビジョンがあれば、多くのことを成し遂げられるということだ」。シュワルツマンは告げた。[45]「人が納得できるように強くお願いさえすれば、誰かがそれに情けをかけてくれるかもしれない」

そのとき、米国では何千万人もの人々が、まさに情けを必要とする状況にあった。失業率は相変わらず11パーセントを超えていた。２０２０年末の時点では、２３００万人以上のアメリカ人労働者がコロナ禍で負の影響を受けていた。[46]公式な失業者とされる１１００万人近くに加え、７００万人は就労時間や賃金を削減され、さらに５００万人が求職活動を諦めて統計からも存在が削られた。失業手当の給付を確保できた人が10人いたとすれば、その陰には、申し込み殺到の中、お役所仕事による受付というハードルを越えることすらできなかった人が3人は存在した。[47]

サルバドール・ドミンゲスは、この悲惨な状況の中ではまともなほうに分類される者のはずだった。[48]マンハッタンの不動産会社の職を失った後、ＣＡＲＥＳ法の下での緊急失業給付の受給資格を認められたからだ。だが、最後の給与をもらった２０２０年3月から、最初の失業給付が出るまでの72日間は、友人や親戚から借金をしてアパートの家賃を工面しなければならなかった。毎日の買い物をする金にも事欠き、マンハッタンにあるグルメ向けのスーパーが閉店した後、賞味期限切れ商品が詰められたゴミ袋が大型収集容器いっぱいに運ばれてくるのを、暗闇の屋外で待った。ゴミをかき分けて、栄養を取れるものをさらった。

「きつかった」とドミンゲスは言う。「でも、孤独だとは感じなかった。同じようなことをしている人がたくさんいるのはわかっていたから」

アメリカ人の4人に1人が各種料金の支払いに追われていた。[49] その数字は黒人に限れば43パーセント、ヒスパニックなら37パーセントへと跳ね上がる。飢餓状態の子供が急増した。学校が休校になったままで、低所得層の子たちは食事を取る機会を奪われたからだ。こうした〝社会の一員〟は、雇えるロビイストなどいなかった。

シュワルツマンはといえば、引き続きワシントンにオフィスを構え、連邦政府の予算を食い物にしていた。ブラックストーン傘下の救急医療人材派遣会社であるチームヘルスは、議会に救済策を要望した。議会では同社のビジネスモデルが再び問題視され、議員の中には、今後の連邦政府による支援パッケージでは、サプライズ医療請求を禁止する条項を設けるべきだと要求する者もいた。[50]

シュワルツマンにとっては幸いなことに、これまで抜け目なく議員たちに投資してきたことが貴重な見返りをもたらした。サプライズ医療請求を大幅に制限するような内容の提案については、下院の歳入委員長でマサチューセッツ州選出の民主党議員リッチー・ニールが、立法手続き上の定石といえる手口だが、内容を薄めた対案を提出することで葬り去ってくれた。ニールの案は診療請求価格に上限を設ける代わりに、請求をめぐる不服を審査する仲裁システムを導入するものだった。仲裁人が行う判定基準は近年の支払い額に基づくので、プライベートエクイティ企業が食い物にしてきた期間中につり上げられた価格が標準となり、事実上固定化されてしまいかねなかった。しかもその対案ですら、審議は1年先延ばしになった。ワシントンの流儀では、これを有権者への奉仕と呼ぶようだ。ブラックストーン社に関わる経営者たちは、ニールにとっては最大の選挙資金の源である。[51]チームヘルスはインタビューの代わりによこした書面で、最終的に成立した法は、すべての関係者にとって受け入れ可能な妥協策だったと評価した。「完全ではないものの、最終的な結果は患者にとって良いもので、大手保険企業が出していた致命的な提案からみれば、大幅に改善されました」と書面には書かれていた。「サプライズ医療請求についての解決策をチームヘルスが阻もうとした、などという非難はまったくの虚偽です」

ブラックストーンにとっては、その事業規模の拡大と多角化が究極の防御手段だった。個々のトラブルがあっても、事業全体ではリスクを免れることができる。マーケットの混乱で多くの会社が企業価値を下げる中、ブラックストーンはまだ掘り出し物価格で取引ができる状況にあった。

「債券は破綻したときに買い始める」と、シュワルツマンはその年の春に行われた投資家の集いで語った。「我々は最初の2、3週間で110億ドル相当の債券を購入した」

これは序奏にすぎなかった。ブラックストーンはさらに有利な取引先を探しており、特に医療分野では躍起になっていた。

「この分野は多大な成長が見込まれる」とシュワルツマンは話した。「このように不安定な状況下でも、金儲けの手段は常にある」[52]

FRBは経済を復活させるために何でもするという公約を守り、非常に多額の政府債や社債を買い集めた。その債券を誰かが管理する必要があった。世界金融危機時の再来となり、ラリー・フィンクの会社がそうした仕事を請け負った。ブラックロックはFRBのために7500億ドル分の債券を選び、実際の購入取引を担当する権限を得た。

ブラックロックが必要な専門性に欠けているとは誰も非難できなかった。その時点で同社は7兆400億ドルの投資を管理していたが、この額は英国とフランス、カナダ3カ国の年間経済生産高を合計したよりも多く、おかげで金融の世界をすみずみまで熟知していた。

フィンクは近年、ウォールストリートの賢人の中でも最長老として扱われてきた。彼の助言を、民主党員も共和党員も尊重した。

２００８年世界金融危機の際にブラックロックが果たした役割が利益相反にあたるとするなら、今回の利益相反はそれよりも桁違いに大きな問題だった。同社はライバルのいない巨獣と化し、事実上ほとんどあらゆる取引に介在する企業として、30カ国に進出している。ブラックロックはＳ＆Ｐ５００上場の企業のうち97・5パーセントの会社について、株式の少なくとも5パーセントを手中に収めた。約２００の金融機関に加えて、ＦＲＢや欧州中央銀行も、ブラックロックの市場リスク監視システム、アラディンを導入している。そのおかげでブラックロックは約20兆ドル相当の投資を監視することが可能になり[53]、世界のマネーの流れについて、比類のない明確さで把握できるようになった。

２０２０年春に緊急支援策の概要が形作られた際、フィンクは舞台裏で動いて、その詳細について影響力を行使した。彼はその一方で、毎日の市場の変動から利ざやを稼ぐ企業を経営していたのだ。ＦＲＢが債券市場への大規模介入を発表する何日も前に、彼はワシントンへ赴いてトランプやその他高官と協議し、マーケットの大出血を止めるための最適な手段について話し合っていた[54]。フィンクは支援策パッケージが発表される前の週末、5回もムニューシンと会話している[55]。そのうち1回はＦＲＢのパウエル議長と、トランプの主要な経済アドバイザーであるラリー・クドローも加わった電話協議だった[56]。ブラックロックは政府の第4の部門である、と人々は言うようになった[57]。

ＦＲＢはすでに発行済みの企業の社債を買うだけでなく、新規の起債についても、企業の資金調達を容易にするために購入した。中央銀行が非常時の買い手になった形だが、どの債券を対象とするかの決定にあたってはブラックロックが助言した。この業務を通じて、誰が救済され誰が姿を消すかに関するフィンクの影響力は、不穏当なまでに拡大した。

ムニューシン財務長官とパウエルＦＲＢ議長宛てに出された書簡で、９人の連邦議会議員――ニューヨークの民主党アレクサンドリア・オカシオ＝コルテス議員ら――が、ブラックロックの連邦政府との取引について監査を強めるよう要求した。

「ブラックロックはすでに巨大である」と書簡は指摘した。[58]「この危機下での業務を通じ、この会社の構造的な重みと、それに対する我々の依存体質が固定化してしまわないよう、配慮する義務が貴殿らにはある」

ＦＲＢの買い付けの焦点は、上場投資信託《ETF》と呼ばれる株や債券のバスケットで構成される投資に充てられた。ブラックロックがこの分野で圧倒的な御用達業者になれたのは、ｉシェアーズという会社を買収したからである。世界金融危機のさなか、ｉシェアーズが３０００億ドルの資産を管理していた時点で、英国の銀行バークレーに１３５億ドルを払って買い取った。ブラックロックはそれ以降、ｉシェアーズを２兆ドル近くの資産を管理する巨大な存在へと育て上げた。

ＦＲＢの資金は当然、こうしたブラックロックが管理する投資案件にも振り向けられる。ブラックロック自体がその行き先と額を決定することになった。

この状況は、フェアプレーの基本的な考え方に反する。ある都市の市長が、市の公共事業を自分の家族が経営する企業が受注するよう操作するべきではないのと同様に、危機下で納税者のお金を管理するダボスマンは、その預け先としては自分のファンド以外を選ぶよう求められてしかるべきである。

４月半ば、フィンクは株アナリストとの電話説明会で自社の直近の四半期業績について語った。「ブラックロックにとって最大の優先事項は、我々の従業員とその家族全員の健康と安全であり続けてきた」とフィンクは言った。

だが同社は、投資マネーを吸い上げ続けていた。その年の最初の７週間だけで、新たに７５０億ドルの純流入があったとフィンクは明かした。その大半がｉシェアーズを通じてだった。

こうした業績説明の電話会議の通例としては、アナリストたちは普通、企業の権力におもねり、質問の機会を使って、またもすばらしい四半期だったという祝福を捧げるものだ。だがこのときは、オートノマスリサーチ社のアナリスト、パトリック・ダビットが、ブラックロックのファンドに焦点を当て、異例なほど的確な質問を投げかけた。

「投資家の多くは、FRBがETF、中でも投資不適格に格付けされたETFを購入することで、実質的にはETF分野でブラックロック社を救済するために公的資金を注入しているようなものだと不平を言っています」とダビットは指摘した。「どうご説明されますか?」

「それが救済だとする君の見方には、私は反対するね」とフィンクは言った。[59]「どこでそんな質問を仕入れてきたのか知らないが、これは侮辱ものだ。ここには……政府と我々で行っている業務は、すべてきちんとした慣例にのっとっている」

同社の説明では、ブラックロックの政府に対する業務は、同社のコンサルティング部門が担っているが、ファンド運営部門とは壁を設けて分離されており、ゆえに米国政府の資産管理者として得た情報によって取引することはないのだという。

だが、ダボスマンは、特定の部門を別部門と分離するため設けた構造を、水ももらさぬ壁として大げさに宣伝するのが常だ。現実には、情報を活用して何十億ドルという稼ぎを出すような人々は、知りたい情報は手に入れてしまう傾向がある。

ニューヨーク連邦準備銀行が2020年3月に開示した契約によると、ブラックロックのコンサルタント部門とその他の業務の分離形態はかなり柔軟なものだ。ブラックロックは中央銀行の金融政策に関する〝機密情報〟、つまり金利の設定について情報を受け取ることを禁じられている。だが同社はFRBの「ビジネス、経済、政策に関する計画や戦略」に関する機密情報へのアクセス権は与えられていた。これは喩えてみると、医療をめぐる個人情報制限下で、病名を明かすことは禁じられているが、服薬している薬はすべて明らかにできるようなものだ。
この契約の条項で、ブラックロックは機密情報をＦＲＢ以外のいかなる相手との取引にも使ってはならないとされている。ＦＲＢ業務を担当したブラックロックのスタッフは、ほかの顧客に対し「機密情報に基づくと見なされる可能性がある」手法で助言するのは「禁止され」ている。だが、決め手はその後に続いていた。禁止事項が適用されるのは、２週間の「クーリングオフ期間」だけなのだ。[60]
要するに、ブラックロックは社員をＦＲＢの買い付け業務に従事させ、米国の中央銀行がどのように経済を把握しているかを内側から学ばせておいて、その２週間後には、同じ社員に命じて、ほかの顧客の資金管理にあたらせることができてしまう。
ブルームバーグニュースが数字を調べ上げたところ、ブラックロックがこの政府の業務から得ている収益は４８０万ドルと推定された。[61]前年の総収益が４兆５０００億ドルだった企業にとっては、個人が歩道で５セント硬貨を拾うようなものだった。ブラックロックは、米国の納税者のためにサービスを提供しているので、顧問料は受け取りを辞退していると説明した。
だがフィンクとブラックロック社にとっては、政府とのつながりを深め、ＦＲＢ内部の業務事情に関する識見を積み上げていくことは、請求書の数字には表せない大きな価値がある。
５月末、ＦＲＢが緊急融資業務内での購入オペレーションの詳細について発表した最初の報告書では、社債ＥＴＦに15億８０００万ドルを費やしていた。その支出先の半分近くがブラックロックの投信ブランドであるｉシェアーズだった。[62]
ブラックロックは、ＦＲＢが緊急支援の概要を公表していることだけでも恩恵を被っている。ＦＲＢは資金を、社債でいっぱいのファンドに投じる計画だったため、投資家たちは、間違いなく値上がりが保証されていると見越して、先回りして買いに入った。[63]２０２０年上半期には、ブラックロックが扱い、ＦＲＢが購入したファンドへの投資は、３４０億ドル純増し、前年同期比で１６０パーセント増だった。[64]

そして何より、ブラックロックはほかの企業と同様に、ＦＲＢが与信枠を広げたことで利益を得た。ＦＲＢの大規模介入によって、企業は民間の金融市場で必要なだけ低利で借り入れることが可能になり、政府による公式の救済プログラムでしばしば課せられるような受け入れがたい条件、例えば役員報酬の制限や配当の中止、解雇の禁止などには従わずに済んだのだ。

業績不振にあえぐ会社、例えば自社の航空機が墜落する事故が相次いだボーイングであっても、格安の金利で借り入れが可能だった[65]。世界景気の低迷に伴って原油価格も暴落していたが、エクソンモービルは政策金利よりわずかに高いだけの利率設定で社債を発行して、95億ドルを調達することができた[66]。もともと財務状況が健全なアマゾンは、起債に対して支払う金利の最低記録を更新した。１００億ドルの調達に必要だったのは、債券購入者へのわずか０・４パーセントの利息だけだった[67]。

8月末には、債券市場での新規起債で企業に入った資金は2兆ドルにわずかに届かない程度にまで達し、年間総額の記録を更新した[68]。

こうして与信枠が潤沢に拡大されたことで、ダボスマンは破産の連鎖から免れ、株式市場は活況に沸き、富を生んだ。それでも、失業という災難は続いた。

専門家たちはこの表面上のずれに首をひねった。なぜ大企業が繁栄しているのに、労働者たちは家賃を払うのにすら苦労しているのか？　だが、闇に隠された秘密があった。これこそが、米国の資本主義が何十年にもわたって機能してきたやり方であり、給与労働者を貧困へ陥れ、ダボスマンを裕福にした手法なのだった。

第10章

年金を食い物にしたダボスマン
「ひどい資金不足と崩壊の危機」

ミッチ・マコネル共和党院内総務は、連邦議会上院の議事進行を取り仕切る人物であり、ダボスマンの献身的な協力者である。彼は最近まで、増大する一方の連邦政府の財政赤字については、いっさい心配している様子がなかった。

2017年にトランプの減税案が審議された際、マコネルは忠実に票をまとめ上げ、ダボスマンの果てしない嘘が現実世界で形になるように力を尽くした。

「この減税策によって、収支は均衡するとみている経済学者がたくさんいる」。彼はニュース番組に出て、アンカーのジョージ・ステファノポロスにそう語った。[1] 礼儀を〝わきまえている〟タイプのステファノポロスは、そんな経済学者の名前を1人でも挙げてくれと迫るようなことはしなかった。マコネルは「むしろ、歳入が増える可能性が高い」と強調した。

こうした主張は後日、誤りとわかった。トランプ減税から2年も経たずして、連邦政府の財政赤字は25パーセント以上増え、1兆ドルに近づいた。

しかし2020年4月になり、何百万人というアメリカ人が息つく間もなしに苦難と直面しているときに、マコネルは突如として、暴走する財政赤字の恐れに言及し始めた。支出を刈り込まなければならない、と警告し、最新のコロナ救済法案に反対した。彼の説によれば、世界で最も裕福な国である米国で、人生で一度しかないような規模の災難に苦しめられている国民を救うためであっても、支出を増やす余裕などないのだった。

「私の立場は、この事態が始まった当初から変わっていない。膨れ上がる財政赤字を考えると、我々はできるだけ慎重にならねばならない」とマコネルは言った。[2]「この問題を解決するためなら借金をいくら重ねても構わないというような状態を、永遠に続けるわけにはいかない」

マコネルはワシントンでは伝説的な存在であり、選挙民に誠実に仕える政治家である、とされてきた。ただし注意書きがついていて、彼にとっての〝選挙民〟とは、エネルギー企業、金融機関、防衛産業や製薬業界だった。30年をとうに超した上院での議員歴を通じ、ダボスマンの利益にひたすら尽くしながら、米国の民主政治を動かす血脈である選挙資金を、彼らから吸い取ってきた。

マコネルの成功の秘訣は、上院の手続きを熟知した上で、自党の議員団を恐怖心で支配し、必要な票をまとめ上げる能力だった。ワシントンではまれなことに、プロの政治家でありながら、ごくわずかな人々からしか好かれないことに誇りを抱いているようだった。「牡蠣《かき》殻並みの愛想の持ち主」と評されたこともある。[3]彼はそうした評判はむしろ名誉のしるしであり、自分は議会の審議について考えるのに手一杯だから人気取りなどできなくて当然だ、と受け止めているようだった。

マコネルの世界観の中では、ギブ・アンド・テイクが支配原理だった。どんな歳出提案であろうとも、利点があるか否かは、実質的に金が落ちる先は誰なのか、ということだけで判断される。分け前を政治資金として共有してくれるような業界が対象なら、その財政支出は、中産階級のためになる成長志向の政策に資する、賢明な投資ということにされる。だが、マコネルの権勢強化に何もしてくれない人々が対象なら、納税者のお金の浪費ということになるのだ。

焦点の救済法案が助けようとしていた人々は、明らかに後者に属する。民主党の提案は、苦境にある州政府や地方自治体への救援資金1兆ドルを連邦政府から拠出して、教師や警官、消防士らの解雇を防ごうとする内容だった。そうした人々が、共和党のために大口の献金を集めてくれることなど、通常はありえない。

確かに財政赤字は巨大だった。連邦政府は2020年末までに、税収見込みよりも4兆ドル近く過剰となるペースで支出しており[4]、赤字幅は、第二次世界大戦後の最大記録のほぼ倍に達しようとしていた。だが大半の経済学者は、公衆衛生と暮らしに直結した大きな脅威に直面している今、そうした支出をすることが適切だし、むしろ不可欠だと見なしていた。

サンフランシスコ近郊に住むウィリアム・ゴンザレスは最近、大家に手紙を出して家賃の支払い猶予を懇願した。彼は、あるホテルの従業員食堂のウェイターだったが、突然ホテルに客が来なくなり、失業した。週700ドルの給与の代わりは、失業手当414ドルだけだった。妻のソニア・バウティスタも、別のホテルでの客室係の仕事を失ったばかりだった。大家は彼の一家に同情して、月2800ドルの家賃の半分だけ支払えばいいと言ってくれた。だが、その厚意はいつまで続くだろうか？　新しい職に就けるまで、あとどのくらいかかるだろう？　ウイルスの脅威は簡単には去りそうもなかった。

ゴンザレス一家は、暖房を止めて光熱費を節約した。14歳の息子リカルドが、映画などのエンターテインメントを楽しむお金も出せなかった。一家は各種料金を延滞せず借金もしないようにしてきたが、日常の買い物の支払いだけでクレジットカードの限度額を使い果たしそうだった。失業対策事務所の窓口を訪ねられるように、なけなしの10ドルをマスクに支払った。特に心配なのは、妻の仕事に付随して与えられていた健康保険の受給資格が、まもなく失効することだった。

「それが一番の悩みです」とゴンザレスは私に語った。「本当に心配しています。もし病気になったらどうするか？　自己負担では診療費は払えません」

同じような苦悩で心を引き裂かれていた家庭が、米国内には何百万世帯もあった。完全な崩壊を防ぐためには、政府とその一連の救援プログラム以外に手立てはなかった。これは大恐慌の時代にすでに、経済学の大家ジョン・メイナード・ケインズが見出していた現実である。経済が破綻し、人々が生計を立てる能力を失ってしまった際には、政府の支出を通じてしか、モノやサービスへの需要は生まれないのだ。

米国はドルの供給を管理でき、米国債への投資家の信用も保たれていた。結果として、財務省は必要な支出なら何でも財政出動できる、事実上の白紙委任状を手にした。

それでも、マコネルは州政府や地方自治体への支援策に強硬に反対した。このため、大恐慌が再来するリスクは、不動産の価値暴落と株価の総崩れが合わさって消費が大幅に冷え込み、税収減につながった10年前の金融危機の際よりも大きくなった。一方で今回、地方自治体側は教師や警官、その他の公共セクターの労働者を削減することで歳出を抑制したため、その結果として公共サービスも縮み、地域経済はいっそう弱体化した。

マコネルは、失業が広がったり、国家の危機のさなかに公共サービスが削減されたりしてもやむを得ないという立場を取るだけでなく、その犠牲者たちに責めを負わせた。各州や地方自治体が困難に陥った原因は、パンデミックではなく、そもそも失職の瀬戸際にあった警官や公立学校の教師ら公務員に対して度の過ぎた気前の良さを示してきたせいだ、というのがマコネルの主張だった。

「共和党としては、将来世代から借金してまで、各州政府の公的年金を救済するつもりなど、まったくない」とマコネルは言った。

各州に支払い能力がないのなら、現在のホワイトハウスの主であるトランプがカジノ経営者としてしばしば使ってきたのと同じ法的トリックを使えるのではないか――つまり破産させればいい――とも示唆した。

「各州が破産を選ぶことができる案なら、私は間違いなく支持する」と口にしたのだ。[5]

もしそんな案が通れば、各州の公的年金システムは、退職した公務員への年金支給を停止できるようになる。

　マコネルの住む世界では、ダボスマンを救済する金は十分あるが、普通の働く人々の分は残されていないのだ。


　マコネルが、各州や地方自治体の財政危機の原因は、地方公務員である教師や警官たちだと責めたことは、彼のこれまでの言動と比べても、とりわけ偽善に満ちた責任転嫁といえた。

　いわゆるオルタナティブ資産運用――ヘッジファンドやプライベートエクイティなど、金融業界を根城とする海賊たちの行為を、品性良く言い換えた隠語である――の業界は長年、ダイヤの原石が散らばる平原にも等しい、うまみのある分野への進出を目指してきた。それが、州政府や地方自治体職員の退職金原資を預かる年金基金のシステムである。

　業界はこの目標を追求するために、たんまりと政治献金を備え、ロビイストの大部隊を繰り出して運動を展開した。最終的に決め手になった理屈はこんなものだ――そうした年金資産を、堅実なインデックスファンドや政府債という形にして置いているだけだと、コストは低くとも、大きな利ざやは期待できない。アルゴリズムを駆使する天才的な金融業者たちにまかせて回してもらえば、ずっと高額のリターンが見込める、というのだ。

　プライベートエクイティ業界は近年、米国の公的年金基金を説き伏せて、その巨額の資産を自分たちに預託させるようになっていた。その総額は２０１５年から２０１８年までの間に、３２００億ドルから６３８０億ドルへと跳ね上がった。(6)

　スティーブ・シュワルツマンのような、抜け目のないご都合主義者《オポチュニスト》が牛耳るこの業界は、顧客に対して、自分たちのことをまるで富を生産する機械であるかのように売り込みつつ、その事業の不透明性をいいことに、青天井で手数料をむしり取る。(7)資産管理、リスク探知、市場動向把握、そのほか定義すらはっきりしない助言サービスなどについて、対価を要求するのだ。

ダボスマンは、だまされやすいカモといってよい年金管理者たちを、あらゆる種類の便宜供与によって手なずけてきた。スポーツ観戦チケット、高価なワイン、あちこち遠方の地への物見遊山などである。2010年に、カリフォルニア州年金基金（世界でも最大規模の年金システム）のある幹部が、汚職捜査の取り調べで証言した内容によると、投資会社は「一対一で」戦略会議を開くと称して、彼をプライベートジェットに乗せて上海、ムンバイ、ニューヨークなど世界中へ連れて回った[8]（年金管理の重責を背負う身には、シャトー・マルゴーのボトルが欠かせない、ということらしい）。

その10年後、またしてもカリフォルニア州年金基金の幹部が、不適切な関係にまつわる疑惑を巻き起こした。今回の取引相手は、シュワルツマンの会社だった。当時4000億ドル近くの資産を抱えていた基金の最高投資責任者ベン・メンは、2020年6月の資産公開情報によると、個人としてもブラックストーン社の株を保有していた[9]。その3カ月前の段階では、カリフォルニア州年金基金がブラックストーンに寄託していた額は10億ドルに上っていた。当然のように、この取引にあたって、メンはカリフォルニア州納税者の利益よりもブラックストーン社の業績に関する個人的利益のほうを優先させたのではないかとの疑念が生じた。しかもメンはシュワルツマン・スカラーズ・プログラム［第2章参照］から、中国・清華大学での講師謝礼として1万〜10万ドルの金額を受け取っていた。2020年8月に、こうした金銭的つながりを、金融不正を追及するブログ「Naked Capitalism（むき出しの資本主義）」が掘り起こした直後、メンは突如として辞任した。州当局による倫理規定に基づく調査は、なおも継続している[10]。

オックスフォード大学のサイード経営大学院の研究によると、プライベートエクイティ企業は、年金基金や大学寄付金基金から、調査対象の15年間を通じて、手数料として総計2300億ドルを巻き上げた、との結論が出ている。だが、実はこうしたプライベートエクイティの利回りは、より堅実な選択肢であるインデックスファンドに負けており、しかも後者の手数料は極めて低い[11]。

「数億人の年金加入者から、数千人のプライベートエクイティ業界へ。現代金融史上で、最大規模の富の移動といえそうだ」というのが研究者たちの結論だった。[12]

近年、ブラックストーンは、成長株の金融機関という評判から、ウォールストリートの寵児《ちょうじ》へと飛躍を遂げ、その株価は2019年単年で倍近くへと上昇した。

この業績伸長の支えになっていたのが、フロリダでのシュワルツマンの隣人、ドナルド・トランプからの贈り物だった。

トランプ大統領が法人税を引き下げたことで、プライベートエクイティ企業にとっては、それまで節税目的で導入していた、いわゆるパートナーシップと呼ばれる営利事業体の形を取ることをやめ、自社を通常の上場株式会社の形態へと移行できる環境が生まれた。[13] おかげで、投資信託会社などの機関投資家を顧客とした、うまみのある業務が増える結果になった。それまで機関投資家は、パートナーシップに絡む複雑な納税申請手続きが障害になって、プライベートエクイティを介した投資には事実上、手を出せなかったのである。

ブラックストーンが通常の会社形態に移行すると、多額の資金が流入した。2019年末、ブラックストーンの株価は急騰し、シュワルツマンの純資産はわずか8カ月間で、132億ドルから190億ドルまで膨れ上がった。[14]

シュワルツマンはこの棚ぼた利益を、特典をもたらしてくれた共和党指導部と分け合った。マコネルの主要な選挙資金集めの受け皿となっている上院指導部基金には、シュワルツマンからの献金だけで2000万ドルが入ってきた。

マコネルが各州や地方自治体の財政悪化のツケを、教師や警官らに負わせる姿勢をみせていたのと同じ頃、彼の地元ケンタッキー州の法廷では、プライベートエクイティ企業が年金システムを食い物にした、さもしい取引の実態が浮かび上がった。

訴訟を提起したのは最近、共和党から選出された同州の司法長官、ダニエル・キャメロンだった。ブラックストーンと同業大手のＫＫＲによって州年金基金が詐取されたと、州政府を退職した人々を代弁する形で訴えていた。訴状には、うぶな年金基金管理者たちを相手に、両社がどんな手口でだまし取ったか、悪質な事例がこと細かに記されていた。大都会の銀行家たちが、だまされやすい田舎者たちから巻き上げる話の典型だった。

過去20年間、米国は史上最大の上げ相場を享受し、一般庶民でも、コストのかからないインデックスファンドに投資することで、大きな利得を得ることができた。だが、ケンタッキー州の年金基金は「ひどい資金不足と崩壊の危機に直面している」と、訴状は記していた。２０００年から60億の損失を計上し、余剰資金を抱えていたかつての状態から、破産寸前にまで転落した。

訴状によると、欠損をなんとか穴埋めすることで問題をもみ消そうとした基金の管理者らは、ブラックストーンとＫＫＲの勧めに従った。２０１１年、州年金基金は、両社がほかのヘッジファンドを寄せ集めて作った3つのファンドに投資したが、結果としてさらに12億ドル以上を失った。

ブラックストーンとＫＫＲ側は、ケンタッキー州の当局者らに、ファンドはそのうち利益を生むと請け合い、実際には法外な手数料請求を組み込んだ、と訴状は主張している。結果として莫大な損失が計上され、州当局は、ぼろぼろになった年金システムを維持するために10億ドルの支援金を注入した。州議会はその予算に充てる分の歳出を、公立学校の運営費削減などで埋め合わせた。

反論の答弁書で、ブラックストーン社側は、ケンタッキー州年金基金のために上げた収益は目標を上回っていた、と主張した。

州側の訴状で描かれたエピソードには、シュワルツマンがどのようにして、ケンタッキー州をカモにして、路上の賭博詐欺よろしく巻き上げたかが見て取れる。シュワルツマンは自分のプライベートジェットを小道具に使い、ケンタッキー州の納税者の金をふところに入れたのだ。ブラックストーンの担当者は、打ち合わせのためにケンタッキー入りする際は、いつもこのジェット機に乗ってやってきた。ところが、同社は後日、州に対して飛行料金を法外な水準で請求した。請求額は年間5億ドルを超えていた、と訴状は非難した。

ブラックストーン社の広報担当者は、この主張が「まったくの虚偽」だと言っている。

この訴訟は衝撃的だった。シュワルツマンはケンタッキー州の退職公務員たちから略奪し、その上がりから、連邦議会上院を取り仕切るダボスマンの相棒、つまりマコネルへの政治資金を捻出した。マコネルはお返しに自分の権力を使って、大災害の真っ最中に、自分の州の人々への救済策を取りやめさせたというわけだ。

その間にも、シュワルツマンはトランプ政権から別の配当を受け取ろうとしていた。

国中の関心がコロナ禍に向けられる中で、労働省が、ある省令をひっそりと出していた。シュワルツマンにとっては、実においしい内容だった。プライベートエクイティやヘッジファンドは、公的年金システム以外の年金基金を管理することも可能になった。つまり、企業年金基金や個人が管理する確定拠出年金という、何兆ドルもの資産を管理できる環境が整ったのだ。

シュワルツマンは、もう何年も前からこの政策変更を要望していた。個人や企業が運用する年金こそが、あたり一面に宝が埋まった未開の地であると、ちゃんとわかっていたのだ。

専門用語ばかりちりばめられたごく短い文書だったし、連邦政府内でもふだんは人目を引かない部局からの発信だったため、その省令はほとんど報道されなかった。多少なりとも伝わってきた内容は、プライベートエクイティ企業が好むような、あたりさわりのない表現で書かれていた。「輝くときに向けて計画を立てる人々のための、新しい選択肢」といった調子だ。

この規制政策の変更で、シュワルツマンと、彼が属する業界は、これまで未開拓だった巨大な資産、8兆7000億ドルに手を出せるようになった。(15)

ダボスマンにとっても、これはとんでもなく多額の金だった。

だが、億万長者という種族に属する、そのほかのメンバーの中には、歴史的な災害によって生じた機会に乗じて儲けるだけでは満足しない者たちもいた。彼らはコロナ禍を、自分たちの道徳的な堅実さを誇示するための機会、新たな得点を上げるための手頃で便利な道具として使った。

第11章

ダボスマン、愛の言葉を囁く

「我々は、本当は一つなんだ」

マーク・ベニオフにとってのコロナ禍体験は、すばらしいとしか言いようがなかった。おかげで彼は、資産も魂もいっそう豊かになったのだ。全人類が一つの大きな家族《オハナ》なのだというメッセージを、自分自身に再認識させてくれたし、周りの全員に向けて、その教訓を伝える機会になっていた。

世界のあちこちがロックダウン状態に突入し、地下室や寝室がオフィス代わりになった。リモートで仕事ができる幸運な人々は在宅で働き、下界とつながるためにＩＴに依存していた。オンライン会議システムのソフトウェアで、コロナ禍前はほとんどの人が名前を聞いたことすらなかったＺｏｏｍが、他の人間と接するための基本的手段としての地位を、あっという間に確立した。それと同じ構図で、ベニオフの会社も時価総額がかつてないほど高まっていた。

セールスフォースは自社の製品をウェブ経由で配布するので、顧客はどこにいてもダウンロードすることができた。専門職の人々は、こうしたプラットフォームを使いさえすれば、どこからでも同時進行で共同作業にあたることができる。仕事場となるデスクを室内干しの洗濯物のそばの狭い場所にしか置けなかったり、学校が休校になって家から出られない子供たちがもっとパソコンを使わせてくれと騒いだり、アマゾンの宅配業者が日々の食材や緊急事態下の籠城に欠かせない必需品を届けに来て会議を遮られたりしても、それはたいして不都合ではない。

2020年3月から8月の間に、セールスフォースの時価総額は倍増し、2250億ドル以上に達した。

創業者のベニオフは同時に、「最も共感力がある企業経営者」としての評判を高めていた。パンデミックの第1波のさなかに彼が出演したのが、CNBCチャンネルの投資情報番組『マッド・マネー』だった。司会のジム・クレイマーは、血の気ばかりがはやる、ウォールストリートの道化師だ。ベニオフが出演したときも、興奮を抑えきれない様子で、今回のゲストは「先見の明の持ち主」で、「アメリカ社会にとって最も力強い変革の源泉はビジネスだと証明した人物」と紹介した。ベニオフは自社の従業員たちに対し、コロナ禍で在宅勤務になったことで、これまで頼んでいた清掃業者や愛犬のペットシッターに頼む仕事がなくなっていても、いつもと同じ謝礼を払うよう呼びかけていた。自分自身も、少なくとも90日間は解雇を回避すると約束し、ほかの会社にもそれにならうよう呼びかけた。「今こそ、ビジネスが変化をもたらす最大の舞台となるべきときだ」とベニオフは語った。「だからこそ、世界中のCEOに90日間の解雇自粛を約束するよう求めたい」

ウイルスが人々を団結させている、と彼は語った。裕福さや階級、国籍、人種による既存の境界線など、意味がなくなっている、という。

「ウイルスは差別しない。これは、我々が心の底から覚えておかなければならないメッセージだ。国境や人々の間の分断という幻想が叫ばれるが、現実には、我々は、本当は一つなんだ。今こそ一つの人類として団結し、皆のために尽くし、このひどい時代をくぐり抜けている人たち全員に対して、私からの愛を届けるときだ[1]」

こうした物言いは、ダボスマンの間で次第に熱を帯びるようになった。パンデミックが団結を促す要因となったという考え方だ。この観点に立てば、所得の格差、人種間の分断などの区別も、コロナ禍という一種の共通体験の前では相対的に重みを減じるはずだった。突き詰めれば人間は誰でも、感染先を選ばないウイルスによって攻撃されうる、一つの生物種にすぎないのだから。

ウイルスは確かに、侵入できる人体ならどこにでも入っていった。英国の首相ボリス・ジョンソンは発症し、入院が必要になった。トランプや、彼の政権内の相当数の高官も感染した。有名アスリートやハリウッドのセレブたちも同様だ。富も名声も、免疫をもたらしてくれるわけではないことは明らかだった。

しかし、感染症の危険がより明確に迫ったのは、やはり低所得者層だった。アフリカ系とヒスパニックが特にリスクにさらされた。数十年かけて築かれてきた、構造的な差別が原因だ。彼らの住む社会は人口過密地帯に集中しがちで、ソーシャルディスタンスを取ることも難しかったし、働き先は、往々にして健康保険が提供されないような低賃金のサービス業である。

2020年の上半期、米国でのアフリカ系市民のコロナウイルス感染率は白人の3倍近くに達した。ヒスパニックはもっと高い頻度で感染に悩まされた[2]。

アメリカ人の平均余命は2020年に1年半縮んだ[3]。これは第二次世界大戦以降で最悪の落ち込みであり、パンデミックの広範で致命的な影響を裏付けていた。しかし、その落ち込みは、ヒスパニックとアフリカ系に限ればそれぞれ、3年と2・9年であり、全体と比べると倍の水準だった。それに対して、白人層は1・2年の落ち込みで済んでいた。

このパンデミックがどの人に対しても機会均等な形で襲ってくると考えるようでは甘い。宅配荷物を届けたり、スーパーの棚に商品を並べたり、高齢者が次々と亡くなる介護ホームでトイレを掃除したりする仕事を社会の中で担っているのは、誰なのか。社会状況をみれば、単純な考え方は成り立たないということがすぐにわかる。米国では、女性や黒人、ヒスパニックの比率がこうした仕事では突出しており、同様にコロナ禍での死者数も突出していた。

英国では、カリブ海諸国とアフリカ大陸出身者の子孫らの死亡率は、白人のそれぞれ2倍と3倍に達した。同国は国民皆保険で、誰でも無料で診察が受けられるにもかかわらず、である。

南アフリカの旧黒人居住区や人であふれるインドのスラム街、あるいは南米の低所得者地区《バリオ》では、ソーシャルディスタンスを取ることなど、基本的に無理だった。人々は働きに出かけなければ飢えざるを得なかった。

こうした現実は、コロナウイルスの本質が影響したわけではなく、流行の舞台となった社会に横たわる、激しい不平等のせいだった。経済的にみて弱い立場にある何百万人ものアメリカ人が、職を失って住まいを追い出され、その人々が今度は友人や親戚を頼って転がり込むことで、さらにウイルス感染のリスクが増大した。２０２０年の終わりまでに住宅立ち退き猶予を解除してしまった27の州では、コロナ禍による死亡率は、それ以外の州の１・５倍に達した。[4] 医療従事者はケアを提供するために自分たちの命をリスクにさらしていた。

ベニオフは、サンフランシスコ湾を臨む２８００万ドルする自宅から話していた。お気に入りだった毎年の集会ドリームフォースも、キャンセルに追い込まれた。「メタリカ［米ヘビーメタルバンド］の公演も中止になった」[5]。彼は株式アナリストたちにそう告げた。「みんなで一緒に集まれないというのは、悲しい」。だが、慰めもあった。数千万人という普通のアメリカ人たちが職を失う中で、セールスフォースの株価は高騰し、２０２０年秋にはベニオフの純資産は58億ドルから75億ドルへ拡大した。[6]

南太平洋やカリブ海諸国では、個人所有専用の離島の物件を取り扱う不動産業者が好景気に沸いていた。[7] 余裕のある立場の人たちが、他人と接触しないで済む避難先を確保しようとしたからだ。プライベートジェット業界も景気は良かった。[8] ニューヨーク郊外の海辺の超高級別荘地で、シュワルツマンも地所を持っているハンプトンズでは、豪邸の主たちが、招待したお客様たちのために入手の難しいウイルス検査キットを確保し、以前と変わらずディナーパーティーが開かれ続けていた。[9] 同じ頃、検査が行き渡らないせいで授業再開の見通しが立たなかったニューヨーク市の公立学校とは大違いだ。

最富裕層の人々はもともと長年にわたり、自分たちの存在を残りの人類と分け隔てようとしてきた。コロナ禍は、そんな本能のままに進むためにはちょうど良い口実になったのだ。

8月末、米国の多くの公立学校が、秋からの新学年にも対面授業はできないという気の重くなる知らせを伝えていた頃、ベニオフはまたCNBCのクレイマーの番組に姿をみせ、ウォールストリートの相場観をはるかに上回る好業績に対して賞賛を浴びた。

セールスフォースは4月から6月までの間で50億ドル以上の収益を上げた。企業がパンデミックの推移を監視し、業務再開計画を立てるためのデジタル上のサービス、ワーク・ドットコムは、セールスフォース社のどんな製品よりも急成長を遂げていた。同社は企業としての別格待遇の保証といえるダウジョーンズ平均のリスト30銘柄に、エクソンモービルと入れ替わる形で加えられた。

司会席のクレイマーは卒倒せんばかりに興奮していた。エクソンモービルは化石燃料の一大生産者なので、いわば気候変動の主犯といえた。一方、ベニオフは環境の守り手で、その慈善事業によって世界中に何百万本も植林している。

「良いことをすれば、実は利益も上がるものだ、という結論が出ましたね?」と、クレイマーは尋ねた。

ベニオフの表情は得意げだった。

「これはステークホルダー資本主義の勝利だ。地球こそが重要なステークホルダーなんだ[10]」

その翌日、ベニオフの会社が世界に向けて届けた知らせは、何千人という同社の「オハナ」たちにとっては、いっさい喜べないような内容だった。彼らは職を失うことになったのだ。

ステークホルダー資本主義という用語は、さまざまな意味で長年使われてきたが、突如として、企業の役員室や国際会議場界隈《かいわい》で交わされる会話のポイントになりつつあった。

クラウス・シュワブは世界経済フォーラムを介して、この概念を1970年代から推進してきた。それに基づいて刷新された経営形態の下では、企業は利益だけでなく、社会全体の懸念にも配慮することになる。

ステークホルダー資本主義は、その額面どおりなら、利益最大化の風潮を脱する、飛躍的な進歩を意味するはずだった。

「我々には新しい、もっと良いシステムが必要だ」。書名をまさに『*Stakeholder Capitalism*（ステークホルダー資本主義）』と題した2021年の著書で、シュワブはそう指摘した。[11]「この新システムの中では、経済に関わるすべてのステークホルダーと社会の利益が配慮される。企業は単なる短期の利益最適化を超えて動き、各国政府は人々に機会の平等をもたらす守護者となるだろう」

ダボスではこうした考えが理論的枠組みとして話し合われていただけだったが、フィンクはそれを、ブラックロック社として実践を求めるべき課題として上場企業各社の役員室にまで持ち込んだ。彼が描く構想の中では、経済格差、気候変動やそのほかの社会の懸念といったものは、経済界が関心を振り向けてもおかしくないだけではなく、リスクに真正面から向き合うような現代の企業ならば、必ず考慮に入れなければならない要素だった。

2018年、フィンクはCEO仲間たちに向けて出した書簡で、そうした経営方針を取れない企業は、やがて来る審判のときに退場を余儀なくされるだろうと警告し、話題になった。「時代を超えて繁栄するためには、どんな企業でも、単に財務上の成果を出すだけでなく、社会に対してどのようにすれば前向きな貢献ができるかを示す必要がある[12]」

2020年1月、フィンクはまた別の書簡を出し、CEOたちは気候変動を経営計画に組み込むべきだと主張した。「やがては、ステークホルダーに応えず、リスクに持続可能な形で向き合おうとしない企業や国家は、次第に強まるマーケットからの疑念にさらされ、結果として投資を呼び込むことも難しくなるだろう[13]」

経済メディアはフィンクを「ウォールストリートの新たな良心」と呼び、褒めそやした。[14] だが、彼は単に美しき意図から慈善活動を呼びかけていたわけではなかった。彼の議論の趣旨は、リスクを完全に把握できるように会計上の基準を厳格化することにあった――海面上昇や異常気象といった危機に直面する世界で、不動産はどれだけ安全なのか？　その状況は、住宅ローンを担保とする債券にどう影響するか？　消費者が化石燃料をボイコットする可能性がある中での、石油ガス企業の適正株価の水準は？投資先の見直しが求められるような時代に、さまざまな株式を保有している年金基金の財務はどこまで堅実といえるのか？

フィンクが扱う資金の比類のない多さを考えると、これは単なる評論ではないようだった。彼は自らが管理する莫大な額の投資案件のおかげで、各社の株主総会の席では大きな投票権を持つ人物だった。フィンクはその力を使って、気候変動のリスクにきちんと向き合う計画を出せないようなＣＥＯたちに対しては、報いを受けさせると言っていたのだ。

「今後は我々が、十分な進展をみせていない企業に対して、経営幹部や取締役を解任する動議を出す場合が増えるだろう」とフィンクは書き、[15] 単なる言葉だけの脅しではないことも示唆した。

だが、２０２１年初めになってもフィンクは、そのときの良心的な言葉が単なる広報キャンペーン以上のものだったと証明するような動きはみせず、環境保護運動家たちはひたすら待ち続けることとなった。

ブラックロック社は「クライメイト・アクション１００＋」という名の、総計40兆ドル以上の投資を管理する金融機関のグループに加わっていた。この団体は、化石燃料を生産する企業の態度を変えさせ、二酸化炭素排出量の減少計画を公約させることを目標に掲げていた。だが、ブラックロックの管理下にある資金には、まさにそうした変容を迫る相手であるはずの企業の株式、額にして８７０億ドル相当以上が含まれていた。[16] その中には石油大手のＢＰ、シェル、エクソンモービルも入っている。しかもブラックロックは再三にわたり、気候変動アクション側が各企業の株主総会で提案した、明確な数値目標を課そうとする株主提案に反対してきた。

2020年初めにオーストラリアで大規模な原野火災が起き、投資家の一部がその惨状を受けて、同国の石油企業2社に対し、気候変動パリ協定で定められた排出量削減目標を遵守するよう要求する決議案を出した。(17) このときもブラックロックは反対した。

ブラジルでは、地球上で最も重要な二酸化炭素の吸収源とされるアマゾンの熱帯雨林が火災で危機に瀕していた。最大の責任は、牧草地を広げるために広大な森林を焼き払った畜産業者にあった。ブラックロックはブラジルで、国内最大手の食肉加工コングロマリットの株式を積極的に買い付けていた。(18) ブラックロックはまた、世界最大の石油生産企業であるサウジアラムコが支配するパイプライン会社から株式を買い上げる交渉に入っていた。(19) ジェイミー・ダイセンの銀行からの助言に基づく買収案件だった。

ダイモンもステークホルダー資本主義の主要な提唱者だった。彼はビジネス・ラウンドテーブルの理事長としての地位を使って、非常に重要な宣言の発出にこぎ着けた。それが、最新版の「企業の存在意義《パーパス》に関する声明」で、鳴り物入りで2019年夏に発表された。この声明は、半世紀前にミルトン・フリードマンによって理論化された企業組織のあり方を　新しようとするものだった。ビジネスはもはや単に金儲けだけに焦点を当てるのではなく、株主に対する責務と、労働者、顧客、環境、そして自分たちが活動する共同体に対する責任との間でバランスを取るよう求めていた。米国で最大手の企業、181社のトップがこの声明に署名した。

「大規模な雇用主である企業は、労働者と共同体のために投資する。そうすることだけが、長期的にみて成功の道だとわかっているからだ」とダイモンは宣言した。

評論家たちは、ラウンドテーブルの動きが画期的だともてはやした。フォーチュン誌に寄稿したジャーナリストのアラン・マレーは、この声明にみられるように、自分たちも解決策の一部でなければならないと示したCEOたちの考え方が、リベラルな国際秩序を崩壊させてしまうような勢力に対抗する、一種の解毒剤になると評価した。

「業務に向き合う彼らの姿勢が、原則的かつ根源的に変わろうとしている」と彼は書いた[20]。

ダボスマンは何十年も、ロビイストや弁護士たちを雇って国家の立場を弱め、規制を骨抜きにし、既存の反トラスト法による独占禁止行政に横やりを入れてきた。そうしたダボスマンの企てが成功してきたからこそ、ビジネス・ラウンドテーブルの声明がもっともらしく歓迎されてしまったのだった。億万長者たちは、一般社会が想定するビジネスの概念を変えてしまい、自分たちこそが活力と善の源で、無能な政府などの進歩を阻む要因とは対極にある存在だと位置づけた。

ダボスマンは誰に対しても善をなし、必要なら骨を惜しまず調整にあたり、信じるに足りるというのが、ラウンドテーブル声明の前提として暗黙のうちに含まれていた。きれいな大気や公正な競争政策といった公共の利益を守るのはビジネスであり、そこに干渉してくるような規制当局やルールなどは、社会に不要だというのだ。十分な給与が確実に支払われるようにするには、駆け引きを要する労組との交渉も必要ないということになった。経営者たちは、彼らが暮らす世界の慈悲深い主人なのだから、その美徳を非難すべきではない、という。その原則に反して利害調整をはかろうとする動きは、どんなものであれ、彼らの活力を削ぐ不要な障害物として切り捨てられるだろう。

同じ年のうちに、世界経済フォーラムは「ダボス宣言」を出し、ラウンドテーブルが推奨したステークホルダー資本主義の考え方を、いっそう強めた。

「企業は納税の義務をきちんと負い、腐敗を絶対に許容せず、グローバルなサプライチェーンにも人権基準を遵守させ、公正な出発点に立った競争政策を提唱するべきだ」。シュワブはタイム誌に寄せたエッセイで、そう書いた[21]（同誌は業績が傾いたあげく、その前年にベニオフに買収されていた）。そうした考え方にのっとれば「私企業は社会の信託を受けた存在になれる」という。

要するに、気候変動や社会的不公正に対応するためには、フィンクやダイモン、ベニオフら、前に立って引っ張る億万長者に対して、社会が対応策を〝外注〟すればいい、という主張だった。

2020年1月に開かれたダボス会議の公式テーマは、「ステークホルダーがつくる、持続可能で結束した世界」だった。ただし、最も注目された基調演説の話し手は、共感力の持ち主とは普通思われない人物だった。シュワブはまたしても、ドナルド・トランプを演壇で歓迎したのだ。

トランプが米国史上最大の減税パッケージを実現してから2年以上が経過していた。トランプは、サウジアラビア――フィンクにとっては得意客――の王室が、ワシントン・ポストのコラムニストを殺害して死体をバラバラに遺棄する事件を起こしても、問題視しなかった[22]。米国の防衛産業にその国が何十億ドルも椀飯振る舞いしてくれている、というのが理由だった。彼の政権は、不法移民の子供たちを米国の国境で強制的に親元から引き離した。自分の納税証明の公開を拒むなど、透明性はかけらもなかった。さらに、ウクライナ政府に圧力をかけ、来るべき選挙で挑戦者となるジョー・バイデンへの捜査を行わせようとした疑いで下院から訴追され、上院の弾劾裁判にかけられていた。トランプ個人の利益のために、米国の外交政策が汚されていた。

しかし、こうした事情は何一つとして、トランプがステークホルダー資本主義のお手本として振る舞う資格を奪うものではなかった。

「あなたがお国で、経済だけでなく社会に関して達成した業績を称えたい」と、シュワブは持ち上げた。

「あなたの政治は間違いなく、アメリカの国民にとって、包容力のある環境作りを目指すものだといえる」

この芝居にトランプは喜んで付き合った。自らを人民の代表として描いてみせる、十八番の大見得を切ってみせた。

「この数十年間で初めて、我が国は、ごく少数の者だけが富を手にするような状態から脱した」とトランプは言った。「我々政府の下で、民族や人種、宗教や信条を問わず、すべてのアメリカ人が豊かになっている」

その後まもなく、新型コロナウイルスによってステークホルダー資本主義の空虚な中身が暴露されることになる。

新しい「企業のパーパスに関する声明」で理論武装したビジネス・ラウンドテーブルは、コロナ禍に対応する政策調整のため、タスクフォースを新たに設置した。その共同議長が、世界最大のホテルチェーン、マリオットのCEOであるアーン・ソレンソンだった。

ソレンソンは翌2021年、膵臓《すいぞう》癌で死去したが、生前は世界経済フォーラムの常連だった。ただし、彼の純資産は推定1億2100万ドルで、億万長者としては〝平民〟級だった。彼の説明によれば、ステークホルダー資本主義は、長期的な視点をもって経営されている企業であれば当然働かせてきた道理を推し進めた、その延長線上にすんなりと位置づけられるものだという。

「我々は、目の前の四半期決算で結果を出すために将来を犠牲にはしない」。彼は世界経済フォーラムの関連行事で2020年1月、そう話した。(23)「我々は人に投資し、地域社会に投資し、長期的な成功の要となるほかのステークホルダーに対しても投資する」

その2カ月後、ソレンソンは真剣な表情でカメラに向き合い、従業員向けのビデオメッセージを録画していた。コロナ禍は、彼が経験したことがないような惨憺たる状況をもたらしていた。

マリオットホテルは131カ国に140万室を擁する。展開の広さが強みで、世界のどこか特定地域で問題が起きても、会社の事業全体は守られてきた。ところが今や、どこにでも展開してきたせいで、どこでも脅威にさらされることになった。

多くのマーケットで、業績の4分の3が失われてしまった、とソレンソンは語った。マリオットは従業員をひとまず2カ月の自宅待機に置く措置を取ったが、もっと長期間になる可能性もあった。「高い評価を勝ち取ってきた仲間たち、まさにこの会社の中核をなす人々に対して、彼らの力ではどうにもならない事態のせいで職場の状況が変わってしまった、と告げることほど、嫌なことはない」とソレンソンは続けた。(24)「皆さんが健康と楽観的な見通しを保てますように」

サンフランシスコ近郊の自宅アパートに引きこもっていたウィリアム・ゴンザレス——前章で紹介した、解雇されたホテル内従業員食堂のウェイター——と妻のソニア・バウティスタにとっては、楽観的な見通しなど、蜃気楼《しんきろう》のようなものだった。

前年には、バウティスタはサンフランシスコ中心部にあるマリオット傘下の高級宿泊施設、パレスホテルで客室係として働き、時給26ドル44セントを得ていた。彼女のもとにはすでに、経営側から自宅待機措置を通告する手紙が来ていた。

かさむ借金と立ち退きの恐怖、そして健康保険の期限切れが近づいていることに悩まされながら、バウティスタはひどく不公平だという憤りの念を隠せなかった。

「ソレンソンをはじめとして、幹部たちはみんな、毎年何百万ドルもの報酬を得ているけれど、私たちがもらえるのは数ドル単位です」とバウティスタは私に語った。「マリオットで働くことには誇りを持っていました。精魂を込めて、社のために全力を尽くしてきました。お部屋を清潔で美しい状態に保ち、お客様にまたお越しいただけるように努力してきました。でも、これでは公平じゃない。マリオットは私たちのことは気にかけていない」

彼女と夫はエルサルバドルからの移民だった。1980年代の凄惨な内戦をなんとか生き延び、米国に来てから、安定した生活をやっと確立した。今は正真正銘の危機だというのに、自分たちを雇ってきた裕福な企業がなぜ、現場で実際に仕事をする者たちに何も渡してくれないのか、理解に苦しんでいた。

「あの人たちはただ、『もう君はいらない。自由にしていい』しか言わない」。ゴンザレスは嘆いた。

マリオットは過去2年間で31億ドル以上の収益を上げていた。人への投資を強調していた言葉とは裏腹に、ソレンソンがマリオットの利益を注ぎ、さらに追加分で借金をしてまで50億ドル以上を費やした営みは、自社株の購入だった。すでに進展しつつあった緊急事態をやり過ごすための手持ちの予備資金は、最小限しか残っていなかった。

これはダボスマンにとってはいつものことだった。ステークホルダー資本主義を推し進め、企業の新たな使命を盛り込んだビジネス・ラウンドテーブルの声明でも、ダイモンをはじめとする経営者たちは、自社株の買い戻しを「資本市場を効率化する」手段として支持していた。資本市場の効率化、というのは金融業界の隠語であり、現実としては、収益は投資家を満足させるために使うもので、賃金という形で無駄に費やすことはしない、という意味だった。

2017年から2019年の間に、S&P500株価指数を構成する企業は、全体で2兆ドルを自社株買いに費やした。[25]買い戻すことによって株価がつり上がり、ソレンソンやダイモンのような人々がさらに豊かになる、という仕組みだった。

従業員向けのビデオメッセージで、ソレンソンはお約束どおり、自己犠牲の精神を発揮した体で芝居を打った。彼は自分の給与、年130万ドルを、悪影響を受ける労働者たちへの連帯の証しとして返上した。しかし、彼は、前年に800万ドル超の株式に基づく報酬を受け取ったことや、奨励金制度で自分のもとにも350万ドルが入っていたことは、口にしなかった。

それから2週間も経たないうちに、マリオットは予定されていたとおりに配当を計上し、株主たちに1億6000万ドルを手渡した。それだけの額があれば、5000人の客室係を6カ月間雇用できる。

さらに数日後、ソレンソンはマリオットの顧客向けにEメールを出し、コロナ禍で同社が取っている対応について説明した。例えば、医療従事者らにホテルの客室を提供したことが挙げられた。利用が途絶えたホテルの客室照明を使って、建物に、ハートマークや「LOVE」「HOPE」などの文字を浮かび上がらせもしていた。

ビジネス・ラウンドテーブルの声明やダボス宣言など、空疎な約束だった。ダボスマンは絶えず、新たな経営の概念や変革に向けた約束を掲げ続け、自分は善意から動いているのだから皆は安心して構わないと説明する。しかし、ソレンソンが自社を経営する手法は、実際にはほとんどの上場企業が何十年も続けてきたやり方と同じだった。ホテルの客室係のことを「ステークホルダー」とか「高い評価を勝ち取ってきた仲間」とか、好きなように呼ぶことはできる。だが、収益が確保できるか危ぶまれるようになれば、彼らは単なるコストの数字と化し、無慈悲に切り捨てられるのだ。

ビジネス・ラウンドテーブルの声明に署名した経営者のうち、ステークホルダー資本主義への支持について自社の役員会の承認を取り付けた者など、ほとんどいなかった(26)。そのことだけでも、声明が実際は小手先の策略でしかないのが見て取れる。ダボスマンが内実としては相変わらずのやり方で収奪を続けつつ、協力者たちから賞賛を浴びるための隠れ蓑《みの》なのだ。

ビジネス・ラウンドテーブルのボルテン会長は、そうした批判はあたらないと一蹴した。会員企業は声明が表明したとおりの原則に基づいてすでに経営されているのだから、改めて対策を取る必要などないという。

「あの声明は突然生まれたものではない」と私に語った。「ずっと進行してきた変化を再認識したものであり、将来に向けた意思表明でもあると考えてほしい」

ラウンドテーブルの声明が、自分たち経営者が抱え込んだ既得権益の実態にはいっさい触れていなかった以上、ボルテンの説明も真に受けるわけにはいかない。労働者の境遇を改善するため、株主の利益を後回しにするというのでなければ、声明に掲げられた約束も、虚言ではないだろうか。

だがボルテンは、声明は文面どおりに、目先の利益に固執してきた企業経営手法への告別の言葉として読まれるべきだという。多くの企業が長年にわたり、労働者の解雇や手当の撤廃によって株価をつり上げてきた。

「長期的にみれば、それでは企業にとっても利益につながらない。自分の会社に関わるステークホルダー全員に対し、正面から向き合わなければならない」とボルテンは主張した。「きちんと全員の面倒をみずに、特定の人だけ面倒をみることはあってはならない」

巧妙な表現を用いた説明だが、あからさまな嘘でもあった。過去半世紀の米国資本主義が証明しているのは、特定のステークホルダー、つまり株主の途方もない繁栄の陰には、残りの者たち全員の犠牲が常にあった、ということだ。


2020年8月末、CEOのベニオフがクレイマーの番組に喜色満面で出演した翌日に、セールスフォースが発表した声明は、オハナ的家族愛に際立って欠ける内容だった。

「我々は企業として成長し続けられるように、資源の再配分を実行しています」。そして、対応の一環として「もはや我々の業務上の優先事項にそぐわなくなった、いくつかの職務を削減することになった」と表明した[27]。

90日間は解雇を自粛すると表明したベニオフの誓いはもう期限が切れていたので、彼は必要なだけ首を切れる状況だった。

だが、ベニオフは私との電話で、そうした捉え方は不公平だと反論した。セールスフォースはその他の分野では人々を雇い入れており、その秋だけで4000人に仕事を与えた、と彼は主張した。職務削減の対象になった1000人の従業員も雇用は確保されており、社内のほかのポジションに応募するよう勧めがあった。退社した人たちには、相応の退職手当を出した、というのだ。

それでもベニオフは、ステークホルダー資本主義の勝利を宣言した翌日に1000人の従業員を職務から解くというのは、あるべき姿とはほど遠いと認めざるを得なかった。

「PRとしては失敗した面があった」と彼は語った。

セールスフォースは世界中で5万4000人を雇用している。「多少の調整をする必要があった」とベニオフは言う。「我々には成長して変革を成し遂げる能力が必要で、それを抜きにして目標は達成できない。より大きく、もっと成功した企業でなければ、顧客や我々のステークホルダー、それから……そう、ステークホルダーに尽くすことができない」

世界経済フォーラムは、2021年1月に予定される次回ダボス会議はリモート開催にせざるを得ないと発表していた。ハワイに閉じこもっていたベニオフは不平をもらした。

「今こそ世界にはダボス会議が必要だ」というのだ。「そうすれば、皆が集まって、どうやって前に進むかを話し合うことができるのに」

彼は私が懐疑的だと見て取って、議論を挑んできた。世界経済フォーラムを舞台として、最貧国で何百万人もの児童に予防接種を施すための地球規模の協力が生まれた。環境保護運動家や労働者の権利擁護を提唱する人々ら、市民社会を構成するさまざまなグループが、ダボス会議を重要な会合の場として使ってきた……。

「ダボス会議は完璧じゃない。でも、じゃあ何が代わりになる?」と彼は問いかけた。「あなたは、大半の企業は依然としてミルトン・フリードマンのように行動していて、ステークホルダー資本主義は隠れ蓑として使っているだけで、ダボス会議に集う人々のほとんどは今も金儲けのことを考えていて、だからこそ皆が参加していると思っている」

はい、まさにおっしゃるとおりです。

「よくわかる」とベニオフは言った。「そういう構図は私にも見えるから。でも、私にはほかの側面も目に入ってくる。現実として生まれてきた、新しい種類の会話、新しいタイプの人々や現象だ」

私の捉え方では全体像になっていない、とベニオフは主張した。「少なくとも真実のすべてじゃない。50パーセントか、もしかしたら60～70パーセントかもしれないけれど。だが、間違いなく、変革のくさびはすでに打ち込まれていて、どんどん大きな違いを生んでいる」

ベニオフは、自分が善行を強調するのは、単に広報宣伝文の素材を提供するためではない、もしそうだったなら、従業員たちが気づいているはずだと主張した。彼らは会社を辞め、本当に社会的な目標を追求している企業へ行ってしまうだろう、というのだ。

ミルトン・フリードマンも似たような理屈で、我々は職場での人種差別について心配する必要はない、なぜなら自由な市場原理によって阻止されるからだ、と論じていた。その説明どおりなら、才能ある人材に対して門戸を閉ざす企業は、罰を受けることになるはずだった。だが、現実の米国資本主義の下ではその後も、職場の人種別構成を社会全体の割合へ近づけようという姿勢などまったくみせないような企業であっても、単に生き残るだけでなく、株主たちに大きな富を与え続けてきた。

ベニオフ自身の会社が、いい例だった。セールスフォース社では、アフリカ系アメリカ人は従業員の3パーセント以下しかおらず、幹部職となるとわずか1・5パーセントだ[28]。ベニオフは「最高機会均等《チーフ・イコーリティ・》責任者《オフィサー》」として、トニー・プロフェットという黒人の役員を雇い入れていた。そのプロフェットがさっそく対処しなければならなかったのは、実際には社内のハワイ先住民やネイティブ・アメリカン、太平洋諸島の先住民族を合わせても1パーセントに満たないのに、ベニオフが「オハナ」という言葉を用い続けるのは、一種の文化盗用にあたるのではないか、という従業員たちからの苦情だった[29]。

パンデミックの第1波で、故郷のサンフランシスコがウイルスの脅威にさらされると、ベニオフは地元の病院のためにマスクなどの個人用防護具を調達した。彼が交渉したのはアリババのCEO、ダニエル・チャンだった。この中国eコマース大手の創業者であるジャック・マーとは、ベニオフは世界経済フォーラムで共に理事を務める間柄だ。チャンは自社の調達網を使って山のような個人用防護具を生産し、ベニオフはジャンボ機を何機もチャーターして、その物資を中国からサンフランシスコへ空輸した。

　ベニオフはビジネス・ラウンドテーブルに加わっているほかの会員企業との電話協議を設定し、経営者たちの力を借りて、この事業を拡大した。セールスフォースは物資をシカゴまで運び、そこからウォルマートが用意したトラック隊が、遠くはニューオーリンズまで、医療の最前線となる病院へと届けた。ユナイテッド航空は、飛行機からの荷下ろしを無償で引き受けた。

　数週間のうちに、ベニオフが率いる企業の一団は、2500万ドルを費やして、5000万個の個人用防護具を米国の医療機関へと届けた。彼は英国にも物資を輸送し、苦境にあった国民保健サービス《NHS》事業体を寄贈の窓口にした。

「非常に心強かったのは、そう、こんなことができる関係を築けていたことだ」。ベニオフは私に対して語った。「これだけは言っておくけれど、私はそうしたつながりを利用して、企業が効率よく善行を果たすという、すばらしい機会を生み出したんだ」

　ベニオフの会社の規模、世界展開、専門に特化した業務、そして彼がほかのCEOと個人的に親しかったことが、目に見える大きな結果につながった。彼の努力によって、非常事態のさなかに不可欠な物資が確保された。彼のキャンペーンは人命を救ったと考えるのは、ごく自然なことだろう。

　だが、ベニオフの空輸大作戦からもう一つ、重要な疑問が生じる。なぜ、世界で最も裕福で最も力のある国が、パンデミックに直面した際に、医療従事者に最低限の防御手段を与える環境整備を、ソフトウェアの営利企業による慈善事業頼みにしてしまったのか？

　ベニオフのような個人が、善行で恩返ししたと誇らしげに語ることができるのは、そもそも彼らは圧倒的に受け取るほうの側だったからでもある。納税者によって財政的に支えられた公共財から、彼らも恩恵を被ってきた。例えば、従業員を教育してくれた学校や、公的助成を受けて研究開発されたインターネット。あるいは、道路や橋などの現代社会を支えるインフラがなければ、商業活動を営むこともできない。それなのに、ダボスマンはお抱えのロビイストや会計士、弁護士を駆使して、合法的な形態の税逃れに熟達するようになり、それがシステム全体を干上がらせたのだ。

ダボスマンは税をめぐる規則を自らの有利になるよう書き換え、社会全体から自分たちへと富を移動させた。その結果として、政府はパンデミックから国民を守ることができないほど弱体化した。そして今、そんな連中が、自分の手元にある資源を慈善事業に供出しただけのことで、賛辞を要求している。

ダボスマンが取り仕切る、あらゆる活動の例にもれず、ステークホルダー資本主義はあくまで自発的な取り組みで、慈善行為は任意に基づく行動だ。だがＣＥＯの中には、これらをイメージアップに使いながら、実際には今までと何も変わらない手口で経営を続ける者が出てくる。ベニオフですら、そのことは認めざるを得なかった。

「その危険は現実にある」とベニオフは言った。「ただ、我々は進歩していると私は思う。これが革命だとは絶対に言わないが、私に言わせれば改善だ」

第12章

ダボスマンと労働環境「俺たちは無事なんかじゃない」

ジェフ・ベゾスもビジネス・ラウンドテーブルの声明に署名して、「あらゆる個人が勤勉さと創造性を発揮し、意味と尊厳のある人生を送ることができるような」環境を作り上げる、と約束していた。ただし、その署名のインクが乾くや否や、ベゾスは、世界で最も裕福な人間へとのし上がってきた手法である、無慈悲な資本主義を営み続ける姿勢に舞い戻った。

すでに何年にもわたって、アマゾンの倉庫内での搾取的労働が報道されてきた。そこでは、圧倒的な量で流れてくる荷物を管理するよう、低賃金で労働者たちがたゆまぬ圧力にさらされている。コロナ禍が、劇的にその圧を強めることになった。過去にないほど荷物量が増えたのだ。

第1波が世界的に到来した2020年4月から6月の間、アマゾンが売った商品数は前年同期比で57パーセント増えた(1)。6月だけでも同社は4億1500万個の荷物を発送した(2)。

アマゾンの莫大な規模の倉庫配達オペレーションをもってしても、当初は桁違いな需要急増に対応しきれず、遅配が出て、顧客からのクレームにつながった。顧客の満足度を振りかざし、従業員への絶え間ない圧力を正当化してきた同社としては、重大な問題だった。処理能力を上げようと必死になった同社は、倉庫をブラックストーンから借りて追加した。ブラックストーンは数百億ドルを投じてそうした施設を購入していたので、eコマースの成長につけ込むことができたのだ。

アマゾンはまた、戦時下の総動員に匹敵するほどの大量採用計画に着手した。2020年のうちに従業員を約50万人増やし、[3]総計130万人と、わずか2年前と比べてほぼ倍増させた。[4]だが、その規模で採用を早めても、物流倉庫で取引される物資の爆発的な急増の前には追いつかなかった。

アマゾンのオンラインショッピングは長年、昔ながらの実店舗だけに頼った競争相手を出し抜くことによって成功してきた。2020年になると、その段階でまだ残されていた実店舗商売は、休業を強いられるか、そうでなくとも感染リスクから顧客の足が遠のくかして、デジタル空間だけが人々が買い物をする場として残された。

洗濯用洗剤からスウェットパンツに至るまで、あらゆるモノの需要が爆発的に増えていた。寝室をリモートオフィスに転用しようとした専門職層には、プリンターやコンピューターのディスプレイが必要になった。

休暇の予定を中止せざるを得なかった人々は、せめてもの慰めに、と新しいタオルや入浴剤を買い求めた。親たちは子供部屋に玩具を増やし、キッチンには製菓用品をそろえた。皆が消毒液やトイレットペーパーを買いだめした。

この年の上半期、アマゾンは1640億ドル相当の商品を販売した。1秒あたりに換算すると1万ドルずつ売れていった勘定だ。同じ時期に、アマゾンの株価は倍近く跳ね上がった。人々は日常会話の中で、野球のスター選手が達成した新記録や、接近するハリケーンの風速並みの関心事として、ベゾスの純資産への積み増し額を口にした。8月末の段階で、ベゾスは人類として初めて2000億ドルを超える資産を所有することになったが、[5]パンデミックの初期と比べてもさらに870億ドル積み増しされていた（おかげで、マッケンジー・スコットとの離婚による史上最高額の慰謝料380億ドルの支払いという痛みにも耐えられたことだろう）。

2020年が終わりを告げる頃には、ベゾスは、強欲な億万長者階級のご都合主義をまさに体現する人物として熟知されるようになった。こうした人物が公衆衛生上の緊急事態に乗じて富を吸い上げる一方、ウイルスにさらされて働く従業員たちはその犠牲になっていた。

3児の父でもある31歳の男性が、そんな状態を明るみに出した。もうたくさんだ、と声を上げたのである。

クリスチャン・スモールズはアマゾンで4年以上働いてきた。最初はニュージャージー州ニューアークにある同社の倉庫で、初任者という扱いで時給12・75ドルから始めた。注文に応じて商品を集めてきて、袋に入れてベルトコンベヤーにのせる、ピッキングと呼ばれる仕事だ。袋を箱詰めするのは別のチームがやる。

スモールズには、この職が向いていた。それは前職のおかげである。日用品卸売会社の夜勤シフトで、商品を棚から下ろしてパレットにのせ、3メートルの高さまでピラミッド状に積み上げる仕事だった。その職場では、同僚ほぼ全員がアフリカ系の男性で、ニューアーク近郊の、貧困とギャング団の暴力がはびこり、仕事がほとんど見つからない地域から来ていた。管理職はほとんどが白人だった。彼らは倉庫フロアを簡易フォークリフトに乗って巡回し、従業員が息を整えようと手を止めた瞬間、大声で叱責するのだった。

「まさに現代の奴隷制だった」とスモールズは私に教えてくれた。「綿花畑にいるようなものだった」

スモールズは中産階級の家庭で、近隣の病院で働くシングルマザーの母親に育てられた。高校を卒業するとフロリダの大学に進んだが、ホームシックになり退学した。ヒップホップにのめり込み、ミュージシャンとして働こうとしたが、生計を立てるという現実の前に夢を諦めた。22歳のときに結婚すると、妻の連れ子の長男を養育し、さらに双子が生まれた。妻が保育士になるための専門学校に通い始めたので、彼だけが一家の稼ぎ手になった。

2015年の秋、彼の母親が、ニューアーク郊外に新しくアマゾンが倉庫を作るという話を聞いてきて、息子の代わりに応募書類を出した。スモールズは最初に雇われた500人のうちの一人になった。

それまで勤めていた倉庫と比べれば、アマゾンは格上の環境といえた。フロアは空調が効き、休憩室にはビデオゲームの端末が置かれていた。わずか7カ月後にはスーパーバイザーに昇格し、新しく来た従業員を訓練する責任を負った。給与は時給18ドル50セントに上がった。

アマゾンがまた新たにコネチカット州ハートフォード郊外に倉庫を開設したとき、スモールズは抜擢《ばってき》され、そこで新入りの訓練役を担うことになった。週末になるとグレイハウンドバスに乗ってニュージャージーの留守宅に帰り、妻や子供たちに会ったが、ストレスと遠距離の影響で結婚生活は破綻へと向かった。アマゾンが別の倉庫を2018年秋にニューヨーク市内で開いた際、スモールはそちらに異動し、自宅に近い場所で働ける引き換えとして、夜勤に回った。

それまでに彼は3人の子供の親権を獲得していたので、ニュージャージーから引っ越すわけにはいかなかった。新しいアマゾンの倉庫はスタテン島にあったが、スモールズは車を持っていなかった。通勤にはバスを2本乗り継ぎ、次に地下鉄に乗り、さらにスタテン島フェリーを使う必要があり、3時間を要したが、夜勤で得られる時給27ドルで、なんとかやっていくことができた。

数カ月後には、彼は日勤に戻ることができた。彼は約40人以上を統括していた。倉庫は活気にあふれ、数千人の従業員でいっぱいだった。

そして2020年3月が来た。彼の部下たちは、ひどい疲労感と痰の絡む咳を訴えるようになった。スモールズはテレビのニュースに釘《くぎ》付けになり、パンデミックの推移を見守っていた。

「休憩室のテレビで、そういうニュースを見ながら、〝ここでは一体全体、働く者たちを守るために何をしているのだろう？〟と思っていた」

アマゾンはマスクも消毒液も供給していなかった。ソーシャルディスタンスも義務づけていなかった。従業員に対し、手洗いの必要性を教育することすらしていなかった。

スモールズは、ウイルスを家に持ち帰って子供たちにうつしてしまわないか、心配した。彼が人事担当セクションにそうした懸念を伝えると、会社側からは「状況を注視している」という答えだけが返ってきた。

部下たちの中には発熱した者も出たが、出勤を続けていた。アマゾンは有給傷病休暇を認めていないので、出勤しない限り、収入ゼロになってしまうのだ。先進国の中でみると、米国はこうした対応が可能な数少ないほうの国だった。(6) ただし、州によっては法的に傷病休暇制度が義務づけられていた。

ワシントンでは大物政治家たちが、そうした抜け穴を埋めた、と主張していた。議会が連邦政府による第1弾の支援策を承認した際、下院議長のナンシー・ペロシは、雇用主に対し傷病休暇を認めるよう義務づける条項が入ったと強調して回った。

「コロナウイルスの爆発的感染拡大に歯止めをかけるためには、病気を広めないように家にとどまるか、家族のために不可欠な給料を得るほうを選ぶか、といった二者択一を労働者たちが迫られるような状況を放置するわけにはいきません」と彼女は語った。(7)

だが、最終的に議会を通って成立した法律は、「家族第一《ファミリー・ファースト》」という安心できそうな名前が付されていたにもかかわらず、実質的にみれば優先順位が変わるような内容ではなかった。この法律の下で、確かに常勤の労働者たちには年10日間の傷病休暇が認められたものの、500人以上の企業は対象外だった。(8) さらに、50人以下の会社も事業継続が困難な場合は免責を申請できた。

結局のところ、米国の労働者の80パーセントは変わらぬ難問を突きつけられたままだった。病気になっても働き続けるか、収入を諦めるかしかなかった。

プレッシャーにさらされたアマゾンは、会社の方針として、医師に隔離を命じられた従業員には最大2週間の有給傷病休暇を認めると発表した。だがそれでも、アマゾンの従業員の間からは、支払われるべき給与を受け取っていない、という苦情が出た。(9)

アマゾンは米国法の抜け穴を突いて傷病休暇を認めなかっただけではなく、企業としての影響力を行使してその抜け穴を広げた。アマゾンがその汚れ仕事を頼んだ外注先は、一連の業界団体だった[10]。米国商工会議所、全米小売業協会、全米独立起業連盟、食品マーケティング協会などだ。それらの団体がすべて、ファミリー・ファースト法に関するロビー活動を行っていた。ダイモンが率いるビジネス・ラウンドテーブルも、表向きはステークホルダー資本主義の推奨者として振る舞っていたにもかかわらず、やはりロビー活動をしていた。

スモールズが、家族の健康が心配だから休暇を取りたいと言うと、アマゾンの管理職は彼に対し、無給で家にとどまるのは自由だ、と言い渡した。有給休暇は使い果たしてしまったので、自分の確定拠出年金口座から1000ドルを取り崩してなんとかしのいだ。

その間、疾病《C》予防管《D》理セ《C》ンターや州知事、市長ら、地元メディアにもEメールを出し、アマゾンのスタテン島倉庫では、体調を崩した人が出ても、何の感染対策もなしに通常どおりに操業している、と警告した。反応はなかった。

3月中旬、手持ちの資金が尽きたので、職場に戻らざるを得なかった。まだマスクも消毒薬もないままだったという。中には自分で持ってきたマスクを使い回している人もいた。ゴミ袋をかぶって、防護ガウンの代わりにした者もいた。部下の多くが新型コロナ感染症の症状を呈していた、と彼は振り返った。

人事担当セクションに、コロナ対策はどうなっているのかとただすと、直属の上司に訊いてほしいと言われた。だがその上司は姿を消していた。

「管理職の人たちは部下に、休暇を取っていると説明していた」とスモールズは言う。「パンデミックのただ中ですよ。休暇ですか？　嘘でしょう」。管理職だけが、ウイルスにさらされないよう家から働いているのだと思わざるを得なかったという。

初めてのことではなかったが、実際に危害を加えてくるのが誰なのかを認識して、スモールズは衝撃を受けたという。「管理職は大半が白人で、従業員は黒人か、移民のヒスパニックです。ここで守られているのは、どの人たちですか？」

労働者が家から出ようとしない傾向を憂慮したアマゾンは、時給を2ドル積み増しした。さらに超過勤務手当も倍増した。スモールズはこの措置を「血まみれのカネ」と表現した。州によっては、アマゾンの労働者の稼ぎはあまりに低いので、多くの場合、生活保護のフードスタンプ受給資格が生じる。これでは事実上、納税者が補助金を出して、アマゾンが貧困水準の給与しか払わずに済むように保証しているようなものだ。生活が苦しいアマゾン従業員たちは、手当の積み増しが誘い水になって、たいていは不安を胸にしまって出社を続けた。

3月21日、ベゾスはアマゾンの企業ウェブサイトにメッセージを載せた。(11)「親愛なるアマゾン人の皆さん」とあった。「今は通常のときではなく、大きなストレスと不確実性のときです」

ベゾスは、従業員が十分な個人用防護具なしに労働を強いられていると認めた。その理由は、アマゾンが——あの「何でも商店」として知られる企業が——そうした物資を確保できないからだという。「何百万枚ものマスクを発注して、自宅では働けない我が社の従業員や契約労働者の皆さんに渡したかったのですが、受注してもらえた例はごくわずかでした」とベゾスは記した。「世界中でマスクが供給不足で、現時点では、病院や診療所など最も必要とする施設に、各国政府が供給を振り向けているのです」

ベゾスは、倉庫の操業を十分な防護策なしに続けることを道徳的に正当化した。「我々はどこでも、人々にとって必須のサービスを提供しています。例えば高齢者のように最も弱い立場の人々に対しては特にそうです。人々は我々に頼っているのです」

言い換えれば、スモールズや彼の同僚たちが命をリスクにさらすよう強いられている原因は、ベゾスが次の戦利品として新しい豪邸を手に入れたり宇宙探査への情熱を推し進めたりするためではない、ということらしかった。彼らが、皆のために英雄的に、おばあちゃんたちの命を守っている、ということになった。しかも、会社もその犠牲を分かち合っているそうだ。

「我が社の物流、輸送、サプライチェーン、調達などの分野や、独立系小売業者との取引方針について見直し、台所の常備食材や消毒薬、粉ミルクや医薬品といった必需品を優先して調達し、お届けするようにしました」とベゾスは書いていた。

スモールズは、自分のチームが箱詰めしている物資を実際に見ていた。「扱う物資のリストが変わったわけではない。ただの嘘です。前と変わらないくだらないモノ。大人のおもちゃ、玩具、生活雑貨、衣類などです」

そして、アマゾンが輝かしい英雄的行為を自画自賛している最中も、同社は災害につけ込んで利益を出していた。優先して取り扱う対象になったはずの、まさにそうした生活必需品の価格をつり上げたと、消費者監視団体のパブリック・シチズンが後に明らかにしている。

顧客の側が、より安い商品を売りに出している独立系小売業者を探すことは、いちおう可能だった。ただし、アマゾンは自社取り扱いの商品を目立つ位置に持ってきて、最前面に押し出していた。

2020年4月から8月にかけて、1日6万人のアメリカ人がウイルス検査で陽性になり、病室も遺体安置所も逼迫《ひっぱく》していた時期だったが、アマゾンは通常なら4ドルで売られている50枚の使い捨てマスクに、39ドル99セントの値をつけた。[12] ふだん1ドル49セントの抗菌せっけんには、7ドルを要求した。

アマゾンはまた、配送ビジネスの独占を目指す動きの一環として、一部の発送に横やりを入れていた。配送業者としてはアマゾンの競争相手にあたるFedExやUPSを使って商品を発送した出品者には、事実上のペナルティーが与えられた。そんな対応が可能なのは、品質と迅速な配達を保証する「プライム」指定に、どの商品を入れるか決める権限を、アマゾンが持っていたからだ。

アマゾンを通じて販売する業者にとって、プライム指定を受けられるかどうかで生じる差は、タイムズスクエアに店を構えるか、ネブラスカ州のど真ん中で道端にスタンドを開いて行商するかの違いに等しかった。パンデミックの期間中、アマゾンは販売業者に対し、プライム指定を受けるためには自社の配達網を使うよう実質的に強制していた。

この戦術は効果を上げすぎたほどだった。過剰な注文に対応しきれず、配達の遅れが生じた。[13] ベゾスにとっては、顧客が必需品をきちんと備蓄できるよう保証することは、独占的地位を獲得することよりも優先順位が低かったのだ。

従業員らが感染して陽性になる例が出ても、アマゾンはそうした事例を伏せていた、とスモールズは言う。彼は会社側に、従業員に警告を出し、建物を一時閉鎖して徹底消毒するよう要求した。だが、ウイルス感染が判明した人と濃厚接触者になった従業員にはそのことを伝えるが、口外無用とする、との方針を引き出せただけだった。上司たちはスモールズに対し、パニックを防ぐため、この方針に従うよう求めた。

スモールズは成人してからずっと、彼の健康など気遣うことのない人々のために働いてきた。今や彼は、命を危険にさらす茶番劇の共犯になるよう圧力を受けている、と感じていた。従業員食堂のテーブル越しに、同僚たちに対し、俺たちは危ない目にあっているぞ、と警告を始めた。病気になる人が出ているのに、アマゾンは隠している、と。

3月25日、彼は十数人の倉庫労働者の一団を率いて、管理職でいっぱいの会議室へ入っていき、ミーティングを中断させて、防護具と徹底消毒を要求した。だが上司たちは、自分たちができることは何もないと言った。

アマゾン側が取った対応策とは、従業員1名――クリスチャン・スモールズ――を有給で隔離下に置くことだった。表向きは公衆衛生上の理由での自宅待機だったが、スモールズは、この動きは彼の運動を妨害する企てだと受け止めた。

3月30日、スモールズは倉庫に戻り、約50人の同僚を率いて建物から出てきて、報道陣のカメラの前に立った。

労働者たちは、広大な低層ビルの前にある駐車場に立ち、プラカードをかざした。その1枚は、アマゾンの音声認識スマートスピーカーに向けて、こう懇願していた。「アレクサ、俺たちを家に帰してくれ」。別のプラカードには「従業員を顧客と同じように扱え」とあった。

スモールズは黒のバンダナでマスク代わりに顔を覆い、カメラを直視した。

「俺たちがここにいるのは、助けを呼ぶためです」と彼は言った。「俺たちは無事なんかじゃない」

彼の抗議運動は爆発的な話題を呼び、アマゾンの利益とベゾスの富が、ふだんは見えない存在である、弱い立場にある人々を犠牲にして生じたものだ、という事実を人々に痛感させることになった。

2時間後、スモールズにアマゾンから電話が入り、彼は解雇を通告された。

公式な理由は、隔離の方針に反したからというものだった。

「私の家には、面倒をみなければならない3人の子供がいます」。スモールズはその日遅くに語った。「私は今日、発言する手段を持たない人々のために声を上げ、職を失ってしまった」

スモールズが解雇されたというニュースが広まると、国中のアマゾン従業員が自らの体験を話し始め、労働運動家のキャンペーンや議会の調査、各州による是正措置の執行へとつながった。

ロサンゼルス東郊のインランドエンパイア地区では、従業員たちが、アマゾンは自分たちが病気の際も出勤を強制し、2週間の有給での隔離策を義務づけた州知事令を無視している、と訴えた。[14]

ミネアポリス近郊にある倉庫では、アマゾンが無給での欠勤条件すら改定し、危険手当も廃止したのを受けて、従業員らが勤務をボイコットした。[15] ここでは約1000人の労働者が雇用されており、多くはアフリカ東部からの移民だった。[16]

２０２０年秋になると、アマゾンは2万人近い従業員がウイルスに感染したと公に認めたが、同時に、社会全体よりも感染率はずっと低いと主張した。[17] これはダボスマンの典型的な責任逃れ戦術で、権威づけのためにデータを持ち出し、自らにとって有害な調査の手を免れようとするものだ。

疫学者らが指摘したように、アマゾンの分析は実態に裏付けられたものとはいえなかった。[18] 一般的にいって、雇用された労働者の集団はほぼ間違いなく、社会全体の平均と比べればウイルスにさらされにくい。後者には失業者が含まれ、彼らは職や手当を求めて、外部の人々とより多く接触する傾向があるからだ。

「どこかの誰かさんが、とにかく数字をまとめ上げただけのようにみえる」と、感染症専門家のプリーティ・マラニは指摘している。[19]

スモールズらの抗議を受けてもアマゾンは、反省すべき点とは受け止めず、事態を広報上の危機管理案件として扱い、なんとか丸め込む方針で対応した。ベゾスを含む上級幹部らの会議で、法律顧問であるデービッド・ザポルスキーが説明したのは、スモールズにあえて脚光を浴びせて、反乱の動きを急速に広めた労働者の信用をおとしめる戦術だった。

「彼は賢くないし、雄弁でもない。広報宣伝という観点からみれば、労働者を守る方針を延々と述べるより、メディアが彼VS我々の対決として報じてくれたほうが、我々はずっと有利な立場に立てる」[20]。そう記したザポルスキーのメモを、ヴァイス・ニュース［オンラインで報道番組を流す米メディア］が入手した。「彼をストーリーの一番おいしい部分に持ってこさせ、できれば、労働運動の〝顔〟として押し出してしまったほうが得策だろう」

ザポルスキーは、白人中間層が暮らすニュージャージー州の郊外地域出身で、コロンビア大とカリフォルニア大バークレー校の学位を持っていた。その彼が、同様にアイビーリーグを出た白人だらけのアマゾンの経営陣に向かって、大半は黒人やヒスパニックである労働者の反乱を鎮圧する策として、中傷戦術を提案したのだ。

ザポルスキーの作成による会議録は、社内で広く出回った。そこには、彼の提案した攻撃計画は出席者の間で「おおむね同意」を得られた、と記されていた。[21]

アマゾンは、この話と、ステークホルダー資本主義を標榜する表向きの立場の間で、どうやって折り合いをつけるのだろう？　同社は、関係する経営幹部に質問させてほしい、という私の要望を拒絶した。代わりに、自社の高貴な目標を列挙する声明を何通も送りつけてきた。

そのうち1通には「アマゾンはあらゆる方法で、パンデミックの最中に当社の仲間たちを守ってきました」と記されていた。スモールズについては、「アマゾンのソーシャルディスタンスに関する規則に対する、度重なる違反のために解雇」したという。ザポルスキーのメモに関しては、法律顧問は実際の会議ではほかにも多くのことを語っており、その中には防護具を購入する必要性も含まれていた、とした。抗議運動のリーダーに注目させて叩くべきとしたザポルスキーの提案は、「スモールズ氏が関わった状況への個人的な不満が生んだ結果」であり、会議の時点ではザポルスキーは「スモールズ氏の人種」を認識していなかった、と主張した。

ザポルスキーのメモが流出したことは、アマゾンにとっては広報上の大惨事だった。ベゾスは、同社が第1四半期の収益すべて、40億ドルを費やして、もっと多くの労働者を雇用し、きちんとした感染症対策を講じると発表した。

「あなたがアマゾンの株主なら、もう安心して大丈夫です。我々は小手先のことを考えているわけではありません」とベゾスは4月下旬に語った。その言葉の本当の含意は、アマゾンの最大の過ちは、労働者へ及ぶ危険性の大きさを予測できなかったことであり、そうした不注意は大金を注入しさえすれば解決する、というものだった。

だが、アマゾンの従業員たちは、単に想定外のパンデミックのせいで苦難に直面する羽目になったわけではない。感染者が出たのは、会社側が適切な方針を計画どおりに執行できなかったからではなく、当初からの経営方針そのものが原因だった。アマゾンは、極端なまでにコスト意識を高め、株主に利益を渡すことに専心してきたのだ。

ベゾスが城郭のような邸宅をいくつも所有する一方で、従業員たちが倉庫で命を危険にさらすか、自宅を失うかの二者択一を迫られていたことは、偶然ではない。従業員全員に最大の生産性を求め、精緻な方法で成果を測定する、という彼の企業経営手法が、その状況にじかに反映していた。アマゾンは、個々の従業員が業務を達成するスピードや、彼らがどの程度、トイレやおしゃべりなど業務外のことに時間を費やしているかを測る指数を作り上げた[22]。あらゆる業務にシステムを導入することにベゾスが執心してきたおかげで、彼は株式市場で尊敬される人物となり、経営大学院ではお手本のケーススタディとして分析されてきた。

その前年、アマゾンの倉庫内での劣悪な労働環境に関する報道が続いたことを受け、社会運動家でもある株主の一人が、次の株主総会で解決策を投票に付するよう提案した[23]。従業員の健康と安全を守る詳細な手順をアマゾンに義務づける一方で、従業員が労組に加入する権利を明確に認める、といった案だった。この株主は、その提案をザポルスキーのもとへ提出した。

株主総会の日が近づくと、アマゾンは提案を握りつぶすために、投票にかけず見送る許可申請を証券取引委員会《SEC》に出した。提案の動きは不必要である、なぜなら同社はすでに、自社で策定したグローバルな人権諸原則を遵守するとうたっているからだとアマゾンは主張した。「我々は清潔、安全で健康な労働環境を提供する」とこの文書には記されていた。

SECはアマゾンの主張を認め、提案は株主総会の議題から外された[24]。

アマゾンがスモールズを解雇したのは、そのSEC決定があった3日後だった。

さらに2週間後には、倉庫労働者に対して有給の傷病休職を認めるよう要望する署名集めをしていた事務職の従業員2人を解雇した。

すると、上級幹部の一人、ティム・ブレイが突然退社し、自らのブログに、有害な企業文化を告発する記事を載せた。

「アマゾンは、倉庫で働く人間を、商品を選んで箱詰めするための代替可能な部品でしかないかのように取り扱っている」とブレイは書いた。[25]「内部告発者を解雇したのは、(コロナ禍による) マクロ経済状況の副作用や、自由市場という経済原則に基づく必然などではなかった。あの会社の企業文化を通じて脈々と流れる毒の証しなのだ」

8月末には、ベゾスの純資産が2000億ドルを突破した。ワシントンにある彼の2500平方メートルある豪邸の外には、抗議活動家らが集まり、道路の路面上にスプレーで「アマゾンの労働者を守れ」と色鮮やかに書きなぐった。集まった人々は模型のギロチンも運び込み、富裕税の導入を訴えていた。[26]

ベゾスに対する、「宮殿に引きこもった現代のルイ16世」とでもいうべき定評をさらに強めるような情報が、その直後に出回った。同社が〝防護壁〟を固めようとしていることを裏付ける内容だった。アマゾンは、フェニックスにある国際警備業務センター勤務の情報分析専門家の求人を出し、職務内容として「労働運動」や「活動家集団」を監視すること、と記した。[27]世論の猛反発を受け、アマゾンは求人を取り下げた。

アマゾンはまた、自社が「従業員の安全と健康を確保」してきた業績について大げさに宣伝する番組を制作し、[28]コンテンツ不足に悩むテレビの地方局向けに、正当なジャーナリズムを装って配給していたことが明るみに出た。

少なくとも11のテレビ局がこの番組を放映し、どの局のアナウンサーもまったく同じ原稿を読み上げた。

それはいかにもステークホルダー資本主義にふさわしい、賞賛のための式典だった。共感力を持った企業のあり方について、公式見解が唱えられた。そしてカメラが捉えた映像の中には、アマゾン倉庫の駐車場に集まった、抗議する労働者たちの姿はなかった。

第13章

ダボスマンの欧州失敗譚

「これでは人を殺してしまう」

キアラ・レポラは、大災害のただ中で働くのは慣れっこだった。彼女は「国境なき医師団」の上級職員なのだ。このノーベル平和賞を受けた国際救援組織は、南スーダンやアフガニスタンのように戦火と貧困に苦しむ国々で、緊急医療支援を提供してきた。彼女の直近の派遣先はイエメンで、空爆が続く中、飢餓で痩せ細った子供たちの手足を縫合する手術も施してきた。

だがレポラにとっては、故国イタリアのことを災害地域として扱うというのは、なじみのないことだった。２０２０年春に就いた任務は、予期すらしなかったものだったし、困惑させられた。彼女はイタリア北部の公立病院に駐在して、パンデミックで崩壊寸前の医療システムを支援する医師らのチームを率いる羽目になった。

レポラは旅行で訪れていた米国から、拠点にしているドバイへの帰路の途中、イタリアのピエモンテ州の実家に立ち寄っていた。コロナ禍で事実上、空の旅が不可能になり、彼女は身動きが取れなくなってしまった。イタリア人の同僚二十数人がやはり足止めを食っていた。そこで彼らは集まって独自のチームを結成し、最初の爆発的感染の中心となったローディ市の病院に入った。

そこでは医師や看護師らが十分な個人用防護具すら持たずに医療に従事しており、コロナ患者で満員になった集中治療室《ICU》での治療の際に自分たちも感染し、ウイルスを広めてしまった。ＩＣＵは満床だったが、毎日さらに患者が運び込まれ、医師たちは、誰の命を救い、誰を死なせるか決めなければならなかった。

レポラがローディにとどまっていた4カ月間、彼女は、自分の周りのひどい物資不足は、新型コロナウイルスの脅威そのものを上回る、恐るべき状態だと痛感させられた。

イタリアで最も裕福なロンバルディア州の医療システムは、利益中心主義の下で、人命を守るための公の事業から、ビジネスへと転じてしまっていた。何十年もかけて、ご都合主義者《オポチュニスト》たちが医療システムを民営化し、自らにとってうまい儲け話の機会を増やした一方で、基礎的な医療を施す能力を弱めてしまったのだ。

英国では、緊縮財政下にあった10年間で、皆の誇りだった国民保健サービス《NHS》は弱体化した。国として、通常の医療ニーズに応えつつコロナ禍に対応する能力は奪われていた。

スウェーデンでは、老人ホームでの高齢者ケアの低下が長年続いてきた。ダボスマンを相手にした減税を実行するために、セーフティネットが弱体化したからだった。そのせいで、高齢者たちが次々に亡くなった。医療資源があまりに限られていたため、ホーム入居者がコロナの症状をみせた段階で、医師たちが選べるのは、緩和ケアによって死の苦しみを和らげる道しかなかった。

米国では、世界水準だったはずの医療システムが、金銭的利益を優先させたがために、その脆弱性を露呈していた。

国民皆保険が原則の欧州と、そうではない米国とは明らかに状況は違う。だが、共通する弱点もあって、それが医療を支える資源の不足だった。ダボスマンが自分の税負担を減らす企てに成功し、利益主義の目標を押しつけてきた結果である。

これこそが、レポラがローディで突きつけられた現実だった。

病院内の限られた個人用防護具の備蓄を効率的に使う必要に迫られたため、彼女は管理システムを導入しようと試みた。カギになるのは、病院に入る人の数を制限することだった。だが、そんな構想は、食事や清掃サービスを提供するために病院を訪れる契約先企業の業務にとっては、不都合だった。業者は契約違反に問われることを恐れて、訪問回数を減らすのを拒んだ。

レポラは州の医療当局とも協力して、遠隔診療の電子システムを拡充して、来院する患者の人数を減らそうとした。しかし既存のシステムには8社が関わっているのに、どこも統括していなかった。コロナ患者の中には、1日3回電話がかかってくる人もいれば、何の連絡も受けない人もいた。

「患者ではなく、単に業務を遂行することにしか、みんな気が回っていなかった」とレポラは振り返った。「医療の目標が、健康ではなく利益だと考えている限り、放置される人が出てしまう」

欧州諸国のコロナ死亡率をみると、どの国が公衆衛生に資源を投じ続けたのか、逆にどの国が医療システムなど二の次という状態を黙認してきたのかがわかる。

ドイツでは、病院数を減らすべきだとした国際コンサルタントたちの勧めを、政府が拒んできた。ドイツも死亡率は低くはなかったが、それでもパンデミックの最初の1年でみると、英国や米国の半分以下の水準だった。

2020年初めの数カ月、イタリアは欧州の感染拡大の最前線であり、ほかの国々は、驚愕し、恐れつつ注視し、今後やってくるものの前兆と認識していた。

イタリア北部のロンバルディア州が、最も深刻な影響を受けた。同国のファッション産業や金融業の中心であるミラノを中核とする同州は、製造水準の高さと同時に、世界でも指折りの医療ケアを誇ってきた。だが、その病院や診療所はどこも、診療が間に合わない状態に陥った。数十年に及ぶ投資を通じて、基礎的医療を軽んじ、金儲けになる専門医療に比重を置いてきた結果だった。

そもそもの起点は1990年代半ば、派手好みの地方政治家、ロベルト・フォルミゴーニがロンバルディア州の知事だった時代にある。

「イル・チェレステ（天空さん）」のあだ名で広く知られるフォルミゴーニは、「信仰の交わりと解放のための友愛連合」というカトリック信徒組織の重鎮だった。この団体は、信仰心に基づく社会的保守主義と、並外れた金儲け志向を兼ね備えた組織だった。ロンバルディア州において、くまなく大病院の経営権を獲得し、その影響力を行使して、カトリックが禁じている妊娠中絶手術の機会をなくそうとしていた。

フォルミゴーニの団体が病院の経営権を手中に収めることができたのは、彼が州議会で成立に尽力した民営化法案のおかげだった。その結果、公共の資金が州政府の健康保険システムを通じて、医療を提供する私企業に流れるようになった。この法律が成立してからの四半世紀で、ロンバルディア州の医療サービス市場の40パーセントは、私立の病院が占めるようになっていた。[1]

民営化は、公的な財政支援が減り続ける中で、医療システムをより効率化する手段として推し進められた。世界金融危機で疲弊し、EUのルールで多額の財政赤字削減を義務づけられたイタリアは、国民が高齢化する中でもインフレを懸念して、医療への支出を減らした。

パンデミックが始まる頃には、イタリアが医療に費やす金額はほかの欧州諸国の多くよりはるかに低くなっていた。[2] 年間の経済生産高のうち医療が占める割合は、ドイツが11・7パーセント、フランスは11・2パーセント、英国は10・3パーセントだったのに対し、イタリアは8・7パーセントしかなかった。

ICUの態勢整備に与えた影響は特に深刻で、その病床数は、2012年には住民10万人あたり12・5床だったのが、パンデミック直前にはわずか8・6床まで減っていた。それに比べて、例えばドイツは29・2床もあった。[3]

だが、ロンバルディア州の医療があらゆる分野で縮小されていたわけではなかった。民営化によって、実入りの良い専門分野、例えば癌治療や心臓手術には大量の投資が行われた。一方で伝統的な、かかりつけ医師による家庭医療は放棄された。

ミラノのサンラッファエーレ病院は国内でも最良の施設だが、州政府の健康保険を使っている通常の受診者は、事前に電話予約をした上で40分近い待ち時間を覚悟しなければならなかった。[4] それなのに、有料VIPサービスにお金を払える者は、40秒で診察を受けられた。

医療の民営化によって直接の恩恵を被った者たちの中には、そもそもこの政策のきっかけを作った人物がいた。フォルミゴーニである。

豪勢な休暇を過ごす彼の姿をゴシップ雑誌が追い回しているうちに、彼がバカンスを楽しんだヨットの持ち主が、ピエランジェロ・ダッコという名の友人で、ロンバルディア州で活動するロビイスト兼医療施設コンサルタントであることが明るみに出た。後日、刑事訴追の過程で検察側が示した証拠によると、ダッコは10年間にわたり、さまざまな贈り物や、専任シェフつきのカリブ海の隠れ宿でフォルミゴーニをもてなしていた。[5] 後者の宿泊費は1週間で8万ユーロに上る。総計すると、このロビイストは州知事の職にあったフォルミゴーニに対し、650万ユーロに及ぶ接待を提供した。その対価として、フォルミゴーニはダッコの口利き先へ、医療に関する公費を振り向けた。

ダッコは最終的には、ほかの政治家や官僚たちも絡む複雑な疑獄事件に連座することになったが、かき集めた大半の金は海外に預けていた。検察の捜査によると、ダッコは州の健康保険制度を悪用し、7000万ユーロをふところに入れていた。[6] 当局は彼のヨットや、ばかでかいワインセラー、何軒かの邸宅、さらに三十以上の銀行口座を接収した。[7]

この毒々しい取引関係が2012年秋、公の知るところになると、憤懣の声の中で、フォルミゴーニは州知事職を退くことになった。だが、驚くべきことに政治家としてのキャリアは失わなかった。不正疑惑調査の対象でありながらも、フォルミゴーニはシルビオ・ベルルスコーニの党の一員として、上院議員に選ばれた。

フォルミゴーニは最終的には、獄中で5年以上を過ごすことになった。有罪を認める司法取引で刑の減免を得たダッコは、2年半服役した。スキャンダルのただ中に置かれた病院は、その担い手が変わった。2012年、イタリア最大の病院チェーンであるサンドナート・グループが、サンラッファエーレ・グループを買収した。

パンデミックに至るまでの数年間、ロンバルディア州当局がコスト削減を要求したため、病院幹部らは試験管や試薬といった資材の備蓄を減らした。この決定によって、パンデミックが生じた際には、コロナウイルスの大規模検査を実施する能力が削がれていた。

病院幹部たちは、自分たちの利益は確保していた。のちにミラノの検察当局が出した起訴状によると、サンドナート・グループの幹部が、ノバルティスやイーライリリー、バイエルといった大手製薬会社の幹部らを説き伏せ、薬価をつり上げ、ロンバルディア州健康保険から詐取していた。[8] 病院は実際には割引価格で薬を購入し、差額を自分たちのふところに入れた。その額は約1000万ユーロに達したという。その差額を支払わされたのは、もちろん納税者だった。

こうしたペテン師たちは決して異端ではなく、民営化の考え方を体現する主流派だった。州政府高官らは、公僕というよりもベンチャー投資家のように業務にあたった。

「衛生学や予防医学、基礎医療、外来診療、感染症や疫学といった専門分野は、戦略的に重要ではないというか、かっこ悪いと見なされてきた」と、ミラノの新生児科医で、中道左派政党ピウ・エウロパの州議会議員でもあるミケーレ・ウスエリは語る。「そのせいで、我々の医療システムは、治療が非常に難しい病気をうまく診ることができても、パンデミックのような事態に抗するための準備は、まったく欠けていた」

人々が必要なケアを受けられる態勢を維持するようには、行政は動かなかった。病院オーナーの私企業に対し、新築された腫瘍学センターでの高額な癌治療に補助金を出す代わりに、実入りが少ない高齢者や小児向けケアも充実させるよう命ずるのは可能だったはずである。

「当局者たちは民間企業側に対し、基本的にどんな医療施設であっても、彼らの意のままに設置できるよう許可を連発した」とウスエリはいう。「私企業に社会的責任を負わせる機会を、完全に逃してしまった」

2020年2月に最初のコロナ感染症例が出ると、イタリアで最も影響力のある経済界のロビー団体、コンフィンダストリアは政府に対し、経済に影響が及ばないよう、ロンバルディア州内の工場操業継続を認めるよう求めた[9]。このため、早期のロックダウンという手立ては取れなくなった。イタリア北部の工業地帯と中国の工場のつながりを考えると、これは非常に危うい決定だった。両国間を行き来する人は多く、ウイルスの伝播経路になっていた。

ミラノは人口130万人の都市である。第1波に襲われたとき、公衆衛生の専門家は5人しかいなかった。彼らは検査態勢整備と感染経路追跡の責任を負わされた。第2波が迫ってきた際、ロンバルディア州の保健局は医師らに対し、州として「もはや迅速に疫学調査を実施することはできない」と通告した。

「家庭医は金のかかるコストと見なされた」と、全国医師歯科医師連盟の会長フィリッポ・アネッリは話す[10]。「医療で金を儲けようとする限り、地域医療への投資は、割に合わない」

エリカ・コンフォルティは2020年2月、家庭医としてのキャリアを歩み始めたばかりのときにパンデミックに遭遇した。30代半ばで、研修医を勤め終えた直後の彼女は、引退したほかの医師の診療所を引き継ぎ、ミラノの集合住宅にオフィスを構えた。

かかりつけ医の道を志したのは、日ごろ悩まされる病気から人々を救いたかったからだった。「患者と会話するのが好きなんです」と彼女は私に語った。「私はこの人たちに時間を捧げたい、と思ってきました」

だが、パンデミックが広がったさなか、コンフォルティは1日12時間働きづめでも、コロナの症状を訴える患者たちからの電話やEメールに対応しきれなかった。

第2波のピークが2020年末に到来した際には、州政府は病床数を増やすことはできていたが、看護師や麻酔科医が不足していた。

「病院内でどう動けばいいかわかっている人員が十分いなければ、病床数だけ増やしても意味がありません」とコンフォルティは言う。

彼女の診療所では1日に患者30人が陽性になり、さらに50人が濃厚接触者として隔離対象となったが、検査結果が出るまでには6日間待たねばならなかった。

「本来は、陽性が出た患者さんに最低1日1回はコンタクトしたいのですが、とにかく、その時間がない」という。「ちょっとでもほかのことに時間を取られると、それが恐ろしい結果につながらないかと不安です」

英国では、ボリス・ジョンソン政権が、イタリアがたどった道を避けようとしていた。ウイルスが蔓延した2020年春、政府は病院が対応不能になる事態は防ぐことができたが、その代償は深刻なものだった。対応能力に余裕を持たせるために、NHSは何千人もの高齢者を病院から老人ホームに移送した。ホームの多くは私立で、規制は緩く、まさに起きつつある大災害に対しては、どうにも準備不足だった。

パンデミックが始まってからの3カ月間で、イングランドとウェールズの老人ホームでは通常より2万人多い死亡者が出た(11)。

英国はコロナとの闘いに集中し、その他の医療行為を事実上制限した。その結果、パンデミックが始まる前にどれほどシステムが弱体化していたかが浮き彫りになった。

リバプールで緊縮策を批判してきた医師のサイモン・バワーズによれば、ほかの疾病を抱えた患者たちが、通常なら数日単位で出る検査結果に、何週間も、時には何カ月も待たされたと不満を口にしたという。

「先週は、患者2人の死亡診断書を書いた。コロナではなく癌で、本来なら亡くなるような症例ではなかった」と、バワーズは私に語った。「10年間にわたる緊縮策で、医療システムは今年、振り回されっぱなしだ。このパンデミックは、システムの弱点を容赦なく暴いたという点で、考えられる限り最悪の災害だった」

さらに、表向きは公衆衛生に配慮しているように装った縁故主義が横行していた実情が暴かれた。政府は個人用防護具、人工呼吸器などの必需物資を緊急発注する契約を締結する際、政治的なコネがある企業に、後ろ暗い特別待遇を受けさせた。[12] 後から公にされた約1200の契約、額にして総計220億ドル相当のうちほぼ半分は、適格性に関して深刻な疑問のある企業が受注した。こうした企業は、往々にして与党保守党とつながりのある人物が経営していた。

政府機関である商務庁の一人の職員がサイドビジネスとして経営していた会社が、医療従事者への個人用防護具を供給する3億4000万ドル相当の契約を受注した。結果的にこの会社は、2億ドルの経費をかけて5000万枚のマスクを製造したが、欠陥品と判明し、使えなかった。

その一方で、きちんとした品質の製品を届けられる会社でも、高官との知遇がなければ、基本的に参入できなかった。

変異株の登場によって、2021年初めの段階で、英国は急速な感染拡大の中心地になり、病院システムは再び脅かされた。今回も、高齢者たちが老人ホームに移された。そして再び、感染率が急上昇した。

２０２１年８月までに、パンデミックで13万人以上の英国人が亡くなった。ヨーロッパでは最悪の部類だった。

パンデミックはスウェーデンでも、同国の社会的なセーフティネットがいかに劣化し、公衆衛生上の危機に対応する能力を削いできたかを明るみに出した。

ほかの欧州諸国と同様に、スウェーデンも、イタリアの惨憺たる状況には前兆として注目したが、選んだ対応策は異例のものだった。政府は人々にソーシャルディスタンスは保つよう忠告したが、店舗やレストラン、ナイトクラブや学校をいつもどおりに開かせた。スウェーデン国民には、基本的にマスクの着用義務はなく、これまでの生活を続ける自由があった。

政府は自国の戦略が、より賢明なアプローチであると説明した。人々を職場から遠ざけて家に閉じこもるよう強制すると、失業や精神的な絶望感を招きやすい。感染症の影響だけでなく、うつ病のような精神疾患の影響も考慮する必要がある、とされた。

ほかの諸国では、コロナ禍での制限に反発する人々がスウェーデンをもてはやした。「ロックダウンをしていないスウェーデンは――ここが肝心な点ですよ――ロックダウンをしたほかのヨーロッパの国々より、はるかにうまくやっている」と、ＦＯＸニュースのコメンテーター、タッカー・カールソンは主張した。[13]

その分析には誤りがあった。スウェーデンの戦略は、大惨事をもたらしたのだ。

人口１０００万人のこの国で、２０２０年夏までに５０００人以上が亡くなった。人口あたりの死亡率でみるとスウェーデンは世界最悪級で、近隣諸国より圧倒的に高かった。ノルウェーの12倍、フィンランドの７倍、デンマークの６倍というひどさだった。

こうした大量死と引き換えにしても、スウェーデンは経済的な恩恵を何一つ受けなかった。[14] ロックダウンの強制措置が取られた近隣諸国と比べても、特に変わりない水準で、同国も景気停滞に足を取られていた。

政府の戦略に賛同する者たちは、客観的な評価が下せるようになるまでには時間を要すると主張した。だが、11月半ばには、もっとひどい第2波が来襲し、スウェーデン人たちは再び、ヨーロッパでも最悪ペースで病院に担ぎ込まれる羽目になった[15]。

コロナ禍で亡くなった半数近くが老人ホームの入居者だった。政府の戦略を推進してきた者たちは、こうした死者はやむを得ない巻き添えの被害であると、暗黙のうちに示唆していた。

そんな考え方は、スウェーデンが過去に手を染めた、社会工学の行きすぎた実験に関する不快な記憶を呼び起こした。この国の政府は1970年代末まで、親がいないとか、悩みを抱える10代の若者といった、社会的に妊娠を受け入れることができないとみられる女性に強制不妊手術を受けさせた過去がある。

スウェーデンの国家疫学官であるアンデシュ・テグネルが、今回の国家戦略の設計者だった。彼は私的な場では、いわゆる集団免疫、つまりできるだけ多くの人をウイルスに接触させて抗体をつけさせることで感染拡大を防ぐという手法への関心すら口にしていた[16]。

スウェーデンの取った戦略に対する批判が高まると、当局者らは高齢者の存在自体を、問題の枠組み自体から除外してしまった。老人ホームでは問題が確かに起きたが、それ以外は、スウェーデンはうまくやっている、というのだ。多くの人々が亡くなった場所から目をそらせば、それほどの人数は亡くなっていない、という理屈である。

だが、老人ホームでの死者は、国全体としては良好なパンデミック対応策の、副次的な要素などでは決してない。それがまさに話の本質であり、スウェーデンが、自国の社会的セーフティネットの柱を取り外すことでダボスマンへ渡す金を工面し、高齢者のケアを営利目的の私企業に委ねてきたことの、直接的な帰結なのである。

１９９０年代に始まった一連の改革で、スウェーデンは高齢者ケアの所管を県から市町村に移譲した。同じ頃に、老人ホームを中心とした従来のケアよりも、在宅ケアが重視されるようになった。市町村は私企業と契約する権限を得て、サービス提供を受けた。２０２０年の段階では、ストックホルムと周辺地域では、老人ホーム入居者のおよそ半数が民営の施設に入っていた。

この変化をもたらした要因は、一つには考え方の問題だった。政治家たちは、高齢者が人生の最晩年を過ごすのは、住み慣れた自分の家で、愛する者たちに囲まれていたほうがふさわしい、と結論づけた。施設入居が必要な高齢者に対しては、私企業が設計して、もっと暮らしやすい環境や暮らしが提供されるはずだった。

だが、私企業がもたらしたものはほかにあった。それは、コストを絞り上げる能力だった。

H&Mの経営者のような億万長者たちに恩恵をもたらした減税政策の下で10年が過ぎ、減税はそれ自体で採算が取れるとした果てしない嘘のようにはいかず、税収減となった。

米国と同様に、営利企業が老人ホームで利益を上げる手法の一つが、人件費削減だった。

「労働市場の中で、このセクターの評価は低い」と、ストックホルム大学の高齢者ケア専門家マルタ・セベヘリーは指摘する。「介護労働者の中には、低い給与でろくに訓練も受けず、非常に劣悪な労働環境に置かれた人たちがいる。その人たちが、誰にとっても未知の感染症を、ろくな支援もなしに食い止めるものと期待されていた」

スウェーデンはそれでも、高齢者ケアに多額を投じていた。国の年間経済生産高の約３・２パーセントに相当する額で、米国なら０・５パーセントしかないところだ。これよりも多くを費やしているのはオランダとノルウェーしかない[17]。だが、その増え続ける出費の大部分は、事務コストと、そして何より、私企業の株主への配当によって占められていた。

そうした事情は何一つ知らずに、ミア・グローネは2018年夏、両親をストックホルム中心部にあるサバッツバリビン老人ホームに入居させた。

この施設は、スウェーデン最大手の高齢者施設運営企業、アテンド社のものだった。入居者106人の多くが認知症を患っていた。低層の建物3棟で、11区画に分けられていた。

グローネの母はアルツハイマー病を発症していた。父親には車椅子が必要だった。施設には、夏に屋外でパーティーを開ける美しい庭があった。

「完璧な場所でした」とグローネは振り返る。「両親も、くつろげていました」

だが、パンデミックが広がるにつれて、心の平穏は消え、不安に駆られるようになった。

スウェーデンで最初の感染者は1月末に出た。グローネが老人ホームの職員に、入居者をどうやって守る計画なのかと質問すると、彼らはまるでおばけを怖がる子供であるかのような態度でグローネに接した。

「あそこで働いていた人たちは、何も知らなかった」とグローネはいう。「私に『すべて大丈夫ですよ』って言っただけ」

3月3日、グローネは面会に行き、食堂で両親の写真を撮った。2人が一緒にいるのを見るのはこれが最後の機会になるのではないか、という予感がした。

「そのとき、思ったんです。〝ここにウイルスが入ってきたら、大勢の人が死ぬ〟って」

数日後、彼女は地元紙の死亡告知欄で、両親と同じ区画の入居者が亡くなったのを知った。パニックに駆られてホームに電話して、死因がコロナなのかを尋ねた。職員は答えるのを拒んだが、彼女の父親には風邪の症状があると告げた。同じ区画で、ほかにも2人が症状をみせていた。

施設内では、職員には当初、感染拡大防止策について何の指示も与えられていなかったと、あるヘルパーが私に語った。運営側は迅速にマスクを提供することもなく、彼女はクリアホルダーにひもを通した手製のフェイスガードを着けて担当区画に入っていた。

看護チームが作成した非常事態対応計画はあった。各区画に職員を割り当て、関係のない人が入ってくるのを止め、感染を防ぐ必要があるとされていた。だが、そんな計画も、手持ちの駒が不足しているせいで破綻した。看護師が足りなかった。

高齢者医療を専門とするある派遣看護師の話では、日勤のときはホーム全体を彼女とあと1人か2人だけで切り盛りしていたという。週末や夜勤時は、当番は彼女一人だけだった。

その看護師は上司に、ウイルス感染拡大を防ぐために人員を増やすよう懇願したが、取り合ってもらえなかったという。5月初めに彼女が退職した段階では、ウイルス感染は全11区画のうち7区画で発生し、少なくとも20人の入居者が死亡していた。

「私たちが強いられた仕事のやり方は、学校で習った感染対策の考え方に、あらゆる面で反していました」。この看護師はそう振り返った。「私たちは上司に〝これは間違っている。これでは人を殺してしまう〟と伝えようとしましたが、聞き入れられませんでした」

その前年、アテンド社の収益は13億ドルを超えていた。だが、マスクやガウンといった個人用防護具を十分に備蓄するのを怠った。国の指針こそ満たす水準だったが、パンデミックに対応するには十分ではなかった。ウイルスが広がってきたので、アテンドは必需品を調達しようとした。

「そうした物資が中国を出るのに5、6週間かかった」と、同社のCEO、マーティン・ティベウスは私に語った。

高齢者ホームでの物資不足を通じて、スウェーデンがいかに市場志向の考え方にとらわれてきたかが見て取れた。マスクの備蓄には金がかかる。常勤の看護師を雇うこともそうだ。それならネットと派遣会社に頼って、必要なときにモノや人員を出してもらうほうが良くないか？

「パンデミックは、長年探知されないままだった多くのシステムエラーを浮き彫りにした」。スウェーデン社会省の外郭団体である医療研究評議会フォルテで、事務局長を務めるオーレ・ルンドベリはそう語る。「我々は世界規模の生産チェーンとジャストインタイム方式での調達に依存しきってきた。その日必要な注射器は、その朝に届けられる、という手はずだった。そこには、安全のためのマージンはない。経済効率は非常に良いかもしれないが、大きな弱点を抱えている」

私の取材に応じてくれたヘルパーは、自分が発熱した際、自宅にとどまった。だが、アテンド社で働く、ほかの低賃金の労働者たちはそのまま出勤を続けていた。前述の看護師が更衣室で耳に挟んだのは、政府による傷病休職手当の支払いはすぐには始まらない上、給与喪失の全額を補填してくれるわけではないので、何が何でも働き続ける道を探さなければ、という人々の会話だった。

発熱してしまったヘルパーが自宅療養している間、アテンドから箱が届いた。中に入っていたのは、感染防御についての詳細な指示が記された、分厚いバインダーだった。個人用防護具の正しい着け方が書いてあったが、そもそも最初からそんな装備がなかった。ヘルパーは入居者から少なくとも2メートルの距離を取ることとされていたが、認知症を患う人々のケアでは、無理な話だった。

このホームでは電話がひっきりなしに鳴り続け、つながった人も保留にしておかれた。ミア・グローネも1日5回、10回と電話をかけた。彼女の父親は検査で陽性になっていた。父親が何の治療も施されないまま、ただ死の床に置き去りにされているのではないかと恐れた。職員らに、父親を病院に移してほしいと懇願した。

「あの人たちは『誰も病院には移送されません』と言った」。グローネは振り返った。「それが規則になっていました」

ストックホルムでは、当局が示したガイドラインに従って、入居者たちがコロナウイルス感染症の症状を示した段階で、医師たちは、緩和ケアを処方することで、命を救うことは諦めて、最期の時を苦痛なく過ごせる道を優先するよう奨励された。

ガイドラインでは、詳細な診察や血液、尿などの検査を通じて患者の健康状態の全体像を把握しなくても、医師は緩和ケアへの切り替えが許されていた。数日以内に死に至ると判断されれば、モルヒネが処方された。専門家から、スウェーデンでは違法である安楽死も同然だとの指摘が出た。

「医師の一人として、個別に診療もせずに患者を死なせるかどうかを決めた医師たちがいたことは、恥ずべきことだったと思っています」と、ウメオ大学の高齢者医学専門の教授イングヴィ・グスタフソンは私に語った。

医師たちはモノ不足に適応しようとした。過去20年間、スウェーデンの病床数は人口1000人あたり3・58から2・1まで減り、イタリアや英国すら下回る水準だった。[18]

「早い段階から、何が大多数の患者にとってプラスなのか、慎重に考えなければならないとわかっていた」。ストックホルムにある病院のICU病棟で働くミカエル・ブルーミア医師はそう振り返った。「ほかの病気を抱えた高齢の患者を人工呼吸器につなげるべきかどうか、何度も考えなければならなかった」

スウェーデンの老人ホームは、まるで死にゆく人々を収容するための倉庫と化していた。

サバッツバリビン老人ホームで取材に応じてくれた看護師の話では、適切な医療ケアを施すために頼れる情報といえば、オーバーワークの同僚ヘルパーたちが記す日誌だけだった。だが、実際には重要な情報がそこから欠落してしまうことが往々にしてあった。

臨終が近い兆候を示していた一人の男性のことで、彼女は今でも悔やんでいるという。彼女がその日の勤務に就いたとき、その男性の容態については何も引き継ぎはなかったという。家族にも最期が近いということは知らされていなかった。

「そうとわかっていたら、様子を見に行って、不安や痛みを訴えていたら手を握ってあげることもできたはずです。モルヒネを投薬することも、もしかしたらできた」彼女の声が震えた。「その人は一人きりで亡くなりました」

4月2日、グローネがホームに電話すると、彼女の父親は瀕死の状態だと言われた。結局、その日のうちに、誰にも見守られず息を引き取った。

彼女は母親だけでも助けてほしいと職員たちに頼んだ。だが母親は食事を取らなくなり、脱水症状を起こしていた。せめてもの救いだったのは、臨終の時に同じ部屋の中で見守ることが許されたことだった。

グローネはこの経験で打ちのめされた。何が起きていたかをもう一度振り返ってみた。混乱、スタッフの要員不足、認識不足……。コロナ禍が両親を彼女から奪った。

「私に言わせれば、彼らがコストを削減したがっているのは明白でした」と私に言った。「最終的に物を言うのはお金なんですね」

2021年半ばの段階で、スウェーデンではコロナ禍によって1万4000人以上が命を落とした。人口あたりの死亡率は、近隣諸国と比べるとひどいものだった。デンマークの3倍以上で、フィンランドと比べると8倍近かった。そんな中、アテンド社は株式アナリストたちに電話会議で最新の業績を説明した。

パンデミックのせいで、北欧の人々は自分の身内を老人ホームに入居させることを敬遠するようになった。このため、「顧客」の数が限られるようになり、「1年前と比べて平均入居率が落ちた」とCEOのティベウスは語った。

だが、株主たち向けには朗報があった。同社は今期も配当の目標を達成した。利益の30パーセントが今後3年間の配当金に充てられることになった。

コロナ禍でヨーロッパの経済が疲弊する中で、論争と非難の応酬、部族主義とでもいうべき対立に明け暮れるこの大陸では、最善の対応など期待薄にみえた。

欧州各国は、まだ10年も経っていない世界金融危機の経済的損失から、完全には立ち直っていなかった。そして今、さらに大きいショックに見舞われ、倒産と失業の連鎖が心配された。

ＥＵはまるで、もともと関係が崩壊していたのにさらにトフウマが積み重なった家族のようだった。10年前の危機では、対立の焦点は、ブロック全体で救援策を実施すべきかどうかと、実施する場合はどこまで支援するかだった。全加盟国が保証するいわゆるユーロ債を発行して、救援資金に充てるべきだとする議論もあった。だが、ヨーロッパの〝北〟の諸国が逡巡《しゅんじゅん》したため、最も傷ついたギリシャ、スペイン、イタリアといった諸国は、生身で苦行を強いられた。

〝北〟の国々に、債務を集団として引き受ける気がなかったのは、〝南〟の加盟国に対する粗雑な偏見ゆえだった。ドイツ人たちは、自分たちが汗水流して獲得した貯蓄が、ギリシャやイタリアの野放図な借金のせいで危うくされる事態に恐れおののいた。〝南〟の国々では公務員が早期退職し、高額な年金を得て、海に面した別荘のバルコニーでくつろいでいる、といったイメージが、その背後で作用していた。

「有り金を全部酒と女に費やしておいて、支援を求めるなど、ありえない」と、オランダのイェルーン・ダイセルブルーム財務相が発言したことがある。[19]

こうしたものの見方は、ギリシャ人たちは実は北ヨーロッパ諸国の人々よりも長時間労働しているという事実を見落としている。さらに、ドイツの銀行が、地中海諸国での破綻した投資案件に向けて、積極的に資金を貸し付けていたということも忘れている。ドイツは欧州全体としての救援を絞り、緊縮策を押しつけた。果てしない絶望が続く南欧の一般家庭を犠牲にすることで、ドイツのような債権国は、資金を回収できた。[20]

南欧の人々は、こうしたことを何一つ忘れていなかった。コロナ禍で、その痛みがぶり返した。特に、いわゆる「倹約家の4カ国」――オーストリア、オランダ、デンマーク、スウェーデン――が、支援策は借款の形にして、各国政府による返済を義務づけるべきだと主張したことで、胸苦しさに拍車がかかった。

「次からは自助できるように何をするつもりかと彼ら（南欧諸国）に尋ねるくらい、構わないではないか」と、オランダのマルク・ルッテ首相は2020年5月に発言した。[21]

　スペインでは遺体安置所が満杯となり、マドリードの地元当局は遺体をスケートリンクに収容した。[22]イタリアでは隔離生活の間、葬儀が禁じられた。[23] 北の裕福な国々からの財政規律に関するお説教は、これまでも軋轢《あつれき》を生んできたが、今やそれは、欧州の連帯などお題目にすぎないことの証しとして映っていた。

　しかし、土壇場で非常時の合意が成立した。欧州各国の政治家たちは、ふだんの姿勢に似つかわしくないほどの素早さと決断力をみせた。予算に関する制限を緩め、行動につなげた。このパンデミックはあまりに深刻で、影響が予測しきれないほど重いものだったため、いつもなら欧州各国を分断する怨恨は脇に追いやられ、悪影響を食い止めるという根本目標の下に結集した。〝北〟の緊縮志向の国々は財政赤字よりも恐れるべき事態に直面し、ルールの適用を停止して、影響に苦しむ国々が必要なだけ借金することを容認した。EU全体としても、これまでの国家間のさや当てをかなぐり捨て、総額7500億ユーロの合同救援資金が創設された。額の大きさよりも意味が大きかったのは、その資金調達方法が、ブロック全体としての借金を介していた点だった。[24]

　いわゆるコロナ債の発行合意によって、欧州各国は、ブレグジット後に生じた統合の意味に関する疑念を払拭し、救援策の実施で根強い不信を和らげようとした。

　この成果をもたらしたのがドイツとフランスだった。そもそも歴史的には、この両国の間で続いてきた血なまぐさい対立を解消すべきだという信念こそが、EU創設へと至った欧州統合の原動力だった。

マクロン仏大統領は、その欧州統合を次の段階へ進めることを主な目標として追い求めていた。欧州全体として借金する構想に反対していた筆頭はドイツのアンゲラ・メルケル首相だったが、マクロンが説き伏せた。彼女にとっても、EUの持続性と活力を維持できるかどうかは、自分の政治家としての遺産に関わる大きな問題だったのだ。

一方ダボスマンは、政府の公金が積極姿勢で支出される状況を歓迎し、雇用を守るという口実で、それらの資金を振り向けさせ、破綻した自分の投資案件を救済してもらえる、と計算していた。

数十年かけて拡大した格差や移民問題、公共サービス削減のせいで、EUの土台が揺らぎ、この国際機構を攻撃することで得票を稼ぐ、過激主義の諸政党が誕生した。そんな中で、コロナ禍はかえって欧州の連帯感を強め、欧州流の社会民主主義の利点も示しているようだった。

米国には非常に入り組んだ巧妙な仕掛けがあり、ムニューシンの財務省が用意した裏金がダイモンの銀行を通じて注入され、フィンクの会社がFRBの代理として債券を買い、結果として、シュワルツマンのプライベートエクイティ帝国が、無利息での融資を享受した。一方、欧州各国政府は、ダボスマンに中抜きをさせずに事態に直接介入し、基本的には国の予算から人々の給与を支払うことで対応したのだった。[25]億万長者たちではなく、労働者を救済した。デンマークからアイルランドに至るまで、各国政府はコロナ禍で経営が危ぶまれる企業について、従業員を解雇しないことを条件に、賃金支出の大半を肩代わりすることで合意した。

米国で失業率が急上昇したのに比べると、ヨーロッパの大半では2020年の秋、仕事を失った人々はわずかにしか増えなかった。

英国を襲った衝撃はあまりに根源的なものだったので、これで緊縮の時代が終わった。国家の財力に見合った暮らしを送るようにという小言を繰り出す代わりに、ボリス・ジョンソンは、適切な範囲内で、しかし多額の財政支出を呼びかけた。[26]その中核がインフラ整備予算の劇的な増額で、これによってジョンソンはイングランド北部の地域社会を下支えしようとした。そもそもこの地域の経済的疲弊こそがブレグジットという反乱につながり、結果的に彼を権力の座に就かせたからだ。

財政赤字を敵視する姿勢が、いわば国家の宗教ともいえる水準に達しているドイツですら、政府が借金をして、7500億ユーロ相当の救援パッケージという形で財政出動した。[27]

しかし、この新たな欧州各国による協調はどれほど長続きするだろうか？

EU加盟国の財政支出を制限する予算上のルールは、条文としては残っている。その執行停止は無期限というわけにはいかない。やがては救援策も採算を合わせなければならないし、借金は返さなければならない。

理論上は、各国政府が増税で必要な歳出をまかなうことは可能だ。実際に、英国の財務相リシ・スナックが2021年3月に新年度予算を発表し、労働者救済プログラムを同年秋まで延長した際、彼はやがてはこの歳出を、法人税を引き上げることで埋め合わせなければならないだろうと言った。

だがダボスマンは、影響力を駆使して負担を逃れるすべに、とにかく長けている。だから最終的には、借金の支払い方法は、これまでの慣行どおりに落ち着いてしまう見込みが大きい。つまり、政府の公的サービスを縮小して、市井の労働者に大きな負担を押しつけるやり方である。スナック財務相はすでに多くの国家公務員の昇給を停止し、「財政赤字を制御可能な範囲にとどめる」と公約していた。[28]ジョンソン首相は2021年秋、NHSを維持するために必要な財源を捻出する方策として増税案を発表したが、ここでも、より大きな負担を強いられるのは、普通の労働者たちだった。

緊縮路線は気まぐれに生まれた方針ではない。まさにダボスマンの果てしない嘘を支えてきたシステムだ。支出を削れば税収の必要性も減る。反抗的な国民をなだめるのに歳出が必要なら、財源はダボスマン以外の者たち――例えば一般の賃金労働者、特に若者から取り上げればいい。

緊縮路線はしばらく休眠期に入るようだった。だが、完全に葬られることなど、ありえなかった。

米国の救援策は透明性とはほど遠かったが、英国でも同様に、政府が保証する融資総額が520億ポンドを軽く上回ったにもかかわらず、それを受けた企業名を公表することを財務省が拒んだ。

実際の取引業務を担当した政府系金融機関である英国ビジネス銀行の幹部たちは、支援金がどこに行き着くか公表すれば、借り手にとって気まずい状況が生じ、融資を辞退しかねない、と主張した[29]。

それでも、わずかに公表された内容からは、ダボスマンがいつもながらの腕前を発揮し、一般社会のふところの深さにつけ込んだ状況がうかがえた。

英国財務省は融資を実施するのに、100社以上の優良金融機関のネットワークを活用した。そのうちの1社、グリーンシル・キャピタルが、政府保証の下で3億5000万ポンド相当を融資した相手が、鉄鋼業の大物サンジーブ・グプタの支配下にある企業グループだった[30]。グプタはインド生まれで、ケンブリッジ大で教育を受け、プライベートジェットを有し、ウェールズに豪邸を持つ人物である。このおかげで、融資したほうもされたほうも当面は大惨事を回避できた。グリーンシルは過去に、グプタの企業帝国向けに約350億ポンドを貸し付けてきた。その資金を使ってグプタは米国や欧州諸国、オーストラリアで、製鉄所やアルミ製造会社を買収した[31]。合計で約3万5000人を雇用し、年間の収益は200億ドルに達していた。

世界規模で経済が麻痺状態に陥ったことで、グプタの債務支払い能力が危ぶまれた。彼の企業グループが倒産すれば、その影響は計り知れず、貸し手も巻き込まれて倒産しかねなかった。

後に公開された情報で明らかになったように、グリーンシルは融資の際、グプタ・グループが債務償還期限を守っておらず倒産の深刻な危機にあることをすでに認識していた[32]。本来ならその状況では、グプタは公的資金による救済策を受ける資格はないはずだった。

だが、そんな通常の考査条件を吹き飛ばしてしまった事情が2つあった。グプタ・グループの傘下には、英国で４０００人以上を雇用する製鉄所があり、同社が倒産すれば大災難が予測された。さらに、貸し手であるグリーンシルが、元首相のデービッド・キャメロンを雇っていた。年間報酬はボーナス込みで１２０万ポンド以上、さらに株式によって２０１９年には３００万ポンド以上が支払われた[33]。

年が明けた２０２1年3月、英政府当局は政府保証による融資プログラムから、グリーンシルを資格停止で除外し[34]、同社がグプタ・グループに対して十分な担保を要求しなかったという規則違反の疑いで調査を始めた。投資家がグリーンシルへの出資を引き上げ始め、同社は倒産の瀬戸際に立った。グプタはドバイに引きこもり、新たな融資先を探すこととなった。

イングランド銀行は企業の救済策として、債券を買い上げる対象となる企業リストを公表した。２０２０年秋には総額１９０億ポンドに及んだ。格安航空会社のイージージェットは、４５００人を解雇する案を示しつつ、この中央銀行からの支援で6億ポンドを調達した[35]。それにもかかわらず、株主への配当として1億７４００万ポンドを確保した[36]。

英国最大の航空会社であるブリティッシュ・エアウェイズも、1万２０００人を解雇する構想を発表しながらも、3億ポンドの公的資金注入を受けた[37]。

景気が良いときには、納税せずに済むようあらゆる手立てを講じていた企業が、今は危機を口実に、いわば物乞いをしていた。フィアットを支配するアニエッリ家が所有する複合企業体ＣＮＨインダストリアルは、２０1７年からの3年間、１５００万ポンドを超える税の還付という恩恵にあずかった。同じ時期、元財務相のジョージ・オズボーンを雇って助言を受けてもいた。そしてパンデミックに突入すると、イングランド銀行から6億ポンドの与信枠を獲得した[38]。

ただし、英国政府による救済策で最も突出した支援対象は、人々が名前を聞いたこともない、マーリン・エンターテイメンツという企業だった。その傘下にある会社のほうが知られていて、例えば入場料がやたら高い遊園地チェーンを営むレゴランドや、キッチュな有名人の蠟《ろう》人形展示で有名なマダム・タッソーがあった。同社は130の遊戯施設と20軒のホテルを25カ国で展開し、欧州最大の遊戯施設運営企業と称してきた。パンデミックの中では、儲かる商売ではない。

2020年4月初め、同社は社債の保有者向けの声明を出し、コスト削減策を実施し、公的救済も要求しているので安心してほしいと伝えた。「さまざまな政府の施策で恩恵を受ける見込みです」と記していた。[39] だが同月末、マーリンは年次の業務報告を出し、ロックダウンやソーシャルディスタンスが励行されることで「我々の業務に対して過去に例のない障害」となっていると警告を出した。パンデミックの結果、「我々の遊戯施設すべてが、実質的に休業に追い込まれている」とした。[40]

マーリンは世界中の従業員のうち80パーセントを自宅待機とした。さらに、「自主的給与減額」を実施していると発表した。だが、無私の精神に富んでいるということにされた従業員たちに、ほかに収入源のあてがあるとは思えなかった。こうした措置で会社は出費を45パーセント削ったが、それでも債務の支払いだけで毎月1200万ポンドが必要だった。[41]

債務がそれだけあったのは、前年に完了した合併吸収劇の影響だった。この合併を取り仕切ったのはカナダ政府の年金基金と、レゴを生み出した億万長者の創業家、そして何を隠そうスティーブ・シュワルツマンの会社という、資金力を誇る三者連合だった。彼らは総額60億ポンドを費やして、マーリンを支配下に収めた。その後は典型的なプライベートエクイティ業界のやり方に沿って、新たに手に入れた資産を担保に、無制限に借り入れることで、事業拡大の資金に充てていた。

この戦略が、ぼろぼろになるまでに破綻した。三者連合は、従業員への給与支払いのために補助金として月1000万ポンドと、それに加えて月200万ポンドを、コロナ禍で影響を受けた企業向けの政府支援策で要求した。

ブラックストーン社は私の取材に対し、マーリンは一時帰休プログラムを活用するとともに、休業中の施設について税の減免を獲得した、と説明した。

「マーリンの従業員が、単に同社が私企業に所有されているからという理由で、事実上あらゆる労働者を対象とする給与補塡プログラムから、恣意的に排除されるべきではない、と我々は考えます」とブラックストーンの声明は記している。

だが、マーリンが納税者の善意にすがったのと同じ時期に、シュワルツマンは自分の会社の財力の豊かさを自慢していた。

彼は株式アナリストたちに向けて「我々はこの危機に際して、非常な強みを発揮できる立場にあった」と話していた。[42]

ブラックストーンは現金で1億5000万ドルの手持ち資金を保有し、業績が悪化した企業を割安で買い叩く機会を「積極的に探して」いた。[43] シュワルツマンの会社は2020年の第1四半期に、7億ドル以上を、株主への配当と自社株買いに費やした。

翌年には、ブラックストーンはその蓄えの一部を使って、別の英国企業で、家族向けリゾートを複数運営するボーン・レジャー社株の過半数を購入した。

英国政府によるマーリン救済は、破綻の懸念がある企業への支援禁止条項を持つ法律に違反していた。ブレグジットが完了するまでの移行期のため、まだ効力が残っていたEU法が適用されていたのだ。債務の多さからみて、マーリン社は破綻リスクがある企業に明らかに入っていた。

だが、マーリン社と財務省、さらに主要な業界団体である英国産業連盟が足並みをそろえて、支援禁止を解除するよう議会に働きかけた。その結果、政府は同社に救援資金を拠出できた。

ブレグジットは大衆向けには、主導権を取り戻す手段として売り込まれていた。欧州による束縛から英国が解放されて、自国の主権をふるって行使したのは、納税者の金をダボスマンに渡す権利でしかなかった。

キアラ・レポラは、「国境なき医師団」に復帰してドバイに戻ってから何カ月も経っても、いまだに自分の母国、ヨーロッパの一員で世界一流の医療施設も備えたイタリアが、公衆衛生上の危機に際して、なぜあれほど完膚なきまでに国民を守ることができなかったのか、理解できずにいた。

パンデミックはまさに、人類がそもそも政府というものを作り出す動機となったたぐいの事件であり、個人の能力ではとうてい封じ込めることができない脅威である。危機に対抗するために求められるのが、資源の備蓄や、集団としての対応計画、そして専門家の監督下での効率的な行政執行だ。だが現実には、レポラが愕然としながら見守る中、イタリアは、彼女や同僚がいつも世界の最貧国や紛争地帯で目にするような苦闘を強いられた。

「あれは間違いなく、衝撃的な状況だった」とレポラは私に語った。「自分たちの国で、それも、私が駆け出しの頃に修業した病院と比べても遜色ないような一流医療機関で、世界のあちこちで見てきたような困難を目にするなんて、考えもしなかった」

しかし、重要な違いが一つある。イエメンや南スーダンといった場所では、そもそも医療資源が不足しており、人々は海外からの援助組織に頼っている。イタリアでは（ヨーロッパ全体としても）医療のノウハウも施設も水準は高く、量的にみてもたっぷりと確保されてきた。ところが、医療はもはや、公衆衛生の維持を主眼にして運営されなくなってしまった。それに加えて、別の目的が重みを増し、医療の邪魔をしてくるようになった。それが、株主の利益増大である。

ヨーロッパ中でコロナ禍がはびこった端的な要因は、ダボスマンへの税制優遇策に代わる財源を捻出するために、医療サービスが削られたことだった。だが、社会構造も背景では大きく作用した。ダボスマンの利益が、政策論議の中心課題に据えられるようになると、ほかの事象は二の次になった。最良の訓練を受けた医師たちや、最良の機器を備えた施設、最先端の医薬品へのアクセスを取りそろえても、公衆衛生上の危機に対する効果的な対応は保証されないのだ。

「あれほどまで総合的な対応ができなかった状況は、残念ですけれど、州全体で起きていることの反映だとわかりました」とレポラは私に告げた。「パンデミックが、そうした弱点をすべてさらけ出したのです」

第14章

ダボスマンがワクチンを配ったら「今は利潤を追求すべきときか？」

2020年3月、現職の合衆国大統領にとっては、うまくいかないことばかり続いていた。11月の大統領選がだんだん近づいてきているのに、コロナウイルスは国中ではびこっていた。パンデミックを制御できなかったドナルド・トランプは、魔法のような薬やワクチンが開発されて事態を救うだろう、と約束していた。

「すばらしい解決策に、まもなくたどり着く」と、ノースカロライナ州での選挙集会で彼は言い切った。「アメリカは対応への評価で、今、世界ダントツ1位だ」

事実無根といえる主張だった。パンデミックの脅威をフェイクニュースとして切って捨てたことで、トランプは事実上、米国の公衆衛生インフラの機能を妨害し、結果として米国は、対応をどう評価するにせよ、極めて低い位置につけていた。その時点ではまだ、国内の新型コロナウイルス感染症例の報告は1日二十数件だったが、同月末には1日2万人に達した。復活劇を演出しようとしたトランプは、ホワイトハウスの会議室に、世界でも指折りの製薬会社トップたちを招集した。

会議出席者の中にはファイザーやモデルナをはじめ、ワクチンを開発中の数社の代表もいた。トランプが特に目をかけたのが、テーブルの正反対に着席していた男、ダニエル・オデイだ。彼はギリアド・サイエンシズというバイオ企業の経営者で、ダボスマンの仲間入りをうかがっていた。

ワクチンの製造には長い月日、おそらく年単位が必要とされる。ギリアドが開発していたのはもっと即効性が期待できる、レムデシビルという治療薬だ。オデイはその席で、この薬は、10年以上前に別型のコロナウイルス予防のために開発された、既存の抗ウイルス剤であると説明した。

「それが今度は、新型コロナに対しても効果を上げるのではないかと期待しています」と、オデイはトランプに告げた。「試験管レベルのテストでは高い効果を上げることがわかっています」

トランプが興奮した様子で割って入った。まるで再選を可能にする魔法の薬があると耳にしたかのようだった。

「すると、もうコロナウイルスに使ったことがある薬があって、今必要なのは、このタイプに合うかどうか確かめることなんだな」と彼は言った。「明日にもわかるんじゃないか、そうだろう？」

オデイは怖《お》じ気《け》づいた様子をみせながら、翌日というのは不可能だと伝えた。

「一番重要なのは臨床試験の実施です」と言って、現在進行中の治験について詳細を説明し始めた。

トランプは上の空でうなずいていた。人体への安全性検証手続きを大勢の科学者が済ませてからでないと、万能薬が手に入らないという事情などには、一片の興味も抱いていないのが明白だった。

「それでその結果は？」。トランプは訪ねた。「効き目があるのか、いつわかるんだ。いいか、今もうある薬なんだぞ」

翌月には暫定的な結果がわかるだろう、とオデイは答えた。ギリアドはすでにこの薬の製造準備に入っていた。「できる限りのスピードでやっています」とオデイは述べた。

「やってくれ、ダニエル」とトランプは頼んだ。[1]「がっかりさせないでくれよな、ダニエル。わかっているだろう？」

オデイは言葉どおりに実行はした。ただし、治験でわかったのは、この薬は新型コロナウイルスによる死亡例を減らす効果はほとんどない、ということだった。ほかのワクチンの導入も、トランプには再選の効果はもたらさなかった。一方この薬で、ギリアド社の収益は劇的に向上した。２０２１年初めには、トランプはすでに政権を去っていたが、レムデシビルは同年中に30億ドルの売上高を記録するものと予測されていた。

製薬業界は、ダボスマンの聖域の中でも特に儲けの大きい分野だ。うまい汁を吸える餌食がごろごろしていて、多くは市井の人々の犠牲の上に成り立っていた。納税者の金で支えられた研究活動の果実を製薬会社が手に入れて、市場で売る新薬を作った。その製品価格は、株主への利益還元を最大にするように設定されるので、ほとんどの人にとっては手の届く範囲を超えてしまう。

パンデミックで、賭け金がさらにつり上がった。製薬会社を経営するダボスマンたちにしてみれば、株主の利益を社会の需要より優先させる動機がいっそう増していた。

世界規模でのコロナウイルス感染爆発が、何十年もかけて拡大してきた格差の負の影響をさらけ出した。富をダボスマンが独占する状態への反発から、まさに国際協力が死活問題として求められるときに、トランプのような攻撃姿勢のナショナリストたちが権力の座に就いてしまった。

各国とも医薬品や防護具を確保しようと奔走したが、深刻なサプライチェーンの寸断という事態に直面した。これはある一面、トランプによる貿易戦争の結果だった。欧州諸国でもインドでも、各国政府が必需物資の輸出禁止へと動いたため、誰でも手に入る状態ではなくなったのだ。

そうした競争の構図のつけとして、２０２１年に入ってワクチンが利用可能になっても、そこにアクセスできる者たちと、そうでない者たちの間で、決定的な不公平が新たに生じてしまった。

ダボスマンの率いる企業が何社も、世界トップクラスの研究開発能力を駆使して、多くの専門家が予想した時期より圧倒的に早く、効き目のあるワクチンを製造した。だが、こうした命綱といえる製品の価格は、世界のほとんどの人々が恩恵を受けられないような水準の高値に設定された。

ナショナリズムをむき出しにして、米国や英国、その他の先進経済諸国が、自国の国民に必要な量をはるかに上回る回数分のワクチンを事前に発注した。貧しい国々は基本的に締め出され、ワクチンではなく記者発表文ばかり配っているような組織の支援頼みになっていた。

南アジアやアフリカ、ラテンアメリカで、何十億という人々が、この後も何年間もワクチン接種を受けられないと見込まれていた。

そんな中でも、確実なことが一つだけあった。ダボスマンがまた金を手に入れる、ということだ。

薬にはよくあることだが、レムデシビルは当初の開発段階では、期待どおりの効果はもたらさなかった。ギリアド社は6年前、エボラウイルス治療薬としてその治験を始めた。結果は失敗に終わり、製品化はされなかった。そんな中でコロナ禍が起き、突如として、ウイルスに対抗する可能性がある手段は、何であれ試す価値があるということになった。

ギリアドは、中国当局に対し、コロナウイルス感染症の臨床実験のためにレムデシビルを提供した。世界保健機関《WHO》の委員会が、レムデシビルは治療薬の候補の中で「最も有望」との結論を出した[2]。米国でも治験は始まっていた。

ホワイトハウスでの会議に出席した4日後、オデイは議会に赴き、主要な業界団体である米国研究製薬工業協会（略称「ファーマ」のほうが通りがいい）が集めた経営者たちの一員として証言した。審議後の記者会見で、彼はレムデシビルの可能性を売り込みながら、ギリアド社が「この薬を開発するために何十億ドルも費やしてきました」と強調した[3]。

だが、彼がその説明から省いてしまった重要な出資者が実際には存在していた。それは米国の納税者だ。開発の基礎となった研究プロジェクトは、疾病予防管理センター《CDC》や陸軍、そして国立衛生研究所がそろって出資したものだった[4]。

同じ月のうちに、ギリアド社にはこれも納税者から、別のプレゼントが与えられた。同社は食品《F》

医薬品局《DA》から、難病特例助成と呼ばれる指定を受けることに成功したのだ。この指定には多くの利点があり、7年間は独占販売を認められるのでジェネリック製品との競争を心配せずに済む上、研究開発コストに対して税の還付が受けられ、さらに承認プロセスも加速される。

この指定制度は1980年代初め、極めて少数の人しか罹患《りかん》しないため、何らかの奨励策がなければ放置されるようなタイプの疾患に関する研究を促進する目的で、議会が創設した。指定を受けられる病気は、20万人以下の患者しか発症しないものに限られていた。ギリアド社が申請した段階では、新型コロナウイルスの米国内での感染者数は約5万人だったので、形式的には条件を満たしていた。だが、それではまるで、真冬の最低気温を記録した日に、海岸は行楽地としては人気がないと主張するようなものだった。コロナ禍が市場原理の下で見過ごされる可能性など皆無だった。2020年秋の段階になると、米国内だけで800万人以上の感染が報告されていた。

「これは、難病の治療法についての治療開発を奨励するために作られた制度を、恥知らずに悪用する行為です」。パブリック・シチズンをはじめとする51の消費者団体がオデイ宛てに送った書簡は、そう非難していた(5)。「新型コロナウイルス感染症が難病だというのは、大衆の苦しみをあざけると同時に、法の抜け穴を突いて、恐るべきパンデミックで利益を上げようとする行為だといえます」

納税者のお金は以前からレムデシビルに注がれていた。「連邦政府の研究機関を通じた助成金など、無数の支援案件で、少なくとも6000万ドルが費やされてきた」とパブリック・シチズンは指摘する(6)。さらに枠を広げた調査の結果によると、レムデシビルに関係のある連邦政府の研究プロジェクトのコストは総計65億ドルに相当するという(7)。

これもダボスマンの常套《じょうとう》手段だった。大ヒットする医薬品を作り出すために、納税者はいつも、黙ってお金を出し、成長を見守ってやるという究極の投資家としての役割を果たしてきた(8)。2010年から2019年までの間に、FDAは356種類の新薬を承認した。そのすべてが公的な研究資金を得ていて、その中には国立衛生研究所からの助成金2300億ドルも含まれていた。

表面上だけみると、これは前向きな出来事にみえる。米国政府は、肩を並べる者がないほどの研究能力を持っている。社会全体としてみれば、その知見を用いて、命を救うための医薬品を製造させたということになるかもしれない。しかし、オデイやギリアド社の前任CEOたちのような関係者が、その利益をひとり占めしていた。

2010年からの8年間で、最大手の製薬企業35社が計上した売り上げは総計12兆ドル近くに達し、収益は2兆ドル近かった。(9) こうした業績を達成できた理由の一つは、薬価を普通の人の手が届かない高額に設定したからだった。例えば過去10年間で、インシュリンの値段は4倍近くになったし、多発性硬化症の治療薬は5倍以上に跳ね上がった。(10) アメリカ人の4人に1人は、市販薬ではなく処方される薬は、高額で手が出せないと感じていると答えている。(11)

製薬会社の幹部らは、不当に高値を請求しているとの非難を受けると決まって、高額の収益がなければ、命を救える医薬品の開発はできないという議論を持ち出し、自己弁護する。

「勇気を持って踏み出し、イノベーションに向けてリスクを負う者たちに対しては、何らかの報酬があってしかるべきだ」。ギリアド社の渉外・医事担当副社長だったグレッグ・H・アルトンはそう言い切った。(12)「そうしなければ、あれだけ巨額の投資をしようとは誰も思わないだろう」

しかし、製薬会社が自分たちの利得の中からどれだけの割合で、社会全体に有益な事業へカネを振り向けてきたかをみれば、ずいぶん誇張した発言なのがよくわかる。

2006年から2015年にかけて、米国の製薬企業のうち大手18社は、収益の99パーセントを、配当や自社株買いの形で株主に手渡した。(13) 全体でみると、株主に対して気前よく払った額は5160億ドルで、研究開発に費やした4650億ドルを上回る。

製薬会社は手持ち資金の相当部分を、マーケティング活動にも注ぎ込んでいる。また、業界団体にも分担金を支払ってきた。例えばその代表格であるファーマは２０１９年だけで、過去最高の２９００万ドルを議会に対するロビー工作に費やして、[14] 処方薬の価格を統制しようとする動きを封じ込めた。

ギリアド社は驚くべき規模で富を生み出す源泉といえた。かつて同社のＣＥＯだったジョン・Ｃ・マーティンは20年間で10億ドル以上の報酬を受けた。[15] 利得の大半は、株式を通じてだった。

こんな報酬のあり方でわかるのは、ギリアドは研究室というより投資銀行に近い手法で成功してきたということだ。２０１１年にギリアドは、アトランタを本拠地とするバイオベンチャー企業ファーマセットを１１０億ドル以上で買収した。この会社はＣ型肝炎の有望な治療薬を開発中だった。2年後、ギリアドはその成果となる薬にソバルディという商品名をつけ、ＦＤＡの承認を獲得した。まもなく、12週間の服用分を8万４０００ドルで売り出した。1錠が約１０００ドルである。

ソバルディは市場に出ると、翌２０１４年までの1年間で、１００億３０００万ドルを売り上げた。あまりに高額なので、低所得者向け医療費補助制度メディケイドの下で大半の負担をになう各州政府は、極めて重篤な患者にしか、この薬の処方箋を出さなかった。[16] メディケイドの適用を受けるＣ型肝炎の患者は約70万人いるが、ソバルディを使えたのは3パーセントにも満たなかった。[17]

その翌年、ギリアドが１４０億ドル近くの売り上げを記録したのが、別のＣ型肝炎治療薬、ハーボニーだ。この薬は、12週間の服用分で9万４５００ドルした。

稼ぎ頭となるこれら2種の薬のおかげで、ギリアドは２０１４年からの2年間で２６０億ドル以上を費やして自社株買いに走ることができた。同じ時期に、本当に薬を必要とする患者たちは、同社の製品が高額すぎて手を出せずにいた。ギリアドは税制の抜け穴を利用して、儲けを海外へ移転し、１００億ドル近い収益への課税を巧妙に防いだ。[18]

２０１７年1月、当時のギリアドのＣＥＯ、ジョン・ミリガンが世界経済フォーラム年次総会に出席するためスイスへ飛んだ。彼はそこで、「保健医療産業への信頼再構築」と題したパネルディスカッションに参加した。

討論のモデレーターは、経済ニュースチャンネルCNBCでアンカーを務めるサラ・アイゼンだった。彼女は、製薬会社の経営者たちが公益を損なってまで私利を稼いだ最近の例を次々に挙げた。例えば、「製薬野郎《ファーマ・ブロ》」と呼ばれたマーティン・シュクレリだ。もともとはヘッジファンドを運営するマネージャーだったが、生命に関わるような寄生虫感染症の治療薬の販売権を手にした。1錠で13ドル50セントしていた値段を、彼が750ドルまでつり上げたため、患者たちは、最大で年間数十万ドル単位の出費を強いられることになった。ほかにも、セラノスという名の会社が、革命的な血液検査技術を開発したと吹聴していたが、実際には詐欺だったこともあった。

こうした話を聞くと、「医療に関しては、ほとんどの人は信頼性に疑問符がつくと感じざるを得ません」。アイゼンは、討論の前置きとして、そう指摘した。その上で、登壇した「すばらしい経歴のパネリストの皆さん」に対し、どうやって信頼を回復するか「前向きな思考法」を示してほしい、と促した。ダボス会議で主流を占める、仮面劇のしきたりどおりの進め方だった。そこでは参加者全員が、憂慮する一人の市民として振る舞うことが許される。患者をカモにして利益を得ている者たちに対して、批判的な質問を投げかけることはない。このパネルに出てきた製薬会社の経営者らに対しても、アイゼンは、「世界の現状を改善する」というダボス会議のうたい文句へ賛同する立場からのアドバイスを求めるだけだった。

その年の報酬総額が1500万ドルを超えていたミリガンに対して、ギリアド社の肝炎治療薬の薬価設定が議論の的になっている、という指摘が出た。彼は問題があることは認めたが、それは伝え方の問題であるとし、搾取的なビジネスモデルがもたらした結果だとは認めなかった。

「この問題に我々はうまく対処できなかった」とミリガンは言った。「ちゃんと伝えられなかった」

これも典型的なダボスマンの逃げ道である。コミュニケーション上の問題や誤解があったとだけ告白して、人々の苦しみに対して自分たちが果たせる役割は最小のものだというのだ。そこにあるのは、あらゆる問題の解決策が、コミュニケーションによってもたらされるという考え方だ。彼らがまさに今参加しているフォーラムの活動価値を、暗黙のうちに支持する姿勢でもあった。率直に話しているというポーズを取り、自分の落ち度を認めて白旗を掲げてもみせた。ただしその過ちは、言葉の使い方を誤ったという、ささいな罪にすぎない。適切な価格の薬品を手に入れられずに患者たちが亡くなっているという、ずっと深刻な問題からは、焦点をそらそうとするのである。

　ミリガンは、ギリアド社は過剰に複雑なシステムの犠牲になったと説明した。そのシステムの中では保険会社や医療機関が大きな顔をしていて、それぞれに有利な結果を得ようと動く上、そうした勢力は自らの有利な地位を失わないようにするため、取引条件を明かす気もないのだ、という。

「透明性の欠如という問題がある」とミリガンは主張した。「ご都合主義者《オポチュニスト》が至るところにいる」

　これではまるで、汚らしいカジノのオーナーが、ギャンブル場に酔っ払いがいることを嘆くようなものだ。シュワルツマンが、救急外来に来る患者が保険の適用範囲を細かく覚えていないのを利用したように、ミリガンの会社は、製薬業界につきまとう混乱を悪用した。ギリアド社は透明性の欠如を嘆くことができる立場にはない。まさにその欠陥自体を利用して何十億ドルも稼いだのだ。

　ギリアドは同様の恥知らずなやり口で、エイズ感染症からも利益を上げた。ＣＤＣが開発した、ウイルス伝播を防ぐ技術を悪用したのだ。米政府が２０１５年に特許を取った技術だったが、ギリアドはそれを使ってツルバダという薬を作り、1年間の服用分に2万ドルの薬価をつけ、２０１８年には30億ドル以上の売り上げを出した。ところが、ギリアドは政府に特許使用料は一銭たりとも払わず、特許は無効だと主張した。[19] 政府は結局、使用料を取り立てるためにギリアドを提訴した。

　こうした汚点の大半はオデイがＣＥＯに就任した２０１８年12月以前のことだったが、彼はその直後から、自分の会社に関する好ましくない評判に応えなければならなかった。

2019年5月、下院の監視・政府改革委員会での公聴会で、議員たちはツルバダの法外な価格についてオデイをつるし上げた。その際、オデイは業界がひな形にしている模範解答どおりの主張をした。薬価が安くなるか、人命を救える新薬か。実現できるのはそのいずれかで、いいとこ取りはできない、というのだ。

「もし10年前、我が社が薬の値段を下げていたら、我々が今日こうして、HIVエイズについての見方を変えた革新的成果を目にすることもなかったでしょう」とオデイは語った。[20]

しかし、世界中にパンデミックが広がった中では、既得権にあぐらをかき続ける姿勢は、とりわけ危ういものとして映るようになっていた。ギリアドがレムデシビルの難病治療薬指定を取ったことへの批判は非常に強く、同社はそれを返上した。オデイはまもなく、同社がレムデシビルの備蓄150万回分を医療機関に無償で寄付すると発表した。

ただし、そうした気前の良い姿勢も限定的なものだった。ギリアドはこの薬の生産能力を拡大し、2020年末までに100万人の患者に投薬できるだけの分を製造しようとしていたが、その段階では有償にする方針だった。

国立衛生研究所がまもなく、レムデシビルの治験結果を発表した。この薬は、重症患者の入院治療期間を短縮できたが、死亡を防ぐ効果はほとんど認められなかった。[21]トランプは公の場でFDAに対し、余計な干渉をやめてレムデシビルが市場に出回るようにしろ、と圧力をかけた。かつてテレビのリアリティーショーの花形スターだった大統領は、新型コロナ感染症の治療薬完成というニュースが、支持率上昇につながるコンテンツだと理解していた。

「可能な限り早くやってもらいたい」。トランプは記者団を前にそう語った。[22]

その2日後、FDAはレムデシビルを緊急承認した。オデイはトランプとともにホワイトハウスでの記者会見に臨んだ。

「我々は大きな責任を感じています」とオディは語った。[23]「大統領閣下と、この政権と協力しながら、重要なこの新薬を必要とする患者のもとに確実に届けると、誠意をもってお約束します」

かつてなら、米国政府は、そうした薬品を誰でも服用できるように保証する立場だった。1989年に国立衛生研究所は、政府による研究結果をもとに製造された薬に対して「手の届く範囲」の価格設定を要求する、と表明した。[24]だが、製薬業界はこのルールを葬り去るために熱心にロビー工作を行い、超高額の薬価こそがイノベーションの前提条件だという議論を展開した。ダボスマンに金を払うか、人が亡くなるかの二者択一である。

1995年、企業の利益を確保することに長けていた大統領ビル・クリントンの下で、しかも製薬業界が政治献金を野放図に出し続けている状況の中で、国立衛生研究所はその要求を取り下げた。[25]「手の届く範囲」の薬価設定義務から製薬会社を解放したことで、米国政府は、ダボスマンの思想が勝利したと認定したようなものだった。しかし、国立衛生研究所は記者発表文に「この条件を撤廃することで、アメリカ人の健康を促進するような研究に拍車がかかるだろう」とだけ記した。[26]

その5年後、一部の連邦議員が、「手の届く範囲」の薬価設定義務を復活させるために、ずっと幅広い事象を扱う法案の中に、修正条項案としてもぐり込ませた。だが、上院で、共和党議員が反対し、民主党からも8人が反対に回ったため、この修正案は否決された。反対した民主党上院議員の中には、デラウェア州選出のジョー・バイデンもいた。[27]

それから20年が経過した2020年6月29日、ダニエル・オデイはギリアド社によるレムデシビルの薬価設定方針を書簡で明らかにした。

この薬の投与で、患者の入院期間が平均で4日間短縮されるとみられる、とオデイは記した。それは患者1人あたりでみれば1万2000ドル分の利得につながるので、ギリアド社としては1万2000ドルを請求することも正当化されうる、と主張した。しかし同社は「可能な限り多数の患者を助けるという目的のために」、私欲を捨てて値段を下げたのだ、という。[28] 先進諸国の政府には、5日間の服用分で２３４０ドルを請求し、民間の医療保険会社には３１２０ドルを支払わせる、という方針だった。

この理屈を当てはめれば、歯の根管治療をせずに済むからという理由で、歯ブラシに１０００ドルの値をつけることだって可能になってしまう。ギリアドはレムデシビル1回の投与分に10ドルという値段をつけても、なお利益を出すことができると、あるアナリストは指摘した。[29] しかしそれでは、レムデシビルから上がる報償金が、内実として大切なステークホルダーである、ダニエル・オデイとその仲間の株主たちのふところには入ってこなくなってしまうのだ。

トランプ政権は、米国政府はギリアド社が供給するレムデシビルのほぼ全量を、同社の言い値で買い上げて、各病院に配布すると発表した。

全米30州の州政府を代表する司法長官たちが超党派で連合を組み、トランプ政権に対し、いわゆる政府の介入権を発動するよう促した。[30] この仕組みを使えば、ほかの製薬企業がレムデシビルのジェネリック版を製造できるようになるので、供給量は増え、薬価が下がるはずだった。

ギリアド社はこれに対し、自社の博愛精神にそのような形で疑問が投げかけられる状況は「非常に嘆かわしい」と反応した。同社はトランプ政権に対し、「ギリアド及びほかの企業が、治療法やワクチン開発に向け、強く求められている投資を続けられるような環境整備」を保障するよう求めた。

トランプが政権を握っている限り、ギリアドには何も心配することはないようだった。

大統領選挙を翌月に控えた２０２０年10月、トランプが新型コロナウイルスに感染、発症し、この薬を投薬された。『トランプ・ショー』という番組の最終シーズンで、薬を本編映像の中に登場させて広告効果を上げようとするようなものだった。

国境を超えて急速に拡大するコロナウイルスによって、国際協力が必要とされていた。だが、数十年に及ぶダボスマンの略奪行為によって、不信と機能不全の種がまかれた結果、国際協調は国益を損なう脅威だと見なす、偏狭な部族主義者たちが権勢を強めてしまった。

パンデミックの第1波が世界中に広まる中、各国政府は、必要になるかもしれない物資は、何でもほとんど輸出禁止措置を取った。例えば手術用マスクやガウン、薬品の原材料、人工呼吸器の部品などだ。2020年4月には、70近くの国々がそうした輸出禁止措置を取っており、その中にはEU加盟国も含まれていた[31]。原材料や部品が世界規模のサプライチェーンによって相互に融通されることを踏まえると、こうして壁を作れば、誰も物資を調達できなくなる可能性があった。

サプライチェーンの中で特に死活的な役割を担う国が2つある。インドは、抗生物質から鎮痛剤まで、ジェネリック医薬品の世界最大の製造国だ[32]。そのインドに対し、薬品の原材料70パーセント近くを供給しているのが中国だった。両国とも、指導者たちには、大衆の支持を集めるためにナショナリズムをかき立てる性癖があった。しかも2020年夏、中印国境での衝突が流血の事態に発展していたため、両国間の貿易は激減していた。

インドのナレンドラ・モディ首相はヒンドゥー至上主義者であり、少数派イスラム教徒の国民を敵視してきた。世界の投資家向けには、出身地のグジャラート州で奇跡的な経済成長を生み出した立役者として自分を売り込んだが、2002年に同州で起きたイスラム教徒の大虐殺を扇動した疑いを持たれていることには触れようとしなかった。

10億人以上の人口を抱えるインド市場に参入しようと考えるダボスマンたちが、モディにお追従を言う者たちの列に加わった。

「ダボスでモディ首相と一緒になれて嬉しい」。ベニオフはツイッターで2018年2月、100万人のフォロワーに向けてそうつぶやき、笑みを浮かべてインド首相と握手する自分の写真を載せた。「インド経済の変革ぶりは実に印象的だ。首相はビジネスに対して寛容だ」

クラウス・シュワブも、何事についても後手に回るのを嫌う性格を発揮して、自分のブログ記事で、モディの指導の下でインドが「国内に広がる多様性の中で、強固なシステムを通じて巧みに均衡をはかり、単一のアイデンティティを創出している」と称えてみせた[33]。直前には、モディの党に属する政治家が、ヒンドゥー教の英雄を汚したとされるムンバイ映画界の人気スター兼監督をめぐって、その首をはねた者に150万ドルの賞金を出すと発言したことが報じられたばかりだった[34]。

現実にはモディにはまともな業績などなく、不器用で無能な指導者として経済成長を鈍化させたのに、政府が統計を操作して失業の実態を覆い隠してきただけである。

コロナ禍はモディにとって、期待外れの経済成長から目をそらし、タフなナショナリストとしての姿を前面に打ち出す新たな機会だった。彼が輸出を制限させた二十数品目の医薬品や原材料の中には、抗マラリア剤で、当初は新型コロナ感染症の治療薬として有望視されたヒドロキシクロロキンもあった。

中国の最高指導者、習近平はこの公衆衛生上の危機を利用して、中国が超大国としての地位を取り戻したことを示そうとしていた。国内で自給自足できるだけでなく、世界中の国々に必要な医薬品やワクチンを供給できる、そんな大国としての姿である。

同じ頃、トランプ政権はコロナ禍を、米国企業の工場を中国から撤退させて中国の成長を鈍らせる好機として捉えていた。

米国で医薬品製造に用いられる原材料の供給源は、ほぼ4分の3が海外にあり、中国が全体の13パーセントを占める[35]。世界中で製造されるマスクの半分以上が、中国で作られている。さらに、コロナの入院治療でも使われる、さまざまなジェネリック医薬品の原材料となる化学物質は、9割が中国からもたらされる[36]。

トランプは通商担当補佐官であるピーター・ナバロに、米国の製造業者を動員してマスクや人工呼吸器、その他の必需品を作らせるよう命じた。2020年3月、ナバロは、連邦政府の各省庁に対して、医薬品や防護具を米国企業から調達するよう命ずる大統領令の草案作りを始めた。

ナバロの説明では、この大統領令は特定の国家を標的にするものではないことになっていたが、明らかに茶番だった。ナバロはそれまで、中国が新型コロナウイルスを作り出し、故意に世界にばらまいた、と非難していたのだ[37]。

米国が、医薬品や防護具に関して海外企業への依存度を減らすべきだという考え方は、ある程度は理屈にかなっている。だが、緊急事態のさなかに、需要を満たすことができる特定の国を敵に回してまで、とにかく依存度を下げろと押しつけるのは愚行といえた。

米国の製造業は大半がロックダウンで停止していた。欧州も同様の状態だった。ところがウイルスの被害を一番初めに経験した中国は、すでに日常に復帰しようとしていた。中国の工場は世界の需要に応えて製造する能力があった。

「米国がこうした製品を中国から買っているからといって、弱い立場にあるわけではない」と説明するのは、ワシントンにあるピーターソン国際経済研究所の貿易専門家、チャド・ボーンだ。「問題なのは、こうした製品を中国から買いながらも、あの国と貿易戦争を始めようと決めたことだ」

トランプですら、この現実を理解しているようだった。彼はナバロが準備した大統領令になかなか署名しようとしなかった[38]。8月にやっと署名したときには、内容が薄められて、海外からの調達を禁止するのではなく、国内企業からの調達を優先するよう指示するにとどまった[39]。

そのほぼ20年前、中国が別タイプのコロナウイルスであるSARSに襲われた際、米国のCDCからは職員が北京に派遣され、中国政府がその脅威を封じ込めるのを手助けした。その後も、中国と米国の関係当局は、アフリカでの感染症対策に関して互いの専門的知見を共有してきた。

だが、新型コロナウイルスの出現以前から、科学に関する国際協力は、地政学の見地に立った関係見直しの犠牲にされていた。パンデミック以前の2年間を通じて、トランプ政権は科学者を次々に北京から引き上げさせていた。

「どんな科学研究であっても中国を助けることになる、という全体的な空気を反映して、米国政府は真剣に、あらゆる分野に関して対中協力を減らそうとしている」と、ランド研究所の中国専門家で疫学者でもあるジェニファー・ファン・ブーイは語る。「この状況は世界的にみて、公衆衛生を非常に害するものだ」


厳しい暗黒の日々が続く中、ワクチンだけが一縷《いちる》の望みであり、日常生活を取り戻すカギだと思われていた。だが科学者たちは、そうした期待は失望に変わる懸念があると忠告していた。

医療研究の歴史において、ワクチンの有用性が確認され市場に出回るまでの最短記録は4年だった。新型コロナウイルスについては、誰もそこまで待っていられない。世界中で死者が出て、子供たちは学校に通えなくなり、生計を立てる手段が破壊され、飢餓すら広まる中で、ワクチンを可能な限り早期に製造しようとする並外れた努力が始まっていた。

2020年秋の段階では、世界各地で45種類の薬が人間による治験に入っており、動物実験の段階のものも90種類以上あった。

緊急性を帯びた取り組み自体は確かに適切だが、国家間で高まった競争意識を憂慮すべきだった。命を救うような発明の成果にアクセスできるかどうかが、金と権力次第となりかねないからだ。

トランプはパンデミック初期の数カ月間のうちに、有望なワクチン候補を開発していたドイツの企業を事実上支配下に収めようとする大胆な動きに出て、競争激化への懸念を裏付ける形になった。

その企業はキュアバックという名で、本社はドイツ南西部にあった。だが、ボストンにも支社があった。同社CEOのダニエル・メニケラは、ギリアドのCEOがレムデシビルを売り込んだのと同じホワイトハウスでの会合に出席していた。

「我々はとても早く、新型コロナウイルスのワクチンを開発可能だと考えています」とメニケラはトランプに言った。「しかも、我々にはそれを製造するノウハウがあります」

それから何日か後、トランプがキュアバック社に10億ドルを提示し、同社の研究機能とワクチン生産拠点を米国に移転できないかと働きかけたとの報道があった。[40] そこで得られる供給をアメリカ人向けに独占するための動きとみられた。

このニュースが明るみに出ると、同社はトランプからそのような要請を受けたことを否定した。ホワイトハウスは、政府はどんな研究の成果も常に国際社会と共有するつもりである、と主張した。しかし、ドイツ政府の当局者たちは、この問題は国家安全保障に関わると考えた。そこでドイツは、同社が国内に確実にとどまるように対抗策を築き上げた。[41] 最終的には、同社の開発したワクチンは中程度の効果しかないと判明したのだが。

キュアバック社の業績を独占しようとしたトランプの動きの背景には、二者択一を迫られているという各国の認識があった――ワクチンの生産開発に向けて業界を支配下に置くか、積極的に動く国々に生産結果を奪われて自国民を見殺しにするか、どちらかしかない、という認識だ。

ブレグジットを実現できた英国は、ワクチンの開発配布活動で協力しよう、というEUからの誘いを断った。[42] ボリス・ジョンソンの政権はオックスフォード大学が開発中の有望な候補が成果を生むものと期待していたが、同時にほかの有力なワクチンも大量に発注した。この動きは賢明だった。2021年の最初の数カ月間で、英国政府は国民に対して積極的にワクチン接種を進め、感染者数を劇的に減らした。同じ頃、EUは官僚組織が当初陥った混迷のせいで、出遅れていた。

トランプは保健福祉省内に密かに部局を設けて、各企業にワクチン開発を加速させる研究助成を出した。助成金には必須条件がつけられており、受給した会社は、開発に成功したどんなワクチンに関しても、米国政府に備蓄を供給する義務があった。10月には、連邦政府のさまざまな関係機関が総計10億ド

ル以上を配って、医薬品とワクチンの国内製造を急がせていた。(43)

尋常でない方法で開発を急がせたことで、かなり有望な候補が3つ出た。一つは、ドイツ企業ビオンテックと組んだファイザー。次にモデルナ、さらに、オックスフォード大学及びスイスと英国との合弁会社アストラゼネカ。それとは別に、ロシアと中国は、相対的に見れば効果は落ちるが、感染封じ込めには役立つワクチンをそれぞれ開発した。

人類がそこまで早期に、命を救えるワクチンを開発できたのは奇跡にほかならない。だが、その成果にアクセスできるか否かの分かれ目を、ダボスマンが支配していたという点は憂慮すべき事態だった。このせいで、パンデミックを経験した世界は間違いなく、これまで以上に不平等なものになりそうだった。

ワクチン開発は一般的に時間がかかる営みのため、供給不足が生じがちだ。注射器、薬剤用の密閉容器、生体触媒に用いるバイオリアクター、さらに必要な化学物質といった基礎的な物資の供給が限られるようになると、業界全体として、ワクチンを提供できるスピードへと影響する。コロナ禍での主要なワクチンであるファイザー製とモデルナ製の双方とも、特殊なノウハウを必要とする新技術を用いていた。

製薬会社にとって供給不足は恩恵だった。究極の売り手市場になるからだ。各国政府は必要な接種回数分を調達するのに必死で、値段がいくらであろうとも払おうとした。

アストラゼネカは、コロナ禍が続く限り利潤追求を控えると発表した。だが、ファイザーのビジネスモデルは変わっていなかった。CEOのアルバート・ブーラは2020年に報酬総額2100万ドルを得た。同社は市場が払える限り、薬価を高くする構えだった。

ブーラも、ビジネス・ラウンドテーブルが発表したステークホルダー資本主義に関する宣言に署名した経営者の一員だった。だが、彼の会社が株主に尽くそうとする態度は、社会的責任という概念には明らかにそぐわなかった。

２０２1年2月、ワクチンの導入が始まった頃、ファイザーは新型コロナワクチンで同年中に１５０億ドルの売り上げを見込んでいると発表した。[44] そのわずか3カ月後、各国政府がワクチンを確保するため必死になり、言い値を競り上げる騒ぎが起きる中で、ファイザーはその売り上げ予測を少なくとも２６０億ドルと上方修正した。[45] 同社の見込みでは、裕福な国々がブースター接種に必要な余剰分を備蓄するので、その後も増え続けそうだった。すでにカナダ政府との間で、２０２４年までの供給契約を締結していた。[46]

ブーラは巧妙に先進経済諸国の政府同士を競わせることで、価格をつり上げた。「これは絶え間ない交渉の結果です」と彼は主張した。[47]「どこの国も早く手に入れたがるのは当然です」

イスラエルではブーラは、複数の腐敗疑惑で捜査対象になり、信頼が地に落ちたベンヤミン・ネタニヤフ首相の焦りにつけ込んだ。[48] イスラエル政府がファイザーと結んだ契約は、米国政府が支払う価格よりも50パーセント以上高い価格、かつ膨大な量を買い上げるという、同社にとって有利な条件だった。[49] イスラエルは当初、世界のどの国よりも速いペースでワクチン接種を進めた――占領地のパレスチナ人たちに対しては、ほとんど受けさせなかった上での成績ではあるが。[50]

米国政府は、価格設定については公に明かさず、こっそりと契約を進め、必要量を上回るワクチンを調達した。EU諸国や英国も、やはり一連の不透明な取引を通じて、自国民に接種するために必要な量以上を確保した。[51] ペルシャ湾岸の産油国も、どこも相当量の備蓄を手に入れた。

２０２1年初めには、パンデミックで最悪の状況に世界中が陥ったものの、裕福な国々の国民にはワクチンが行き渡り始め、社会全体がいったん収束に向かう兆候を見出せるようになっていた。だが、貧しい国々は、政府が十分な量を確保するまでには、おそらく２０２４年まで待たなければいけない見込みだった。

インド政府は、分配の偏りを是正するとうたい、自国製のワクチンを手の届く価格で多くの国々に提供すると約束した。「インドは人類を救う用意がある」とモディ首相は2021年1月に宣言した。[52]だがその2カ月後、インドが世界でも最悪級の感染爆発に見舞われ、1日5万件以上の新規感染が記録されるようになると、モディはあらゆる輸出を禁止した。[53]そのせいで貧しい国々は、インド最大のワクチン製造業者であるセラム研究所から提供を受ける見込みだった、何億回分ものワクチンを失ってしまった。[54]ネパールはインドからの調達が不可能になったことを理由として、国内でのワクチン配布を中止した。[55]モロッコとブラジルも遅れを覚悟した。

インドからの輸出中止のせいで、ワクチンの公平な供給を実現しようとする国際的な枠組み、コバックスも、当初からつまずきをみせていたものの、状況はさらに悪化した。

コバックスを立ち上げたのは、2000年のダボス会議で結成されたワクチン接種のための国際組織「Gavi ワクチンアライアンス」と、WHOだった。コバックスは本来なら、全世界のワクチン情報交換センターとして機能し、各国の需要を公正な立場から調整し、最も肝要な社会層である高齢者や弱者、最前線で働く医療関係者が、どの国でも優先して接種を受けられるよう保証するはずだった。しかし、防ごうとしたはずの事態が、まさに目前で起きていた。米国や英国の若くて健康な人々が接種を完了できたのに、サハラ以南のアフリカや南アジアでは、医療従事者たちはワクチン接種で免疫を獲得することなく、治療にあたらなければならなかった。

コバックスには、はなからチャンスがなかった。ワシントン、ロンドンから東京に至るまで、各国政府は自国で直接調達する方向に走り、供給を受ける列には加わらなかった。一方で米国や欧州の製薬会社は、自分たちが開発した新しいワクチンを最も高値で買ってくれる相手に提供して利益を稼いだ。そのせいで、コバックスは当初想定されていたよりもはるかに規模が小さく、期待薄な枠組みになってしまった。それでも、一般の市場を通じて購入できない国々に対してワクチンを届けるという、基本的に慈善ベースとなる大切な役割があった。コバックスが達成不可能な配布目標を立て続けに発表したのにもかかわらず、援助する側の国々からの支援拠出表明は、目標をはるかに下回った。

「世界全体でみれば、ワクチン入手はコバックス頼みという国の国民のほうが多数派だ」と、英国キール大学の感染症専門家、マーク・エクルストン・ターナーは私に語った。「これは市場機能のひどい不全といえる。ワクチンが入手できるかどうかは需要ではなく、金を払う能力で決まってしまっている。それなのに、コバックスはこの状況を解決できていない」

２０２１年1月、ＷＨＯの事務局長、テドロス・ゲブレイエススは激しい口調で、豊かな国々がワクチンを独占していると非難した。

「率直に申し上げなければならない」。テドロス事務局長はＷＨＯ理事会への報告で、そう切り出した。[56]

「国際社会は、道徳的にみて壊滅的なまでの敗北の瀬戸際にある。しかもその敗北の犠牲になるのは、世界で最も貧しい国々の人命と生活なのだ」

テドロスの言葉は語調こそ強かったが、それでも問題のあり方をすべて率直に語っていたわけではなかった。問題は、単に裕福な国々がワクチンの供給を独占しているという次元を超えている。そうした取引がどうやって生じたかと、何よりその前提として、ダボスマンが代価を受け取るものだという暗黙の了解が存在していることのほうが問題だった。

ジュネーブのＷＨＯ本部から3キロほどの場所で、別の世界貿易機関《WTO》の会合が開かれていた。南アフリカとインドが主導する開発途上国が、ワクチンに関する知的財産権保護に基づく規制を特例解除して、ジェネリック版のワクチンを手の届く価格で製造する法的権限を与えよ、と要求していた。そうやって脅すことで、製薬会社側が、入手できない国々に対して妥当な価格で供給せざるを得なくなる状況を作り出そうとしていた。

「とにかく問われなければならないのは、〝今は利潤を追求すべきときか？〟ということだ」。南アフリカ政府代表部の参事官、ムスタケム・デガマは私に語った。[57]「各国政府は経済活動をシャットダウンし、社会的自由という権利に関しては制限しているのに、知的財産権だけは、手を出すことができない聖域にされてしまっている」[58]

ＷＴＯの意思決定は全会一致《コンセンサス》方式である。つまり、全加盟国が同意しなければ何も動かない。米国や英国、さらにＥＵが、南アなどの提案を何カ月間も拒絶し続けた。知的財産権を尊重して絶対に守ろうとする信条などからではなく、ダボスマンの権勢ゆえのことだった。ファイザーをはじめとする製薬大手が出した金によって支えられる、ファーマのような業界のロビー工作団体が、巧みに政治献金を使って、自分たちにとって望ましい方向へ議論を導いていた。

製薬業界側が、知的財産権保護を解除せよという開発途上国の要求に対抗して持ち出したのは、効き目が常にあるとわかっているダボスマン一流の論法だった。途方もない利益が出せなければ、命を救うためのイノベーションなどありえない、という例の理屈である。

「活力のある民間セクターが存在するからこそ、早くもワクチンが開発できたのだ」と、ファイザーのブーラＣＥＯは２０２１年初頭に語った。彼の説明からは、重要な要素が抜け落ちていた。研究開発の資金は、公的助成に頼っていたのである。それなのに「民間セクターが活力を保てるかどうかは、知的財産権が保護されるかにかかっている」という。

その理屈がいかに空疎なものか、知的財産権をめぐる過去の論議に注目すればわかる。１９９０年代の、エイズ治療のための抗レトロウイルス治療薬の使用権をめぐる対立だ。90年代半ば、米国の規制当局が承認した治療法のおかげで、命を救う新薬を購入することが可能になった米国や欧州諸国では、死亡率は顕著に低下した。一方、サハラ以南のアフリカ諸国では何の対策も講じられずに、死者が増え続けた。

ＷＴＯが２００１年に、知的財産権保護の特例解除に合意し、抗レトロウイルスのジェネリック治療薬を製造できるようになると、製薬業界は恐れおののき、研究開発を進める活力が喪失しかねない、と主張した。

しかし、今振り返ってみれば、製薬会社はそれでも生き延びて、余命を延ばす効果がある上にカネになる、さまざまな新薬を創出し続けている。

「当時は多くの人々が、『そんなことをすれば製薬業界が壊滅する』と騒いだ」と言うのは、バイデン政権ではパンデミックに関する大統領首席医療顧問になったアンソニー・ファウチ博士だ。「実際には製薬業界は壊滅などまったくせず、何十億ドルもの収益を上げ続けている[59]」

WHOのテドロス事務局長が警鐘を鳴らした4日後、ファイザーが、同社はコバックスに加わり、2021年内に4000万回分のワクチンを提供すると発表した。

「我々ファイザーは、どんな人でも診察と治療を受ける権利があると考えます」と、同社のブーラCEOは発表文で述べた。「当社はコバックスの目標に共鳴し、開発途上国も、その他の諸国と変わらないワクチンへの等しいアクセスが得られるよう、協力していくことに誇りを持っています[60]」

「等しいアクセス」というのは、これもダボスマンお得意の、あいまいな表現を使った隠蔽だった。嘘を美辞麗句で包み込んで、人類への贈り物として差し出したのだ。それから2週間も経たないうちに、ブーラは株式アナリストたちに向けて、ファイザーは2021年末までに世界中で20億回分のワクチンを確実に供給できると述べた[61]。ファイザーからコバックスへ提供された分は、売却価格が明らかになっていないが、全体の製造量からみればわずか2パーセントにしかならない。

2021年5月初め、バイデン大統領は製薬業界を押し切って、新型コロナウイルスワクチンの知的財産権保護を解除しようとするWTOでの取り組みに関して、米国として賛成する方針を打ち出した[62]。表面上は、これは驚くべき事態の進展だった。製薬業界はワシントンでは特に影響力が大きく、バイデンも長年、多額の政治献金を受けてきた。だが、その方針は、実際はニュースに取り上げてもらうための動きという色彩が濃く、意味のある形で実態を変えるものではなかった。欧州諸国は取り組みへの反対を続けていた。その姿勢を主導していたのがドイツで、ビオンテックの売り上げを保護する思惑があった。10年前の金融危機に際して、ヨーロッパ諸国の団結よりもドイツの銀行の損益のほうを優先させたように、メルケル首相にとっては、今回も優先事項は、世界各国の公衆衛生よりも国内製薬企業の収益のほうだった。バイデンは、メルケルに対して、そうした方針を改めるよう働きかける姿勢は何もみせていなかった。

仮に知的財産権の保護が法的に解除されても、それ単体で、どれほどの影響があるのかも不明だった。ワクチンの供給量を実質的に増やすためには、既存のワクチンを作っている製薬企業が単に化学物質の生成方法を共有するだけでなく、製造過程全体のノウハウが技術移転される必要がある。欧州諸国はそうした取り組みへの支持を表明していたものの、技術移転はあくまで企業の自発的行為であり、義務ではなかった。実態は現状が固定化されたままなのに、表向き善意があるように見せかけただけだ。製薬大手は言葉の上では国際的な協力関係締結に前向きだったものの、現実にできることには限界があるという立場を崩さず、必要な専門性や品質管理ノウハウを持つ生産力は、依然として限られていた。

中には、ＷＴＯでの議論自体が、本質から目をそらす結果になっていると論じる専門家がいた。大火事のさなかに消防署の組織編成をめぐって論争しているようなものだ、というのだ。世界全体としてワクチンの製造能力を圧倒的に担っているのは、株主に仕えようとする多国籍企業である。彼らは、それが望ましいことなのか嘆くべきことなのかについての議論は、もっと平静なときにしたほうが良い、と主張した。政府はファイザーのような企業がとにかく大量のワクチンを作れるように環境を整えるべきであり、あとは供給方法の問題にすぎない、というのだった。

だがその一方で、製薬業界の指導的立場をむやみに尊重し服従してきたせいで、まさにこの危機が生まれたのだと反論する論者もいた。

コロナ禍は一過性の緊急事態ではなく、歴史的に続いてきたことの一環だった。植民地支配の時代から、交渉で貿易協定を結ぶようになった現代に至るまで、裕福な国々の政治家たちは、その他の諸国は原材料を採掘し、低賃金で使える労働力を提供するための場にすぎず、公正さや平等への配慮など名目にすぎないと考える傾向がある。コロナウイルスの変異株がすでに次の感染の波をもたらしつつあり、おそらく今後何年間もワクチン追加接種が必要となるため、さらに供給量は増やす必要がある。ほかのパンデミックが広がり、近い将来にまた同じことが繰り返される可能性もある。そうした実情を踏まえると、途上国に対して、裕福な国々が善意で介入して救出してくれるまで黙って待っていろというのは、道徳に反しているし、非現実的なことだ。彼らがダボスマンの温情にすがるのではなく、自国民のために必要なワクチンや治療薬を作れるようにすべきなのだ。

インドネシアからバングラデシュ、南アフリカに至るまで、こうした国々の製薬会社は、先行する製造企業の支援さえあれば、ワクチンを製造する用意があると表明していた。だが、単なる寛大な姿勢とかステークホルダー資本主義の約束とかでは、何の支援にもならない。コバックスの惨憺たる実績が、このことを裏付けていた。

2021年8月半ばまでにコバックスが配分できたのは、年内に供給すると約束した19億回分のうち、たったの1億9600万回分しかなかった[63]。アフリカ諸国の人口13億人のうち、わずか2パーセントしか接種を完了していなかった[64]。英国では62パーセント、ドイツで59パーセント、米国では51パーセントに達していたにもかかわらず、である。豊かな国々は追加接種の必要性を見込んでさらに備蓄を増やしており、この格差はさらに広がりそうだった。

「裕福なほうの国々によるワクチンのため込みは、平等に接種を、という考え方をあざ笑っているようなものだ」と、WHOのアフリカ地域事務局長、マツィディソ・モエティ博士は語った[65]。

その見方には一片の真実が含まれていたが、全体像とはいえなかった。ワクチン供給をめぐる格差拡大を生んだ要因は、どの国々が大きな権力を握っているかだけではなく、そこで誰の利益が優先されているかで大きく左右されていた。ダボスマンが、ダボスマンの目標に資するためだけに、相も変わらず政策の方向性を決めていた。その結果が、貧しい国々での人道的な悲劇、とどまることを知らない死者数の拡大だったし、世界全体としてみても、パンデミックをさらに長引かせる可能性につながった。ワクチンが手に入らない国がある限り、コロナウイルスが変異株を生む機会は増え、そのせいでさらに予防接種が必要になるのだ。ダボスマンの利益を守ることのほうが、人命を救うことよりも優先事項というわけだ。

2021年夏には、バイデンによる知的財産権保護解除の約束は、早くも記憶の彼方《かなた》へと去ってしまっていた。世界の大半が最悪の感染状況にあるのに、米国はほとんど何もしていない、という批判の声をかき消そうとして、バイデンはファイザーから5億回分のワクチンを購入して、主にコバックスを通じて必要とする国々に寄付する、と発表した。

この寄贈分で、米国の納税者からファイザーのワクチンを購入する費用として拠出された額は、35億ドルだった。[66] 1回あたりの価格は7ドルという計算になり、米国での接種に課されている1回20ドルよりは安い。ファイザーはこの値段には「利益は含まれていない」と説明した。[67] だが、その主張が正しいかどうかを部外者が検証することは不可能だった。

5億回というのは目を引く数字だが、それでは世界人口の3パーセントしか接種を完了できない。しかも、そうした供給の大半が配分されるのは2022年半ば以降だという。

その一方でファイザーは、過去にない規模の利益が確実に転がり込んでくるように動いていた。

EUとの契約では、新型コロナワクチンの価格を25パーセントつり上げた。[68] 米国では、まだ科学者の多くが追加接種の有効性を裏付けるデータは出ていないと言っている段階で、バイデン政権に働きかけて追加接種承認を急がせた。2021年秋になると、いわゆるデルタ株が広がり、確かに追加接種が必要だという見解は強まった。だが、追加接種でうまいこと利益を上げられる立場にある企業が、方針を決めるためのアドバイスもしていること自体には問題がある。ファイザーは株式アナリストたちに対して、2021年内のワクチンの売り上げは従来の予測よりもさらに3割以上増え、330億ドルを突破する見込みだと明らかにした。[69]

こうしたワクチン配布をめぐる構図は、ほかのほとんどの事柄と同じパターンの繰り返しだった。ダボスマンの座をうかがう、ファイザーのCEOブーラのような者たちがいっそう豊かになる一方で、人類は広まり続けるコロナウイルスに対してその場しのぎの防御策しか取れず、弱点をさらけ出したまま。貧しい国々は重大な課題をいくつも抱えているのに、独自に対応するしかない状態で放置されている。例外的に形ばかりの寄付を出し、聞こえの良い同情の言葉をかけてくるのは、地球上で最も裕福で、最も大きな力を持つ人々だった。

実際のところ、多くの開発途上国が、もともと乏しい手持ちの資源をさらに目減りさせることになった。その理由は、返済不能なほどの債務を負ったのに、ラリー・フィンクのようなダボスマンが、彼らを絞り上げて返済を強要したからである。

第15章

ダボスマンの無慈悲な借金取り立て

「投資は100パーセント回収する」

ラリー・フィンクは、考えごとにふさわしい場所にいた。

2020年夏、パンデミックを避け、コロラド州アスペンにある自分の別荘にとどまっていたフィンクは、こうして世界中が傷ついてしまった状態から、どうやって再出発し、社会の進展につなげることができるか、と考えていた。

ロックダウンの宣言下で会社員たちが在宅で働くようになり、通勤しなくなったことは、環境面からみれば前向きの影響を及ぼす可能性があったし、家族のあり方についても同様だった。フィンクは、社会全体が優先順位を見直す貴重な機会がもたらされると考えた。

その時点で社会を揺り動かしていたのは、ウイルスばかりではなかった。人種間の不平等を改めて認識する動きが、世界規模で広がっていた。きっかけは、ミネアポリスで白人警官がジョージ・フロイドを殺害した事件を受けて広がった「ブラック・ライブズ・マター」の運動だった。抗議運動は5月、6月と広がり続け、60カ国以上に及んだ。抗議の声を上げた人々は、終わりのない差別への根強い憤りを表明していた。今回のアフリカ系アメリカ人への警察による暴力をきっかけに、アフリカ、南アジアやヨーロッパでも、人々が、自分たち自身の社会にはびこる弾圧や不平等に対して拒否する声を上げるようになっていた。

パンデミックによって人々が命を落としたのと同時期に、不公正への怒りで各国社会が沸き上がったのは、どうみても偶然ではなかった。経済格差が拡大し、その歪みは特に、人種の違いに応じた形で増幅してきたのだ。植民地主義からの負の遺産もまだ威力をふるっていた。例えば、インドで市民たちとぶつかった警官隊による暴力的な弾圧の手法は、英国の統治下までさかのぼる伝統だった。南アフリカでは、四半世紀以上前にアパルトヘイト政策は終了したというのに、黒人たちは旧黒人居住区《タウンシップ》から抜け出すことができず、失業が広がっていた。

北米や欧州の裕福な国々は、アジアやアフリカ、ラテンアメリカの開発途上国に対する援助を言葉では約束してきたが、ろくに実行に移さなかった。このため、貧しいほうの国々はパンデミックに対処しようにも最小限のリソースしか持っていなかった。

その一方でダボスマンたちは、貧しい国々に対して債務を返済するよう要求し、危機をいっそう深めてしまった。多くの途上国で、ニューヨークやロンドン、北京にいる債権者への支払いに充てる資金の大きさは、教育や医療への支出を上回っていた。主要国の首脳会議では債務の返済猶予が約束されたが、最も大事なプレーヤーである金融サービス業界はその場に不在だった。

フィンクは、ロッキー山脈の隠れ家で体を休めながらも、世界中に目を向けていた。各国に広がった抗議運動が大きなきっかけとなり、自分が長年提唱してきた企業変革の原動力になるだろう、と指摘した。

「人種間の不平等が問題になったことで、ステークホルダー資本主義への注目がさらに高まるものと、私は確信している」。ブラックロック社が２０２０年７月に開いたリモート国際会議で、フィンクはそう断言した。「企業であれ、経営者であれ、ビジネスマンであれ、今後は民間セクターも、環境問題や社会問題にどう対応しているかによって、相当な程度まで実績が測られるようになる」

Ｚｏｏｍを介して各国政府の代表や投資家、経営者仲間たちと画面越しの会議をしながら、フィンクは「ポスト・コロナの世界」をめぐるビジョンを提示した。在宅勤務をそのまま続ける人がたくさん出て、交通渋滞のストレスから解放されるだろう。親たちは子供と過ごす時間をもっと増やすだろう、と。「この事態を前向きに捉えるべきときが来ている」とフィンクは語った。「例えば私はこうして、年に30日はコロラド州アスペンから仕事をこなすようになる。悪くないじゃないか」

確かにそれも悪くない、と思わせるのは、リモート会議が映し出すスクリーンの見栄えの効果もあった。背景には、無垢《むく》材の梁がアクセントになった、モダニスト様式らしき山小屋の室内が見え、ガラス張りのドア越しにさらに緑の森が広がる。

「このパンデミックの恐怖の中からでも、我々はたくさんの教訓を学び取れる」。フィンクは2020年第3四半期の業績を説明する際に、株式アナリストたちに向けてそう語った。

例えば、彼の会社は新たに1290億ドルの新規投資を獲得した。通勤の苦労から解放された人々には、大幅な時間の余裕が生まれた。

「そういう人たちがエクササイズに2時間を回せば、健康になれる」。そんなふうにフィンクは語った。「あるいは家族と心を通わせ、しっかりとした家庭を築くための時間を増やすこともできる」

コロナ禍がもたらした衝撃や人種差別への抗議の波は、世界経済が根本から不公正であることの証左とみることができる。しかしフィンクは、そうした状況をむしろ「世界の現状を改善する」ためのチャンスとして捉えたいようだった。

「こうしたプロセスを通じて、社会は改善されていくだろう」と彼は語った。

しかし、まさに彼がそうして語っている最中にも、世界の最貧国では、コロナ禍で獲得できるはずの支援策が、フィンクらの業界によって妨害されていたのだ。

そこから遠く離れたカタールの首都ドーハに住むモハメド・ヘロンにも、空き時間は山ほどあった。

だが、しっかりした家庭を築くことなど、とうてい無理だった。

彼は失業し、破産して、似たような境遇の男たちでいっぱいの寮に置き去りにされていた。妻や子供たちはアラビア海の向こうにいて、離別したままだった。

ヘロンは3年前、故郷バングラデシュの村を離れて、社会の中で這い上がっていくための手段として、何千万人という南アジア出身の移民労働者と一緒の遍歴を始めた。賃金を得て、家族に仕送りすることで、夕食のメニューに肉や魚を並べて子供たちが学校に通い続けられるようにしたいという思いから、世界へ飛び出したのだ。

旅費を工面するために5000ドル近くの借金をしたが、これは普通のバングラデシュ人の年収でみれば3倍以上だった。それだけのお金を斡旋業者に支払ったおかげで、飛行機チケットとカタールの労働ビザを手にした。渡航すれば仕事が待っているはずだった。

妻のモノワラ・ベグムはこの計画にひどく心を痛めた。その10年前、彼女の最初の夫だったヘロンの兄は、管理人として働くためにサウジアラビアへ渡り、二度と帰らなかった。飲酒運転のドライバーにひかれたのに、運転手は無罪放免され、補償もなかった。再婚した夫がやはり海外へ渡ってしまい、3人の子供たちと彼女で家に残されると思うだけで、怖じ気づいた。

しかし、現状のままでは将来の見通しは立てられなかった。一家が住んでいた小屋は、モンスーンの季節になると豪雨災害に見舞われる危険性が高い場所にあった。運が良いときは、ヘロンが近隣農家の水田で働けば、1日3ドル50セントを稼げた。一家は米とイモ中心の食生活でしのいでいた。長男のハサンはコンピューターの学校に通っていたが、年に70ドル以上の学費がかかった。

2018年9月に炎熱のドーハにヘロンが到着したとき、斡旋業者が用意しているはずだった職は、そこにはなかった。彼は必死になって仕事を探した。数カ月後、人材派遣業のスタッフという仕事が見つかり、オフィスやホテルの清掃、庭の雑草取り、光ファイバー敷設のための道路工事など、さまざまな業務に入った。月収は約250ドルだった。会社から、寮の大部屋にある、かいこ棚の寝床をあてがわれた。同室の15人は皆、バングラデシュから来た移民労働者だった。彼は1カ月おきに家族へ数百ドルずつ仕送りした。

ヘロンが加わった大量の移民の波は、ペルシャ湾岸諸国のどこでも、ダボスマンの資産形成に欠かせない要素だった。サウジアラビアの製油所だろうが、クウェートにある英国式庭園だろうが、家計を支えることに必死な南アジアや東南アジアの人々が、搾取されやすい労働力の源になっていた。彼らこそが、この地域の最富裕層が築いたビジネス帝国の土台だった。

ドバイでは、別荘1軒が400万ドルする高級リゾートで、トランプ・ブランドのゴルフ場造成工事に携わる移民労働者たちが、月200～400ドルの給料すら会社が払ってくれないと苦情を言っていた。[1] トランプの合弁相手はドバイの大手デベロッパー、ダマック・プロパティーズだ。同社の会長、アラブ首長国連邦の大富豪フセイン・サジワニの純資産は20億ドルと見積もられる。

ヘロンの給与だと、それだけ稼ぐには60万年以上かかる計算だったが、そのなけなしの給料すら、突如として失われてしまった。コロナ禍でドーハ中のホテルは空き室ばかりになり、建設工事が中止になったので、ヘロンの雇い主が給与支払いを停止したのだ。彼はその上に、ぜんそくの発作を起こしたので通院しなければならず、手持ちの現金も尽きてしまった。

2020年7月に私が動画会議ソフトを使ってヘロンに連絡を取った際、彼はもう何カ月も家族に仕送りしていないと言っていた。自分の寝床にじっと横たわり、途切れ途切れのインターネット接続頼みで、バングラデシュのふるさとの村にいる妻や子供たちと会話するのがやっとだった。

家族と会話するとヘロンはいっそう無力に感じ、絶望した。本来なら一家の稼ぎ手として彼が皆を支えてやらなければならないのに、今や家族は食べ物を買い控えざるを得なくなり、借金をどうしようと嘆いていた。妻は帰郷するよう彼に懇願したが、飛行機のチケットを買う金などなかった。妻は長男のハサンに学校をやめて、建設業か自動車修理工場あたりで、何か仕事を見つけてはどうかと勧めていたが、ハサンはリモートで学習を続けたいと拒んでいるという。

「息子たちには、ひとかどの人物になってほしいと夢見てきた」。ヘロンはそう言いながら涙をこらえた。そこで無線ＬＡＮが落ち、彼と私の会話も終わってしまった。

パンデミックが発生する前年、世界中で移民労働者が故国に送った送金額は過去最高の５５４０億ドルに達した。[2] これは低所得国に向けて拠出される政府開発援助《ODA》の合計額と比べて3倍もあった。だが、コロナ禍で各地の仕事がなくなり、送金額は急速に減少した。南アジアやサハラ以南のアフリカ諸国が受け取る額は2割以上減っていた。

こうした事情が大きく作用して、最大で1億５０００万人が極度の貧困状態に陥る恐れがあった。[3] ２億６５００万人が命に関わるレベルの栄養失調になっていたが、これは前年からほぼ倍増という水準だった。[4]

移民からの海外送金受け入れが減ったことで、もともと債務支払いに苦労していた貧しい国々は、いっそうの困難に直面することになった。例えばパキスタンはそれ以前の10年間を通じて、国外の債権者への支払いが政府歳出額の11・5パーセントから35パーセントまで膨れ上がっていた。仕送りを通じた歳入の減少は、最悪のタイミングで生じた。ウイルス感染への対応でパキスタン政府は医療への支出を増やしたが、ほかの社会サービスに関しては、債務支払いを優先するために支出をカットした。[5]

ワシントンでは、緊急援助に携わる国際機関が、大がかりな支援を約束していた。

「世界銀行グループは、力強く大規模な対応策を取る」と、総裁のデービッド・マルパスは宣言した。同じ日に国際通貨基金《IMF》の専務理事、クリスタリナ・ゲオルギエバは、ＩＭＦは低所得国を守るために、必要な最大1兆ドルの融資をためらわずに行使する、と表明した。

「私の人生を通じ、これは人類最悪のときです」と彼女は言った。「我々はくじけず、連帯して、最も弱い人々を守らなければなりません」
実際には、その6カ月後までにＩＭＦが拠出したのは、相対的にみてごくわずかな額で、76の加盟国に向けて約31億ドルを緊急融資しただけだった。[6] それ以降も、パンデミック全期間を通じてＩＭＦが貸し付けたのは約２８００億ドルで、融資能力の総枠の3分の1以下にとどまった。その数字ですらも予定の倍増であり、[7] また、実際に融資を実行するまでには時間がかかっていた。

経済大国の集いであるＧ20の首脳会議で交わされた合意では、債務の返還猶予という形で支援を提供することになった。だが、それは単に支払いを繰り延べしているだけで、これまでの借金の上に積み重なっていくことは変わらない。

しかも、その合意された枠組みからは、債権者として最大の存在が抜け落ちていた。国際金融サービス業界である。

２０２０年10月には、サハラ以南のアフリカを中心とした46カ国は、当面の債務支払いに関して53億ドルの猶予を得ていた。[8] だが、それは当年内に支払期限を迎える途上国の債務総額からみれば、2パーセント未満でしかなかった。

金融サービス業界は、現実問題として低所得国は債務の減免など求めていない、と主張した。もしも実際に債務減免を求めたら、格付け機関によって債務不履行《デフォルト》状態にあると見なされ、今後の借り入れが難しくなるから、という理屈だった。

それは一面で事実だったが、マネーを司る神々の機嫌を損ねてはならないという恐怖の念は、金融サービス業界自体が植え付けたものだった。そうした攻撃的な姿勢を先頭に立って支えてきたのが、国際的な業界団体として、71カ国の金融機関４００社以上を代表する国際金融協会である。

Ｇ20諸国の財務省に宛てた２０２０年9月の書簡で、同協会の会長ティモシー・アダムス——ダボス会議の常連でもある——は、金融機関側の立場として、債務支払い猶予については「目的としては強く支持」し続けることに変わりはない、と主張した。しかし、業界自体は、びた一文たりとも負担を引き受けない姿勢でいることには触れなかった。

最も重要な条件は、債務国が今後も融資を受けられることである、とアダムスは付け加えた。[9]「もし民間からの融資が拒絶されたり手が出せないほど高額になったりすれば、こうした国々はどうやって復興を進め、生活水準を改善するために必要な高成長率を達成できるというのか？」

アダムスの問いかけには、こちらからも質問したくなる。ダボスマンへの借金返済が何よりも優先され、教育や医療分野の支出を倹約しなければならないとしたら、こうした国々はどうやって復興と高い生活水準を達成できるというのだろう？

さまざまな研究結果や過去の実例、そして常識に照らしても、債務で首が回らなくなっている貧しい国々が成長する最善の方法は、債権者側が債務の一部について定期的に減免を認めることだとわかっている。慈善としてではなく、融資側の冷静な計算の結果として、だ。返済不能な債務によって身動きが取れなくなれば、そうした国々はデフォルトの危機に瀕する。だが減免が認められれば、その分をインフラや教育、医療などの成長促進要因に振り向けて投資できるようになり、以降の支払い義務を果たすのに必要な資金も生まれる。

アダムスは、民間の債権者は「直近の現金不足など流動性の問題に関して、あるいは長期的な財務上支払い能力をめぐるソルベンシーリスクについても、困難に直面した債務国に対して支援を提供する」用意がある、と保証した。[10]

しかし、協会内で最も影響力のあるメンバー企業、ブラックロック社の態度を見る限り、そうしたアダムスの言葉には疑問符がつく。

ラリー・フィンクはステークホルダー資本主義を先頭に立って推奨してきたことで知られているにもかかわらず、内輪では、とりわけ困難に直面した債務国に対する強硬姿勢を貫いていた。その相手がアルゼンチンだった。

野放図な借り入れによって危機に陥った国々の歴史を編纂《へんさん》するのであれば、アルゼンチンはリストの筆頭に来る。同国は過去に、政府債務でデフォルトに陥ったことが9回以上ある。

フィンクは、アルゼンチンが構造改革を遂行するものと予想して融資を進めた国外の債権者グループの一員だった。アルゼンチンがすでに債務を負っていたのに、その上でも債権者たちが貸し付けたのは、2015年に当選した新大統領、マウリシオ・マクリであれば、変革を進められるだろうとの期待感からだった。高い教育を受けたテクノクラートであるマクリに対して、投資家の間では、彼ならば、借金を踏み倒す国としての悪評が定着してしまったアルゼンチンを苦難の歴史から解放できるに違いない、という希望が生じていた。

アルゼンチンはその歴史を通じて、かなり豊かな国だった時代のほうが長かった。ヨーロッパから次々に渡ってきた移民たちが、広大な大地を小麦畑や牧場にして、農作物や畜産物を世界に輸出した。1913年の時点では、同国の1人あたり所得はフランスより多かった。(11)

そうした状況下で、カリスマ性のある陸軍大将だったフアン・ドミンゴ・ペロンが1946年に大統領になった。ペロンは権威主義的な統治手法で国家権力をふるって、財政規律などお構いなしに、貧困層の利益を優先した。ペロンと、ニックネームのエビータで知られる妻のエバ・ドゥアルテが死去した後も、その精神的系譜を継ぐと称する政治家たちが相次いだため、ペロン夫妻は政界の大きな存在であり続けた。

歴代政権は浪費を続け、通貨アルゼンチン・ペソの紙幣を印刷することで歳出の手当としたので、ハイパーインフレが生じた。破綻の現実に直面することを避けようと、政府は海外からの借入金を増やす一方で、通貨を切り下げて輸出業者たちから金銭を絞り取った。

ポピュリスト政権が誕生しては経済を破綻させる、という歴史が繰り返された。ペロン主義《ペロニズム》の伝統継承を掲げるタイプの政権は、貧困層に向けて多額の支援を施し、財政収支については見て見ぬふりをして、結果として経済危機が生じると退場していった。その間を縫うように権力の座に就いた新自由主義者たちのほうは、財政規律ですべてをただす義務があると主張し、社会サービスを縮小させて庶民の怒りを買った。

人々をとりわけ疲弊させた混乱が、１９９０年代に起きた。ＩＭＦの勧告で、アルゼンチン政府はペソとドルの為替レートを固定相場制にした。そのおかげで通貨の乱高下がなくなり、安定性がもたらされたかのようにみえた。だが、このペッグ政策のせいで政府は解決不可能なジレンマに陥った。１ペソを1ドルに交換できる状態を常に保証しなければならないので、巨大な外貨準備高が必要になった。政府は手持ちのドルが尽きてしまうと、ＩＭＦから借りたが、交換条件として呑まされたのが、緊縮という毒薬だった。

経済が停滞すると、投資家たちは追加融資にあたって、より高利を設定したため、さらに事態が悪化した。ペッグ交換制度が２００1年に崩壊すると、投資はいっせいに引き上げられてしまい、アルゼンチンは１４１0億ドルの公的債務のほとんどについてデフォルトに陥った。[12] 正真正銘の恐慌となり、何百万人という国民が老後の蓄えを失ったため、ＩＭＦという固有名詞は、〝冷酷無比なろくでなし〟と同義語になった。

次の15年間、ネストル・キルチネルとクリスティーナ・フェルナンデス・デ・キルチネルの夫妻が連続して政権を担った時代には、経済成長が戻り、失業率は低下して生活水準が向上し、貧困率は71パーセント低下した。しかし、クリスティーナ・キルチネルの大統領2期目の終わりになると、アルゼンチンの国家財政は惨憺たる状態になり、彼女の評価も、一連の汚職スキャンダルにまみれた政権の主として地に落ちた。

そうした中でマクリが政権に就き、ポピュリズムと緊縮路線が互い違いに繰り返された中で崩壊してしまった国家を立て直す救世主として、自分を売り込んだ。ブエノスアイレスの市長だった彼は、中央政府の省庁に、英語を話し、米国のエリート校で高等教育を受けたエコノミストたちを送り込んだ。彼らが財政規律の回復を約束したため、国際投資家たちのアルゼンチンへの信頼性は回復した。一方では、社会事業を拡大して、貧困と闘うという目標も掲げられた。

「マクリはダボスマンには受けがいい。彼らと同じ言葉を話すからだ」とジョセフ・スティグリッツが説明した。「あらゆる面で、アルゼンチンは舵を切った。新自由主義の国になる、ということだ」

この話を聞いて、フィンクほど相好を崩した人もいなかっただろう。

マクリの功績は、「政府が一国の将来を変えようと決意しさえすれば何ができるか、可能性を示したことだ」。ブラックロック社を率いるフィンクは、2016年にそう断言した。[13]

フィンクはそうした見方を、資金拠出で支えた。ブラックロックをはじめとする多くの金融機関が、にわかにアルゼンチンに融資を再開する気になった。マクリ政権は発足からの2年半で、新規の国債発行によって1000億ドルを調達し、当初予定していた公共事業のカットを先送りすることができた。

ところが2018年に、同国は大干ばつに見舞われ、牛肉や小麦の輸出が打撃を受けた。当時、米国のFRBは公定金利の利上げを開始し、世界金融危機に際しての特例的な介入措置を終わらせようとしていた。投資家たちはこの動きを捉えて、新興国市場から資金を引き上げ、高い利回りが保証されるようになった米国へと移し始めた。

資金引き上げの流れの影響で、アルゼンチンはペソ安の局面に入ったため、食料品や燃料などの輸入価格が高騰し、好景気に終わりを告げた。2018年6月、マクリはやむを得ずIMFに救済策を打診した。かつて自分を人質に取った誘拐犯のもとに、一晩だけ宿を貸してくれと頼んでいるようなものだった。

ＩＭＦは発足以来で最高額の救済策として、570億ドルの融資パッケージを提供した。[14] 当然ながら、この融資はマクリが財政支出を削減するよう義務づけていた。マクリ政権は、庶民の電気代や燃料費、交通費を助成する補助金を削った。またしても景気は停滞し、社会に調和をもたらす政策とはいえなかった。

「この政権は新自由主義だから」。労働者階級が暮らすブエノスアイレスの郊外を私が訪れた際、クラウディア・ベロニカ・ジェノベシはそう言った。「庶民のことはどうでもいいと思っている」

ジェノベシは夫とともに、オフィス清掃の仕事でなんとか生計を立てていた。補助金がなくなったので、コンロのガスを買えなくなった。牛肉を食べるのはやめて、アルゼンチンの人々が常飲する香りの高いマテ茶も、薄めて飲むようにした。

首都北西にある都市パラナの近郊では、地方自治体のゴミ集積場を取り囲むように広がる無数の小屋に、6000世帯が暮らしていた。ゴミ収集車が来て搬入を済ませると、彼らは荷下ろしされたばかりのゴミ袋を漁り、ガラスの破片や電線の切れ端など、何であろうと地元のリサイクル業者に売れるものや、夕食用にだしを取れる肉のガラがないか、探して回った。

経済が悲惨な状況に陥ると、このゴミ集積場の周りに小屋を建てて住む人々は、数カ月のうちに倍増した。子守りの仕事を失った母親が、2歳の娘の手を引いてゴミの山を回り、街頭で売るための古着を探していた。

アルゼンチンの歴史でお定まりのコースに従えば、次に起きることの方向性は見えていた。マクリは政権を追われるだろうし、人々に対してもっと親身の姿勢をみせるけれども財政のことはお構いなし、というポピュリストが、その後任になるだろうと考えられた。

予想の前段はそのとおりに実現し、有権者がその年の大統領選でマクリを放逐した。次の政権は紙幣増発を再開し、デフォルトを宣言するかもしれない、との見方があった。

しかし、マクリの後任アルベルト・フェルナンデスは政権に就くと、現実主義者としての側面を発揮した。ブラックロックをはじめとする、総計650億ドル分の国債を保有する外国の民間債権者たちと交渉し、債務の一部を減免して、引き換えに残りの債務返済を政府が保証する形で合意を交わせないか、落としどころを探った。

フェルナンデスはIMFの支持も獲得した。IMFは、アルゼンチン側が民間投資家たちとの債務再編交渉を成立させたら、同基金の救済パッケージについても条件を見直してもよいと示唆した。

フェルナンデスが海外投資家たちとの交渉に入った2020年初頭、IMFは融資の見直しを行い、合意へ向けた事実上の前提条件になる報告書を出した。アルゼンチンの政府債務は同国の年間経済生産高の90パーセントに迫ろうとしており、危惧すべき水準だった。「アルゼンチンが債務の安定性を回復するには、民間債権者が相当額の減免に応じる必要がある」と、IMF専務理事は指摘した[15]。

フェルナンデス政権の交渉姿勢は当初、やや強気すぎた。IMFの報告書を根拠に、債権者が保有する国債について、額面1ドルあたり最高で40セントまで保証すると提案した。債権者グループは当初、1ドルあたり75セントの保証を要求したが、すぐに60セントまで言い値を下げた。

債権者グループは利害関係によって3つに分けられた。その分類は、債権にいくら払ったかと、保有している国債がマクリ政権以前の発行か、それ以降かに基づいていた。コロナ禍なので、債権者たちはブエノスアイレスを訪れて顔を突き合わせて会合するわけにはいかず、多くの投資家がZoomのグループ通話で会議をした。

ブラックロック社を代表するフィンクは、マクリ政権が発行した国債の3分の1以上を保有していて、投資家連合の事実上のトップであり、どんな内容の債務再編提案についても拒否権を行使できる立場にあった。国債発行時の契約によれば、償還金の水準を書き換えるためには、保有額面ベースで3分の2以上の債権者が賛成する必要があったからだ。

マクリに賭けたことが裏目に出て、明らかにフィンクは苦々しく思っており、個人として体面を傷つけられていた。同時に、これはもはや一国だけの問題ではないという結論も下していた。

途上国のほとんどで、コロナ禍が政府の財政に損失をもたらす中で、フィンクには、ほかの国々も彼に対して債務減免を要求してくるだろうとわかっていた。ブラックロックが保有する、ガーナ、ケニア、ザンビア、ナイジェリア、セネガルのアフリカ5カ国の国債は、総計で10億ドルに上る[16]。こうした債務はすべて、鉱山に通じる道路の建設とか、新しい学校の開設、安全な質の水道供給拡大、そして医療といった大規模な歳出をまかなうための借金だった。コロナ禍によって、こうした国々の経済は縮小し、債務返済を続けるために必要な歳入が失われた。同時にこの諸国では公共サービス、特に医療が限界まで酷使されていた。

アルゼンチンが先例になる、とみられていた。ほかの国々が債務減免を要求してこないようにするには、アルゼンチンには十分に痛い思いをさせる必要があった。

2020年5月、債務再編交渉が行き詰まる中で、フィンクはアルゼンチンのマルティン・グスマン経済相に電話をかけた。37歳のグスマンは、コロンビア大学のスティグリッツの下で学んだ人物だ。フィンクはグスマンに対し、額面1ドルあたりの保証を50〜55セントまで上げる妥協案に政府が応じるなら、交渉は成立すると持ちかけた。

個人的な会話を通じて、グスマンはフィンクの提案を呑む姿勢をみせた。するとフィンクはさらに粘った。同様の交渉に臨んでいたエクアドルが、もっと寛大な償還条件を要求しかねないとわかっていたからだ。フィンクのこの姿勢が、アルゼンチン政府を激怒させた。

フィンクが交渉で損失をなるべく減らそうとプレッシャーを感じていたのは、資金を預かっている投資家のタイプが影響していた。彼が管理する資産の3分の2は、各種の年金基金や個人年金積み立て口座だ。その前の10年間、途上国が発行する国債はいわゆる新興国市場を専門とする少数の大銀行が手がける専門分野だった。危機が生じれば、そうした銀行家は政府側の代表団と密室で協議し、合意にこぎ着けた。だが、ブラックロックの巨額な資金は、市井の労働者の退職金を管理している各種基金から信頼を得て積み上げてきたものなのだ。ネブラスカ州の消防士とかイングランドの教師といった人々に向かって、彼らのお金の半分が蒸発してしまったと告げるような事態だけは、何が何でも避けなければならなかった。

　交渉では、フィンクはまるで自分の利益が全世界と一体化していているかのように振る舞った。過剰な債務減免をすれば、途上国の国債への需要が失われる、と警告した。まるで、アルゼンチンの首根っこをもっと締め上げるべきだと主張しているのは、その他の貧しい国々に対する厚意からだと言わんばかりだった。

　これと同じ主張を、国際金融サービス業界全体も、債務減免交渉に加わらない方針を正当化するために繰り広げた。融資を受け続けたい国は、国債の格付けを維持する必要がある、という理屈だ。こうした論理をフィンクが突きつけた相手が、ほかならないアルゼンチンだったということ自体が、歴史の流れを全否定する姿勢の表れだった。アルゼンチンが何度もデフォルトで苦労してきた経験から学ぶべき教訓があったとすれば、ご都合主義者《オポチュニスト》は何度でも舞い戻ってきて、また新たな融資を持ちかけるものなのだ。

　アルゼンチン国民はブラックロックの交渉団が傲慢不遜で、新植民地主義にも等しい、上から目線の持ち主だと感じるようになった。フィンクの部下たちが会議に遅刻し、政府側の代表団は席についてひたすら待ち続ける、といった場面が続出した。ブラックロック社は、アルゼンチン政府の経験の乏しさにつけ込もうとした。政府の交渉団の多くが、グスマンのような、学界から来た年若い人物だったのだ。

　合意を拒むフィンクは、アルゼンチンに対してこれ以上譲歩できないのは、自分が「受託者としての責務」を負っているからだと主張した。この用語もやはり、ダボスマンが道義的責任を問われないように振り回す概念である。フィンク個人としてはアルゼンチンにもっと譲歩して、政府がパンデミックの最中に医療支出を増やせるようにしてやりたいのだが、これは彼のお金ではないので、そうするわけにはいかないのだ、という意味だった。資金を保有しているのは年金基金などの機関投資家であり、ブラックロックは雇われて管理しているだけだ、という理屈である。

ブラックロックは確かに「受託者としての責務」を負っていた。だがそれは、支払い不可能な借金からアルゼンチンを解放してデフォルトの危機を回避するという必要性と相反するものではない。

あるときのフィンクとの交渉で、グスマンはアルゼンチンが取れる方針には限りがあると主張し、例えば国内の貧困児童の割合が50パーセントに近づいている事情を挙げた。フィンクは、それは理解すると答えたが、続いて、IMFの救援策がアルゼンチンを安定化できなかったという批判を、延々と繰り広げた。欠陥品のトースターを買った客が怒って保証書をかざすように、フィンクは、融資の返済条件を緩めてしまったIMFが責任を取るべきだと要求した。米国はIMFにとって最大の拠出国である。フィンクは、ムニューシン財務長官に働きかけて、IMFが必ずや、ことの始末を引き受けるように指導してもらう、と息巻いた。

その言いぶりに、グスマンは愕然とした。アルゼンチン経済相として彼が交渉していた相手は、事態をすべて個人的なレベルで受け止めていて、みじんたりとも妥協しない姿勢だった。フィンクは国際金融のルールを忘れてしまったか、それともそんなものは書き換え可能だと思い上がっているとしか考えられなかった。IMFはそもそも、救援策に関して返済条件を変更していなかった。ムニューシンも、フィンクの要求は的外れとみて、フィンクが頼んだような圧力をIMFに対してかけることはなかった。

グスマンにはすぐに、かつての恩師スティグリッツという味方がついた。スティグリッツは、やはりノーベル受賞者であるエドマンド・フェルプスと共同で、アルゼンチン国債を持つ債権者たちに対して、同国政府の最新の提案を受け入れるよう呼びかけた。

2人の学者が起草した、「アルゼンチンの債権者に対する提案は、同国の支払い能力を反映した堅実なものだ」と主張する書簡には、138人の経済学者が名前を連ねた[17]。その中には、その直後に世界銀行のチーフエコノミストに就任したカーメン・ラインハートもいた。

フィンクはこの書簡に激怒し、何も責任を取らない教授連中が、正義の仲裁者を気取っている、と毒づいた。ブラックロック社が率いる債権者グループは、なおも粘り続けた。

交渉を何が何でも妥結させたかったアルゼンチン政府は、額面1ドルあたりの保証額を53セントまで上げる提案を示した。フェルナンデス大統領はこの案が「最大限の譲歩」であると表明し、これ以上の額では、アルゼンチンは負担に耐えられないと示唆した。そうした政府の姿勢は、最新のIMFの見通しによっても支えられた[18]。コロナ禍でアルゼンチンの国庫収入はさらに落ち込んでおり、同国の支払い能力はどんどん下がっていた。

フィンクはそれでも、アルゼンチンが近年、海外の債権者たちと交渉した際に事態がどう推移したかを踏まえ、自分にはまだ、さらに譲歩を迫る余力があると判断していた。

アルゼンチンが2001年にデフォルトになってから10年以上後に、悪名高いエリオット・マネジメントというハゲタカファンドを率いる投資家で、ダボスマンの一人でもあるポール・シンガーが、過酷な債務償還の要求を突きつけ、アルゼンチン政府との闘争を繰り広げた。シンガーは米国の裁判所にアルゼンチン政府を訴え、勝訴した。さらにその勝訴判決を根拠に、ガーナの裁判所へ駆け込み、同国沖に停泊していたアルゼンチン海軍艦船への差押令状を出させる策まで講じた[19]。アルゼンチン政府は最終的に和解に応じた。支払った金は24億ドルに達し[20]、シンガーは投資の元手を3倍以上に増やすことができた。

ブラックロックは、行き詰まりの状況が続けば、今の国債の持ち主たちは手持ち分を売り払わざるを得なくなり、それをハゲタカファンドが買い集めることになる、と脅した。そうなればアルゼンチン政府は、フィンクのような、落ち着いた道理が通じる人物ではなくて、シンガーのような強欲な盗《ぬす》っ人《と》を相手にしなければならないかもしれないぞ、と。

ある日の電話協議で、そうした強硬姿勢が特にむき出しになった。ブラックロック社の新興国市場担当のポートフォリオマネージャーが、グスマンに対して「あなたがいなくなった後も、私はこの問題を担当し続けますから」という捨て台詞《ぜりふ》を投げつけた。その意味するところは、聞いていた全員にとって明らかだった。アルゼンチン政府が今、この条件で交渉を妥結させなければ、投資家たちはただ待つのみで危機は深刻化し、最終的には政権が倒れるだろう、という含みだった。

ブラックロックは水面下でほかの投資家たちに妥協しないよう働きかけ、反発する勢力との間で緊張関係が生じた。爆発的感染拡大のさなか、はびこる貧困と闘う国の政府を脅し上げる姿勢が外部にもたらす悪印象という問題以外にも、フィンクの交渉姿勢のせいで、さらなる損失が生じるリスクがあった。フィンクは、そうした可能性は承知の上であえて、やはり過剰債務を抱えて債務減免を要求しかねない、ほかの債務国の政府に向けて警告を発しようとしていた。

「ブラックロックの連中が、ほかの大口債権者らに対して電話攻勢をかけてきた」。グレイロック・キャピタル・マネージメント社の会長で最高投資責任者でもあるハンス・ヒュームズは2020年7月末、私の取材に対してそう語った。「正気の沙汰じゃない。エゴむき出しだった。〝我々はブラックロックである。条件を決めるのは我々だ。誰がボスなのか、皆にわからせてやる〟という感じだ。あらゆる観点からみて、大失態だった」

私がブラックロックに取材を申し込み、2020年夏のアルゼンチン債務問題でのフィンクの役割について説明を求めると、同社は最初、応対窓口としてロンドンを本拠地とする広報会社を指定してきた。自社のウェブサイトで「投資業界のための風評マネージメント」を専門としている、とうたっている会社だった。その会社の幹部社員たちは実名で取材に応じることを拒んだ。代わりに、債権者グループはアルゼンチン国民の福利に配慮していると主張する声明文だけ送りつけてきた。

8月1日、私の記事がニューヨーク・タイムズに載った。バイデン政権の財務長官候補としてフィンクの名前が挙がっていることや、彼はダボス会議の常連であり、ステークホルダー資本主義を声高に提唱していることを紹介した上で、そのフィンクがアルゼンチンの債務再編危機の解決を妨げている、と指摘する内容だった。

その3日後、アルゼンチン政府が、債権者グループと最終合意に達したと発表した。政府が額面1ドルあたり約55セントの支払いを保証することになっていた。(21)

世界最大の資産管理会社を経営する億万長者のフィンクが、危機にあえぐ国を脅し上げて勝ち取った成果は、額面1ドルあたりの保証額でみれば、1セント硬貨2枚分の譲歩だった。フィンクは、自分の評判に傷がつきそうになった瞬間に、妥協に動いたのだ。

交渉が成立するや否や、ブラックロックが手持ちのアルゼンチン国債の大半を二束三文で売り払ったため、発行済みの国債価格は暴落した。数カ月後に国債が値を戻し始める頃には、フィンクは投資を引き上げていた。

ロッキーの山中にとどまっていたフィンクの言葉の端からは、めったに経験しない屈辱を受け入れられずにいるさまが感じられた。

「ラテンアメリカに関心があるのなら、投資先としては、アルゼンチンよりもずっと安全で、一貫性を持った政策の国々がある」。フィンクは、2020年末にリモートで開かれた金融問題の国際会議で、そう言い捨てた。「我々の立場としては、顧客から託された資金に損失を出さず、投資は100パーセント回収する、と確信できなければならない(22)」

そんな基準を振りかざすのは、馬鹿げていた。100パーセントの回収が保証された投資などというものは、ありえない。アルゼンチンのような高リスク国家の国債であれば、なおさらだ。フィンクがこんなふうに発言すること自体が、ブラックロックが各種年金基金の資金をアルゼンチン国債に投資するにあたって、過大な約束を振りまき、リスクを十分説明しないまま、魅力的な利回りを示して勧誘したことを裏付けていた。

フィンクのブランド力は、その綿密な分析力と自制心が支えてきたはずだった。ペテン師や付和雷同する者たちがあふれる業界にあって、フィンクはきちんと判断し、さまざまな変数を把握しているという、極めてまれな人物として自らを売り込んできた。だが、アルゼンチンへの対応ぶりは、そうした評判を揺るがすものだった。むしろ、自分の先入観どおりに動いてくれる大統領に魅了されてしまった、一人のダボスマンとしての素顔のほうを浮かび上がらせる結果となった。

「フィンクの会社のチームはちゃんと仕事をしなかった」と、スティグリッツは説明してくれた。「連中はきちんと予習せず、マクリと、マクリが作り上げた虚構を信じ込んで金を出した。そして、判断を誤ったと認める代わりに、アルゼンチンを非難したんだ」

第3部

歴史を再起動するとき

「文明生活の長所を守り、かつその害をただしていくことこそ、立法改革で優先すべき目標である」

——トマス・ペイン『*Agrarian Justice*（農家の正義）』、１７９７年

「我が国は民主主義国であり続けるか、あるいは富を少数の者たちによって独占されるか。その二者択一しかない」

——ルイス・ブランダイス（米連邦最高裁判事）、１９４１年

第16章

バイデン、ダボスマンの地位をリセットする
「ワシントンに混乱をもたらす人物じゃない」

スティーブ・シュワルツマンは、負け組になることに慣れていなかった。

2020年の米大統領選で、ブラックストーン社CEOであるシュワルツマンは、共和党の各組織やトランプ再選に向けた基金に対し、4000万ドル以上を献金した。金融サービス業界では一番の大口寄付者だった。

それだけ献金したのは、ダボスマンが築いた輝かしい権益を守るための投資だった。トランプによる減税政策を止めさせたり、成功報酬の税優遇を廃止したり規制を強化したりといった介入をはねのけるため、防護壁を強化しようという狙いだった。

しかし、パンデミックで投票日までに23万人以上のアメリカ人が命を落とした中で、対応を手ひどく誤ったトランプの姿勢は、再選戦略としてはやはりまずかった。11月になり、有権者が票を投じ、ドナルド・トランプはクビになった。

トランプは、おとなしく去ろうとしなかった。何の証拠もないのに、選挙結果が不正にねじ曲げられたと主張した。根拠のない法廷闘争をあちこちで起こし、激戦州の共和党幹部らを脅して結果を覆させようとしたが、それも失敗した。

そして1月6日、連邦議会が投票結果を正式認定する日に、トランプは暴徒を扇動し、議事堂を襲撃

させた。

騒乱で、米国の暗黒の歴史にさらに1章が加わった。現職の警官や元軍人、白人至上主義者と自認する者たちまで含む数千人が、手薄だった警察の警戒線を突破して、上下院の議場に突入した。暴徒たちは議員オフィスを略奪し、星条旗を身にまとって自撮り写真をSNSにアップし、歓喜しながら人種差別主義、ナショナリズムと憎悪を噴出させた。

襲撃を促し、賞賛したことで、トランプは権力保持のためなら米国民主主義を支える大原則もためらわずに破る人物である、という評価を定着させる結果となった。

トランプの治世下で騒乱の年月を過ごした者にとっては、彼が敗北を認めようとせず、バイデンへの円滑な政権移行を拒んだことは、さほどの驚きではなかった。しかし、暴徒をそそのかして選挙結果を覆そうとしたトランプの言動はあまりに過激だったため、以前なら想像すら困難だったような不名誉な記録を残す結果となった。トランプは任期中に2度にわたって弾劾訴追を受けた最初の大統領になった。弾劾自体には、おおむね象徴的な意味しかなかったが、それでも彼の治世を定義づける出来事だった。

民主主義へのあからさまな攻撃を前に、国民の多くが抱いた強い恐怖心の前に、ダボスマンも、これまで厚遇してくれた大統領に向かって、ついに批判を加えざるを得なくなった。

「平和的手段を通じた権力の移行は、我が国の民主主義の土台である」とフィンクは言った。

「我が国の民主主義に、暴力が入り込む余地などない」。ベニオフはそうツイートした。

「これは、一人ひとりの国民としても国全体としても、我々のあるべき姿ではない」とダイモンは宣言した。

シュワルツマンですら、慎重に言葉を選びつつも非難した。「本日の大統領の言葉を受けて起きた暴動は最低の行為であり、我々が大切にする民主主義の価値観を侮辱するものである」

注意してほしいのは、シュワルツマンが、トランプが暴力を扇動したことについては直接非難せず、暴徒たちにだけ責めを負わせた点である。トランプの権勢を支えてきた、シュワルツマン自身も含むダボスマンの存在にも言及していなかった。彼らは、白人層にひそむ最悪の衝動をあおり立てた大統領や、その政権との関わりをにわかに否定し始めた。だが、政権を生んだのは彼ら自身であり、その機に乗じて搾取し、富を増やしたのである。

大統領選の直後、選挙結果をめぐる闘争が延々と続き社会の不安定化が懸念される状況で、シュワルツマンはほかの大手企業CEO20人以上とリモート会議を開いて協議した。中には、選挙プロセスそのものへの攻撃はクーデターも同然だ、と憂慮の声を上げた経営者もいた。だがシュワルツマンは、選挙結果を不服として争うトランプの権利を擁護した(1)。

シュワルツマンは次の一手として、ミッチ・マコネルの支配下にある共和党に新たに選挙資金1500万ドルを献金し、ジョージア州で決選投票に臨む共和党の現職上院議員2人が資金不足に陥らないよう配慮した。1月に行われるこの決選投票の結果で、どちらの党が上院の多数派を制するかが決まることになっていた。ジョージアの両議員とも、熱心なトランプ支持者だったし、トランプ敗北の選挙結果の公式認定を妨げようという、まさに暴徒が実現しようとしたのと同じ動きも支持していた。

トランプ再選に賭けた投資が無駄に終わるという苦い結末を、シュワルツマンはなかなか受け入れようとしなかった。土壇場になって米国民主主義の神聖さを説いた、先ほどのシュワルツマンの発言を正しく解釈するには、トランプはその時点ですでにお払い箱だったということに留意したい。トランプはすでにダボスマンの帝国を広げ、減税をもたらし、規制を骨抜きにしてプライベートエクイティに莫大な機会をもたらしたことで、一定の役目を終えていたのだ。

シュワルツマンやほかの億万長者たちは、トランプを支持し続け、選挙資金を出し、その政策を褒め称えた。トランプが白人至上主義者やネオナチを容認する発言をしたときも、国境で移民の子供たちを親から強制的に引き離したときも、あるいは、トランプや彼の家族はイタリアの大富豪も顔負けの脱税行為に手を染めたイカサマ師であることをジャーナリストたちが暴き立てたときも、その人格を擁護した。議事堂襲撃事件を受けて、億万長者たちがトランプに向けてついに発した厳しい言葉は、彼らにってはトランプが用済みになったからこそ、口にすることができたのだ。

米国民主主義の殿堂である議事堂が襲撃された事件によって、トランプと関わり合いになることは極めて危険で、支援者と見なされれば損しかねない、との認識が芽生えた。シュワルツマンは常に（フィンクもそうだが）、新たな年金基金や急拡大する大学基金を顧客とする投資ビジネスの機会をうかがっている。９・11同時多発テロ以降では米国内で最悪の、憎悪に根ざした事件をあおった大統領を、誰が舞台裏でがっちり支持してきたのか。それを察知されれば、こうした基金の管理者の中から、出資を控えたり、ブラックストーン社に預託した資金を引き上げたりする者が出かねない。すでに市民運動の活動家たちが、各州政府の年金基金管理者に対して圧力をかけていた。

「トランプに資金を出し、トランプから恩恵を受け、トランプやクーデターを企てた連中を支えてきた、スティーブ・シュワルツマンのブラックストーン社のようなプライベートエクイティ企業に対して、各種の公務員年金システムは、なぜ投資を続けているのか？」。労働組合活動家のスティーブン・ラーナーは、そうツイートした。

ダボスマンが、ホワイトハウス駐在の手先としてトランプを見限った理由は、もう一つあった。億万長者たちにとっては、次の大統領になるバイデンは、特段恐れるべき人物ではなかったのだ。バイデンの地元デラウェア州は、企業の利益に対する配慮の厚さで知られてきた土地である。

バイデンは、「好感度《ライカブル》のジョー」と呼ばれるほどで、人々にとって、なじみがあり、安心感を与えてくれる存在だった。数々の経験を有していて、既存の制度下で信頼を築いてきたし、内政でも外交でも政策通だった。パンデミック根絶へ、科学に基づいた取り組みを展開してくれるだろうという期待もあった。バイデンは傷ついた同盟関係を修復して、リベラルな民主主義に基づく国際秩序の主導者として、米国の指導力を取り戻そう、と訴えた。一言で言えば、彼の政権獲得は伝統的な政治への回帰を象徴していた。

普通の状態を取り戻す、ということが選挙戦を通じたバイデンの公約の核だった。政界では、彼は中道層に受けが良く、「本選挙で勝てる候補」という表現が定番だった。4年前にはトランプに流れたブルーカラー労働者の多い地盤で訴求力を保ちつつ、同時に、選挙資金をまかなう大口献金を拠出してくれる経済界の利害にも目配りできた。

民主党内での指名候補争いで、バイデンは「常態への復帰」を前面に打ち出すことで、バーニー・サンダースやエリザベス・ウォーレンのようなライバルを制した。こうしたライバルたちは、自分たちの選挙運動を不正な政治に対する反乱として位置づけ、億万長者階級の敵として振る舞った。対照的に、バイデンが示した処方箋の中では、アメリカ人たちは革命を起こす必要などはなく、ただトランプを排除すればいいのだった。革命志向ではかえってトランプを追い出せなくなってしまう、という理屈だった。

「アメリカの企業文化は変わらなければいけない」。2020年7月に開かれた資金集めパーティーで、バイデンは出席した大口献金主17人に向かい、そう告げた。しかし同時に、変化は緩やかに起きるべきだ、とも請け合った。「新規の立法など必要ない」とバイデンは続けた。[2]「私はそんな提案はしていない。考えなければならないのは、どうやって人々を取り込んでいくかだ」

ブラックストーンの最高執行責任者《COO》、ジョン・グレイが、このパーティーを主催した。純資産が45億ドルに達すると見積もられている人物だ。彼が関わっていることと自体が、同社がリスクを分散させて保険をかけていることの表れだった。シュワルツマンはトランプへ大口の献金を重ねているようなので、もう一人のブラックストーンの最高幹部がバイデンとお近づきになっておく、というわけである。バイデンもそうした献金を喜んで受け取った。

前月には、ブラックストーンの取締役副会長であるトニー・ジェームスが、やはりバイデンのための資金集めパーティーを催し、最富裕層から30人の献金主を集めた。

献金主たちに対し、自分の政権下での法制度改変を心配する必要はないと請け合ったバイデンは、実質的にみて、ステークホルダー資本主義への支持を表明したようなものだった。プライベートエクイティなど投資会社を率いる経営者たちについて、自分の陣営に総計3500万ドルも投じてくれた善良な人々であり、急進的な立法措置で介入しなくても、より平等な形で富を共有してくれる信頼すべき存在だ、と示唆したのだ。

民主党で長年選挙参謀を務めてきたヒラリー・ローゼンが形容したように、バイデンは「ワシントンに混乱をもたらす人物じゃない。ワシントンを癒やすために登場した」[3]のである。

しかし、従来路線への回帰は、失望と苦難の連鎖をまたしても呼び込む可能性があった。そもそも、そうした空気のせいで、民主主義への反旗を掲げたトランプが権力を獲得したのだ。

アメリカ人の生活様式の中で、ずっと当たり前のこととされてきた前提が崩れたとき、それは怒りの反動を生んだ。そのせいで、明らかに適格性を欠く上に独裁者気取りの人物が、普通のやり方をぶち壊すという方針を掲げただけで大統領になってしまった。この選択がいかに危険だったかは、結果としてもたらされた米国政治の機能不全と、世界で最も裕福な国が、パンデミックに対して無策だったことで端的に明らかになった。そして、その後任が提唱したことといえば、従来路線への回帰だったのである。

言葉の上だけの懸念ではない。もちろん、大統領執務室の主が人種差別主義を公然と掲げる武装組織に敬礼で応えるような人物でなくなること自体は、歓迎すべきだろう。大統領があからさまに他国の独裁者たちを賞賛し、私利のために外交政策を歪め、意図的に憎悪をあおり立てるということが、トランプ政権下では日常茶飯事だった。それでも、トランプ主義を成長させてしまったさまざまな状況を克服するためには、これまでどおりに戻れ、というだけでは不十分である。背景にある土壌が変わらない限り、人々の苦境はさらに広がる。そこにつけ込んでうまく立ち回ろうとする政治家が再び登場し、難題への答えとして分断を提示する、ということになりかねない。

米国経済を特徴づけている不平等、例えば合法化された税逃れの慣行、人種差別の構造、労働組合の衰退、そして、普通の人がもらう給料がほとんど伸びず、生計を立てづらい状況などは、トランプが登場するよりずっと前から存在した現実である。彼を大統領から解任しただけで解決する問題ではない。トランプを当選させた運動は、何十年にもわたって米国社会の中で作用してきた要因の延長線上にあったのだ。

最初はレーガンが、中央政府の組織を解体し、歳出削減で浮いた分を減税に充てる路線を始めた。富は下向きに流れ落ちるというトリクルダウン理論が、経済政策の基本原則に据えられた。それ以降の歴代政権は、共和党、民主党を問わず、社会福祉支出の必要性を軽んじ、株式を保有できる階層の利益に仕え、不平等は繁栄の副産物だとして容認した。クリントンは、財政赤字を削減すれば経済が回復すると主張し、イノベーションは青天井の高額報酬抜きには実現しない、という論を支持した。彼とオバマの経済政策は金融とテクノロジーが軸となり、ダボスマンが純資産を桁違いに増やす結果となった。独占禁止の法規制は過去の遺物のように扱われた。ジョージ・W・ブッシュは、減税という信仰のための生け贄《にえ》のように政府の事業を扱い、社会福祉をさらに解体した。

ダボスマンは、こうしたイデオロギーの変化を通じて、たまたま恩恵を被っただけの受け身の存在ではない。彼ら自身が政治献金を出し、果てしない嘘を振りまくロビイストや弁護士たちを操ることで、変化を推進したのだ。その一方では、慈善活動やステークホルダー資本主義への帰順をうたい、慈悲深さをもっともらしく演出してきた。

トランプは単に、前任者たちがやってきたことの程度を強めただけだった。減税という特典をさらに拡大して億万長者階級を喜ばせ、国家より企業の利害をひたすら優先させただけなのだ。

トランプ敗北のニュースが伝わると、米国の大都市では、歓喜して踊り出す人々の姿が街角でみられた。だが、トランプをホワイトハウスから追い出したことによる充足感はあっても、根本的な社会改革の見込みは立っていなかった。バイデンは言葉の上でも行動面からも、自分はダボスマンの米国政治における支配的地位を脅かす存在ではない、と発信していた。

バイデンの政権人事から見て取れるのは、市井の人々を対象とする大規模な景気刺激策を構え、富裕層に対する一定の増税によって歳入をまかなおうとする方向性だ。だが、全体的にみれば、ダボスマンに敵意を向けることは避けている。

ムニューシンの後任にバイデンが据えたのは、経済学者として尊敬を集め、FRB総裁を務めた経験も持つジャネット・イエレンだ。労働者階級をちゃんと気にかけてきた人物だが、その資産公開の内容からは、ダボスマンとの親しい関係もちらつく。過去2年間、イェレンは大手企業向けの講演謝礼で総計700万ドルを稼いだ。講演先にはゴールドマン・サックスやセールスフォース、さらに共和党の大口献金主ケン・グリフィンが創業したヘッジファンド、シタデル社も含まれる。

イエレンの下の財務副長官に起用されたのは、ウォーリー・アディエモだ。彼はフィンクの下で、ブラックロック社の経営企画部門トップをしばらく務めていたことがある。

保健福祉長官は、カリフォルニア州司法長官だったハビエル・ベセラだ。彼は連邦政府に対して、独占禁止政策によって医薬品の知的財産権保護を外して薬価を下げるよう要求した人物である。しかし、バイデンの側近の一人であるスティーブ・リチェッティは、製薬業界が雇ったロビイストとして活動した経歴の持ち主である。その弟ジェフ・リチェッティは最近、CARES法も含めたコロナ禍関連のロビー活動に携わるためにアマゾンに雇われていた(4)。

多様な背景を持つエコノミストたちが、ホワイトハウスのポストを得た。その筆頭が、労働経済学者として尊敬を受けてきたセシリア・ラウズで、彼女は大統領の経済諮問委員会で、黒人として初の委員長になった。ただし、経済問題を担当する筆頭の大統領補佐官には、やはりブラックロック社の勤務歴があるブライアン・ディーズが就いた。彼はフィンクの下で、「持続可能な投資戦略」と銘打った事業を統括していた。一見すると意味のある変化のように見せかけて、実質は既得権益を固定化する政策を進めてきた人物、といってよい。

シュワルツマンにとってはさらなる痛手になったが、ジョージア州で決選投票に臨んだ2人の共和党現職上院議員はそろって敗北した。この結果、民主党はごく僅差とはいえ、大切な上院多数派の座を手に入れた。おかげでバイデンは、自分の政策提案を立法化できるようになった。それでも、ダボスマンが持つ政治への影響力が、バイデンが取る行動の足かせになった。

バイデンは就任前の段階ですでに、コロナ救済のために1兆9000億ドルの財政出動を提案していた。その中には、失業手当の拡充や、影響を受けた州や地方自治体の支援、さらに中・低所得層への現金給付が盛り込まれていた。従来の救援策が、資産価格の上昇をはかることに焦点が絞られていたのと比べると、明らかな路線変更だった。

だが、バイデンが法案の要として盛り込もうとした、連邦レベルで最低賃金を15ドルに引き上げる案は、与党民主党内の中道派が反対に回り、葬られてしまった。最低賃金は、もう十数年も据え置きのままだった。それどころか、インフレ調整後の数字は数十年単位でみれば実質、減額になっていたが、議会はビジネス・ラウンドテーブルなどの企業ロビー活動に屈して、この状況を黙認した。ロビイストたちは、最低賃金を上げれば雇用が失われる、と主張していた。しかし、経済学の研究成果は正反対のことを指し示している。労働者のふところに入る金が増えれば、支出も増えるので、ほかの人々にも雇用機会が生まれるのだ。

インフレ率を加味すると、最低賃金は、1968年当時と比べて25パーセント以上目減りした。[5] 各種世論調査では、アメリカ人の多数派は最低賃金引き上げを支持している。共和党員に限ってみても同様だ。だが、それでもバイデンの案は成立しなかった。正式就任前からこのありさまでは、妥協続きの政権運営となることが予想された。

誰がホワイトハウスの主であろうが、ダボスマンの地位は揺るぎのないように思えた。

バイデンが当選し、民主党が上下両院も制したことで、パンデミックや、その影響を受けた経済破綻への対応策が変わった。政権発足にあたって、バイデンは米国社会の現状を受けて明らかに立場を変えた。彼は大規模な財政出動で全米のインフラを増強し、子供がいる家庭を対象とした税控除を拡充する政策によって劇的に貧困率を下げよう、と提案した。従来路線への回帰をうたうのをやめ、いささか大げさだったが、大恐慌を受けたフランクリン・ルーズベルトのニューディール政策を引き合いに出すようになった。大きな政府路線を復活させるための歳入源としてバイデンが想定したのが、法人税の引き上げと、租税政策の抜け穴を多少なりとも封じることだった。シュワルツマンのようなプライベートエクイティの大物らは、まさにそうした抜け穴を長年の既得権益として活用し、所得税をほとんど払っていなかった。

バイデンは米国の民主主義がカネまみれの既得権益によって乗っ取られてしまった、と感じている人々に寄り添おうとする言動をみせた。しかし、バイデンが有効な形で経済格差を是正できるかどうかはまだ見通せない。答えは、大口の政治献金を出す企業の機嫌を損ねてでも既得権益にメスを入れるだけの気骨を、バイデンが示せるかどうかにかかっている。

バイデンが初志貫徹できなかった場合、根底から負の影響を及ぼす可能性がある。公平な是正策への期待ばかりが高まったのに、結局はいつもながらの失望に終わり、賃金は低いままで、億万長者たちはさらに富を増大させるかもしれない。それを足がかりにして、トランプをより巧妙にアップデートしたような人物すら登場しかねない。そうした政治家は、共和党が伝統的に奉じてきた規制緩和、減税や政府組織の解体を、成長促進の柱として掲げるだろう。そして労働者階級への共感を語りつつ、その実は大富豪たちに尽くす。思いやりがあるように聞こえる言葉を操りながらも、選挙資金を出してくれる特権階級の既得権益は確保する、そんな人物かもしれない。

トランプは政権から去ったが、トランプ主義は今後もまだ栄えるかもしれないのだ。

米国以外にも、コロナ禍が吹き荒れた廃墟の中から立ち直ろうとする国々にとってみれば、政治的な既得権益という現実が足かせになりかねない。

英国では、感染力が特に増した変異株が２０２１年初めに到来したため、弱体化していた国民健康保険システムは、またしても対応しきれない状態に陥った。政府は再びロックダウンを課し、景気は後退局面へと逆戻りしてしまった。ＥＵ離脱の最終条件として新たに交わされた貿易協定によって、関税手続きが国境の両側で復活したせいで、状況はさらに悪化した。あらゆる港湾施設が混乱に陥っていた。想定されていたことだったが、経済はさらに衰えた。

欧州では、救援復興のための共同債で調達した資金の配分をめぐって、各国の政治家たちが争い続けた。その間にも、初期のワクチン接種が立ち遅れた影響で、パンデミックは拡大した。

コロナ禍後の世界経済で、格差がいっそう広がるのは確実に思われた。

この公衆衛生危機は、ダボスマンの略奪のせいで悲惨さが増したわけだが、収束した後の世界像を考える際に一番大切な問いは、要するにこういうことだ――富をほとんど独占した集団によって民主主義そのものが支配されてしまった状況下で、民主主義国はどうやって不平等を根絶できるというのか？

億万長者たちが突如として、富の平等な再分配に自発的に携わるようなことは期待できない。経済格差を拡大させてきた既得権益層に向かって、社会はどうやって対峙《たいじ》すればいいのか？　広範な社会層の生活水準を向上させられるような経済成長を、どうすれば起こせるだろうか？

どれも、簡単に答えは見つからない深刻な問題である。だが、それでも解決方法を模索しなければならない。その営み抜きでは、民主主義のさらなる崩壊を甘んじて受け入れるしかなくなってしまうのだ。

ここまで、ダボスマンの根城での生態を観察してきたが、以降の各章では、普通の人々の営みに焦点を戻そう。

市井の人々の豊かさを増やす方法を実験し、公共事業を再編し、新しい形の社会福祉を試し始めた国も出始めている。理想主義のおとぎ話ではない。現実的な計画として、かつて存在した社会を取り戻そうとする企てなのだ。市場経済の利点を取り入れつつも、システムが生む利益を、公平に分配するような種類の資本主義である。

イングランド北部のプレストンという都市では、地方政治家たちが、ダボスマンの介入をいっさい抜きにして成長を目指す路線を取り始めていた。

第17章

ダボスマンをバイパスする方法「必要なお金は、すでに地域社会の中にある」

イングランド北西部ランカシャー州の周辺地域と同様、プレストンの街は産業革命で成長した。リバプールの港から、綿花を積んだ川船がリブル川を遡上してきて、活況を呈した繊維工場の数々へと運び込み、布地が作られた。20世紀初頭には約6000人が地元の繊維工場で働いていた。その稼ぎによって蓄積した富が、並木道沿いの美しいレンガ造りの家並みを形作っていった。

だが、ここ数十年は、繊維産業が低賃金諸国へと移転してしまい、工場はどこも閉鎖し、失業率が上がった。商店も廃業して、板で封じられた戸口ばかり目立った。中心部の目抜き通りでは、買い物客よりもホームレスを見かけることのほうが多いほどだった。

地元当局が、新しいショッピングセンターを中核とする再開発投資計画を誘致してきた。市街地中心部にある市場を取り壊した後に立地する計画だった。この市場は、かつての賑わいを失った後、魚のはらわたの悪臭が立ちこめ、スリか酔っ払いばかりが通路をうろつき、皆が敬遠する場所になってしまっていた。

地元自治体は2005年に、世界的な不動産デベロッパー、グロブナー・グループと再開発計画で合意した。このグループはもともと貴族の一族が領地を管理するために作った会社で、その時点でも、ウェストミンスター公爵ジェラルド・グロブナーが所有する130億ドルの資産の一部を管理していた。

グロブナーはロンドンのお洒落なメイフェア地区から東京・六本木まで、計60カ国にまたがって不動産物件を持っていた。このグロブナー・グループが、プレストンの古い市場を、買い物とエンターテインメントが楽しめる複合施設に変貌させることになった。

だが、その矢先で、世界金融危機が起きた。するとグロブナー・グループは計画を放棄して撤退してしまい、プレストンは混迷に陥った。緊縮財政の影響で、地元の資金も枯渇してしまった。

「あれはひどかった」と、プレストン市議会リーダー［行政のトップも兼ねるポスト］のマシュー・ブラウンは話す。「市民を支える我々の能力が、ほとんど削がれてしまった」

ブラウンは、多国籍不動産デベロッパーを信用してしまったことは、地域社会に何ら愛着のない資産管理者たちの気まぐれに市の将来を委ねる過ちだった、と結論を出した。プレストンに必要なのは、よそ者たちに頼りきりにならない計画だった。

2012年3月のある晩、ブラウンは、車で1時間も離れていないマンチェスターに本拠を置く研究機関、地域経済戦略センターを率いるニール・マッキンロイを伴って、市内のパブで話し合った。同センターは、住民の給与や税収、貯蓄を地域経済の中で回し続ける、いわゆる地域共同体の財産構築を専門としていた。ビールを飲みつつ、2人は再開発計画の代替案を話し合った。

2人が相談して作った計画は、市の公共機関が地元企業との取引をできるだけ増やすことを主眼としていた。小中学校が給食業者を探すときに、全国展開している大手ではなく地元の会社を選ぶ。給食配給を受注した業者は、今度は近隣の農家から食材を調達する。給料をもらった人々が地元の商店で買い物をすれば、消費活動のサイクルがプレストンの中にとどまる。株主の利益を優先する、どこぞの企業に吸い上げられることはない。

「プレストン・モデル」として知られるようになったやり方は、緊縮路線に対する解毒剤といえた。これならば、国政選挙の結果やダボスマンの顔色に振り回されることはない。必要なのは、地元社会にすでに根を下ろし、お金を使って活動している、さまざまな組織間の調整だけだった。

ブラウンが案をプレストン市議会の同僚議員たちに最初に示したときは、まだ日が高いのに飲みすぎなのか、と疑う程度にしか受け止めなかった者もいた。確かに、ヒッピーの妄想のように聞こえる案だった。だが、緊縮財政が社会のあらゆる側面を押しつぶすようになり、自治のあり方に関する基本的前提も揺らいでいた。伝統的なやり方で物事を切り盛りしてきた結果が貧困と絶望だった以上、型破りな手法に目を向ける必然性が増していた。

「ある種の文化的変革が起き、これまでと違う見方をするようになった」。地元で私の取材に応じたブラウンはそう話した。「我々が見出そうとしていたのは、資本主義のモデルとは別の選択肢だった」

ブラウンが音頭を取って、地元の関係機関を組織的に巻き込んでいった。プレストンの市役所や、周辺地域を含むランカシャー州の広域自治体議会、地元の警察署や住宅公社、さらに地域内にある2つの大学が、可能な限り発注先を地元企業にする、という方針に賛同してくれた。

こうした関係機関は、「アンカー施設」と呼ばれることになった。このプランが実施される以前は、アンカー施設がプレストン市内で費やしていた金額は、支出のうち5パーセントしかなく、ランカシャー州内全域を対象にしても39パーセント止まりだった。5年後、この数字はそれぞれ、18パーセントと78パーセントにまで跳ね上がった。[1]

プレストン・モデルは、法制度によって運営されているわけではない。地元に根ざした関係組織同士の社会的合意として、金銭を支出する際には、収支以外の要因も考慮する方針を共有することで機能するモデルだった。これは、現実に利害関係者《ステークホルダー》のためになる、真っ当なステークホルダー資本主義といえた。しかもダボス宣言のようなあいまいな約束を通じてではなく、選挙によって、民主主義に基づいて運営されるのだ。

ランカシャー州警察は緊縮財政の影響で規模が縮小し、10年前には3000人いた要員が2200人まで減っていた。近隣のブラックプール——カーニバルの行列と、高い犯罪率で知られていた海辺の都市——に、新しい警察署を建設する事業の発注にあたって、州警察は落札企業の選定過程で「社会的価値」を重視する、という条件を付け加えた。入札に参加する企業が地元の会社だったり、職業訓練の場として若者を雇っていたり、組合の結成を認めたりしている場合は、選考で高い優先順位が与えられた。このときは結果として事業を落札したのは、地元でなくマンチェスターに本拠を構える会社だったが、それでも建設予算のうち少なくとも80パーセントをブラックプールの市内で費やすことが義務づけられた。

「経済的な欠乏と犯罪の間には相関関係がある、と我々はみています」と、州警察本部長のクライブ・グランショーは私に語った。「地域社会の内側で投資できれば、当然、恩恵を受けるのは地元になるわけです」

未完に終わった再開発構想では市場は取り壊され、跡地にショッピングモールが建つはずだった。その市場が、プレストン・モデルにとっての記念碑的な場所になった。市当局は19世紀に立てられた鉄柱を活かしつつ、リノベーションを施した。きれいになった建物には大きなガラス張りの出入り口が設けられ、切妻屋根の下に居心地の良い空間が広がり、鮮魚商や精肉店、地元産ビールを出すパブやカフェが入っている。

市当局は地元の商工業者に改修工事の大半を発注した。プレストン生まれの建築家ジョン・ブリッジも加わった。ブリッジはこの工事で培った経験を活かして起業した。彼は、地域社会の衰退が、かえって変化をもたらす起点になったと受け止めていた。

「おかげで自分たちを見つめ直すことになった」とブリッジは言う。「考え方を変えなければならなかったから」

プレストンでマシュー・ブラウンに助言した人々の中に、テッド・ハワードというアメリカ人がいた。「デモクラシー・コラボレーティブ（民主主義協動体）」という名のNGOを創設した人物だ。ハワードは、ダボスマンからの賃下げ圧力に抗してでも、協同組合形式の企業体が、生計を立てられるだけの賃金を支払う効用を説いてきた。

彼は同僚たちと、米国でいくつもの協同組合を立ち上げたが、その一つに、クリーブランドの低所得層が多い地域に本部を置く、クリーニング業組合がある。従業員には、中産階級の暮らしを営めるだけの賃金を支払い、健康保険を提供し、収益シェアも実施している。クリーブランド・クリニックの病床シーツのクリーニング業務を、慈善事業の一環としてではなく、競争入札を通じて受注した。協同組合なので、とにかく赤字を出さなければ大丈夫なのだ。株主に配当を出すという義務から解放されているので、従業員に生計上の出費をカバーするのに十分なだけの給与を支払っても、入札で競争相手に勝つことができた。

「協同組合には社会のための真の使命がある。地域社会を変革することだ」とハワードは言った。「ただし、長い目で見れば財政的にも成功する必要がある」

ハワードがこの着想を得た先例が、スペイン・バスク地方の協同組合連合であるモンドラゴン・グループだ。7万人以上が働く、スペインでトップ10に入る大規模雇用主だ。グループ傘下には、同国でも指折りの大手スーパーチェーン、銀行、さらに自動車部品などを世界各国に輸出する一連の工場まで含まれる。

モンドラゴンでは、経営の大原則として、最高経営幹部の給与は最も低い労働者の6倍を超えてはならない定めになっている。米国の上場企業であれば、その比率は平均で300倍に達している。[2] モンドラゴンの労働者たちは、企業体を等分の資格で所有するパートナーという立場になり、毎年の収益配分も受ける。もしも特定の組合が業績不振に陥った場合は、パートナーは同じ傘下の協同組合で職を探すことができる。

世界金融危機の影響で、スペイン国内の失業率が26パーセント以上に達した際も、モンドラゴンはほとんど解雇を出さずに済んだ。かつてグループが最初に立ち上げた協同組合だった冷蔵庫の製造工場は2013年に経営破綻してしまい、1900人近くの職が失われた。しかし6カ月後には、大半がモンドラゴン傘下の別の協同組合で新しい仕事を見つけ、それ以外の人々も、十分な退職金を受け取って早期退職することができていた。

国際協同組合同盟によると、世界規模でみれば、協同組合に雇用されている労働者はすでに2億8000万人を超えている。米国だけでも3万以上の協同組合があり、ある見積もりでは、こうした団体が管理する資産は3兆ドル以上に達する。(3)

ハワードがもう一つ推奨する、米国内で勢いを増してきた具体例がある。非営利・公営の医療機関や健康保険組合が45団体集まった共同企業体、ヘルスケア・アンカー・ネットワークだ。国内で700以上の病院を傘下に置き、全体でみれば、年間5000億ドルを支出し、1500億ドルの資産を管理している。

プレストン・モデルと同様、ここのメンバー団体は、地元の雇用創出に役立つ形で経費を支出する方針をうたっている。さらに、余剰金を、いわゆるインパクト投資に振り向ける方針も表明している。住宅立ち退きの危険から低所得層を保護する低利住宅ローンや、マイノリティが起業するための創業資金、低所得労働者のための保育サービスなどの投資だ。2020年初頭の段階で、メンバー団体は3億ドル以上を拠出してきた。

このモデルは、年々ひどくなってきた米国政治の短所を踏まえて生まれた。防衛産業のような利権絡みか、ダボスマンのための減税策でもない限り、議会に金を出させるのはほぼ不可能だという現実が背景にある。議会を説得して、社会福祉事業の拡充に新規予算をつけさせることが無理な状況なので、既存組織の資金を、低所得層の多い地域社会の活性化に振り向け直したのだ。

その資金が持つ潜在力は相当なものだ。米国内では、医療機関による支出は年間総計7800億ドル以上に達する。管理する投資案件は4000億ドルあり、5600万人以上の人々の雇用主でもある。これだけの資力があれば、ほんのわずか方向性を変えるだけでも、大きな影響を及ぼす。

「資金が不足しているとばかり思っていたが、必要なお金は、すでに地域社会の中にある、とわかった」。ハワードは私にそう語った。「地元に根ざして活動している組織が持っていた」

この手法が特に医療分野に適しているのは、オバマケアとして知られる、医療保険制度改革法のおかげでもあった。同法に基づいて、非営利の病院には地域社会ニーズに関する年次報告が義務づけられている。内容は極めて広範で、雇用状況、手頃な値段での住宅供給状況、公共交通機関や公園の環境整備まで含まれる。病院側は、地域改善策を提案する義務も負っている。

こうした取り組みの背後には、貧困が人命を奪っているという端的な現状認識がある。一度ホームレスになってしまった人々は、入退院を繰り返す傾向がある。失業した人々は、往々にして有機野菜や果物を買う余裕はなく、スポーツジムの入会費なども出せないため、心臓病や糖尿病といったさまざまな疾患にかかる可能性が高くなる。仕事に行くのに必要な車の修理といった当座の出費をまかなうために、民間健康保険から脱退せざるを得なくなる人も増えていた。

「アメリカ人の4人に1人は、〝今日はミルクを買うか、それとも処方箋料の自己負担金を払うか？〟といった選択を突きつけられている」。ヘルスケア・アンカー・ネットワークの主要メンバーでもある医療保険システム大手、カイザー・パーマネンテで、地域医療部門の最高責任者を務めるベシャラ・シューケアは、自社の調査をもとに指摘する。「あるいは〝今月は家賃を支払うべきか、それとも手術代を支払うべきか？〟といった悩みだ」

カイザー社の健康保険システムには、1200万人ものアメリカ人が加入している。同社には収支面からもネットワークに加わる動機があった。地域社会で雇用が増えれば、カイザー社のサービスに加入する顧客を増やせるし、医療ケアの提供コストを下げることも可能になるからだ。

カイザー社はその観点から、ロサンゼルスのサウス・セントラル地域、ボールドウィンヒルズとクレンショーの両地区が接するあたりに、新しい病院を建設する計画を立てた。

その地域に必要なのは、医師のいる診察室だけではなかった。27万8000人の住民のうち、大半が黒人やヒスパニックで、住民の3割は低所得層と認定されていた。高校すら出ていない人が多かった。ギャング団による暴力沙汰は日常茶飯事だ。刑務所から出てきた人々が、生計を立てる手段を何ら得られず、公営住宅で暮らしていた。彼らの健康状態を向上させるためには、X線検査機器を導入したり薬局を開設したりするだけでなく、幅広い問題に取り組む必要があった。

2015年末、カイザー社は地元との会合を繰り返し開き、地域社会のニーズがどこにあるか把握しようとした。人々が最も必要としていたのは、仕事だった。

カイザー社はその翌年、病院建設に着工した際には、契約した建築業者に対して、あらゆる職種のうち最低3割は、現場から5マイル［約8キロメートル］以内に居住している人を雇うよう義務づけることにした。最初のうちは、ふさわしい人材を見つけるのに苦労した。求職フェアを開催したが、ほとんど参加者がなかった。そんなときにプロジェクト責任者が知り合ったのが、地元の顔役で、「ビッグジョン」というあだ名で知られる、ジョン・ハリエルだった。

ハリエルはこの地域で育った。ブラッズという悪名高いギャング団の仲間に入り、麻薬密売の罪で5年、服役した。刑務所内で勉強して高卒認定資格を取り、電気工事士としての訓練も受けたので、出所したときにはキャリアを積む展望が開けていた。現場監督にまで昇進し、バスケットボールのロサンゼルス・レイカーズの本拠地ステープルズ・センターをはじめ、西海岸各地の大きな建設プロジェクト現場で、数十人の電気工事士チームを率いた。また、服役歴がある人を対象に、家庭を持ち生計を立てられるキャリア形成を支援するコミュニティ組織「セカンド・コール」を運営し、熱心に活動してきた。

体格が良くぶっきらぼうなハリエルは、企業をスポンサーにして美辞麗句を弄するタイプではない。よそ者の白人たちが、圧倒的に黒人が多い自分の地元にやってきて、苦境から救済してあげようと上品ぶることに対して、とりわけ不信感を抱いてきた。小学生のときにすでに、サンタクロースの物語をあざけり笑って、叱られたことがあったという。

「『太った白人のおっさんが空を駆け回って、プレゼントを煙突から届けてくれるって？　この辺の公営住宅には煙突なんかないぜ』と言ってやった。『それは嘘だ。あんたは嘘っぱちを教えようとしてる』って」

刑務所の中では、アフリカ系米国人の歴史について読みあさったが、白人エリート層が、マーティン・ルーサー・キング・ジュニア牧師、特にその「私には夢がある《アイ・ハブ・ア・ドリーム》」演説を褒めそやすことに、いらだちを覚えたという。

カイザー社から、病院建築プロジェクトに作業員を雇うのを手伝ってほしいと打診された際、ハリエルは最初、同社の売名行為だろうと疑った。彼は作業員候補の採用プロセスに関して、すべてを掌握する権限を要求した。元受刑者たちを生計が立てられる仕事に就かせるのは革新的なことだが、同時にどれほど困難かも経験的にわかっていたからだ。

毎年、全米の刑務所から出所する人々は約60万人に達する。そして、元服役囚の間での失業率は27パーセントを記録している。[4] ただし、ハリエルはそうした数字は、懸念すべき状況への警告であると同時に、希望の証しでもあると考えていた。刑務所から出てきたばかりの人は、世間の厳しい目を知っているからこそ、より勤勉に働こうという意志がある。彼らにとって、受け取る給料は単に日々の出費をまかなう方法ではなく、自由を保つ道なのだ。

同時にハリエルは、殺人や麻薬密売で有罪になった人物を、通常の雇用主は雇いたがらないこともわかっていた。雇用のメリットを実感してもらう必要があった。ハリエルが採用する人物は、礼儀作法にのっとって、きちんとした態度を取れなければならなかった。

「世間は俺たちのことを見ている」と彼は語る。「2分遅刻してしまうより、2時間早く来てしまうほうがずっとましだ」

ハリエルの「セカンド・コール」を単に職業訓練の場と考えるようでは、大切な点を見落としている。ハリエルは出所者たちに、外の世界で待ち受ける罠を避けるすべを教えているのだ。開講コースの中にはアンガー・マネージメントや、お金をめぐる基礎講座があり、心理的トラウマへのカウンセリングも提供する。ギャング団メンバーだった黒人やヒスパニックの人々には、白人の管理職に対して、目をそらさず向き合うように勧める。そうした態度が暴力沙汰につながる刑務所の中とは違う、と教えるのだ。ハリエルは、建設作業に加わる候補者が、心からやる気を持っている、と確信できない限り、現場研修を受けさせようとしなかった。

「誰かが何かやらかしたら」とハリエルは言った。「俺が真っ先に、お前はクビだと言う」

カイザー社はこの「ビッグジョン」ハリエルに、採用プロセスをまかせた。ハリエルはギャングが巣くう地域に赴き、こまめに家々を訪ねて回った。おかげで、次に求職フェアを開いたときには、数百人もの人々が参加した。カイザー社はその中から数十人を採用した。その中の一人に、チャールズ・スレイという男性がいた。

ハリエル同様、スレイもこの地域で育った。10歳のときに母親が亡くなり、自動車整備士として働く父親に育てられた。周りの誰もがお金に困っていて、まともな仕事などなかった。ハンバーガー店の厨房かスーパーのレジ打ちがせいぜいで、貧乏暮らしから抜け出せるたぐいの職ではない。スレイは、手っ取り早く金になる種類の仕事をさせてくれる組織に加わった。ギャング団のブラッズに入ったのだ。14歳の頃には、彼は拳銃をかざして商店に押し入り、ボールドウィンビレッジの荒れ果てた路上でも強盗をした。今度カイザーが病院を建てる、まさにその地域だった。

21歳のとき、スレイは対立するギャング団の男を殺した罪で刑務所に入った。刑務所内で高卒資格を取り、さらに社会学を履修した。「自分がやった強盗の、被害者のことを初めて考えた」という。「自分がしでかしたことの影響の大きさがわかり始めた。母親のお気に入りの小さな坊やだったはずなのに、いったいどうして、他人の命を奪っても平気な人間になってしまったのだろう？　今までの自分には、欠けていたものがあると思った。〝家に帰ることができさえすれば、そのことだけでありがたい〟と感じた」

その望みは、スレイが48歳のときに実現した。27年間の服役後に出所し、おばの家に身を寄せた。最初、トラック運転手の求人に応募したが、仮釈放の条件として自宅から50マイル［約80キロメートル］以遠に出てはならないことになっていたので無理だった。港で荷下ろしをする仕事に就いた。時給9ドルで、健康保険はついてこなかった。

そんなとき、スレイはビッグジョンに出会った。カイザーが新病院の建築を始めた際には、スレイは電気作業のチームに入って働けるようになった。

「それまでの人生で、電動工具なんて使ったことがなかった」とスレイは言う。「使ったことがある道具は銃だけ。生まれ変わって、何度目かの人生を生き直しているような気分だった」

スレイが生きてきた世界は、米国の政治プロセスから事実上切り離されていた。「常態への復帰」という政治路線が国全体の方向性なのだとしても、圧倒的に黒人が多い貧しい地域にまともな仕事をもたらすことなど、想定すらされていなかった。

英国のプレストン・モデルや、米国のヘルスケア・アンカー・ネットワークのような取り組みは、欠陥だらけの社会システムにおいて賢明な適応策といえるし、出発点としては意味がある。富が地域社会の内側に蓄積されていけば、ダボスマンに吸い取られることはない。だが、もっと大きな規模で人々を貧困から脱却させ、中間層の暮らしも立て直すには、より包括的な取り組みが必要である。ダボスマンの富を、ほかの全員へ移譲させる仕組みがなければならないのだ。

もう何世紀も、社会理論の学者や公民権運動の指導者、エコノミストたちが議論してきたのは、社会の中で生計の手段を欠く人々が出てきてしまう現実を、どうすれば効果的に是正できるか、という問いかけだった。世界中がパンデミックに見舞われ、何億人もの人々が、極貧状態に陥る危機に瀕している今、この問いは切実さを増している。

興味深いが、これまではまったく実用性を持たないと思われてきた考え方の一つが、突如として注目を集めつつあった。

第18章

ベーシックインカムはダボスマンを駆逐するか

「国民にお金を配るために」

ユニバーサル・ベーシックインカム（以下、ベーシックインカム）という概念を最初に耳にしたとき、すでに10年以上にわたって経済を専門に取材してきていた立場からすると、正直言って、ユートピア的な空想上の話だとしか思えなかった。

中核にあるのは、政府があらゆる国民に対し一律に、基本的な出費に充てることができるように定額を給付する、という考え方だ。スティーブ・シュワルツマンが自分の不動産帝国をホームレスの人々に寄贈するのと同じくらい、ありえないことだろうと思われた。

ただし、形はさまざまに変わってきたものの、実は基本的な着想はもう何世紀も前から存在した。最新バージョンの提案への支持は勢いを増している。一部の活動家や非主流とされるエコノミストたちは、経済格差をめぐる論争の延長線上で、ベーシックインカムこそが、目を背けるわけにはいかないさまざまな問題の解決策となりうると評価する。グローバル資本主義は、明らかに危機に瀕している。世界各国で、底辺の仕事から抜け出せない層の人々が増えた。ワーキングプアが広がっていたし、そもそも労働力から脱落してしまう人も多い。給料だけでは生計を立てられない現状で、老若や貧富、健康体か否かの差を問わず、各国政府が誰にも定額を給付するようになれば、食糧や住まい、医療といった暮らしに欠かせない要素を皆に保障できる、と期待する案だ。

1983年秋、ベルギーの研究者3人が、普遍的な所得分配という概念を推し進めるために団体を作った。3年後、彼らが開いた国際会議に60人が参加し、その中に英国の経済学者ガイ・スタンディングがいた。この催しをきっかけに、現在、ベーシックインカム地球ネットワークとして知られる組織が発足し、関心を持つ人々がオンラインで交流できるようになった。

「経済的安定というのは、貴重な財産だ」。スタンディングは2017年の著書『ベーシックインカムへの道　正義・自由・安全の社会インフラを実現させるには』［プレジデント社、2018年刊］で、そう書いている。[1]「他者の不安定につけ込んで利得を得る特権エリート層の強化ではなく、良き社会を真摯に実現していこうというのなら、これを目標に掲げるべきだ」

確かに経済的な不安を抱えている人は多い。だが、私はそれでも、ダボスマンが支配する政治システムの下ではベーシックインカムは非現実的な目標であり、もっと実現可能性がある目標を見失わせてしまうものだと感じていた。ワーキングプアの問題が深刻な米国では、社会福祉をほんの気配でも感じさせる政策はロビイストの標的になってしまい、成立しない。しかもベーシックインカムは、社会主義の一種だという批判を浴びやすい。世界最大の資本主義大国である米国では、社会主義というレッテルを貼られた瞬間に、その概念は受け入れられなくなってしまうのだ。

そんな中で2016年、ちょうど私が欧州経済報道の担当になりロンドンに移った矢先に、フィンランドが、ベーシックインカムの枠組みを2年間かけて試行実験すると発表した。

北欧のフィンランドでは、これまでも数々の社会福祉事業が納税者のお金でまかなわれてきたので、ベーシックインカムも現実的な目標といえた。一方、その経済は北欧諸国の中では最も市場主義志向で、ビジネスの世界では、熾烈《しれつ》な競争が当然のこととされていた。試行実験がどのような内容であるにせよ、机上の社会主義的空論と切って捨てることはできなかった。むしろ、資本主義を再び活性化する企ての一環であるようだった。

私がフィンランドを訪れ、試行実験の状況を現地で確かめることにしたのと同じ頃、経済学の論壇に、ベーシックインカム概念をもてはやす一派が登場した。コロラド州アスペンからロンドンまで、労働の将来を話し合う会議で、さまざまな形のベーシックインカムの利点が話題として急浮上した。典型的な議論では、労働のあり方は根本的に変わり、働ける人であれば仕事に就くものだという伝統的な概念は、もはや古めかしい希少例になっていると説かれる。そこで、ベーシックインカムが社会保障としてさまざまな形で役立つ、という。例えば、ウーバーの運転手というパートタイムの仕事しかなくても、あるいはその仕事すら自動運転車両で置き換えられてしまっても、ベーシックインカムがあれば、暮らしの見通しが立つ。

2017年1月のダボス会議では、ガイ・スタンディングはどの会場でも注目の的だった。モデレーターの一人はスタンディングのことを、ダボス会議における「良識の持ち主」と紹介した。プレカリアート、つまりグローバル化によって生計を脅かされる社会層の急増について研究してきたスタンディングの業績が、そうした評価の土台にあった。

プレカリアートが急増しているのは、人々が市場の力を過信し、「あらゆる事象を商品化してしまった」上に「社会連帯のための機構や制度を、組織的なやり方で破壊してきた」ことの報いである、とスタンディングは論じた。ベーシックインカムはこうした社会に、均衡を取り戻す策だった。

ダボスマンの間でも、ベニオフのように、この考え方を支持する者たちが増えた。彼らはベーシックインカムを、自分には儲けとなった技術革新のせいで人々が仕事を失ったことに対する、一種の補償であると考えていた。億万長者たちがこの考え方を好むのは、ステークホルダー資本主義の場合と同様、本質的な富の移動を防ぐのに役立つ、と計算しているからだ。それゆえ、ベーシックインカムは政治的に支持を集めやすいという利点もある。

フェイスブックの共同創業者であるクリス・ヒューズが、この概念を提唱し研究するためのグループとして、「エコノミック・セキュリティ・プロジェクト」を立ち上げた。そこから基金を出して、住宅立ち退き問題で地元社会が痩せ細った地域の一つ、カリフォルニア州ストックトン市で、ベーシックインカムの実験が行われた。[2]

ケニアでは、「ギブ・ダイレクトリー（直接与える）」という名のグループが、権威のある研究者らの監督下で、200近い村落に暮らす人々を対象に給付を始めた。10年以上をかけて影響を観察分析することになっている。インド、韓国、カナダでも、実験はすでに実施中か、計画段階にある。

2020年大統領選挙に向けた民主党内の予備選では、IT実業家のアンドリュー・ヤンが、彼の型破りなキャンペーンの中心政策にベーシックインカムを掲げ、予想外の支持を集めた。ヤンはあらゆる成人した米国民に「自由の配当金」として月1000ドルを給付する、と公約した。

ただし、ベーシックインカムの議論は確かに勢いを増していたものの、コスト面からの批判が避けがたく存在する。政策の中身よりも、政治的な実現可能性という観点から批判されやすいのだ。

もし、あらゆる米国民が年間1万ドルの給付を受けるのであれば、予算は3兆ドル近くが必要となる。現状で米国政府が既存の社会福祉事業に費やしている額の約8倍である。政府がそんな支出をするなど、絵空事に響いた。

しかし、現実主義は、冷笑主義に陥りやすいという罠がある。例えば数年前に、米国の労働組合運動が、「15ドルを勝ち取る戦い」と題して、連邦レベルの最低賃金を倍増させるキャンペーンを繰り広げた際、専門家の多くは、非現実的とみて一蹴したものだった。だが、運動が全国展開したおかげで、連邦最低賃金はいまだ据え置かれているものの、多くの州や市は自治体レベルで実際に15ドル以上まで引き上げ始めた。

しかも危機下では、政治的な現実そのものが変容する。コロナ禍で、平時の計算式は通用しなくなった。大恐慌の再来を防ぐという名目で、北米でもヨーロッパでも、各国政府は、通常時ならば言語道断とみられるような規模で財政出動している。失業手当や給与の補塡、政府が提供する健康保険など、予算規模は大幅に膨れ上がった。より効果的な方法で、広く社会にお金を配る方法を真剣に検討する必要も出てきた。

コロナ禍では何より、多くの国々で、普通の市民が経済的破綻の一歩手前まで追い詰められているという現状が改めて浮き彫りになった。よく引用されるＦＲＢの調査によると、コロナ禍以前ですら、アメリカ人の10人に４人は、車の修理とか電気器具の故障といった予想外の出費として、たった４００ドルですら工面することが難しい状況に置かれていた。[3] そして突如として、何千万人ものアメリカ人たちが、車の故障どころではない深刻な問題に直面するようになったのだ。

２０２０年、コロナウイルスがアメリカ人の暮らしを機能停止に追い込んだ中で、ラスベガスでは、けばけばしい電飾を施したホテルから客は消え、街角は何千人ものホームレスであふれた。各地でショッピングモールの客足がぱったりと途絶えた一方、フードバンクはごった返した。

欧州各国では、人々が苦難に遭った際に、失業保険や住宅費補助、現金給付などの形で自動的に支出が講じられるシステムがある。それと比べて、米国では社会保障が手薄なので、失業率の急増によって、長期的に見れば納税者の負担がいっそう増すことは確実だった。犯罪が急増すれば、警察や刑務所の予算がさらに必要となる。健康保険に入れない何千万もの人々にとっては、救急医療の支払いも大きな負担だ。実際問題として、ワシントンが決定した連邦政府のコロナ救援対策費は、トランプ政権とバイデン政権を合わせて、２０２１年半ばまでに総計で5兆ドルを超した。

政府の当局者に多いような冷厳な現実主義者たちの間ですら、ベーシックインカムが、あらゆる場所で噴出する問題に対する、現実的な解決策となりうるという考えが急速に広まった。

大統領選を通じて、候補者としてのバイデンはベーシックインカムに懐疑的で、質の高い雇用機会を創出するほうが大切だ、と説いた。だが２０２０年5月、カリフォルニア州選出の上院議員で、その直後にバイデンから副大統領候補指名を受けたカマラ・ハリスが提出した法案は、ベーシックインカムにしかみえない内容だった。単身世帯に対しては月2000ドル、家族世帯には上限月1万ドルを給付することが軸で、(4)CARES法による、パンデミックの流行中に限定された給付をはるかに上回る水準だった。

下院議長のナンシー・ペロシは、やはり現実主義者を自認する人物だが、ベーシックインカムは社会で話し合うべき課題だと示唆した。

「国民にお金を配るために、何か別の方法を考えなければならないかもしれません」と彼女は語った。(5)「人によっては、最低限の収入を国民に保証するやり方を提案しています。今注目するべき案か？　たぶんそうでしょう」

ペロシは、この考えへ相次いで前向きになった有力者の一人にすぎなかった。バイデンも、時間を置かずにその方向性を示す措置を取ることになる。

歴史的にみても、危機によって社会の不平等という欠陥が明らかになると、政府提供の社会保障システムを通じて、市井の人々へ定額を定期的に給付する案が浮上する、そしてその概念を有力な思想家らも受け入れる、という連鎖が繰り返された。道義上の理由でそれを支持する者もいるが、自分たちの財産を暴徒に荒らされるような事態を、未然に防ぐ手段として推す者たちもいる。

コロナ禍で、現代社会が抱える格差の深刻さが、あからさまに浮かび上がった。ベーシックインカムがその解決策になる、との確信は広がりつつあった。

ただし、ほかにも検討を要する解決策があることには留意しておきたい。

生活水準を向上させるためには、連邦政府がじかに関わる雇用保証制度《ジョブギャランティ》を設けることもできる。この制度の下では、職が必要な人は、政府が運営する職業安定窓口に行けば、仕事が常に用意されている。

そして、とりあえず生計を立てられるだけの、いわゆる生活賃金を受け取れる。就業機会が豊富にある情勢なら、職業安定所を利用する人はほとんどいない。だが、景気が悪くなった際には、失業手当を出す代わりに、政府自体が大量の仕事を提供する雇用主になる仕組みだ。

雇用保証は、就業機会が枯渇した状態を、真正面からただそうとする取り組みといえる。こちらの案にも支持が広がっている。(6) 最大の長所は、労働環境を幅広く改善する点にある。働く能力がある人ならば誰でも生活賃金を得られる仕事が見つかる、と政府が保証するため、民間の雇用主も、同じ水準をクリアしなければ人材を確保できなくなるのだ。

アマゾンがパンデミックの最中にマスクなどの個人用防護具を十分提供しなかったら、人々は連邦政府の職業安定窓口へと流れる。アマゾンは従業員の待遇を改善しない限り、要員不足で荷さばきの遅れが相次ぐ事態に陥っても、甘受するしかなくなるだろう。

米国では、多くの国民が仕事にあぶれているのに、社会全体として手つかずの事業がたくさんある。米国が抱える2つの根本的な問題に対して、雇用保証は一石二鳥で是正策をもたらす。

米国の大都市では、幹線道路が補修されずに荒れ放題で、公立学校も施設の劣化が激しい。それなのに、熟練した建設作業員であっても、失業対策事務所に通って、生活水準の賃金を払ってくれる仕事を探さなければならないのが実情だ。雇用保証を導入すれば、就業が困難だった社会層も、お金を使う余裕が生まれる。その一方で、インフラ整備が進んで教育や交通事情は改善され、全体の経済成長につながる。

雇用保証への歳出を正当化しようとして、こうした投資は採算性があるなどと、ダボスマンの果てしない嘘を真似《まね》するべきではない。マコネルのようなダボスマンの相棒の政治家がいつも使う、財政赤字の脅威をあおり立てる手口の罠にはまってしまうことだけは、避けなければならない。彼らは、億万長者向けの減税措置ならばいつでも拡充しようとするくせに、市井の人々を助けるという話になると必ずお金がないと嘆いてみせるのだ。

ただし、雇用保証については、ベーシックインカムよりも実現に向けた政治的ハードルは高いと思われる。雇用保証には大がかりな官僚組織が必要となる。対照的に、ベーシックインカムは官僚組織を不要にする。住宅費補助や保育費助成など、個人向けの支援策にありがちな複雑な受給条件は必要なく、あらゆる人々に対し定額の給付が行われ、使途は自分たちで決めることができる。

それがベーシックインカムの重要な長所であり、何世紀もかけてゆっくりと、しかし政治的立場の違いを超えて信奉者が増えてきた理由でもある。


約500年前、トマス・モアは、大きな反響を呼んだ小説『ユートピア』の中で、盗みを抑止するためには、死刑の脅しよりも、公的支援のほうが有効だと示唆した。

18世紀半ばには、アメリカ独立戦争の革命思想家、トマス・ペインが、土地所有者に相続税を課すことで国家が蓄えた資金を、あらゆる成人に配布することで、現代でいう社会正義の実現をはかろう、と提唱した。

ペインの考えでは、あらゆる人は生まれながらにして、彼が「国としての財産」と呼ぶ、自然界からの恵みを授けられている。しかし、現実には土地財産の私有制度によって、人々が土地を奪われる状態が生じ、その結果、彼らは自分で生計を立てることが困難になる。

「文明国と呼ばれる国々に、人類のうち最も裕福な者たちと、逆に最も悲惨な境遇に置かれた者たちが存在する」とペインは書いている。(7)「目に映る豊かさと悲惨さの落差は、まるで生きた人間と死体が鎖でつながれているようなもので、正視に耐えない」

ペインはマルクス主義者の先駆けなどではまったくない。彼は、開拓を進める裕福な者たちに対して、揺るぎない忠誠心を抱いていた。だが、本来なら受け取るべき国としての財産を継承できなくなった分だけ、誰もが定額の支給を受ける権利があると論じた。そうした配分は、普遍的に「貧富の差を問わず誰にでも」もたらされ、「不当な差別は排除」されなければならない、と説いた。

ペインが現代に生きていたなら、おそらく何らかの形の富裕税を財源にして、包括的な社会保障システムを構築することを推奨するだろう。しかし、慈善活動やステークホルダー資本主義が実質的な富の再配分の代替になるという考えに関しては、馬鹿げたものだと退けるだろう。

「収奪された状態にある人々の代弁者として私が要求するのは、権利であって、お情けの慈善ではない」とペインは書いている。[8]「どこの国にも、個人が創立した大規模な慈善団体があるものだ。しかし、人々の悲惨な全体状況を救うことを考えた場合、個人ができることには限りがある。良心は慰められても、心からの満足は得られない」

それからほぼ2世紀後、マーティン・ルーサー・キング牧師は、公民権運動の一環として一種のベーシックインカムを提唱した。彼は、経済的な不平等は社会の根底に巣くう不正義であり、ジム・クロウ法などのあからさまな人種差別と抜きがたく結びついている、と指摘した。

「市場主義経済の中で地位を失い、根強い差別に遭うことで、人々は何もできないまま、意思に反して、ほぼ常時の失業状態から抜け出せなくなっている」。キングは、最後の著作となった1967年の本で、そう書いた。「徹底した形で、かつ直接的に、今すぐ貧困を撲滅し、真の文明社会をもたらすべきときが来ている」[9]

キングは、政府が手当を給付し、あらゆる人が「社会の中位」での暮らしを営めるようにして、生活水準の向上に従って増額もするよう提唱した。キングが引用したのは経済学者ジョン・ケネス・ガルブレイスによる研究で、必要な予算を年200億ドルと見積もっていた。[10]その年、ベトナムでの無意味な戦争に米国政府が費やした予算総額を、ほんのわずかに上回るだけの額だった。

株主利益の最大化論を打ち立てたミルトン・フリードマンも、ベーシックインカムの変種といえる構想を支持した。負の所得税という、貧しい人々に現金を給付するための政策だ。政府の官僚組織に対して根っから懐疑的だったフリードマンは、公的支援の形としては、現金給付のほうが、国家が運営するひどい事業などより、はるかに効果的だと考えていた。

こうした考えを現代に持ち込んだベーシックインカムは、さまざまな社会形態に合わせた形で調整可能な、柔軟なアプローチとして評価されるようになった。

スタンディングのような進歩主義者たちは、無意味な低賃金労働からの解放を約束する手立てとして、ベーシックインカムを想定する。ファストフード店での最低賃金の仕事しか見つけられずにいた人々にとってみれば、厨房に立ちっぱなしの境遇から解放され、家で子供たちと時間を過ごし、音楽を奏でたり家庭菜園を耕したりする余裕が生まれる、という。

労働運動家たちは、ベーシックインカムがあれば、労働者は貧困レベルの給与しか出さないような仕事を拒むことができるので、雇用者に対する交渉力が増大すると評価する。

リベラル派は、公的支援というものに対する抵抗感を取り除く道として、ベーシックインカムを捉える。スーパーのレジでフードスタンプを取り出して、後ろに並ぶ人々から、「あの人、冷凍ピザなんかじゃなくて、ほうれん草でも買ったほうがいいのに」と言いたげな視線にさらされることもなく、貧しい人々も、ほかの人々と同じだけの確実な支援を得ることができる。

政治コメンテーターのデービッド・フラムのような保守派の論客がベーシックインカムに惹《ひ》かれるのは、そのシンプルさだ。ごちゃごちゃと重複した既存の社会福祉プログラムに対する、すっきりと一本化された代案になる、とみている。

そして、ダボスマンはといえば、技術革新を通じて人々の雇用を脅かして利益を得てきたことに対する責任逃れの方策として、ベーシックインカムを歓迎した。

「我々ビジネスリーダーには、テクノロジーがもたらす変革が、自分の企業だけではなく、人類全体に恩恵をもたらすよう保証する義務がある」。ベニオフは2017年、フォーチュン誌への寄稿でそう書いた[11]。「新たな職業訓練の機会を得られないような人々、あるいは、これまでなら報酬を得られなかったような、子育てやボランティア活動に時間を取られている人々に向けても、普遍的なベーシックインカム給付を検討すべきだ」

この種の主張をする者がいるからこそ、スティグリッツをはじめとする経済学者の一部は、ベーシックインカムを批判する。まともな雇用と比べれば、まがい物の代用品にすぎないというのだ。人間は生きていくために働きたいと思う存在であり、永久に配給を受けたくはないものだ、とスティグリッツは言う。

それは確かに正しい。なぜなら、彼の批判対象となっているベーシックインカムは、シリコンバレーでもてはやされる狭義のタイプ――自動化の進展によって仕事を失った人々を、福祉にずっと依存させておくような手法のことだからだ。

そのような陰惨な将来像は、確かに反対するに値する。ロボットがほとんどの作業をこなす傍らで、余剰人員となった人々は政府が提供するわずかな金額だのみで生きていく、といった未来予想図には、ぞっとさせられる。しかし、それとは違い、雇用が拡大し成長が促進される未来に向けて、ベーシックインカムを活かすやり方もあるのだ。

フィンランドが試行実験を2017年に始めたときも、ベーシックインカムは雇用の代わりではなく、雇用を促進するための手段と位置づけられていた。

フィンランドは世界金融危機から完全に立ち直っていなかった。国内最大の産業である製紙業が、タブレット端末やスマートフォンの普及に伴って衰退しつつあった時期と重なったこともある。一時は携帯電話市場で支配的な存在だったノキアはフィンランド企業だが、同社も業績不振に陥っていた。フィンランド経済は10年間、まったく成長していなかった。失業率は8パーセント以上で高止まりしていた。苦難に見舞われた人々の救済コストは、フィンランドの手厚い社会福祉システムの下では、高くつく結果になった。フィンランド経済全体のうち失業手当への支出のシェアは、２００８年からの7年間で70パーセント増えた[12]。

フィンランドの政治家たちには、失業手当制度のせいで人々が人生を自分で切り開こうとしなくなったのでは、と心配するだけの理由があった。ほかの多くの国々と同様に、フィンランドでも、失業手当の受給者は職業安定窓口に定期的に出向いて、受給資格を満たしていることを杓子《しゃくし》定規に示さなければならない。職業訓練を受ける際には、実際に就業の意思があると証明しなければならないし、収入も証明つきで申告しなければならない。

失業手当の受給中は、パートタイムで就業したり起業したりしないよう注意される。収入が余計にあるということで受給資格がなくなりかねないからだ。このため、機会があっても、政府からの支援をふいにしかねないという理由で見送ってしまう人も多かった。

アスモ・サロランタにとって、こうした状況は腹に据えかねるものだった。ＩＴベンチャーを立ち上げたのに、人材探しに苦労していたからだ。彼が本拠地とするオウルは、人口20万人の都市だが、パロアルト［シリコンバレーの中心都市］とは似ても似つかない。丈の低い松林に囲まれ、約１６０キロ行けば北極圏というオウルは、隔絶感のある土地である。

だが、この都市は電気通信産業の中心地となってきた。ノキアも、業績が悪化する前にはここに大きな拠点を構えていた。地域の失業率は16パーセント以上あり、能力のある技術者たちが多数、仕事を探していた。

サロランタが経営するアスモ・ソリューションズは、携帯電話の充電器を開発していた。ノキアの元従業員で、商品開発では伝説的な存在だった人物に、サロランタは声をかけてみた。やってもらうのは、パートタイムで十分な仕事だった。月給2000ユーロの条件で提示したが、その人がもらっている失業手当よりも少ない額だった。

「彼にとっては、理想の仕事が見つかるまで、何もしないで待っているほうが得だった」と、サロランタはこぼした。

ベーシックインカム試行実験では、フィンランド政府は失業手当を受給している2000人を無作為抽出して、細かい手続き抜きに自動的に月560ユーロを給付し始めた。受給者は、仕事をして収入を得ることもできた。

政府は結果に強い関心を寄せていた。ベンチャー企業に加わる人が増えるだろうか、あるいは自分で起業する人は？　もっと高収入の職に就けるように再教育を選択する人は？　人生を投げ出し、ウオッカで酒浸りになるような人がどのくらい出るだろうか？　経済政策の試行であるだけでなく、人間の性質についての実験でもあった。

サロランタは、結果は前向きなものになると確信していた。「大勢の失業中の人たちが、活気づくだろうと思う」

ヤーナ・マティラは、まさにサロランタが想定したような人物だった。北極圏らしく薄暗く寒いある朝、私は彼女に取材した。コンピューター科学を専攻して、3つの学位を持つ29歳のマティラは、ソフトウェアにほとんど偏執的ともいえる関心を抱いてきた。だが、正規雇用の仕事をした経験に欠けていた。無給のインターンシップを3カ所で行い、フリーランスでいくつかの仕事をこなした。直近では、地元のヘアサロンのウェブサイトを構築した。ときどき、成人向け水泳教室で教えてもいた。ただし、そうしたバイトを頻繁に入れると月700ユーロの失業手当を失ってしまうので、増やさないようにしなければならなかった。水泳教室の支払明細をなくしてしまい、再発行を頼んでいるうちに、その月の失業手当が停止されてしまったこともあったという。

「彼氏に、『食べ物が買えるよう、今月少し援助してくれない？』と頼まなければなりませんでした」とマティラは言った。犬を連れて周辺の森を散歩して時間を費やし、技術進歩に自分のスキルが追いつかなくなってしまう可能性などは、考えないようにした。

「弱い立場に置かれた人々は、どうやって生活していくか心配することに知的能力の大半を費やしている」と、シンクタンク、デモス・ヘルシンキの研究員ミッコ・アンナラは指摘する。「そのように常に浪費されているポテンシャルがあるのでは？　何かを提供すれば、そのポテンシャルを活かせるのでは？　絶対に検証に値する仮説といえる」

ベーシックインカムをめぐる論議の中で、見失われがちな視点といえるだろう。ベーシックインカムは往々にして、不労所得や、大衆を意識した社会主義政策の一種と見なされがちである。だがフィンランドの実験は、資本主義を改善する手段としてのものだった。

「人によっては、ベーシックインカムが地球上のあらゆる問題を解決すると考える。その反対に、悪魔に魂を売るようなもので、労働倫理を破壊してしまうと考える人もいる」。フィンランド政府の社会福祉事業担当部局で調査研究をしているオリ・カンガスは話した。「この問題に対する答えが、多少でもわかればと思っています」

だが、3年間の試行実験結果だけでは議論は収まりそうもなかった。サンプル数が少なすぎて有意な結論は出せなかった一方で、賛成・不賛成どちらの立場からみても、事前の見解を補強できそうな材料がいくつか得られたからだ。

ベーシックインカムの給付を受けた人たちの就業率は、既存の失業手当受給者と比べて、ほんのわずかしか高くなかった。ただし、対象者の個人的な満足感や幸福感は、明らかに向上した。鬱状態になったり孤独やストレスを抱えたりする可能性が減っていたのだ。[13]

そのことだけでも、価値があるといえるのではないか。

結局、フィンランドはベーシックインカム政策を採用せず、代わりに失業手当受給者の就業規制を強化した。[14] 正反対の方向性といえる。しかし、ほかの国々では、ベーシックインカムがいっそうもてはやされるようになってきた。

2021年3月に、カリフォルニア州ストックトン市は、市内でランダムに選んだ125人の市民に月500ドルを2年間支給してきた実験の結果を発表した。[15] ここでも、受給者は鬱や不安に陥りにくいと示唆する結果が出た。しかもこちらでは、就業率も高くなった。特に女性がそうだった。お金に余裕ができたことで、保育園の費用や、面接のために身なりを整える出費や、交通費などが出せるようになったためとみられる。

しかし、この政策には重大な制約が一つある。政治的にベーシックインカムをすぐにも採用できそうな場所は、経済的にはその必要性が最もなさそうなところばかりなのである。

もともと社会福祉に多額の支出をしてきたノルウェーやフィンランドのような国々であれば、その予算の支出先を変更するだけで、何らかの形のベーシックインカムを採り入れることができる。社会のいずれかの層に増税による負担を強いたり、ほかの事業をカットして歳出を振り向けたりする必要がない。だが、米国や英国のような場所だと、社会福祉事業が劇的に縮小されてしまったので、ベーシックインカム導入には、新しい税制か、ほかの事業の予算カットが必要となる。過去の経験に照らすと、その先の方向性は見えている。最も弱い立場の人々を支援するプログラムが削られることになるのだ。

米国では、1980年代にレーガン大統領が社会福祉を悪玉と見なしたのを皮切りに、1990年代半ばには、いわゆる社会福祉改革がクリントン政権下で実施された。各種の支援給付は、はした金程度にまで削られ、結果として貧困率が上昇した。低所得層のシングルマザーは働かざるを得なくなったが、公約だったはずの、公的補助による保育の拡充は実現しなかった。[16]

アトランタの郊外で私が会った19歳のシングルマザーは、赤ちゃんを預けられる保育施設が見つけられなかったので、地元ジョージア州で生活保護手当235ドルを受給するのに必要な、職業訓練のクラスに出られなかった。[17]生活保護手当すら失った彼女は、体を売っておむつ代を稼いでいた。社会福祉改革以降、ジョージア州では、子供のいる貧困世帯の数はほぼ倍増したのに、そうした世帯向けの支援は、現金給付制度全体の98パーセントを占めていた状態から、8パーセントまで落ち込んだ。[18]

保守派の間でベーシックインカムが支持されるのはまさに、この制度を導入することで、ほかの社会福祉事業カットを正当化できるからだ。包括的な形の社会保障という触れ込みでありながら、その実は政府を解体する運動の一大到達点、ということになりかねない。

米国政府は1970年から、いわゆる給付金制度を縮小してきた。かつては収入など基本的な条件を満たす者であれば、誰でも公的支援を受ける権利があった。代わりに導入されたのが、いわゆる包括的補助金制度で、各州に配られ、使い方は各州に委ねられる仕組みだ。州は、受給資格の厳格化を進め、多くの人が生活保護を受けられなくなった。貧困に陥る人が増え、保守派はその他の支援事業も非効率だと非難し、さらなる事業縮小につながった。

2010年から2017年までの間に、低所得者層支援を拠出する13の包括的補助金制度について、連邦議会は予算を3割以上減らした。[19]トランプ政権ではさらに削減が続き、そこから生じた財源を充てて、ダボスマンのための減税が実施された。

英国では、緊縮財政のためいくつもの社会保障制度が統合されて、ユニバーサル・クレジットと呼ばれる包括的な枠組みが創設された。当時財務相だったジョージ・オズボーンは、この改革で歳出を削減できる一方、人々に働くよう促すことができる、と主張した。

「あまりにも長い間、毎朝きちんと起きて働く、当たり前のことをする人が罰せられる一方で、間違った者たちが褒美を手にしてしまうようなシステムが続いた」とオズボーンは2013年に語った。「我が国では今月から、労働がちゃんと報われるようになった[20]」

オズボーンが実際に構築したのは、その反対の動きだった。その後の4年間、英国で低所得世帯の雇用率はほんのわずかに増えただけだった。平均収入は4パーセント近く上がったが、生産年齢の英国人に対する国家の支援が7パーセント削られ、低所得者層向けの税控除制度も撤廃されたため、帳消しになった。この間、低所得者層の所得は正味3パーセント減少した[21]。英国の児童のうち、公的に貧困世帯と認定された家庭の子供の割合は、2018年までには、全体の27パーセントから30パーセントに上昇した[22]。

ユニバーサル・クレジット制度への移行に伴って、英国政府が導入した受給資格の厳格化は、残酷で、かつ馬鹿げた結果をもたらした。

リバプールで私が会った脳性麻痺患者の女性は、自動車部品会社での電話受付の仕事を失ってから8年間、障害者向けの生活保護に頼って暮らしていた。彼女は最近になって、受給資格の継続可否を認定する審査に呼び出された。

最初に発せられた質問内容から、彼女の境遇を真摯に思いやる姿勢など、先方にはみじんもないことは明らかだった。「脳性麻痺の症状は何年間続いていますか?」――生まれつきだ。「良くなる見込みはありますか?」――あるわけがない。

彼女は61歳で、骨がもろくなり始めていた。認定審査にあたっていた男性が、ペンを床に落として、彼女に拾うように命じた。それは俊敏さのテストだった。まもなくして手紙が届き、彼女は働けるだけの健康状態にある、と認定された。要するに、生活保護を受ける資格を失った、と判断されたのだ。

「機械的に、当てはまるチェック項目を見ただけで判断されたのでしょう」と彼女は私に語った。

ベーシックインカムはさまざまな概念を包括的に含んだ言葉で、誰が言っているかによって意味が違う。人々の経済的安定性を高め、より幸福で、健康に豊かな暮らしを送れるようにするための道として設計することも、確かに可能だ。

労働環境を改善し、賃金を上げることも可能だ。車の故障のような日常生活で遭遇する困難や、パンデミックのような世界規模の災害のせいで、経済的な苦境に陥ってしまう人々の数を減らすことも可能だろう。

しかし、政治的な思惑から支持を集めがちな種類のベーシックインカム――ベニオフのような人物が支持する概念――は、既得権益を守るために差し出される〝手切れ金〟であり、困窮した人々の犠牲を通じて豊かさを享受してきたダボスマンを免責するための補償制度でもある。億万長者たちに本当に身を削るよう強いる、例えば累進課税のような制度と比べれば、その場しのぎの代替策でしかないのだ。

ベーシックインカムには、不平等をなくす潜在的な力がある。ただし、格差の維持で恩恵を被ってきた連中によって乗っ取られることのないように、守り育てていかねばならない。雇用保証も含まれるような形で構築される、大がかりな社会的セーフティネットの中で、全体を補完する要素として位置づけられるべきであり、その代替策にしてしまってはならない。

その意味で、バイデンは重要な動きをみせた。２０２１年3月に彼が署名して、法律として成立した1兆９０００億ドルの景気刺激策パッケージの中には、一種のベーシックインカムといえる条項が含まれている。扶養児童分の税額控除拡充で、大半のアメリカ人の親たちが月額３００ドルを受給することになった。(23)

この法制自体は1年の時限立法だが、バイデン政権は恒久化を目指している。コロンビア大学の研究者の予測によると、それが実現すれば、貧困児童を40パーセント減らすことが可能だという。(24)

ベーシックインカムは、すでに主流になっているのだ。

第19章

ダボスマン VS 規制当局
「常に独占支配との闘い」

ジェフ・ベゾスは、かすかないらだちを隠せずにいた。愛想良く振る舞おうと必死に気を遣っているのにもかかわらず、ぎゅっと結ばれた口元から、心の内が見て取れた。

過去四半世紀以上にわたって、ベゾスは連邦議会にはいっさい手出しさせず、自分の会社と個人の資産を拡大し続けてきた。しかし2020年7月末、木目パネルに覆われた連邦議事堂内の委員会室で、不干渉の系譜が途絶えた。

感染拡大がなお進行中のため、ベゾスはビデオ会議システムを介しての出席になった。彼が向き合う机の背後に、すき間が目立つ書棚が見えた。下院司法委員会の委員たちや何百万人というテレビの視聴者たちが見つめる画面の中に並んだ、四角い枠の一つに、ベゾスの顔が収まっていた。

取り繕ったような表情やボディランゲージから、緊張が伝わってきた。技術上の問題で、彼が話す音声は途切れとぎれになった。「ベゾスさん、音声のミュートを解除してください」と議員が彼に告げたこともあった。

画面でベゾスの右隣の枠に収まっていたのは、フェイスブック創業者のマーク・ザッカーバーグで、彼もやはり、弁明しなければならないことがたくさんあった。その下には左から、アップルのCEOティム・クックと、グーグルを経営するサンダー・ピチャイの顔が並んだ。

市場の中で前例のないほど独占的な存在になり、競争という概念を空疎なものにしてしまった巨大企業4社の経営者たちが顔をそろえ、公の場でやり玉に挙げられようとしていた。4人全員の個人資産を総計すると、２６５０億ドルに達し、フィンランド一国の年間経済生産高よりも巨額だった。

公聴会は、まるでプロボクシングのタイトルマッチ並みに、事前から注目を集めた。米国社会に犠牲を払わせて4社が繁栄してきたのではないかという疑惑を、1年がかりで調査してきた議会の小委員会にとっては、一つの到達点だった。4社には、独占支配を確立して競争相手を不正に排除し、消費者に不当な高額を支払わせながらも、同意を得ずに気づかれないようにして個人情報を抽出した疑いがかけられた。市場機能を歪ませ、イノベーションを阻害し、雇用を消失させ、プライバシー保護を骨抜きにして、ＩＴの支配力によって自分たちの優越性をさらに強化した、と非難されていた。

ジョージ・オーウェルの『１９８４年』〔早川書房、2009年刊〕を思わせる巨大ＩＴ企業の動向と、あくなき事業規模拡大への欲望は、コロナ禍以前から誰もが知っていることだったとはいえ、パンデミックを通じて彼らの支配的地位はさらに強まった。米国民が、自宅隔離を強いられ、インターネットがあらゆる商業取引の中心的な場となった中で、デジタル空間を支配する巨大企業は、文明社会そのものを手中に収めたようにみえた。コロナ禍を経て彼らが市場占有率をいっそう高め、競争をさらに阻害するのは確実なことに思われた。

19世紀の強盗男爵たちの時代がそうだったように、巨大ＩＴ企業が政府による規制を招くのは必然だった。公聴会は、場合によっては企業の分割につながる、過去数十年間で最も徹底的な独占禁止行政執行の幕開けだった。[1]

ベゾスは何カ月間も、まるで泌尿器科へ通院するのを嫌がる男のようにして、委員会への出席をなんとか避けようとしてきた。だが、罰則付きの召喚令状を出すと脅され、逃げ場がなくなった。そして今、代表制民主主義を害したかどで〝主犯格〟として引きずり出され、気まずそうな表情を浮かべていた。

「米国民主主義の歴史は常に独占支配との闘いだった」。下院司法委員会反トラスト小委員会の委員長、デービッド・シシリーニは冒頭発言でそう言い切った。「独立戦争の時代に建国の父たちが英国王に屈しなかったように、現代の我々も、オンライン経済を支配する皇帝たちに屈するべきではない」

ベゾスは名誉ある歴史上の地位を取り戻す必要があった。そこで、自分が発言する番になると、自らの出自に関して、よく練られた形の物語を披露してみせた。

「私は生まれながらに豊かな恵みを受けてきましたが、金銭的な豊かさのことではありません。それは家族の愛情でした。家族が私の知的好奇心を育て、大きな夢を見るようにと励ましてくれたのです」。ベゾスは委員会メンバーに向かって、そう語りかけた。

母親が自分を生んだときには、まだ10代だったことを紹介し、義父はフィデル・カストロのキューバから亡命してきた人物であることにも言及した。「ウォールストリートでの安定した職」をなげうって、シアトルの自宅のガレージでアマゾンを起業した、と過去を振り返った。箔《はく》をつけるために、最近亡くなったばかりの公民権運動の英雄、ジョン・ルイスの名前も出した。

ベゾスの会社が組織的強奪行為を働いてきた、という批判に対して、彼は愛国心に訴えかけて自らを弁護する戦術を取った。アマゾンは、労働者を搾取したり、データを不正に入手したり、図抜けた規模を利用したりして利益を上げてきた独占企業などではない、というのだ。アマゾンの成功は典型的なアメリカの物語であり、自由を愛する祖国の美徳を体現し、勤勉で臆さずにリスクを取った人物が、賢いアイデアを追求してきたことの自然な帰結にすぎない、という主張だった。

「世界中で、起業家が興した会社がどの国よりも成長し、繁栄しているのが、ほかならぬこの米国です」とベゾスは説いた。「ほかの国々では、米国で我々が享受できる特権のうち、ほんの一部でも味わえれば、ましなほうでしょう。私の父親のような移民たちは、この国がいかに恵まれた地であるか、わかっていました」

公聴会での質疑応答は4時間以上続き、小委員会の議員たちは巨大企業4社の隙をなんとかこじ開けて、実態を暴き出そうとした。

ベゾスは、さまざまな批判に対する弁解を強いられた。アマゾンに出店している独立系小売業者を標的として、交わした契約にすら違反した形で、売り上げを調査分析し、対抗商品を自社取り扱いで売り出し、業者を壊滅させてしまう。そんな手口が告発された。おむつを販売する主要な競争相手を買収し、価格を劇的につり上げたという疑惑にも答えなければならなかった。アマゾンはなぜコピー製品の販売を容認しているのか、という問いも、ベゾスに突きつけられた。

ベゾスはたたみかけるような尋問にさらされたが、辛抱強く従順な姿勢を取り続けた。「ご質問ありがとうございます」と何度も繰り返した。「その質問については、答えはわかりかねます」というフレーズは、さらに厳しい問いかけを招いた。ある段階では「まったく記憶にございません」と主張したが、平身低頭する言葉を付け加えるのも忘れなかった。「今後はちゃんと把握するようにしたいと思います」

そうした口調のはしばしから、ベゾスが憤慨する自分を抑えつけようと必死になっているさまが感じられた。ベゾスは自分が他者に答えさせることに慣れていても、その逆の立場に置かれることには不慣れな人物であるのが如実に見て取れた。アマゾンが出店企業の弱点を悪用したという告発を受けて、彼自身は実態を調べてみようとはしなかったのか、と念を押されると、ベゾスは言い訳した。「それは、考えておられるほど簡単なことではないです」

ベゾスは最後に繰り出す自己弁護の理屈として、つまるところ、アマゾンは、人々が求めているものを与えてきただけだ、と主張した。

「顧客の満足にこだわってきたからこそ、我が社は成功したのです」と彼は言った。

これはダボスマンが条件反射的に取る、独特の戦術である。米国企業の経営者は、強盗男爵たちの時代から何世代にもわたって、独占的支配力を制限する企てをこうして打ち負かしてきたのだ。

そのほか、選挙向けの膨大な政治献金や精力的なロビー活動を繰り広げてきたおかげで、ダボスマンは大胆な合併吸収を繰り返し、金融市場を操作し、労働者から搾取しながらも、政治の世界では何一つとがめ立てされずに済んだのだ。一番の顧客であるワシントンの政界からみれば、ダボスマンはやるべきことをやっていた。政治家たちは、自分たちは何の損害も受けていないから、何の違反もない、とした。

ダボスマンは自らの行動基準として消費者の利益を掲げることで、消費者以外の存在、例えば労働者、賃貸人、あるいは大気汚染を望まない人々というのは、公益を害するものでしかない、と位置づけた。消費者は株主と対になる存在であって、容赦なきまでにコストが削減されれば、どちらも恩恵を被る。おかげで、ダボスマンは善の勢力を代表する存在ということになり、経費をふくらます要素は、規制だろうが労使交渉だろうが、何であれ進歩に敵対する勢力ということにされた。

こうした構図が描かれる際には往々にして、根拠とされるデータが、つまみ食いの形で持ち出される。ベゾスが公聴会で持ち出した数字が典型だった。彼は委員会に対し、1年に25兆ドルが取引される世界中の小売市場の中では、アマゾンの売上高は1パーセントにも満たない、と主張した。だが委員会側は、この場合に比べるべき実質的な対象はeコマース市場であると、別の角度から反撃した。そこでは、アマゾンの市場占有率は4分の3近くあり、取引条件を思うままに変える力があることがわかる。

公聴会の終了後、放送メディアやツイッターは、天罰のときはもうそこに来ている、という反応であふれた。連邦政府は市場機能を守るため、巨大IT企業に対し、ついに神の鉄槌《てっつい》を振り下ろそうとしている、といった調子だった。

「議会側が優勢を保ったのは珍しいことだった」と、企業の独占支配を連邦政府が容認したことを長年批判している経済評論家、マット・ストーラーは語った(2)。「信じられないかもしれないが、それが実際に起きたことだ」

しかし公聴会の翌日、アマゾンが史上最高の収益を記録したことがわかった。同年4月から6月にかけて、パンデミック第1波のピークと同じ時期に、同社の収益は52億ドルに達し、前年同期比で倍増した。アマゾンの株価は即座に5パーセント値上がりした。マネーを支配する者たちが評価したのは、アマゾンの市場占有率のほうであって、議会による分社化の脅しではなかった。

巨大ＩＴ企業に対する実態調査の行方は、コロナ後の世界経済にどんなルールが適用されるのかを決める、重要な試金石になりつつあった。結局はダボスマンがルールを決める体制に変わりはないのか？それとも、市井の人々が抱く懸念の声がついに届くのか？

アマゾンをはじめとする巨大テクノロジー企業が大がかりな反転攻勢に出ようとしている、と考えるべき理由は無数にあった。一方、小委員会の調査はワシントンでは珍しく、超党派の動きだった。司法省と連邦取引委員会の双方がアマゾンの調査に入っていたし、フェイスブックとグーグルに対しても同様だった。

翌年、バイデン政権が発足すると、規制の動きをさらに推し進めた。バイデンは２０２１年3月、シリコンバレーの巨大企業を筆頭に立って批判してきた法律専門家2人を、その支配力を削ぐためには絶好の地位へと起用した。

リナ・カーンは下院司法委員会のスタッフとして巨大ＩＴ企業の調査を担当し、前年の公聴会にこぎ着けた人物だ。バイデンは、企業に責任を取らせる際に中心的役割を果たす連邦取引委員会内のポストに、彼女をまず起用した。カーンの人事が上院で承認されると、さらに彼女を委員長に昇格させ、組織全体をまかせた。やはり独占企業を強く批判してきたティム・ウーもホワイトハウスのスタッフとして採用し、国家経済会議《NEC》の一員に加えた。

大西洋を渡った反対側の欧州大陸でも、アマゾンに規制のメスが入った。欧州委員会が２０２０年11月に独占禁止法違反で公式に提訴したのに続き、ドイツ政府当局はアマゾンに対して、価格操縦の疑いで調査に入った。[3]フランスでは、裁判所が倉庫労働者の感染防止を根拠として、生活必需品以外の物資についてアマゾンに輸送業務中止命令を出し、同社は数週間にわたって業務停止に追い込まれた。[4]

しかし、こうした政府による規制の動きも、もぐら叩きのようだった。ほとんどの競争相手が業績不振にあえぐ中で、アマゾンはさらに規模を拡大していった。例えばイタリアでは、eコマースに人々が長年抱いてきた抵抗感が薄れ、パスタやワイン、おもちゃといったものを自宅に届けてもらう手段として、アマゾンを受け入れるようになった。[5]フランスでは、2020年の秋にロックダウンが再び実施され、中小企業や独立系小売業者が猛烈に抗議した。[6]彼らは休業を余儀なくされたのに、アメリカから来た巨人アマゾンは年中開店のままで、コロナ禍の危機に乗じて、さらに市場での存在感を増した。

2021年3月の段階では、欧州各国の規制当局は、アマゾンがサイト運営で使っているアルゴリズムを解明するのに苦労しており、調査の障害になっていた。

ほぼ半世紀にわたって、億万長者たちは民主主義そのものを骨抜きにすることで、経済成長の果実を独占した。立法や予算策定、産業規制のプロセスも、彼らが操ってきた。その強奪ぶりへの強い反発は、これまでもあった。公益の守り手が改めて責務を自覚し、規制を検討し始める段階まできたこともあった。しかし、ロビイストや弁護士、会計士らによって繰り出される数々の反対論が障害になり、歴史的な成果を得るには至らなかった。ダボスマンは情け容赦ないからこそ、ここまでの地位を手にした。彼らは常に真剣勝負に臨んでいる。

議会が彼らをやり玉に挙げたことは、意味のある政策変更に向けた、一つの序曲なのかもしれないが、現段階では儀式にすぎなかった。

そうしている間にも、経済は既定路線で動いていた。

ワシントンでの独占禁止を呼びかける運動は、アメリカ合衆国の建国時にさかのぼる精神がよみがえったものとみることもできる。

米国史の通説としては、１７７3年のボストン茶会事件は、不正な税制に対する反乱とされる。遠く離れたイングランドにいる貴族たちが法外な課税を通じて植民地の庶民らを搾取していることに対する抗議として、愛国派の者たちが、英国から茶を積んで入港した船を襲撃し、茶をボストン港へ投げ捨てた、あの事件のことだ。

だが、ボストン茶会事件は実際には、独占企業の支配力に抗議した蜂起だったとみたほうが正しい。愛国派が怒りに駆られたのは、英国王室が東インド会社に対して、植民地アメリカにおいて地元の販売業者ネットワークを介さずに茶を直接販売することを認めたからだった。不当に高い課税に対する反応として起きたというよりも、現実にはむしろ、減税の動きのほうが蜂起のきっかけとなった。東インド会社がアジアから輸入する茶への課税を英王室が低くしたことから、同社がアメリカ植民地の紅茶市場で占める独占的地位が強化されたのだった。[7]

その後の2世紀半にわたる歴史の中では、不公正な独占をめぐる対立劇は枚挙にいとまがない。最も大手で、最も大きな資金力を誇る米国企業の強欲に対して、労働者や中小企業、農民らが蜂起する、ということが繰り返された。

19世紀最後の30年間には、独占資本が優勢だった。[8] インターネットの力をベゾスが利用したように、ジョン・D・ロックフェラーやジョン・P・モルガンのような産業資本家たちは、蒸気機関車、蒸気船、電報といった新技術の発展で西部諸州が米国経済に統合されていく中で力を蓄えた。金融、運輸、製鉄、発電、精油といった分野で圧倒的な存在になり、政治家たちを買収して土地購入の権利を獲得し、利得の正当な配当を要求した労働運動に対しては、苛烈な弾圧を加えた。

それが、ダボスマンの先祖である強盗男爵たちの時代だった。彼らの強欲ぶりに対する怒りが１９１3年に、産業資本を規制し民主化させるという公約を掲げたウッドロー・ウィルソンの大統領就任につながった。ウィルソンが主要な産業資本に標的を絞り、独占の支配力を削ぐための機構として創設したのが、連邦取引委員会だった。(9)

しかし、ウィルソンの企ては、米国が第一次世界大戦に参戦したことで終わりを告げた。戦争遂行のためには鉄鋼や石炭、弾薬、そのほかの工業製品がとにかく必要とされたので、何よりも経済効率が優先された。ウィルソンの後任、ウォーレン・ハーディングは、1世紀後にジョー・バイデンが取ったのと同じ方針を掲げた。彼の公約は「常態への復帰」だった。ハーディングは、自分に選挙資金を拠出してくれた産業界の大立者、アンドリュー・メロンに財務長官ポストを与えた。

メロンは石油ガス、鉄鋼からガラス製造に至るまで、あらゆる産業分野に投資していた。彼は財務長官としての地位を利用して、反トラスト規制の執行を中止させ、連邦取引委員会を機能停止状態へ追い込んだ。ベストセラーになった著書『*Taxation: The People's Business*（租税：国民の課題）』を通じて、ダボスマンが繰り出す果てしない嘘の源流といえる考え方を展開し、富裕層に対する課税は、「未来への脅威」に相当する、と論じた。(10) 1920年代半ばには堅調な経済成長が続いたため、産業資本家たちは、自分たちの正当性が公に証明された、と主張した。

その後も繰り返されるパターンだが、産業資本家たちは自らの強みを過信して暴走した。一連の合併を通じて、鉄鋼や自動車の生産、さらに食糧供給に関しては、わずか数社による寡占体制が生じた。農民や労働者が、低い農産物価格や低賃金という形でそのツケを支払わされた。(11) 1928年の段階で、米国内の総収入のうち4分の1近くが、上位1パーセントの最富裕層のものだった。(12)

裕福なアメリカ人たちが、不動産や株式などあらゆる投機対象に稼ぎを振り向けたため、実体経済とは何ら関係がない形で物価が高騰した。そして市場がクラッシュし、大恐慌が始まった。

失業率の急上昇と、市井の人々の苦難、そして産業資本家への怒りが相まって、フランクリン・デラノ・ルーズベルトが政権を獲得し、彼がニューディールによる是正策を推し進めた。ルーズベルトは国家権力を行使して独占企業の力を規制し、世界中で最も累進性が高い税制を導入した上で、その税収を公共事業に充てることで、広範な経済復興を生み出した。

「この復興策は、単なる金銭的利得よりも社会的な価値観を尊ぶ姿勢に基づいている」。ルーズベルトは1期目の就任演説でそう宣言した。[13]「我を忘れて空虚な利益を追求するあまり、労働がもたらす喜びや道徳のいぶきをないがしろにしてしまってはいけない」

それ以前から、ルーズベルトはニューヨーク州知事として、メロンの鉄鋼業支配やモルガンの電力供給支配に対抗していた。[14]大統領になると、司法省に命じて強盗男爵たちを捜査させ、彼らを汚職や脱税の罪で起訴させた。[15]ルーズベルトが再び活性化させた連邦取引委員会は独占企業を提訴し、分割させた。彼が創設した政府保障の仕組みによって、割安の農地ローンが提供されたおかげで、農民たちは土地を手放さずに済んだ。長期間にわたって持続的な成長が遂げられる環境が整い、その恩恵は社会の中で広く共有された。

ところが、またしても外敵との闘争――今回は冷戦という形だったが――に乗じて、大財閥の側が復活への糸口をつかんだ。世界規模でソ連と優越性を争う中では、経済効率と工業力が何よりも重視されるようになり、国家のあり方をねじ曲げた。経済界のロビー活動によって、規制当局というものは、共産主義という名の全体主義と同様、脅威となる存在だとされた。大企業はアメリカの理想を体現する英雄であり、レーニン主義で政府を動かすような勢力と正反対の存在であるべきだった。

マット・ストーラーが、米国独占企業の歴史を描いた大作『*Goliath: The 100-Year War Between Monopoly Power and Democracy*（ゴリアテ：独占と民主主義の100年戦争）』で指摘したように、そうした動きは、むき出しの市場原理の押しつけだっただけでなく、思想面の勝利でもあった。「自由のため、というレトリックを取り込んだことが、中央集権化した政府に対してポピュリスト的疑念を抱き続けてきた一般大衆を説得するカギとなった」とストーラーは書いている。[16]

この思想が生まれたのは偶然ではない。市場活動の放任状態を称え、規制当局をそしる姿勢は、シカゴ大学を根城とする新自由主義の信奉者たちが、米国の民主主義システム全体に広めた考え方だった。ミルトン・フリードマンも門徒の一人であるシカゴ学派が、ニューディールなどは、米国の自由主義に真っ向から反する概念である、と容赦なく批判した。その流れで、一人の学者がダボスマンによる圧倒的支配の基盤を築くことになる。法学者のロバート・ボークだ。彼が唱えた反トラスト規制に対する否定的な見解は、アマゾンのような巨大企業の興隆を支える決定的要因となった。

ボークはニクソン政権で訟務長官を務めた人物である。シカゴ大学のことは、知的革命をはぐくんだ舞台だったと形容している。「独占禁止制度や経済学のコースを履修した我々の仲間の多くが、まさに信仰上の出合いとでもいうべき発見をしていった」と後年、振り返った。[17]「おかげで、我々の世界観は根底から覆された」

それまでの独禁法に関する米国の伝統的解釈では、規模の大きさというものは本質的に危険であると見なされていた。豊富な資金力を誇る巨大企業は、弱小な競争相手の弱みにつけ込んで、値下げによって廃業に追い込み、いったん市場全体を囲い込むことに成功すると今度は値上げする、と考えられた。原材料の供給を制限してライバル企業の息の根を止めるやり方だ。学界の巨人となったボークはこうした考え方が単に間違っていると批判しただけでなく、自由市場のあるべき姿に根本的に反しており、生産性を阻害し、イノベーションの機会を減じると論じた。

ワシントンでは、大企業からの助成金に支えられたシンクタンクやロビー団体が、規模の大きさこそが美徳である、との賛美の輪を広げた。1930年代にニューディールを攻撃するために創設された保守系シンクタンク、アメリカン・エンタープライズ研究所は、ボークを独禁政策アドバイザーとして雇った。[18] チェース・マンハッタンやUSスチール、ファイザーといった大企業が、ボークやその他のシカゴ学派の使徒による研究を費用助成し、伝統的な反トラスト規制の概念を攻撃した。[19] ビジネス・ラウンドテーブルが1972年に創設された目的は、自立自助の状態に置かれた企業は社会にとって善を成す存在である、という思想を広めることだった。[20]ラウンドテーブルが直接の標的としたのが連邦取引委員会だった。

その運動が大きく実を結んだのは1975年、いわゆる公正取引法の下で、標準小売価格の設定を製造業者に認めてきた条項を、議会が撤廃したときだった。多くの州で実施されていた公正取引法制は、ニューディールの定番といえる政策である。その趣旨は、利益水準未満まで値下げすることで競争相手を駆逐して市場を独占するような、全国チェーンによる攻撃的手法から、製造業者や地方の販売業者を保護することにあった。

公正取引法の無効化法案に1975年12月に署名したジェラルド・フォード大統領は、シカゴ学派の理論を支持した。消費者は公正取引法のせいでつり上げられた価格分、年間20億ドルを負担させられており、法制廃止によって、処方薬からテレビに至るまで、さまざまな商品の値段が下がるだろう、という主張だった。[21]

この撤廃によって、ウォルマートの安売り帝国が小売業界で圧倒的な存在になった。同社の郊外地域への出店は、米国の都市における市街地中心部の空洞化に直結した。シカゴ学派の説を実際の商取引に当てはめていった論理的帰結が、ウォルマートだったというわけだ。顧客に最安値で商品を提供することだけを考えて運営され、付随する社会的コストについては考慮しない、そんな大企業の典型だった。

その3年後、ボークが著したのが『*The Antitrust Paradox*（反トラストのパラドックス）』だ。米国内における企業の行動を何十年にもわたって規定し続けた、影響力のある書物である。

「反トラストの介入が唯一、正当と認められるのは、目的が消費者の福利である場合だけだ」とボークは書いている。[22]それまで何世代も米国内で続いていた、独占企業の支配力を制限する営みは不要であると断じ、企業の行動は、消費者価格にどう影響するかという、ただ一点のみを基準として評価されるべきであると結論づけた。消費者が恩恵を被るなら何も問題はない、というのだ。

2000年の段階で、米国小売業界の給与支払い総額は年間あたりに換算して45億ドル減少した。[23] これはウォルマートが賃下げ圧力を加え、競争相手を駆逐してきた結果である。働く人々から株主へと、いとも巧みに富が移動されてしまったが、消費者の利益につながるという一点だけで正当化された。消費者は確かにそうした安値を求めていただろう。なぜなら、同じ人々が働く先が、ウォルマートのような場所だったからである。アメリカ人労働者の生活水準が負のスパイラルへと陥り、低下していった結果、ウォルマートの創業家は世界で最も裕福な一族となったのだ。

「問題は単に、共和党が政治権力を獲得して、ボークの哲学が現実に反映されたというだけではない。実際にそうなったのは確かだが」。『*Goliath*』でストーラーはそう書いている。[24]「問題の本質は、20世紀半ばまでの独占禁止行政、ひいては民主政治一般の運営手法が、単に非能率であるのみならず、経済システムの自然なあり方、さらには科学自体にも反していたとするボークの見方に、右派だけでなく左派も説得されてしまったことだ」

ビル・クリントンはウォルマート創業の地アーカンソー州出身で、イェール大学ロースクールではボークと同窓だった。その政権では、企業合併の潮流が無制限に加速した。クリントンは銀行業に関する規制も撤廃し、2008年の世界金融危機の下地を作った。電気通信でも規制緩和を進め、ケーブルテレビ業者と電話会社が巨大な複合企業へ変身することを容認し、グーグルやフェイスブックなど現在の巨大独占企業が生まれる土台を整備した。

そうした巨大企業が広告市場を牛耳ったことで、地域社会に根ざしたジャーナリズムは荒廃した。だが、シカゴ学派が推し進めた思想がここでも当てはめられ、独禁規制措置は何ら検討されなかった。グーグルもフェイスブックも、自社の製品を無償で提供しているからだ。確かに消費者は何も支払わずに済んでいたが、事実に基づくジャーナリズムがフェイクニュースに取って代わられ、米国の民主主義そのものが危機に瀕してしまった。

企業の規模拡大は、米国文明において祝福すべきこととされ、国を挙げてテクノロジーとイノベーションが崇拝された。そのおかげで、ベゾスやそのほかのダボスマンたちは、先駆者たちが享受した市場での支配力を取り戻すことができたのだ。

バイデンが連邦取引委員会を再活性化させるために起用した法学者のリナ・カーンは、そんな現状こそ最も是正が必要であると論じている。彼女は32歳という史上最年少で同委員会のトップになった。伝統への回帰を目指す動きの象徴的存在であり、提唱者でもある。

「現行の反トラスト規制の枠組み、中でも〝消費者の福利〟を、価格と生産量への短期的効果だけで測定し、競争原理とじかに結びつけるやり方では、21世紀における市場支配の構造を理解することはできない」。カーンは、2017年に刊行され、広く賞賛されたイェール大学法学紀要の論文で記した。「言い換えると、市場競争を価格と生産量だけで分析している限り、アマゾンの巨大な存在が競争原理に及ぼす負の要因は見えてこない。既存の基準にばかり目を向けることで、潜在的な危険を見過ごしている[25]」

カーンの論文が発表されてからの4年間で、アマゾンは支配力を前例のない水準までさらに高めた。一方で彼女は、同社の圧倒的優位に挑むことができる地位を得た。

ワシントンやブリュッセルでは、議員や規制当局がベゾスらダボスマンと対峙し、画期的な闘いを始めようとしている。

ただし、その帰結はまったく見えていない。

現状では、独占的支配を批判する側に勢いがあるようにみえる。けれどもダボスマンは、自らに対する批判の論理をそのまま借用して、反転攻勢につなげる手口に長けている。理屈をかざすことで、実際には既得権益を守って現状維持しつつも、変化が起きているかのように見せかけるのである。

ダボスマンにとっては、独占的支配をめぐる闘いの結果が、会社の将来を左右することになる。そして、別の分野でも、市井の人々の身辺に直接関係してくる闘いが始まっていた。豊かな者たちに公正な負担として税を支払わせようとする運動が、再び勢いづいたのだ。

第20章

ダボスマンに勘定を回す

「税、税、税です。それ以外はみんなクソ」

そのとき、ルトガー・ブレグマンに期待されていた役は、彼が著書で取り上げたテーマであるベーシックインカムについて、何かしら前向きで肯定的な研究成果を紹介することだった。ダボス会議の運営側が2019年1月の年次総会に彼を招待し、最終日セッションのパネリストに選んだ理由も、まさにそれだった。

セッションの題名は「不平等のコスト」である。冒頭にまず、矢継ぎ早に画面が移り変わる、洗練されたビデオ映像が流された。このイベントを主催したタイム誌が制作したものだった。「貧富の差が拡大するにつれて、不平等のコストも増大しています」と、淡々としたナレーションが響いた。スクリーンには、よく知られた例が映し出されていく。英国のブレグジット、フランスを揺るがした黄色いベスト運動、米国のホームレスたちの境遇、南アフリカのタウンシップ地区住民らの怒り……。「各国政府、そして企業や個人に対して、世界経済をもっと平等な方向へ変化させていくために、何をするのかが問われています」

オランダ出身の30歳の歴史家であるブレグマンは、ダボス会議に出席するのはこれが初めてだった。彼は、その場での見聞と体験に困惑していた――億万長者たちが本性を隠し、単純に解決できるはずの数々の問題について、どうやって解決しようかと嘆き合う茶番劇である。

彼への質問は、人々を貧困からどうやって救い出すか、だった。そこからベーシックインカムに話が向かう前提だった。だが、彼はその質問を予想外の姿勢で受け止めた。そして、彼が示した回答が、爆発的にシェアされることになった。

「ここで皆さんは参加とか、正義とか、あるいは平等とか透明性といった概念について話し合っているようですが、でも、私が思うに、誰も本当の課題を持ち出しませんよね」とブレグマンは語った。「それは税逃れの問題です。私はまるで、消防士の会議に招かれているのに、誰も水の話をしてはならないことになっているみたいに感じます」

この言葉に聴衆からは笑いが起きたが、首を横に振る者たちもいた。世界経済フォーラムの会合には不文律がある。この会議ではパネリストは、例えば不平等とか、不当に高い薬価、化石燃料による排気ガスなど、ほとんどあらゆる事象に関して、批判を加えることができる。だが、そうした問題に責任を負っているのが会議の参加者たちだと非難することは、禁じ手なのだ。ダボス会議を貫くのは、どの参加者も「世界の現状を改善する」ために寄与するふりをするという、その姿勢だ。どんな問題であろうが、その深層が複雑だったり解決策を見出すのが難しかったりしても、会場に居合わせた人々の強欲とは無関係である、ということになっていた。

大衆の貧困や苦難を生んだ責任に照らせば、億万長者たちは偽善者である、とブレグマンは非難した。だがそれは、痛烈なマナー違反にあたるのだった。ダボスマンの隠れ家に招待されておきながら、ブレグマンは家主たちに対して、あなた方は高尚な言葉で約束したような責任を果たしていない、と批判してしまった。

「いいですか、10年前に世界経済フォーラムが提起していた質問はこうでした。〝広範な社会からの反動を防ぐために、産業界は何をしなければならないか〟です」。ブレグマンは続けた。「答えは簡単です。とにかく慈善について話し合うのをやめて、税について話し合うべきです」

その数日前、ＩＴ企業を経営する億万長者で、ビジネス・ラウンドテーブルのステークホルダー資本主義推進の誓いに署名した一人でもあるマイケル・デルが、ダボス会議の別のパネル討議に出ていた。米国の最高税率を37パーセントから70パーセントに引き上げるよう提唱する声を支持するかどうか、デルは問われた。彼は、自分の慈善活動を傍証に挙げながら、税率引き上げには反対だと論じた。「自分たちで、民営の財団を通じてそうした資金を配るほうが、そのお金を政府へ渡してしまうよりも確実だと思う」。デルはそう語った。

ダボスマンが富を奪われそうになった際にみせる、典型的な身のかわし方である。デルは、一言で言えば、慈善によって課税の必要はなくなると論じた。

その前年にあたる２０１８年に、米国で最も裕福な20人は、総額で87億ドルを慈善活動で寄付した[1]。確かに多額だが、彼らの資産全体からみればわずかに0・81パーセントにすぎない。

エリザベス・ウォーレンやバーニー・サンダースといった政治家たちが、国民皆保険や児童保育への助成といった政策構想をまかなう歳入を確保する手段として、富裕税を提唱した。10億ドルを超える資産に対して6パーセントの富裕税を課せば、その最も裕福な20人からの納税額は、６３０億ドルに達する見込みだ。彼らが慈善活動として申告した寄付総額と比べて、7倍以上ある[2]。20人の中で最も慈善活動に熱心なウォーレン・バフェットやビル・ゲイツですら、寄付総額は資産の6パーセントには達していない。デルはこの点では下位集団に入っていて、総資産２７６億ドルに対して、０・６パーセントにあたる1億５８００万ドルしか寄付していなかった。

デル自身も、その程度で自分の利他主義的姿勢を誇張するのはさすがに決まり悪かったようで、代わりに、ダボスマンが果てしない嘘の延長線上で持ち出す考え方を振りかざした。最高税率が70パーセントという案に反対するのは、自分が金を出したくないからではなく、社会のことを心配しているからだ、という姿勢をみせたのだ。

「そうした政策が米国経済の成長に資するとは思えない」とデルは述べた。「成功した国が歴史上存在したのなら、教えてほしい。一つでも」

明らかに純粋な質問ではなかった。だが、左隣に座ったもう一人のパネリスト、経済学者のエリック・ブリニョルフソンが、反射的に回答を口にしてしまった。

「アメリカ合衆国、ですね。１９３０年代頃から１９６０年代ぐらいまで、平均の税率は約70パーセントでした。ある時期には最高で95パーセントに達していたこともあります。しかもその時期は、非常に順調な経済成長期でした」

ブレグマンは、数日後の自身が登壇したパネルでこのエピソードを紹介し、億万長者たちが経済格差に関して、尊大な態度を示しながら実際には是正策を拒んでいる証拠だと指摘した。

「これはロケット工学みたいに込み入った話じゃない」とブレグマンは言った。「馬鹿げた慈善の取り組みについて延々と話し続けたり、ボノをまた呼んできたりするのは結構ですけれど、わかるでしょう。税について話し合わなければダメなんです。それに尽きる。税、税、税です。それ以外はみんなクソ」

このときの動画を、すでに見たことがある人もいるだろう。ソーシャルメディアでこの光景が次々にシェアされたのは、ダボス会議という場を満たしている自己顕示のオンパレードの合間に、珍しく真実が口にされた瞬間だったからだ。ただし、その後に続いた議論のあり方も、同じくらい衝撃的だった。

パネル討議のモデレーターを務めたタイム誌編集長のエドワード・フェルゼンタールは、次のパネリストで、世界的なチンパンジー研究の権威であるジェーン・グドールに向かって、なぜ人類は不平等の問題を解決できないのかと尋ねた。さまざまな生物種について考察してきた生物学者としてのグドールへの質問だった。

「人間の脳に何か欠落があるのでしょうか？」。フェルゼンタールはグドールに質問した。「なぜ解決できないのでしょうか？　問題が見えていて解決策もわかっていて、緊急性も承知しているのに、なぜ人類はそこに達することができないのでしょう?」

フェルゼンタールはこの言葉で、圧倒的な支配力を持つ種族、つまりダボスマンに平伏したようなものだった。

不平等が生じた最大の原因は、億万長者階級がロビイストを雇って、税を逃れながら自分たちの優位になるよう経済政策を決めたことにある。だがフェルゼンタール――ダボス会議の常連で、ベニオフに最近買収された雑誌社の社員でもある――は、皆が等しく最善の努力をしているのだとほのめかし、格差問題は、億万長者たちの民主主義プロセスからの収奪ではなく、何か別の要因のせいであるかのように示唆した。不可解な進化プロセス上の欠陥が表面化したのだから、霊長類の専門家と相談したほうが良い、という理屈である。

グドールも調子を合わせた。

「この地球上に出現した最も知的な生物が、自らの生息地や環境を破壊し、社会の中に不平等を生じさせている。どうしてしまったのでしょうか?」。彼女は問いかけた。「人間は知性や英知とのつながりを絶ってしまったようです」

政策の次元では、経済格差を縮小することは、それほど複雑な課題ではない。ただ単に、政治的な目標として掲げるのが著しく困難なだけである。政府が富を再分配すれば、市井の人々が社会で実質的な発言権を取り戻すことも可能になるはずだ。だが、富を手にしてきた社会層は、その富を使って民主主義を操作することにも長けていて、公正な再分配を妨げてきたのだ。

ダボスマンは、自らの税負担を増やしかねない動きを常に排除してきた。その際に用いるのが、果てしない嘘の一種で、富は下方へしたたり落ちていくというトリクルダウン理論だ。富に対して課税して再分配しようとすれば、起業家の投資や雇用意欲を削ぐという理屈だ。

ダボスマンが繰り出す果てしない嘘が政治的にまかり通ってきた理由は、ダボスマンの相棒であるマクロンやマコネルのような政治家への選挙向け献金だけでは説明しきれない。トリクルダウン理論の背景には、人類の本性にアピールする、一見すると魅力的な構図が作用している。繁栄の歓《よろこ》びを奪いに来る〝政府〟という顔のない存在に対して、英雄的な個人が立ち向かうという図式だ。

そうしたファンタジーに支えられた嘘は、特にアメリカ人を引きつけやすい。彼らが思い描きがちな自画像――19世紀に流行した子供向け物語の伝統から続く、立身出世という根深い神話と共鳴しているからだ。

ジェイミー・ダイモンが2017年にトランプ減税策を支持する運動を繰り広げた際も、こうしたおなじみの理屈を披露した。税の重荷から解放された企業が、余剰資金を使って工場を建て、業務を拡大し、賃金を上げるだろう、と彼は予測した。「関連性は実際にある」。ダイモンはジャーナリストのウィリアム・D・コーハンに向かって、そう主張した。(3)「間接的なので、証明してみせることはできない。でも、私には現実だとわかっている」。ダイモンがそんなふうに表現したのと同じ期待感が、レーガン政権以降の米国の経済政策を動かしてきた。

だが、その予測は外れた。世界中で40年以上にわたって大がかりな公開実験が行われ、結果が出たといってもよい。富裕層への減税は、圧倒的多数を占める市井の人々にとっては、惨事でしかなかった。経済成長は起きなかった。一般の労働者に賃上げをもたらさなかった。そして、もともと富の大半を手にしていた者たちのふところには、いっそう財産が集まった。先進経済18カ国での広範な調査は、減税は格差を拡大させただけだと証明していた。(4)

1980年以来、米国内で収入額トップの1パーセントが得ている富が、国全体の収入の中で占める割合は、10パーセントから19パーセントへと、ほぼ倍増した。(5) 同じ40年間に、収入額でみた下半分の層が受け取るシェアは、20パーセントから13・5パーセントまで下落している。

米国は極端な例としても、裕福な国々では、どこも同じような傾向がみられる。イタリアでは、1パーセントの最富裕層の所得が国家総収入に占めるシェアは、1980年から2017年までの間に、24パーセントから33パーセントまで伸びた。[6] 一方、豊かでないほうの半分の取り分は、27パーセントから21パーセントへと縮んだ。英国やフランス、あるいはスウェーデンですら、相対的に緩やかな程度とはいえ、格差の拡大がみられた。

この40年間で、ダボスマンの果てしない嘘の実態が姿を現した一方、大切な真実とでもいうべき事柄も見えてきた。それは、社会に広く恩恵を施し、実際に経済成長を生む要因は、第二次世界大戦直後の30年間に繁栄をもたらした要素と何ら変わっていない、ということだ。要するに、教育、医療、インフラへの公共投資である。

政府の歳出によって国民がより健康になり、より質の高い教育を受け、自由に移動して交流できるようになれば、企業も、ダボスマンが大好きな〝活力〟を得ることができる。結果としてイノベーションや雇用を生む新規事業につながり、企業の取引は活発化し、経済は成長する。

ただし、教育や医療、インフラ整備にはお金がかかる。ダボスマンの強奪により主要国の大半で、国庫は恒常的に歳入不足の状態に置かれ、成長を促す手段に事欠くようになってしまった。

この現実は、新たなテクノロジーの大躍進を糧にどれほど魅力的な構想を思いつこうが、解決できるものではない。自らを再訓練し、時代についていけるようにせよと労働者に教訓をたれても、事態は改善しない。もちろん、ダボスマンの思いやりを待っていても是正されない。

格差を縮小するためには、経済成長の果実を誰が受け取るのかを決める算定式、それ自体を調整する必要がある。おおむね、税に関することだ。

税制については、政治の側でどんな決定がなされてもダボスマンが損することのないように、彼らの命を実行する一大産業が存在してきた。会計士や弁護士、それから魔法のような金融商品の開発者が世界中で活動し、財産をどのように申告するか、どこに置いておくか、当局に極力少額しか渡さないためにはどうすればいいか、策略を練るのだ。米国では給与労働者のほうが、雇用側よりも政府歳入への貢献度が高いという端的な事実を取ってみれば、この業界がいかに専門性に長け、優秀かがわかる。彼らは時代遅れになった税制の穴を巧みに突く。ダボスマンは、米国政府の課税対象となるような報酬の受け取り方を回避することで、富を蓄積し、繁栄してきた。

ほとんどの人が納税義務から逃れられないのは、収入が完全に把握されていて、会計上の魔術など使う余地もないからだ。皿洗い係だろうが大学教授だろうが、雇用主が所得税を計算し源泉徴収し、社会保険料も控除して政府側に支払う。持ち家がある場合は、米国では固定資産税はローン返済額の中に含まれていることが多い。返済が滞れば、地元の税務署は当然、我々がどこに住んでいるか確認し、差し押さえにやってくる。

買い物をしたときには売上税が支払われるが、これはほかに例のない逆進性をもった税制である。例えば、アマゾンの倉庫で働くため通勤途中にガソリンを入れる労働者は、収入に対する比率でみれば、ジェフ・ベゾスより多くの売上税負担を課せられる。

ある推定によれば、ダボスマンは、スイスからカリブ海の島国まで各地の租税回避地《タックス・ヘイブン》を使って、約7兆6000億ドルを秘蔵しているが[7]、これは全世界の家計収入総額の8パーセントに達する。こうしたカネの大半は、公には未申告のもので、各国税務当局の手が及ばない。

別の研究によると、米国では収入最上位1パーセントの富裕層が、収入の2割以上を税務当局から隠している[8]。議会予算局による党派色を帯びていない調査の推計では、2011年から2013年にかけて、米国での税逃れは総額3810億ドルに達した[9]。

不正を働いたとしても、法的リスクは許容範囲内で済むだろうというダボスマンの態度は、米国の税務当局の弱体化に伴っていっそう強まった。2010年から2017年までの間に、内国歳入庁の査察要員は予算削減によって3分の2に縮小したため、脱税容疑者を捜査する能力は著しく低下した。[10] 年間所得が１００万ドルを超える世帯に対する税務査察は近年、3割以上減少し、大企業への税務調査は半分以下に減らされた。[11]

財政赤字についてもったいぶった懸念を語るより、簡単に歳入を増やす方法がここにある。内国歳入庁の徴税業務にかける予算を1ドル増やせば、納税額は6ドル増えて返ってくる。[12] ダボスマンがそれを嫌がっているだけなのだ。

税負担をめぐる不公平の問題は、単なる財産隠しや規則破りの次元を超え、税制そのものの設計をダボスマンが担ってきた結果といえる。

ジェフ・ベゾスは長年、基本給を年8万１８４０ドルしか受け取っていない。これはカリフォルニア州の小学校教諭の平均収入とほぼ同水準だ。ベゾスの桁違いの富は、彼が保有するアマゾンの株式が生んだものだ。持ち株比率で言えば約10パーセントで、２０２０年末の段階では評価額で１６００億ドル以上に及ぶ。

過去2年間でベゾスの持ち株は評価額ベースで１０００億ドル以上増えたにもかかわらず、その増加分は何ら課税されていない。彼が株式を売り、現金化した場合に初めてキャピタルゲイン税が課せられるのだが、そこにも税負担を抑える術が使われる。１９８０年代初めから現在までの間で、連邦議会は、大企業に雇われたロビイストたちの提案に従い、キャピタルゲイン税の最高税率を35パーセントから20パーセントまで引き下げてきた。

もう一つの租税回避策が、企業による自社株買いだ。１９８０年代初めまでは、この行為は規制当局によって、株価操縦の一種であるとして禁じられていた。株主に利得をもたらすために企業ができることは、配当金を出すことだけだった。配当金は課税対象で、申告による納税の義務が生じる。ところが、レーガン大統領によって証券取引委員会《SEC》の委員長に起用されたウォールストリートの古株経営者、ジョン・シャドが規制を撤廃し、自社株買いの道を開いた[13]。これによって、経営側は株価を上げて株主の資産価値を増やしつつ、配当金で生じる追加の税負担を株主に負わせずに済むようになった。

当然のようにして、企業経営者たちは自分たちの報酬パッケージを組み替え、ほとんどが株式交付で支払われるようにした。30年前には、平均値でみた米国企業CEOの給与は全報酬の42パーセント、株式交付やストックオプションは19パーセントにすぎなかった。それが2014年になると、給与所得は彼らの総収入のうち、わずか13パーセントにまで縮んだ。一方で、株式交付とストックオプションは3倍以上に伸び、60パーセントに達した[14]。

課税額を減らそうとする組織的取り組みは、驚くほど効率的に成果を上げた。調査報道NGOのプロパブリカが連邦政府の税務資料の山を精査し、2021年6月に発表した分析結果からは、最富裕層の企てがいかに大胆なものだったかが読み取れる[15]。2007年と2011年には、ベゾスは連邦税をまったく支払っていない。テスラの創業者イーロン・マスクや、カール・アイカーン、ジョージ・ソロス、マイケル・ブルームバーグといった億万長者たちも同様の記録を残している。

億万長者もさすがに、その死に際しては、財産への課税、つまり相続税を避けるわけにはいかない。だが、ダボスマンは相続人への負担軽減にも成功してきた。1976年に77パーセントだった相続税の最高税率は、40パーセント以下に引き下げられた[16]。そして、内国歳入庁は強制捜査をほとんど行わなくなってしまった。

だから、ウォーレンやサンダースは富裕税を導入しようと試みていたのだ。発想の原点にあるのは、所得ベースの課税では、富裕層は常に税逃れの方法を見つけてしまう、という端的な現実だった。

ウォーレンは5000万ドルを超える資産に毎年2パーセントを、10億ドル超えの場合は3パーセント課税する案を提唱した。導入された場合に影響を受けるのは、全米で7万5000世帯だ。サンダースの提案では課税対象は広げられ、3200万ドル以上の資産がある場合は年1パーセントが課税され、さらに累進的に、最高水準だと、資産100億ドルを超えた場合なら年8パーセントまで増額されるというものだった。

ウォーレンもサンダースも、フランス出身でカリフォルニア大学に在籍する、今やすっかり有名になった2人の経済学者から助言を受けていた。ガブリエル・ズックマンとエマニュエル・サエズは、サンダースの提案が実行されれば、10年間で4兆3500億ドルの歳入が生じると見積もった。それだけの額があれば、国民皆保険と保育の無償化を実現し、低所得者向けの住宅を拡充できる。ウォーレンは、自らの提案で3兆7500万ドルの歳入増になると主張した。ただし多くの専門家は、実際の効果はそれより低いだろうと予測している。

これに対しダボスマンは、まるでロシア革命のボリシェビキ活動家に包囲されたかのように敏感に反応した。

シュワルツマンは、富裕税が導入されれば億万長者たちが米国から逃げ出すと予測した。「そうした人々は出ていくだろう」と2019年10月に述べている。[17]「米国に来て起業するはずだった人々は、やってこなくなる。成功しても、その果実が税で奪われてしまうからだ」

ジェイミー・ダイモンは、富裕税は米国政府の行政能力では実施できないと警告した。「富裕税は、ほぼ実現不可能だろう」と2020年9月に述べている。[18]「私個人としては、富裕層への増税には反対ではない。けれども、収入ベースでしか実現できないと思う。資産を推計するというのはご存じのとおり非常に複雑で、法的にがんじがらめの官僚的な規制行政に陥りがちだし、結局のところは、無数の回避策が編み出されるだけだろう」

あれこれ言い繕ってみても、現実に富裕税で税負担が増えるのは彼自身である。その前年、彼の報酬総額は3150万ドルだったが、所得税の課税対象となる給与やボーナスは650万ドルにとどまり、株式交付を通じた2500万ドルに関しては、納税義務はなかった。そして、彼の純資産は18億ドルと推定されている。

富裕税の歳入効果を算出するのに、スーパーコンピューターなど不要だ。ダイモンが給与とボーナス所得に対して100パーセントで課税され、全額没収されてしまう極端な例を想定しても、税収は650万ドルにしかならない。一方、彼の資産に対してわずか1パーセントでも富裕税が課せられれば、国には1800万ドルが入ってくる。

ダボスマンは、富裕税に反対するにあたって、「彼」の資産はあまりに莫大で、手出ししにくいものであり、その総額を算出することなど誰にもできない、という主張を根拠にした。「彼」が所有するジャコメッティの彫像、熟成させたマデイラ酒で満たされた貯蔵庫、特注の宝飾品といったものについて、国税査察官は時価を査定しなければならない。ダボスマンのスポーツカーやヘリコプター、あつらえた服のワードローブ、希少種のペットも勘定に入れなければならない。そうしたプロセスは悪用されやすい。億万長者たちは税逃れのために、資産を過少申告しがちだ。

富裕税を導入するならば、確かに内国歳入庁の組織や人員を拡充して業務執行能力を高める必要がある。だが、そうした措置はそもそも、税制改革の有無にかかわらず着手せざるを得ないものだ。ダボスマンの警告は、ねじ曲がった理屈に基づいている。「我々に課税し、税制を公正なものにしようと試みてはならない。我々はどうあろうと抜け穴を突くからだ」と言っているのだ。改善など諦めて、既得権益と、ステークホルダー資本主義や慈善といった情け深い思《おぼ》し召しを受け入れよ、と言っているも同然である。

富豪の中でも、富裕税を支持するベンチャー投資家のニック・ハノーアーが、資産の過少申告を防ぐために独創的な案を出している。富裕層がどんな額で資産を申告しようと、その額面どおりで政府が競売にかけて公共の歳入とする権利を与える、という構想だ。マセラティのスーパーカーの価値をたった5ドルと過少申告した億万長者は、目の前で愛車が売り払われるのを見守るしかない、ということになる。

米国では経済学者の多くが富裕税に懐疑的で、根拠の一つに、そうした税制を有していた他の諸国では、徴税実績がふるわず制度が廃止されてきたことを挙げている。

確かに1990年から2017年にかけて、富裕税を設けている国は12カ国から4カ国にまで減った。[19] 減少した主な理由は、マクロンがフランスでの富裕税撤廃の際に挙げたように、対象人物が外国へ移住してしまいかねないから、というものだ。だが、米国では根拠薄弱である。米国の税制は独特で、国民は現在の居住地がスペインのトレドであろうが東京であろうが関係なく、納税の義務がある。義務を免れる唯一の方法は市民権放棄の手続きを取ることだが、その場合、政府は高額の出国税を課してくる。

欧州各国の富裕税は、サンダースやウォーレンが提案しているのよりも課税対象額がずっと低い。スペインの富裕税はわずか70万ユーロの資産から対象になる。例えば、引退して年金暮らしの元精肉店主が、自宅アパートの評価額が上昇して基準を超えてしまい、支払い能力以上の課税義務が突然生じて金策のため自宅を手放す、といったことが起こりうる。これは確かに問題であり、だからこそ欧州各国の富裕税には適応除外条項がつきまとっている。

しかし、そうした問題は、資産が5000万ドルを超えるようなアメリカ人とは無縁だ。もしシュワルツマンが豪邸のうち1軒、あるいはゴッホの油絵を1点、そうでなければガルフストリーム社製のプライベートジェットを1機、とにかく富裕税を納めるために売却しなければいけなくなったとしても、米国経済に何か損失を与えるとは思えない。

富裕税への反対論の大半は、既得権益を擁護しようとする直感に基づいている。声を上げるのは、明らかに恩恵を受けているダイモンのような者たちだけではない。長年にわたって政策の変動に影響力を及ぼしてきたと自負し、定評を築いてきたタイプの人物も、本来は中立であるべき立場を捨てて反対論を展開する。

ラリー・サマーズはクリントン政権の財務長官で、オバマ政権では経済政策担当の大統領補佐官を務めた人物だが、富裕税を批判する際には器の小ささをみせ、提唱派に対して、彼らの学者としての信用度までおとしめようとした。

「そんな案は、米国経済が将来も繁栄を続けられるかどうか、川船の上のカジノで賭けてみるようなものだ」。サマーズは2019年10月、エマニュエル・サエズとの討論で、そう切り捨てた。[20]

その20年前にサマーズは、デリバティブ取引にひそむ危険性を規制すべきだという案に対しても、やはり声高に警告を発した。[21] サマーズは、サマーズと当時のFRB議長だったアラン・グリーンスパンは、その規制案を葬り去った。根拠に挙げたのが、投資家が資金を引き上げてしまい、金融の中心がニューヨークではなく、もっと環境の整ったロンドンなどに移ってしまう、という理屈だった。

サマーズたちの主張が通った結果、デリバティブは何ら規制を受けずに続けられ、最終的には大恐慌以降で最悪の金融危機を招くに至ったのだ。

そして今、サマーズは、米国の議員たちが税制に関する立法権を行使するようなことになれば、富裕層を怒らせ、経済に明らかな損害を与えるかもしれない、と警告していた。その痛みが下に向かって浸透するという、トリクルダウン理論の変形版だ。

サマーズは富裕税を、アメリカ人が持っている連帯の精神に本質的に反するものだと位置づけた。「労働者を企業と敵対させることを中心にした手法」であって、「アメリカ人同士を対立させ、あるべき目標を見失わせてしまう。協力し合うことで、競争力のある強い経済を築く投資をしなければ、全員が繁栄を享受することはできない」と主張した。[22]

やはり典型的なダボスマンの思考様式だ。全員が共に繁栄を享受できるのだから、誰も犠牲を払う必要はない。反対に、富裕層に不快な思いをさせ、彼らの度量の大きさを疑うようでは、予期せぬ災難が起きるかもしれない、という理屈だ。ダボスマンには感謝すべきであり、さもないと全員が苦しむのだという。

サマーズの論法からは、過去40年間に米国がくぐり抜けてきた経験、まさに彼も尽力した政策の下で起きてきたことに対する視点が抜け落ちている。

もはや何百万人という労働者階級が、自分たちは会社と対峙させられる存在だと見なしている。例えば、ベゾスをさらに富ませるための仕組みの中で、身の安全と給料を天秤《てんびん》にかけなければならなかったクリスチャン・スモールズのような人たち。あるいは、シュワルツマンの企業帝国の下で、職を失いたくなければ、パンデミックを危険なまでに悪化させた状況に口をつぐんでいろと強制されたミン・リン医師のような人々だ。米国民の間には、すでに分断が存在し、欠乏状態が経済の基盤に据えられてしまった。確かに、富裕税を導入するには実務的な課題をかなり解決しなければならないが、少なくとも、連帯の精神を取り戻すことはできる。富裕税は、99・9パーセントの納税者を連帯させ、残りの0・1パーセントと対峙させる。異常なまでの富を自分たちが享受するために、社会全体の公衆衛生や経済的安定、そして民主主義の大義まで犠牲にしてきた、ごく少数の集団と向き合わせるものである。

議会上院では、ウォーレンが再び富裕税を提案した。一方でサンダースは、上院予算委員長という、同種の構想を推し進めるための強力な足がかりとなる地位を得た。

各種世論調査では、富裕税への支持率はかなり高く、約3分の2の米国民が賛成している。

バイデンは、富裕税の賛成派ではなかった。だが、つまみ食いのような形とはいえ、最富裕層の租税負担を相当程度まで高める政策を推し進めている。財政出動構想をまかなうために、投資に対するキャピタルゲイン課税の最高税率を40パーセント近くにまで倍増させようとしたし、相続税率も引き上げた。(23) 8000億ドルを追加支出して、今後10年かけて内国歳入庁の徴税部門を強化し、その総予算を6割以上増やすのと同時に、脱税撲滅に向けた権限の強化をはかっている。(24) ホワイトハウスによると、この政策で7000億ドルの追加歳入が見込まれ、児童保育や教育の支出をまかなえるという。

バイデン政権はまた、主要国を説得し、法人税率を世界標準で最低15パーセントに定めて租税回避地をなくし、より良い条件を求めて世界各国を物色して回る多国籍企業の動きを封じ込めようとしている[25]。15パーセントという水準そのものは、まったく税を納めないセールスフォース社のようなペテン師まがいの企業の行為を止めるにはなおも低すぎるが、出発点にはなる。

こうしたものはどれも、簡単には実現しない。ダボスマンは再び自分の富を活用して、人々の意志が実現するのを妨げようとすることだろう。

問われるのは、米国というシステム全体の公正さである。それ以外のことは、〝クソ〟でしかない。

ダボスの魔法が解けた世界へ

　ほとんどの人々が死者の数を心配している最中に、スティーブ・シュワルツマンは金勘定で忙しく、それどころではなかった。

「ブラックストーンは前回の世界金融危機では、圧倒的な勝者だった」。シュワルツマンは2020年12月、コロナ禍で世界の死者が200万人に達しようという中で開かれたリモート会合で、誇らしげに語った。「同じような状況が今も起きていると思う」

　シュワルツマン個人の下には、その果実がすでに転がり込んできていた。この年、彼の報酬総額は6億1000万ドル以上に達し、2019年と比べて20パーセント増えた。公衆衛生上の危機に乗じて権勢を強めたことの証しといえた。

　ブラックストーンの収益のうち半分は、不動産事業からのものだ。人々が住宅費を捻出するのに苦労し、中小企業も賃借料の支払いが滞りがちな状況で、シュワルツマンは、パンデミックの最中に賃料を値上げして稼いだ収益がいかに大きかったかを、誇らしげに語った。

「言うなれば、我々は好条件の進出先を見つけたわけだ」とシュワルツマンは、倉庫物件を多数買い上げたことに言及した(1)。「我々は民間の世界では世界最大の不動産オーナーだが、市場が活況を呈し、賃料収入が抜群に増えた」

　悪いニュースの中にさえ、新たな稼ぎにつながる道がひそんでいた。バイデン政権がキャピタルゲイン税を上げようという姿勢を強めていることは、経済界にとっては明らかに失望の種ではあるが、多くの経営者は納税負担が増えるのを嫌って、資産を売りに出したいと望んでいた。それはつまり、ブラックストーン社が買い手市場で優位な地位に立つことを意味していた。

「雪崩を打つようにして今、新たな機会が生じている」。シュワルツマンは別のリモート会議でそう語った。[2]「みんな、税金が高くなってしまう前に資産を売りたがっている」

ベニオフは２０２０年の締めくくりを飾る業績として、企業向けメッセージングサービスのスラック社を２８０億ドルで買収した。従業員がどこからでも働けるような情報インフラ事業であり、コロナ禍でその需要が高まっていた。

「いやあ、すごい四半期でした」。ベニオフは２０２０年12月、ジム・クレイマーの番組にまた出演した際に、そう告知した。[3]「我が社の規模をさらに倍増するために、私はやる気満々です」

納税者のお金でまかなわれたコロナ救援策に、金融資産の価値を維持することが当初から盛り込まれていたおかげで、ジェイミー・ダイモンは今回も、災難の中にありながら、その地位をいっそう強化しようとしていた。ダイモンの銀行は、市場取引部門での収益が、第４四半期は60億ドルを超える勢いで、過去最高を記録した。このため、彼の手元には企業買収に使える十分な資金があった。

「有望なのはソフトウェア会社かもしれない」とダイモンは語った。[4]「あるいはどこか海外の企業かもしれない。いずれにせよ、我々は広い視野で検討する」

ＪＰモルガンは新しくパリに、ブレグジット後に英国から移ってきた大勢の行員たちが働くための本拠地を開設しようとしていた。金融大手の脱出先にこうして選ばれたことは、マクロンにとっては一定の勝利だった。

同行の取締役会はその後まもなく、ダイモンが自社株買いを再開することを承認し、３００億ドルの支出を認めた。

「〝主は我らの杯を満たしてくださる〟［旧約聖書・詩篇23篇をもじった言い回し］ですな」。彼は２０２１年4月に、株式アナリスト向けの説明会でそう表現した。[5]「とてつもない額の収益が出ている」

ダボスマンの姿勢で目を引くのは、満杯になったその金庫室と、苦難に陥った下界との間に明白な落差があると知っているのにもかかわらず、ためらうことなく狂喜乱舞している点だった。どうやら億万長者たちは、トリクルダウン理論やステークホルダー資本主義、「世界の現状を改善する」目標への献身といった、自分たちが振りかざしてきたプロパガンダを、本心から信じ始めたようだ。

パンデミックに突入してからの1年間で、新型コロナウイルスによって50万人以上のアメリカ人が命を奪われた一方、7800万人以上が仕事を失った。[6]同じ時期に、アメリカ人の億万長者という、700人にも満たない少数集団が手にした富は、総計1兆3000億ドルに達した。[7]大きな要因は、最高値を更新して2020年を終えた株式市場の好況だった。

「株式市場は、2021年も堅調に推移すると思う」。ブラックロック社が管理する資産が8兆6000億ドルを突破したと発表した際、ラリー・フィンクはそう言い切った。[8]

英国では、ダボスマンの相棒として緊縮財政を押しつけたジョージ・オズボーンが、ブラックロック社でのアドバイザー業務を離れ、ロンドンの投資銀行での職位を得た。2020年に1790万ポンドの利益を出しながら、税金はいっさい払っていなかった銀行である。「第1級のチームに、その一員として加われて誇らしく思う」とオズボーンは語っていた。[9]

しかし、祝福すべき巨大な収益を上げても、億万長者たち自身が賞賛してきた無私の精神からの贈与はほとんど生じなかった。2020年を通じての慈善事業の寄付総額は約26億ドルで、2011年以来の低水準となった。[10]

中でも突出していたのが、ジェフ・ベゾスだった。稼ぎがあまりに高額だったため、彼は地球上で誰にも等しく課せられる重力の制約からも解き放たれた。

アマゾンの日常的な経営指揮を後任CEOに譲り渡してから数週間しか経っていない2021年7月

20日の朝、ベゾスは、テキサス州西部の小さな町で宇宙船に乗り込み、ロケットで打ち上げられ、宇宙旅行を体験した。

天空の頂に達した億万長者第1号は、ベゾスではなかった。ヴァージン・アトランティック航空やエンターテインメント大手企業を経営する傍ら、冒険家としても有名なリチャード・ブランソンが、ベゾスの9日前に宇宙旅行を実現していた。それでも、ベゾスにとって11分間の初搭乗は、少年時代の夢の実現であり、宇宙開発の民間企業を築くという執念の成果だった。

ベゾスはこの画期的なイベントを味わい尽くそうとしていた。地球上に戻ってきた後も、メディアに接する際、青い宇宙服に身を包んだままで、馬鹿げた大きなカウボーイハットをかぶって姿を現した。

彼はまず、打ち上げの舞台となったテキサス州ヴァンホーンの住民2000人に感謝した。それから、より多くの人々に対する感謝の言葉を口にした。

「アマゾンの従業員全員、顧客の皆さん全員にも感謝したいと思う。あなた方がこの費用を出してくれたのだから」とベゾスは言った。[11]「まじめな話として、アマゾンを利用してくださる世の中の人たち、アマゾンで働いてくれる皆さん、心の底からありがとう」

このはしゃぎようは世界中の注目を集め、ベゾスのような億万長者が、残りの人類全員の苦境といかに切り離されているかという証左として受け止められた。彼が創業した会社は、大規模な労働搾取と市場での冷酷な略奪的慣行について批判されていた。彼個人が、合法とはいえ、大規模な税金逃れの象徴的存在になってもいた。それでもベゾスは、アマゾンが文明生活そのものから接収した巨大な利得のおかげで、地球を眺め下ろす立場を手に入れ、個人を超えた人類全体の進歩として祝ってみせたのだ。

それよりも3年前、ベゾスは、宇宙に行こうとする自分の企ては、地球上の資源枯渇に対応する人類全体としての大きな計画の一環であると位置づけていた。

「私は数百年単位で考えている」とベゾスは語った。[12]「太陽系内へ植民できるシナリオを考えてみてほしい。太陽系全体に住まいを広げられれば、人口１兆人になっても人類は生存できる。人口１兆人なら、アインシュタインやモーツァルトのような天才も１０００人単位で生まれてくる。現実問題としても、無尽蔵の鉱物資源と太陽光のエネルギーが使える」

既存の限界にとらわれない思考様式とビジョンの持ち主として、ベゾスが賞賛されたのは自然なことだっただろう。文明の進歩で恩恵を受けてきた自分自身の人生よりも先を見据え、人類の方向性を模索する姿勢に、勇気づけられた人もいるかもしれない。しかし、人類は今すぐ解決を要する問題にすら事欠いていないし、ベゾス自身が、そうした問題の元凶だとされているのだ。彼の会社は労働者を非常な圧力と危険にさらすことで、比類のない富を築いた。そのベゾスが、何世代も先の実現すらおぼつかない恩恵を引き合いに出し、労働者たちの支援に感謝したのだ。

ベゾスは宇宙開発企業に、55億ドルを投資したとされる。[13]世界食糧計画《WFP》の見積もりによると、それだけの金額があれば、３８００万人を飢餓から救うことができる。[14]２世紀後ではなく、今すぐに、である。ワクチン分配の枠組みであるコバックスが、20億人分の接種に必要だとして支援を募った額からみれば、倍にあたる。しかもパンデミックは今もなお進行中だ。あるいはその資金で、アマゾンの従業員に有給の傷病休暇を認めることだってできたはずだ。

地上の人々は、現世の心配事にもっぱら気を取られている。請求書の支払い、子育て、無力感が募る仕事に行くための通勤地獄、などに。一方でベゾスは、天高くから、地球全体の問題を考えるほうを好んでいる。

「とても静かで平穏だった」と彼は言った。「そして、浮遊感。実のところ、重力の下に置かれているよりも、ずっと素敵だった」

私はジャーナリストとしての職歴を通じて、経済を宿命論で捉えがちな人が多いことにしばしば驚かされてきた。計り知れないほどの富が一部に集中し、大多数は欠乏の下に置かれてしまう状況が、ほぼ不可避なもので、民主主義の力をもってしても変えることはできない、と考えられてしまっている。21世紀の世界では、国境を超える資本の流れやテクノロジー、多国籍企業の力を制御しようとしても無駄だ、と諦めるのが事情通のようだ。公益よりもダボスマンの勝利を受け入れてしまう姿勢だ。

しかし、そんな態度は事情通でも何でもなく、単なる冷笑主義にすぎない。億万長者たちの圧倒的支配に唯々諾々と従うことは、人類が積み重ねてきた歴史的遺産を捨てることであり、過去にも同じ道をたどってきたことを見落としている。

過去に米国では、特定集団が資本主義の果実を独占してしまう不公正に対して、民主主義による有効な対策を取り、強盗男爵たちを監視下に置くことに成功した。英国では、大恐慌が生んだトラウマから脱出するために、産業力の成果を共有できる社会保障モデルが構築された。フランスやスウェーデンは、社会民主主義の価値観こそ薄れてしまったものの、今も、市場システムの利点を活かしつつ公益に配慮するお手本であることに変わりはない。イタリアは、山積する課題は確かに多いが、芸術や技術、あるいは現代医学といった面で、人類の可能性を指し示す顕著な例となってきた。

格差をめぐる危機は深刻さを増しつつあるようだ。ソーシャルメディアが情報の流れをひずませた一方、監視技術やデータ収集法を政治使用に提供する企業も出てきている。アマゾンがニュースと偽って自社の広報宣伝コンテンツを地方のテレビ局に提供した例のように、労働者の団結権を妨害する手口は、ますます巧妙になってきている。ベニオフやフィンク、ダイモンらは、ビジネスを進歩の原動力へ変えた人物として賞賛を受けながらも、実は既得権益を維持することで莫大な利益を上げている。世界中で、偏狭な憎悪をあおり立てる過激な政党の影響で、ダボスマンの収奪には有権者の注意が向かず、説明責任を求める機会が失われている。

億万長者が舞台裏で陰謀をたくらんでいるというよりも、ダボスマンが混乱や紛争、疑念に乗じて繁栄してきたという点に問題がある。億万長者たちは、社会の不和や機能不全によって政府の統治能力が落ち、本来あるべき権力の相互抑制機能が失われたのを良いことに、ちゃっかりと暴利を手にしているのだ。

だが、民主主義はそれ自体が強力な道具でもある。民主主義の統治は何かを保証してくれるわけではなく、利害集団に乗っ取られる危険も常にある。ただしその一方で、大衆が利益を手にするための仕組みが含まれているのは確かだ。

世界が向き合う課題の多くが、根本的には、不公正な経済的分配をめぐる問題といえる。人類は驚くべき能力を発展させ、これまでにない大量の食糧生産を、科学を用いて可能にした。医学で疾病を制御し、新しい暮らし方や交通手段を生み出しつつ、退屈する暇などないほど次々に新しいことを思いついてきた。

深遠な意味でも表面上の意味でも、現代という時代は、文明の歴史において、間違いなく最も人生を享受しやすい時代である。かつては解決不可能と思われ、どこでも横行し、命にすら関わると思われた問題に対して、いくつもの解決策が提示されるようになった。

ダボスマンは詐欺的行為の要として、人々に誤った二者択一を強いる。過去数十年のグローバル化をありのまま受け入れるか、さもなければ、後ろ向きの思想にとらわれて活動したラッダイト［19世紀英国で機械化に反対した熟練職人の運動］のように成果を投げ捨てよ、というのである。この論理の立て方は誤りであるばかりか、危険でもある。グローバル化の恩恵を手にできない者たちに、ナショナリズム、移民排斥、偏見や無知といった逆行を促すものだ。〝ダボスマンによる、ダボスマンのためのグローバル化〟の代わりが、グローバル化を崩壊させて偏狭な利害を追い求める道しかないのであれば、世界はより貧しく、いっそう暴力的になる。パンデミックから気候変動に至るまで、さまざまな難題を解決するのに不可欠な協力態勢を実現するのも、ずっと困難になるだろう。

新型コロナウイルスが致命的に広がったのに、あきれるほど準備不足だった背景には、グローバル化が本来の監視体制抜きに進んだせいで、株主からの無節操な要求が通り、災害に対して脆弱になった世界の、典型的な構図が見て取れる。

しかし、スティーブ・シュワルツマンに医療システムをほしいままに搾取させるか、さもなければ、医療ケアが受けられない状態を甘受するか、といった二者択一を迫られる必要は、本来ないのだ。アマゾンが自宅に届けてくれる物資を購入していても、同社の従業員に傷病休暇を認めるよう要求することは可能である。マーク・ベニオフが提供するソフトウェアを使いながらでも、彼らに対して十分に課税して、企業で働く技術者を育成する学校教育の予算をまかなうこともできるはずだ。

最先端の研究力を投じた新型コロナウイルスのワクチン開発については、研究費の源である納税者全員が成果を享受できるよう求めていいはずだ。

グローバル資本主義の運営方法として、イノベーションや繁栄を保証しながらでも、ダボスマンに特典のすべてを持ち去られずに済む道があるだろう。

フランシス・フクヤマが「歴史の終わり」を宣言し、米国は最も優れていて、米国流の資本主義こそが人類史の発展最終形であると示唆したのは、不当かつ傲慢であり、植民地主義的ですらあった。しかし、市場システムを重視した姿勢は間違っていなかった。グローバル資本主義は実際に、最も進んだ経済の形態だ。その下で創造性や斬新な着想が奨励されてきたからこそ、人類の寿命は延び、生活水準が改善してきたのだ。資本主義は富を増やす。ほかの選択肢と比べれば、とんでもなくまともだといえる。

ただし資本主義には、何もせずに成果を公正に分配できるような仕組みは備わっていない。それを補完することこそが、民主的に権限を与えられた政府の責務なのだ。深刻な格差は現代文明の副産物であり、必然なのだとダボスマンによって信じ込まされたことで、民主主義の正統性への信頼は損なわれた。そこから生じた怒りが、人類の最も良くない側面に作用した。憎悪をあおり、妄想じみた陰謀論を強化した。事実と科学は重みを失ってしまった。

社会には敵意と不満ばかりが広がり、まともな統治など、時に不可能にすらみえる。住まいや医療、教育、そして食糧事情といった生活の質は、冷酷無比な市場の力によって決められるべきだという考え方がある。やがてそれは、魔女狩り裁判や、病気封じのまじないと同様の、おかしな思想だったと見なされるかもしれない。むしろ今、広く真実として受け止められていること自体、一種の異常な集団心理といってよい。ただし、それが政策決定を左右するようになったのは偶然ではない。財政を取り仕切る者が推し立て、金融業界の助成を受けた学者が吹聴し、多国籍企業に仕える広報マシーンが拡散してきたのだ。

この思想のおかげで、ダボスマンはますます富を蓄えながらも、自分の地位は善行を評価するシステムがもたらしたものだとして正当化できた。ダボスマンは自由な市場の力を美化するが、実際にはこの種の思想どころか、イデオロギーには関心はない。自分にとって大切な規制緩和や減税を実現し、独占支配を正当化してもらえるから、市場万能主義を持ち出しているだけだ。今の世界にあるのは、自由市場ではない。最も権勢を持つ者たちの利害に沿って、社会全体の犠牲ありきで操作された市場だ。社会福祉は億万長者向けのものでしかなく、その他大勢は、個人主義の名の下に放置されるばかりだ。

ダボスマンが勝ちを収めた最大要因は、富の独占に反対する者は誰だろうが反ビジネス的である、という見方を根付かせたことにある。シュワルツマンやベゾスに対し、秘書たちよりも高い税率を適用する税制を導入しようとするだけで、まるで郊外の住宅地を人民解放区に指定するかのような、社会主義的政策と見なされる。こうした思考様式の神髄を、私たちは見抜かなければいけない。ちょっとした嘘どころではなく、資本主義全体から略奪するための根深い偽りなのだから。

歴史は決して終わらないが、歴史を再起動すべきときが来ている。資本主義を再構築し、利益をもっと多くの人にもたらさなければならない。

よく知られたことだが、2021年半ばの段階では、億万長者たちは守勢に立たされている。多くの国で、独占禁止規制の調査対象となった。新任の米国大統領は公正さを取り戻すと公約しており、租税《タックス》回避地《ヘイブン》をなくそうという国際的な動きにも手を貸した。しかし、口先だけ不公正を認めて変革の証しとして示し、激しい怒りの矛先を避けることにかけては、ダボスマンは一流の専門家といってよい。だから、分断の中で億万長者と対峙する、それ以外の77億の地球人たちには、公正さを取り戻す有効な戦略が必要となる。

世界経済の歴史をみれば、富の偏りは、少数の金持ちによる善意の行動などでは改善しないとすぐにわかる。ステークホルダー資本主義でも無理だし、PR会社が売り込んでくるたぐいの新しいアイデアなど、なおさらだ。

公正さを実現させるには、民主主義を実践する以外に道はない。賃金と雇用機会の増加を軸とした戦略を進め、新たな形で社会保障を構築し、独占禁止法制を復活させて執行し、富裕層に焦点を当てた税制改革を実施する、そんな道だ。

いずれも、平坦な道ではない。しかし、富が実質的に再分配されない限り、民主主義という概念そのものが危機に瀕し続ける。それが、トランプ政権やブレグジットなど、世界中で強まる反リベラリズムの潮流によって、否応《いやおう》なしに示された現実である。

あらゆる点からみて、反動は終わっていないばかりか、なお勢力を増している。安定した暮らしの柱を失った人は、過去の特権を振りかざす偏狭な帰属意識や、既得権を取り戻せば輝かしい未来が到来するという虚構にすがりがちだ。だから、民主主義への攻撃を旗印にした扇動政治家が広める、単純な説明に引っかかりやすい。結果として、混沌や怒りに満ちた、不安定な社会が広がる。既存の勝者以外は、誰も勝てなくなる。

ダボスマンによるルール作りの慣行を止め、次の時代を切り開くことは、決して急進過激な方向性ではない。先進経済諸国が第二次世界大戦後の30年ほどの間にたどった道を復活させるだけなのだ。もちろん、その時代も完璧ではなかった。だが、少なくとも社会全体がまとまって成長できた。

民主主義は、億万長者の集団によって歪められてきた。その結果として、個人所有のリゾート島や海外銀行の隠し口座、さらなるインサイダー取引を交わすためのダボスでの秘密会合、といったものが横行する世界が生まれたのだ。

ダボスマンから権力を奪還するためには、暴動も、革命思想も必要ない。必要なのは、ずっと手元にあった道具を賢く使いこなすことだけだ。その道具が、民主主義である。

謝辞

ニューヨーク・タイムズで働くという大変な幸運に私が恵まれなかったら、この本が世に出ることはなかった。ひとくちに新聞社の編集局といっても、現場に身を置いた深い取材がここの水準まで徹底され、世界中どこへでも足を運ぶように記者たちを励ましてくれる職場ばかりではない。タイムズの編集幹部たちは、広がる経済格差とその社会的なインパクトについて、地球規模で考えるよう私に促してくれただけでなく、まさにそうするための時間と必要なリソースを与えてくれたのだ。

この企画では、きわめて才能のある一人のデスクの存在が助けになった。エイドリアン・カーターはストーリーとしての記事の骨組みを捉える達人であり、あらゆる面で素晴らしい人格の持ち主として、初期の取材にあたっていた私を指導してくれた。それが最終的に、本書にまとまった。

最上級の感謝をディーン・バケットとジョー・カーンに捧げたい。彼らはニューヨーク・タイムズをデジタル時代に適応させながらも、報道の大切な責務のために突き進んだ。それだけでなく、自己都合で数年の間、社を離れていた私を呼び戻してくれた。発行人のA・G・サルツバーガーに対しても、民主主義に不可欠な要素としてのジャーナリズムに対する揺るがない信念——かつては当然のこととされてきたが、今やそうではなくなってしまった考えである——を保ってきた彼の姿勢に対して、大いなる感謝を送らせてほしい。

タイムズ内では長年にわたり、経済報道セクションが私にとっての本籍地といえる部署である。ディーン・マーフィーは、出戻りの私を歓迎してくれた上で、ロンドンに派遣してくれた。おかげであの都市を本拠に、本書の取材執筆をすることができた。現経済部長のエレン・ポラックは時に不遜にみえるような態度で、埋もれた宝物を嗅ぎつけるジャーナリストとしての熟練した技で、人生を楽しませてくれる。コロナ禍の時期に私の担当デスクだったリッチ・バービエリは鋭い洞察力と英知をもって、あらゆる面で品位を感じさせてくれる存在だ。元経済部長のラリー・イングラシアには、もう十数年前に私を海外に派遣して以来、長年にわたり面倒を見てくれたことにお礼を言いたい。

ぶれることがないケビン・グランビルが率いる、ヨーロッパ駐在の国際経済報道チームの同僚たちにも多くを負っている。アダム・サタリアノ、エシェ・ネルソン、ジェネバ・アブドゥル、ジャック・イーウィング、それからスタンレー・リードだ。世界各国にきら星のように散らばる、献身的な経済担当特派員やデスクたちにも感謝している。カルロス・テハダ、アシュウィン・セシャギリ、デービッド・エンリヒ、フィリス・メッシンジャー、ケビン・マッキナ、パトリシア・コーエン、キース・ブラッドシャー、アレクサンドラ・スティーブンソン、ビカス・バジャイ、プイウィン・タム、ルネ・メリデス、ロー・ダンジェロ、ジャスティン・スワンソン、デービッド・シュミットの諸氏である。

まわりに伝染するほどの熱情の持ち主であるマイケル・スラックマンに率いられた国際報道セクションは、私がロンドン駐在の間、第2の拠点となってくれた。ジム・ヤードリーの友情と賢明な助言には頭が下がる。彼がロンドンでの報道を沈着冷静に取り仕切り、最終的に本書の着想につながったいくつものプロジェクトに、私を加えてくれた。カーク・クリックトンがなぜ伝説的な編集者と称えられているのか、私はじかに感じることができた。ロンドンとニューヨークの素晴らしい国際報道デスクたち、グレッグ・ウィンター、キム・ファアラロ、スザンヌ・スペクター、カーク・クロートラー、ローリー・グッドスタイン、マーク・サントラ、リチャード・ペレス・ペーニャの皆さんにも、多くの感謝を伝えたい。本社にいる上級編集幹部たちには、意欲的な発想と健全な疑念を示してもらった――マット・パーディ、アリソン・ミッチェル、フィリップ・パン、そしてレベッカ・ブルーメンスタインである。スーザン・キラは社を離れてしまったが、私の感謝の念は変わらない。

素晴らしい友人で、物語を語る達人でもあるデービッド・シーガルは、快く初稿に目を通して手を入れてくれた。ほかにも、さまざまな段階で草稿を読んで鋭い問いを投げかけてくれた友人や同僚たち、ジェシー・アイシンガー、マーク・レイボビッチ、デービッド・シロタ、リズ・アルダーマン、エマ・ブボラ、それからジェシー・ドラッカーにお世話になった。

本書には、世界各国の通信員やリサーチャーからの、大変貴重な貢献の成果が盛り込まれている：アンドリュー・ペレス（アメリカ）、エロイーズ・スターク（フランス）、クリスティアナ・アンダーソンとエリック・オーガスティン・パルメ（スウェーデン）、ジウリア・アラグナとリッカルド・リベラトーレ、そしてアーロン・メインズ（イタリア）、クローディア・ウィッテ（スイス）、ダニエル・ポリティ（アルゼンチン）、レイチェル・ショーンドラー（スペイン）、マリ・リーナ・クオサ（フィンランド）の皆さんだ。

ニューヨーク・タイムズで働く楽しみの一つが、ポッドキャスト番組のザ・デイリーに出演することである。そうした機会に、才能のある担当者たち、リサ・トービンとマイケル・バーバロが、本書のコンセプトの一端を磨き上げてくれた。

世界各国のタイムズの特派員たちから、私は厚かましくも、さまざまな内部情報やカギとなる取材先を教えてもらい、地元事情も吸い取らせてもらった。ここで名前を挙げさせてもらうのはハンナ・ビーチ、ジェイソン・ホロウィッツ、スティーブン・エーランガー、マット・アプーツォ、ジェフリー・ゲトルマン、ダン・ビレフスキー、ダニー・ハキム、スティーブン・キャッスル、ハリ・クマール、チョエ・サンハン、ジョアンナ・ベレント、ジェイソン、グティエレス、カラン・ディープ・シン、スイリー・ウィー、カトリン・ベンホールド、パトリック・キングスリー、アリッサ・ルービン、デクラン・ウォルシュ、アブディ・ラティーフ・ダヒール、ガイア・ピアニジャーニ、アンドリュー・ヒギンズ、エレン・バリー、エリザベス・ペイトン、ラファエル・ミンダー、そしてカルロッタ・ゴールの諸氏である。

ケイティ・トーマス、アポールヴァ・マンダヴィリ、レベッカ・ロビンスとマティナ・ステヴィス・グリドネフにはワクチン・ナショナリズムについて有意義な貢献をいただいた。

ダボス会議でフォンデュを共にする仲間たち、ラナ・フォルーハー、アディ・イグナティウス、アーニャ・シフリン、それからジョン・ギャッパーは、あの会議に出席した10年間を通じて、私を現実世界につなぎ止めてくれた。

世界経済についての本を著すという作業は必然的に、自分よりずっとよく物事を知っている人が大勢いる様々な分野に取り組むことを強いられる。忍耐強く知見を共有してくれた多くの経済学者、政治アナリスト、弁護士、歴史家、銀行家、市民運動の活動家たち、その他、ずうずうしい私が発する、端的なものから馬鹿げたものまで種々の質問で仕事を（場合によっては余暇まで）じゃましてしまった専門家の皆さんに、深く謝意を呈したい。

グローバル化と国際貿易について、会話を通じて多大な示唆をいただいたのはコロンビア大学のジョセフ・スティグリッツ、ピーターソン国際経済研究所《PIIE》のアダム・ポーゼンとチャド・ボーン、オックスフォード大学のイアン・ゴールディン、ジョージタウン大学のピエトラ・リボリ、外交評議会のブラッド・セツァー、国連開発計画《UNDP》のリチャード・ゴズル・ライト、ケンブリッジ大学のメリディス・クローリー、ロンドン・スクール・オブ・エコノミクス《LSE》のスウァティ・ディングラ、オックスフォード・エコノミクスのベン・メイ、ハーバード大学のウィリー・シャイである。世界貿易機構《WTO》の賢明で寛大なキース・ロックウェル、さらに中国の世界での役割について刺激的な議論をしてくれたゲイディ・エプスタインにも感謝したい。

欧州連合《EU》の業務とユーロ圏に関しては、ＰＩＩＥのヤコブ・ファンク・カークガードとニコラス・ベロン、欧州改革センターのクリスチャン・オデンダール、ブルーゲルのマリア・デメルツィス、ＤＮＢ

マーケットのキイエルスティ・ホーグランド、コメルツ銀行のピーター・ディクソン、それから、EU《ユーロ》統計局《スタット》と経済協力開発機構《OECD》のデータ処理の天才たちに多くの助力をいただいた。

イタリア経済に関しては、グイド・カルリ社会科学国際自由大学のニコラ・ボーリ、コロンビア大学のナディア・ウルビナティ、デルフト工科大学のセルヴァース・ストームにお礼を言いたい。

ブレクジットの馬鹿げた難解さを解き明かすに当たって助けてくれたのは、ニュー・フィナンシャルのウィリアム・ライト、ユーラシア・グループのムジタバ・ラーマン、欧州改革センターのサム・ローである。緊縮財政の長期的影響については、素晴らしいリバプールの街への扉を開いてくれたバリー・クシュナーと、プレストンを案内してくれたマシュー・ブラウンに大変感謝している。デモントフォート大学のジョナサン・デービス、女性財政グループのマリーアン・スティーブンソン、財政研究所のポール・ジョンソンにもお世話になった。

フランスでの格差拡大に関して興味深い話を聞かせてくれたのは、パリ経済分析評議会のアグネス・ベネッシー・クエレ、ブリュッセル自由大学のアマンディーヌ・クレスピー、フランス国立科学研究センターのフィリップ・アシュケナージ、フランス不平等ウオッチのルイ・モーランである。

スウェーデン社会でのセーフティーネット縮小の動きについては、ストックホルム産業経済研究所のマルテン・ブリックス、フューチャリオンのカール・メリン、スウェーデン地方自治体・地域協会のアニカ・ウォレンスコグ、ティンブロのアンドレアス・ヨハンソン・ヘイノーに感謝の意を呈したい。北欧に関するあらゆる事象については（それに加えて、ヘルシンキからサンタモニカに至るまでの都市のアイスクリーム屋情報をはじめとする大切な話題も）、デレク・シェアラー大使の助言と人脈にたいへん助けられた。

医療の民営化と金融商品化がもたらした影響については、リバプールのサイモン・バワーズ、ミラノのミケーレ・ウスエリとキアラ・レポラ、スウェーデンのヨアキム・ロックレフとトールビヨルン・ダリン、マイケル・ブルーメに多謝。ワシントンの経済政策研究センターのアイリーン・アッペルバウムとエール大学のザック・クーパーの学識には特に助けてもらった。

コロナ禍での貧しい国々に対する国際支援に関しては、ＰＩＩＥのアドナン・マザレイ、グローバル開発センターのスコット・モリス、債務と開発に関するアジア人民運動のリディ・ナクピル、ジャワハルラール・ネルー大学のジャヤティ・ゴシュ、ジュビリー債務キャンペーンのティム・ジョーンズに、多くの謝意を呈したい。

製薬業界とワクチンの配分の問題については、イスタンブール・コチ大学のセルバ・デミラルプ、ロンドン・スクール・オブ・エコノミクス・アンド・ポリティカル・サイエンスのクレア・ウェンハムとケン・シャドレン、スイス・ザンクトガレン大学のサイモン・エブネット、キール大学のマーク・エクレストン・ターナーから、多くの助言をいただいた。

ミシガン州ホランドのチャック・リードは、私を製造業の現実に触れさせ続けてくれた。テッド・ハワードは、協同組合と共同体レベルでの富の蓄積について教授してくれた。ムスタファ・カドリは移民労働者の世界を開いてくれた。

普遍的なベーシックインカムについては、東洋アフリカ研究学院のガイ・スタンディング、ヘルシンキのオーリ・レーン、フィンランド社会保険研究所のオリ・カンガス、ヘルシンキ大学のヘイッキ・ヒーラモ、デモス・ヘルシンキのミッコ・アンナラ、経済安定プロジェクトのナタリー・フォスター、そしてカリフォルニア州ストックトンの前市長、マイケル・タブスに助けられた。

税制については、カリフォルニア大学バークレー校のガブリエル・ズックマンからの支援に感謝している。米国独占資本の歴史を明快に解き明かした著作を書いたマット・ストーラー、アマゾンについての画期的な著書を出したブラッド・ストーン、住宅立ち退き問題に関する重要な書物の著者であるアーロン・グランツの各氏にも感謝を述べたい。ＩＮＥＴのロブ・ジョンソンのポッドキャストも有用だった。

エージェントの存在なしに、どんな作者も本を出すことはできない。ゲイル・ロスはその強烈な知性、励ましと素早い対応で、このプロジェクトが始まった段階から不可欠な存在だった。

カスタム・ハウスでは、いつも最高なピーター・ハバードが常に、問題の中核をすぐに捉えてくれた上で、草稿の中から私が言わんとすることへと導いてくれた。静かに粘り強く草稿を本へと仕立て上げてくれたモリー・ジェンデルにも、多くを感謝したい。

私の父、アーノルド・グッドマンは、私が本書の構想を立て始めた頃に他界した。私が世界各地を巡るようになった原点のインスピレーションは、父の地図好きや、旅先からまめに送ってきた絵はがき、それから母との旅行の思い出話によるところが大きい。母のエリーズ・サイモン・グッドマンは幸いに、今も冒険心を保ち続けてくれている。

本書の構想も執筆も、コロナ禍の最悪の日々に進められた。上の子たち、レオとミラは何カ月も、遠隔教育と格闘しながら家にロックダウンされたが、抑えつけようもない好奇心と社会正義への関心、そしていつも気晴らしを求めてきてくれたことを通じて、すさんだ日々を支えてくれた。生まれたばかりのルカは、とんでもない時機に誕生するや否や、その名が示す通りに「光をもたらす者」になってくれた。長女のリアは、コロナ禍でロンドンでの大学生活を終えたが、ストーリーの大切さを私に思い出させてくれた。エマ・スモールとニコル・コデロバは我が家の終身名誉メンバーとして、この大変な時期を私たちと一緒に過ごしてくれた。

私のパートナーであるディアナ・フェイは、本書のためにあまりに多くのものを犠牲にしてくれた。私の不在に振り回されながらも、彼女自身の執筆という仕事を脇にのけて、家庭内のあらゆる必要に英雄的に応えつつ、厳密で不可欠な編集作業を施してくれた。彼女の貢献に、言葉で感謝し尽くすことはできない。それでもディアナ、この本と家族のために、そしてあらゆることを明るく照らしてくれる君の聡明《そうめい》さに、私はどれだけ助けられたことか、ありがとうと言うほかない。

最後に、謝辞で公園の名を挙げるのは変だろうか？　ロックダウンの最中、ハムステッド・ヒース〔ロンドン北部の広大な公園〕は私の隠れ家であり、正常な世界への入り口だった。

Spend $1 Billion a Year to Fund the Most Important Mission of His Life," *Business Insider*, April 28, 2018.

(13) Kevin T. Dugan, "Everything to Know About Tuesday's Blue Origin Space Launch with Jeff Bezos," *Fortune*, July 20, 2021.

(14) Joe McCarthy, "Jeff Bezos Just Spent $5.5B to Be in Space for 4 Minutes. Here Are 7 Things That Money Could Help Solve," Global Citizen, July 21, 2021, https://www.globalcitizen.org/en/content/jeff-bezos-space-flight-money-better-uses.

(19) "The Role and Design of Net Wealth Taxes in the OECD," OECD Tax Policy Studies, Paper No. 26, 2018, p. 11, https://read.oecd-ilibrary.org/taxation/the-role-and-design-of-net-wealth-taxes-in-the-oecd_9789264290303-en#page3.
(20) Larry Summers and Emmanuel Saez on On Point, WBUR, October 23, 2019, https://www.wbur.org/onpoint/2019/10/23/wealth-tax-democrats-warren-sanders.
(21) Peter S. Goodman, "Taking Hard New Look at a Greenspan Legacy," *New York Times*, October 8, 2008, p. A1.
(22) Summers and Saez, 前掲
(23) Robert Frank, "Wealthy May Face Up to 61% Tax Rate on Inherited Wealth Under Biden Plan," CNBC, May 3, 2021, https://www.cnbc.com/2021/05/03/wealthy-may-face-up-to-61percent-tax-rate-on-inherited-wealth-under-biden-plan.html.
(24) Jim Tankersley and Alan Rappeport, "Biden Seeks $80 Billion to Beef Up I.R.S. Audits of High-Earners," *New York Times*, April 27, 2021, p. A1.
(25) Alan Rappeport, "Finance Ministers Meet in Venice to Finalize Global Tax Agreement," *New York Times*, July 9, 2021, p. B1.

最終章　ダボスの魔法が解けた世界へ

(1) Schwarzman の Goldman Sachs U.S. Financial Services Virtual Conference での 2020 年 12 月 9 日の発言、Seeking Alpha にテキスト掲載 , https://seekingalpha.com/article/4393944-blackstone-group-inc-bx-ceo-stephen-schwarzman-presents-goldman-sachs-u-s-financial-services.
(2) Brian Chappatta, "Schwarzman Sees 'Avalanche' of Opportunities from Tax-Hike Risk," Bloomberg, June 23, 2021.
(3) Mad Money での Benioff の発言 , CNBC, December 1, 2020, https://www.cnbc.com/2020/12/01/marc-benioff-slack-is-one-step-in-salesforces-path-to-double-revenue.html.
(4) Michelle F. Davis, "Dimon Asks Bankers to Call Him with Their M&A Ideas for JPMorgan," Bloomberg, December 8, 2020.
(5) JPMorgan Chase & Co., 1Q21 Financial Results, Earnings Call Transcript, April 14, 2021, https://www.jpmorganchase.com/content/dam/jpmc/jpmorgan-chase-and-co/investor-relations/documents/quarterly-earnings/2021/1st-quarter/1q21-earnings-transcript.pdf.
(6) Zachary Parolin, Megan Curran, Jordan Matsudaira, Jane Waldfogel, and Christopher Wimer, "Monthly Poverty Rates in the United States During the COVID-19 Pandemic," Center on Poverty & Social Policy, School of Social Work, Columbia University, Teacher's College, Columbia University, Poverty and Social Policy Working Paper, October 15, 2020, https://static1.squarespace.com/static/5743308460b5e922a25a6dc7/t/5f87c59e4cd0011fabd38973/1602733471158/COVID-Projecting-Poverty-Monthly-CPSP-2020.pdf.
(7) Chuck Collins, "Updates: Billionaire Wealth, U.S. Job Losses and Pandemic Profiteers," Inequality.org, February 24, 2021, https://inequality.org/great-divide/updates-billionaire-pandemic.
(8) Kevin Stankiewicz, "CEO of World's Largest Money Manager Sees Stocks Rallying in 2021 but Not as Much as Last Year," CNBC, January 14, 2021, https://www.cnbc.com/2021/01/14/blackrocks-fink-stocks-to-rally-in-2021-but-not-as-much-as-last-year.html.
(9) Rupert Neate and Simon Murphy, "Former Chancellor George Osborne to Become Full-Time Banker," *Guardian*, February 1, 2021.
(10) Sissi Cao, 前掲
(11) Blue Origin Jeff Bezos Post-Flight Press Conference Transcript, July 20, 2021, https://www.rev.com/blog/transcripts/blue-origin-jeff-bezos-post-flight-press-conference-transcript.
(12) Mathias Döpfner, "Jeff Bezos Reveals What It's Like to Build an Empire—And Why He's Willing to

prospect.org/power/wal-mart-shapes-world/.
(24) Stoller, *Goliath*, 前掲、Chapter Fifteen.
(25) Lina M. Khan, "Amazon's Antitrust Paradox," The Yale Law Journal, Volume 126, no. 3 (January 2017), https://www.yalelawjournal.org/note/amazons-antitrust-paradox.

第20章　ダボスマンに勘定を回す

(1) Gabriel Zucmanによる2018 Forbes 400 Richest People in America and Forbes America's Top 50 Giversの分析より。
(2) 同前
(3) William D. Cohan, "'I Can't Prove It to You, But I Know It's True': Jamie Dimon Puts His Faith in Trump's Tax Plan," *Vanity Fair*, December 8, 2017.
(4) David Hope and Julian Limberg, "The Economic Consequences of Major Tax Cuts for the Rich," International Inequalities Institute, December 16, 2020, http://eprints.lse.ac.uk/107919.
(5) World Inequality Database, Income Inequality, USA, 1913–2021, https://wid.world/country/usa.
(6) 同前
(7) Gabriel Zucman, *The Hidden Wealth of Nations: The Scourge of Tax Havens* (Chicago: University of Chicago Press, 2015).（邦訳『失われた国家の富：タックス・ヘイブンの経済学』ガブリエル・ズックマン著、林昌宏訳、NTT出版、2015年刊）
(8) John Guyton, Patrick Langetieg, Daniel Reck, Max Risch, and Gabriel Zucman, "Tax Evasion at the Top of the Income Distribution: Theory and Evidence," National Bureau of Economic Research, Working Paper 28542, March 2021, https://www.nber.org/papers/w28542.
(9) "Trends in the Internal Revenue Service's Funding and Enforcement," Congressional Budget Office, July 2020.
(10) Paul Kiel and Jesse Eisinger, "How the IRS Was Gutted," ProPublica, December 11, 2018, https://www.propublica.org/article/how-the-irs-was-gutted.
(11) "Millionaires and Corporate Giants Escape IRA Audits Again in FY 2020," TRAC, Newhouse School of Communications and Whitman School of Management, Syracuse University, March 18, 2021, https://trac.syr.edu/tracirs/latest/641.
(12) Richard Rubin, "IRS Enforcement Spending Yields $6 for Every $1, Lew Says," Bloomberg, May 9, 2013.
(13) Emily Stewart, "Stock Buybacks, Explained," Vox, August 5, 2018, https://www.vox.com/2018/8/2/17639762/stock-buybacks-tax-cuts-trump-republicans.
(14) Alex Edmans, Xavier Gabaix, and Dirk Jenter, "Executive Compensation: A Survey of Theory and Evidence," National Bureau of Economic Research, Working Paper 23596, July 2017, p. 152, https://www.nber.org/system/files/working_papers/w23596/w23596.pdf.
(15) Jesse Eisinger, Jeff Ernsthausen, and Paul Kiel, "The Secret IRS Files: Trove of Never-Before-Seen Records Reveal How the Wealthiest Avoid Income Tax," ProPublica, June 8, 2021, https://www.propublica.org/article/the-secret-irs-files-trove-of-never-before-seen-records-reveal-how-the-wealthiest-avoid-income-tax.
(16) Saez and Zucman, *The Triumph of Injustice*, 前掲、Chapter Three.（邦訳『つくられた格差』）
(17) Julia La Roche, "Steve Schwarzman: A Wealth Tax Would Make Businesses Up and Leave," Yahoo Finance, October 15, 2019, https://finance.yahoo.com/news/blackstone-ceo-steve-schwarzman-on-wealth-tax-201228998.html.
(18) Yen Nee Lee, "Jamie Dimon Says He's OK with Higher Taxes on the Rich, but Wealth Tax Is 'Almost Impossible,' " CNBC, September 23, 2020, https://www.cnbc.com/2020/09/23/jp-morgans-jamie-dimon-on-taxing-the-rich-donald-trumps-tax-cuts.html.

(21) Pascale Bourquin, Robert Joyce, and Agnes Norris Keiller, "Living Standards, Poverty and Inequality in the UK: 2020," Institute for Fiscal Studies, p. 15, https://ifs.org.uk/uploads/R170-Living-standards-poverty-and-inequality-in-the-UK-2019-2020%20.pdf.
(22) 同前、p. 20.
(23) Jason DeParle, "In the Stimulus Bill, a Policy Revolution in Aid for Children," *New York Times*, March 7, 2021, p. A1.
(24) "Child Poverty Drops in July with the Child Tax Credit Expansion," Center on Poverty & Social Policy at Columbia University, August 20, 2021, https://www.povertycenter.columbia.edu/news-internal/monthly-poverty-july-2021.

第 19 章　ダボスマン VS 規制当局

(1) Cecilia Kang and David McCabe, "House Lawmakers Condemn Big Tech's 'Monopoly Power' and Urge Their Breakups," *New York Times*, October 6, 2020, p. B1.
(2) Matt Stoller, "Congress Forced Silicon Valley to Answer for Its Misdeeds. It Was a Glorious Sight," *Guardian*, July 30, 2020.
(3) Adam Satariano, "Amazon Charged with Antitrust Violations by European Regulators," *New York Times*, November 10, 2020, p. B5.
(4) Sam Schechner, "Amazon to Reopen French Warehouses After Deal with Unions," *Wall Street Journal*, May 16, 2020.
(5) Adam Satariano and Emma Bubola, "Pasta, Wine and Inflatable Pools: How Amazon Conquered Italy in the Pandemic," *New York Times*, September 26, 2020, p. B1.
(6) Liz Alderman, "'We Want to Open!' French Shopkeepers Revolt Against Orders to Close," *New York Times*, November 3, 2020, p. B3.
(7) Matt Stoller, "The Boston Tea Party Was a Protest Against Monopoly," *BIG*, July 1, 2019, https://mattstoller.substack.com/p/the-boston-tea-party-was-a-protest.
(8) Matt Stoller, *Goliath: The 100-Year War Between Monopoly Power and Democracy* (New York: Simon & Schuster, 2019), Chapter One.
(9) 同前
(10) 同前
(11) 同前
(12) Emmanuel Saez, "Striking It Richer: The Evolution of Top Incomes in the United States," Technical Notes 201501, World Inequality Lab, 2015, Stoller, *Goliath*（前掲）に引用。
(13) First Inaugural Address of Franklin D. Roosevelt, March 4, 1933; via Lillian Goldman Law Library, Yale Law School, https://avalon.law.yale.edu/20th_century/froos1.asp.
(14) Stoller, *Goliath*, 前掲、Chapter Four.
(15) 同前、Chapter Six.
(16) 同前、Chapter Nine.
(17) Edmund W. Kitch, "The Fire of Truth: A Remembrance of Law and Economics at Chicago, 1932–1970," Journal of Law and Economics Vol.26, no. 1 (April 1983): p. 183, Stoller, *Goliath*（前掲）, Chapter Nine に引用。
(18) Stoller, *Goliath*, 前掲、Chapter Nine.
(19) 同前
(20) 同前、Chapter Thirteen.
(21) Eileen Shanahan, "'Fair Trade' Laws Coming to an End," *New York Times*, December 13, 1975.
(22) Robert H. Bork, *The Antitrust Paradox: A Policy at War with Itself* (New York: Basic Books, 1978), 7.
(23) David Moberg, "How Wal-Mart Shapes the World," *The American Prospect*, April 19, 2011, https://

第 18 章　ベーシックインカムはダボスマンを駆逐するか

(1) Guy Standing, *Basic Income: And How We Can Make It Happen* (London: Pelican, 2017).（邦訳『ベーシックインカムへの道 ―正義・自由・安全の社会インフラを実現させるには』ガイ・スタンディング著、池村千秋訳、プレジデント社、2018 年刊）

(2) Peter S. Goodman, "Free Cash to Fight Inequality? California City Is First in U.S. to Try," *New York Times*, May 30, 2018, p. BU1.

(3) "Report on the Economic Well-Being of U.S. Households in 2018," Board of Governors of the Federal Reserve System, May 2019, https://www.federalreserve.gov/publications/files/2018-report-economic-well-being-us-households-201905.pdf.

(4) Rob Berger, "Does Joe Biden's Choice of Kamala Harris Signal Support for a $2,000 Monthly Stimulus Check?" *Forbes*, August 12, 2020.

(5) MSNBC での Nancy Pelosi のインタビュー、April 27, 2020, https://www.msnbc.com/stephanie-ruhle/watch/pelosi-says-guaranteed-income-may-be-worth-considering-amid-coronavirus-hardships-82606661627.

(6) Pavlina R. Tcherneva, *The Case for a Job Guarantee* (Cambridge, U.K.: Polity Press, 2020) などを参照。

(7) Thomas Paine, "Agrarian Justice," 1797, Wikisource より参照、https://en.wikisource.org/wiki/Agrarian_Justice.

(8) 同前

(9) Jordan Weissman, "Martin Luther King's Economic Dream: A Guaranteed Income for All Americans," *The Atlantic*, August 29, 2013 に引用された Martin Luther King Jr., Where Do We Go from Here: Chaos or Community? (Boston: Beacon Press, 1967),（邦訳『黒人の進む道：世界は一つの屋根のもとに』マーチン・ルーサー・キング著、猿谷要訳、明石書店、1999 年刊）より。

(10) 同前

(11) Marc Benioff, "How Business Leaders Can Help Narrow Income Inequality," *Fortune*, January 17, 2017.

(12) OECD Data, public unemployment spending.

(13) Tera Allas, Jukka Maksimainen, James Manyika, and Navjot Singh, "An Experiment to Inform Universal Basic Income," McKinsey & Company, Public and Social Sector Practice, September 2020, https://www.mckinsey.com/~/media/McKinsey/Industries/Public%20and%20Social%20Sector/Our%20Insights/An%20experiment%20to%20inform%20universal%20basic%20income/An-experiment-to-inform-universal-basic-income-vF.pdf.

(14) Peter S. Goodman, "Finland Has Second Thoughts About Giving Free Money to Jobless People," *New York Times*, April 24, 2018.

(15) Annie Lowrey, "Stockton's Basic-Income Experiment Pays Off," *The Atlantic*, March 3, 2021.

(16) Peter S. Goodman, "Cuts to Child Care Subsidy Thwart More Job Seekers," *New York Times*, May 24, 2010, p. A1.

(17) Peter S. Goodman, "'Back at Square One': As States Repurpose Welfare Funds, More Families Fall Through Safety Net," HuffPost, June 19, 2012, https://www.huffingtonpost.co.uk/entry/breakdown-tanf-needy-families-states_n_1606242?ri18n=true.

(18) 同前

(19) Isaac Shapiro, David Reich, Chloe Cho, and Richard Kogan, "Trump Budget Would Cut Block Grants Dramatically, Underscoring Danger of Block-Granting Social Programs," Center on Budget and Policy Priorities, March 28, 2017, https://www.cbpp.org/research/federal-budget/trump-budget-would-cut-block-grants-dramatically-underscoring-danger-of.

(20) Andrew Osborn, "Osborne Tries to Limit Welfare Overhaul Fallout," Reuters, April 3, 2013, https://www.reuters.com/article/uk-britain-politics-welfare/osborne-tries-to-limit-welfare-overhaul-fallout-idUKBRE9310N920130402.

り。https://policy-practice.oxfam.org/resources/under-the-radar-private-sector-debt-and-coronavirus-in-developing-countries-621063/.
(17) Hugh Bronstein, "Nobelist Stiglitz, Economists from 20 Countries Back Argentina in Debt Showdown," Reuters, May 7, 2020.
(18) "IMF Staff Technical Statement on Argentina," International Monetary Fund, Press Release No. 20/228, June 1, 2020, https://www.imf.org/en/News/Articles/2020/06/01/pr20228-argentina-imf-staff-technical-statement.
(19) Jacob Goldstein, "Why a Hedge Fund Seized an Argentine Navy Ship in Ghana," NPR, October 22, 2012, https://www.npr.org/sections/money/2012/10/22/163384810/why-a-hedge-fund-seized-an-argentine-navy-ship-in-ghana?t=1604295241384.
(20) Gregory Zuckerman, Julie Wernau, and Rob Copeland, "After 15 Years, a Bond Trade Now Pays Off," *Wall Street Journal*, March 2, 2016.
(21) Scott Squires and Jorgelina Do Rosario, "Argentina Bonds Rally After $65 Billion Restructuring Deal," Bloomberg, August 4, 2020.
(22) "BlackRock's Fink Says Argentina Won't Soon Regain Investor Trust," *Buenos Aires Times*, November 6, 2020, https://www.batimes.com.ar/news/economy/blackrocks-fink-says-argentina-wont-soon-regain-investor-trust.phtml.

第16章　バイデン、ダボスマンの地位をリセットする

(1) Andrew Edgecliffe-Johnson and Mark Vandevelde, "Stephen Schwarzman Defended Trump at CEO Meeting on Election Results," *Financial Times*, November 15, 2020.
(2) 2020年7月20日、Bidenの資金集めパーティーのプレス・プール・レポートより。
(3) Annie Linskey and Sean Sullivan, "Biden's Still Locked in a Bitter Fight. But the Jockeying Is Already Underway for Jobs in His Would-Be Administration," *Washington Post*, November 1, 2020.
(4) Brian Schwartz, "Amazon Hires Lobbyist Brother of Biden White House Counselor," CNBC, December 28, 2020.
(5) David Cooper, "Raising the Federal Minimum Wage to $15 by 2024 Would Lift Pay for Nearly 40 Million Workers," Economic Policy Institute, February 5, 2019, https://www.epi.org/publication/raising-the-federal-minimum-wage-to-15-by-2024-would-lift-pay-for-nearly-40-million-workers.

第17章　ダボスマンをバイパスする方法

(1) Center for Local Economic Strategiesの集計データより。
(2) Lawrence Mishel and Jori Kandra, "CEO Compensation Surged 14% in 2019 to $21.3 Million," Economic Policy Institute, August 18, 2020, https://www.epi.org/publication/ceo-compensation-surged-14-in-2019-to-21-3-million-ceos-now-earn-320-times-as-much-as-a-typical-worker.
(3) Steven Deller, Ann Hoyt, Brent Hueth, and Reka Sundaram-Stukel, "Research on the Economic Impact of Cooperatives," University of Wisconsin Center for Cooperatives, 2009, https://resources.uwcc.wisc.edu/Research/REIC_FINAL.pdf.
(4) Lucius Couloute and Daniel Kopf, "Out of Prison & Out of Work: Unemployment Among Formerly Incarcerated People," Prison Policy Initiative, July 2018, https://www.prisonpolicy.org/reports/outofwork.html.

Lives as We Can,'" *New York Times*, June 10, 2021.
(67) 同前
(68) Donato Paolo Mancini, Hannah Kuchler, and Mehreen Khan, "Pfizer and Moderna Raise EU Covid Vaccine Prices," *Financial Times*, August 1, 2021.
(69) 同前

第 15 章　ダボスマンの無慈悲な借金取り立て

(1) Peter S. Goodman, "Late Wages for Migrant Workers at a Trump Golf Course in Dubai," *New York Times*, August 26, 2017, p. B4.
(2) "World Bank Predicts Sharpest Decline of Remittances in Recent History," World Bank, April 22, 2020, https://www.worldbank.org/en/news/press-release/2020/04/22/world-bank-predicts-sharpest-decline-of-remittances-in-recent-history.
(3) World Bank data, 2020 年 10 月 7 日アップデート分、https://www.worldbank.org/en/topic/poverty/overview.
(4) "COVID-19 Will Double Number of People Facing Food Crises Unless Swift Action Is Taken," World Food Programme, April 21, 2020, https://www.wfp.org/news/covid-19-will-double-number-people-facing-food-crises-unless-swift-action-taken.
(5) Jubilee Debt Campaign, Debt Data Portal, https://data.jubileedebt.org.uk.
(6) Peter S. Goodman, "How the Wealthy World Has Failed Poor Countries During the Pandemic," *New York Times*, November 1, 2020, p. B1.
(7) Julian Duggan, Scott Morris, Justin Sandefur, and George Yang, "Is the World Bank's COVID Crisis Lending Big Enough, Fast Enough? New Evidence on Loan Disbursements," Center for Global Development, Working Paper 554, October 12, 2020, https://www.cgdev.org/publication/world-banks-covid-crisis-lending-big-enough-fast-enough-new-evidence-loan-disbursements.
(8) Iolanda Fresnillo, "Shadow Report on the Limitations of the G20 Debt Service Suspension Initiative: Draining Out the Titanic with a bucket?" European Network on Debt and Development, October 14, 2020, https://www.eurodad.org/g20_dssi_shadow_report.
(9) Timothy Adams (president and CEO of the Institute of International Finance) がサウジアラビアの財務長官 Mohammed Al-Jadaan に宛てた書簡、September 22, 2020, https://www.iif.com/Portals/0/Files/content/Regulatory/IIF%20Letter%20to%20G20%20on%20DSSI%20Sept%202020.pdf.
(10) 同前
(11) Vito Tanzi, *Argentina, from Peron to Macri: An Economic Chronicle* (Bethesda, Maryland: Jorge Pinto Books, 2018), Chapter One.
(12) Todd Benson, "Report Looks Harshly at I.M.F.'s Role in Argentine Debt Crisis," *New York Times*, July 30, 2004, p. W1.
(13) Americas Society/Council of the Americas 主宰のイベントに登壇した Larry Fink 、June 30, 2016, https://www.youtube.com/watch?v=TM_MC2Fj-JI.
(14) Jason Lange and Hugh Bronstein, "IMF Increases Argentina Financing Deal to $56.3 Billion," Reuters, October 27, 2018, https://uk.reuters.com/article/us-argentina-imf/imf-increases-argentina-financing-deal-to-56-3-billion-idUKKCN1N02GK.
(15) "Argentina: Technical Assistance Report-Staff Technical Note on Debt Sustainability," International Monetary Fund, Western Hemisphere Department, March 20, 2020, https://www.imf.org/en/Publications/CR/Issues/2020/03/20/Argentina-Technical-Assistance-Report-Staff-Technical-Note-on-Public-Debt-Sustainability-49284.
(16) Oxfam を含む複数の援助団体による 2020 年 10 月の報告書 "Under the Radar: Private Sector Debt and the Coronavirus in Developing Countries" に引用された、Elkon のファイナンシャル・データ・プラットフォームよ

https://www.euronews.com/2020/07/03/coronavirus-uk-considering-whether-to-join-eu-s-vaccine-scheme-as-race-is-on-to-secure-sup.
(43) U.S. Department of Health and Human Services プレスリリース、October 13, 2020, https://www.hhs.gov/about/news/2020/10/13/trump-administration-expands-manufacturing-capacity-cytiva-components-covid-19-vaccines.html.
(44) Hannah Kuchler, "Pfizer Expects $15bn in COVID Vaccine Revenue This Year," *Financial Times*, February 2, 2021.
(45) Rebecca Robbins and Peter S. Goodman, "Pfizer Reaps Hundreds of Millions in Profit from COVID Vaccine," *New York Times*, May 5, 2021, p. B1.
(46) 同前
(47) Stephanie Baker, Cynthia Koons, and Vernon Silver, "Inside Pfizer's Fast, Fraught, and Lucrative Vaccine Distribution," *Bloomberg Businessweek*, March 4, 2021.
(48) 同前
(49) 同前
(50) Reality Check, "COVID-19: Palestinians Lag Behind in Vaccine Efforts as Infections Rise," BBC, March 22, 2021, https://www.bbc.co.uk/news/55800921.
(51) Megan Twohey, Keith Collins, and Katie Thomas, "With First Dibs on Vaccines, Rich Countries Have 'Cleared the Shelves,'" *New York Times*, December 15, 2020, p. A6.
(52) Geeta Mohan, "India Ready to Save Humanity with 2 Made in India COVID Vaccines, Says PM Modi," *India Today*, January 9, 2021, https://www.indiatoday.in/india/story/india-ready-to-save-humanity-with-2-made-in-india-covid-vaccines-says-pm-modi-1757390-2021-01-09.
(53) Jeffrey Gettleman, Emily Schmall, and Mujib Mashal, "India Cuts Back on Vaccine Exports as Infections Surge at Home," *New York Times*, March 25, 2021, p. A7.
(54) 同前
(55) 同前
(56) WHO Director-General's opening remarks at 148th session of the Executive Board, January 18, 2021, https://www.who.int/director-general/speeches/detail/who-director-general-s-opening-remarks-at-148th-session-of-the-executive-board.
(57) Peter S. Goodman, "One Vaccine Side Effect: Global Economic Inequality," *New York Times*, December 26, 2020, p. A1.
(58) Peter S. Goodman, Apoorva Mandavilli, Rebecca Robbins, and Matina Stevis-Gridneff, "What Would It Take to Vaccinate the World Against COVID?" *New York Times*, May 16, 2021, p. A1.
(59) 同前
(60) Pfizer プレスリリース、January 22, 2021, https://www.pfizer.com/news/press-release/press-release-detail/pfizer-and-biontech-reach-agreement-covax-advance-purchase.
(61) Pfizer, Inc., Earnings Call Transcript for Q4 2020, February 2, 2021, Seeking Alpha にテキスト掲載、https://seekingalpha.com/article/4402872-pfizer-inc-pfe-ceo-dr-albert-bourla-on-q4-2020-results-earnings-call-transcript.
(62) Thomas Kaplan, Sheryl Gay Stolberg, and Rebecca Robbins, "Taking 'Extraordinary Measures,' Biden Backs Suspending Patents on Vaccines," *New York Times*, May 5, 2021, p. A1.
(63) Maria Cheng and Lori Hinnant, "Rich Nations Dip into COVAX Supply While Poor Wait for Shots," Associated Press, August 15, 2021, https://apnews.com/article/joe-biden-middle-east-africa-europe-coronavirus-pandemic-5e57879c6cb22d96b942cbc973b9296c.
(64) Abdi Latif Dahir, "Booster Shots 'Make a Mockery of Vaccine Equity,' the W.H.O.'s Africa Director Says," *New York Times*, August 19, 2021, p. A10.
(65) 同前
(66) Megan Specia, Sharon LaFraniere, Sheryl Gay Stolberg, Noah Weiland, and Michael D. Shear, "Addressing the Global Vaccine Shortage, Biden Cites 'Our Humanitarian Obligation, to Save as Many

(22) Joseph Walker, "U.S. Explores Emergency-Use Approval for Gilead Drug After Study Found It Helped Recovery from COVID-19," *Wall Street Journal*, April 29, 2020.
(23) "Remarks by President Trump in Announcement on Remdesivir," White House, May 1, 2020, https://trumpwhitehouse.archives.gov/briefings-statements/remarks-president-trump-announcement-remdesivir/.
(24) Tinker Ready, "NIH to Watch Drug Prices After AZT 'Mistake,'" *HealthWeek*, September 25, 1989.
(25) Warren E. Leary, "U.S. Gives Up Right to Control Drug Prices," *New York Times*, April 12, 1995, p. A23.
(26) National Institutes of Health, Public Health Service, news release, April 11, 1995, https://www.ott.nih.gov/sites/default/files/documents/pdfs/NIH-Notice-Rescinding-Reasonable-Pricing-Clause.pdf.
(27) Roll Call Vote, 106th Congress—2nd Session, Vote Number 168, June 30, 2000, https://www.senate.gov/legislative/LIS/roll_call_lists/roll_call_vote_cfm.cfm?congress=106&-session=2&vote=00168#position; Ryan Grim and Aída Chávez, "How the Senate Paved the Way for Coronavirus Profiteering, and How Congress Could Undo It," The Intercept, March 3, 2020に引用。
(28) "An Open Letter from Daniel O'Day, Chairman & CEO Gilead Sciences," *Business Wire*, June 29, 2020.
(29) Melanie D. Whittington and Jonathan D. Campbell, "Alternative Pricing Models for Remdesivir and Other Potential Treatments for COVID-19," Institute for Clinical and Economic Review, May 1, 2020.
(30) Manojna Maddipatla and Michael Erman, "State Attorneys General Urge U.S. to Let Other Firms Make Gilead COVID-19 Drug," Reuters, August 5, 2020, https://uk.reuters.com/article/us-health-coronavirus-remdesivir/state-attorneys-general-urge-u-s-to-let-other-firms-make-gilead-covid-19-drug-idUKKCN250248.
(31) Global Trade Alert project at the University of St. Gallen in Switzerlandのデータより。
(32) Forum Bhatt, "India-China Standoff Threatens to Disrupt World's Biggest Exporter of Generic Drugs," Bloomberg, July 2, 2020.
(33) Klaus Schwab, "India's Opportunity in a Multiconceptual World," World Economic Forum, January 9, 2018, https://www.weforum.org/agenda/2018/01/india-opportunity-in-a-multiconceptual-world.
(34) Vidhi Doshi, "Indian Politician Offers $1.5M Bounty for Beheading of Top Bollywood Star Deepika Paukone," *Independent*, November 21, 2017, https://www.independent.co.uk/arts-entertainment/films/news/india-bollywood-beheading-bounty-deepika-padukone-padmavati-surajpal-amu-sanjay-leela-bhansali-hinduism-offence-a8066566.html.
(35) Subcommittee on Oversight and Investigations, Committee on Energy and Commerce, U.S. House of RepresentativesにおけるJanet Woodcock (Director, Center for Drug Evaluation and Research, Food and Drug Administration, Department of Health and Human Services)の証言、December 10, 2019, https://www.congress.gov/116/meeting/house/110317/witnesses/HHRG-116-IF02-Wstate-WoodcockMDM-20191210.pdf.
(36) Hastings Centerのヘルスケア専門家Rosemary Gibsonへの、2020年4月6日のインタビューより。
(37) "White House Adviser Navarro Lashes Out at China Over 'Fake' Test Kits," Reuters, April 28, 2020, https://www.reuters.com/article/us-health-coronavirus-usa-china-idUSKCN2292S8.
(38) Jeff Stein, Robert Costa, and Josh Dawsey, "White House Aides Torn over Trade Hawk's Proposal as President Trump Weighs Action on China," *Washington Post*, April 29, 2020.
(39) Maegan Vazquez, "Trump Signs 'Buy American First' Pharma Executive Order," CNN Wire, August 6, 2020.
(40) Katrin Bennhold and David E. Sanger, "U.S. Offered 'Large Sum' to German Company for Access to Coronavirus Vaccine Research, German Officials Say," *New York Times*, March 15, 2020, p. A12.
(41) 同前
(42) "Coronavirus: UK Rejects Chance to Join EU's COVID-19 Vaccine Scheme," *Euronews*, October 7, 2020,

2019 Infection," World Health Organization, R&D Blueprint, January 24, 2020, p. 9, https://apps.who.int/iris/handle/10665/330680.
(3) PhRMA プレスイベントにて、COVID-19 に関する Biopharmaceutical の回答、March 6, 2020, https://www.youtube.com/watch?v=e951H8uSesM.
(4) Kathryn Ardizzone, "Role of the Federal Government in the Development of GS-5734/Remdesivir," Knowledge Ecology International, Briefing Note 2020:1, https://www.keionline.org/BN-2020-1.
(5) 消費者団体が Daniel O'Day に送った書簡、March 25, 2020, https://www.citizen.org/wp-content/uploads/Letter-from-50-groups-to-Gilead-renounce-remdesivir-orphan-drug-claim.pdf.
(6) 同前
(7) Ekaterina Galkina Cleary, Matthew J. Jackson, Zoë Folchman-Wagner, and Fred D. Ledley, "Foundational Research and NIH Funding Enabling Emergency Use Authorization of Remdesivir for COVID-19," Center for Integration of Science and Industry, Bentley University, プレプリント論文、https://www.medrxiv.org/content/10.1101/2020.07.01.20144576v1.full.pdf+html.
(8) Ekaterina Galkina Cleary, Matthew J. Jackson, and Fred D. Ledley, "Government as the First Investor in Biopharmaceutical Innovation: Evidence from New Drug Approvals 2010–2019," Institute for New Economic Thinking, Working Paper No. 133, August 5, 2020, https://www.ineteconomics.org/uploads/papers/WP_133-Cleary-et-al-Govt-innovation.pdf.
(9) 同前
(10) Mary Caffrey, "JAMA: List Prices for Key Drugs More Than Doubled over 10-Year Period," *JAMA*, March 4, 2020.
(11) Chaarushena Deb and Gregory Curfman, "Relentless Prescription Drug Price Increases," *JAMA*, March 3, 2020.
(12) William Lazonick, Matt Hopkins, Ken Jacobson, Mustafa Erdem Sakinç, and Öner Tulum, "US Pharma's Financialized Business Model," Institute for New Economic Thinking, Working Paper No. 60, July 13, 2017, https://www.ineteconomics.org/uploads/papers/WP_60-Lazonick-et-al-US-Pharma-Business-Model.pdf.
(13) 同前
(14) Jessie Hellmann, "PhRMA Spent Record-High $29 Million on Lobbying in 2019," The Hill, January 22, 2020, https://thehill.com/policy/healthcare/479403-phrma-spent-record-high-29-million-lobbying-congress-trump-administration
(15) Lazonick 他、前掲
(16) Olga Khazan, "The True Cost of an Expensive Medication," *The Atlantic*, September 25, 2015, https://www.theatlantic.com/health/archive/2015/09/an-expensive-medications-human-cost/407299.
(17) Staff report from United States Senate Committee on Finance, "The Price of Sovaldi and Its Impact on the U.S. Health Care System," December 2015, p. 82, https://www.finance.senate.gov/imo/media/doc/1%20The%20Price%20of%20Sovaldi%20and%20Its%20Impact%20on%20the%20U.S.%20Health%20Care%20System%20(Full%20Report).pdf.
(18) William Rice and Frank Clemente, "Gilead Sciences: Price Gouger, Tax Dodger," Americans for Tax Fairness, July 2016, https://americansfortaxfairness.org/files/ATF-Gilead-Report-Finalv3-for-Web.pdf.
(19) Christopher Rowland, "An HIV Treatment Cost Taxpayers Millions. The Government Patented It. But a Pharma Giant Is Making Billions," *Washington Post*, March 26, 2019.
(20) 2019年5月16日、Committee on the Oversight and Reform, U.S. House of Representatives に先だって行われたヒアリングのテキスト、Serial No. 116–24, https://www.congress.gov/event/116th-congress/house-event/LC64021/text?s=1&r=55.
(21) "NIH Clinical Trial Shows Remdesivir Accelerates Recovery from Advanced COVID-19," NIH News Release, April 29, 2020, https://www.nih.gov/news-events/news-releases/nih-clinical-trial-shows-remdesivir-accelerates-recovery-advanced-covid-19.

(23) Jason Horowitz and Emma Bubola, "Italy's Coronavirus Victims Face Death Alone, with Funerals Postponed," *New York Times*, March 16, 2020, p. A1.
(24) Matina Stevis-Gridneff, "E.U. Adopts Groundbreaking Stimulus to Fight Coronavirus Recession," *New York Times*, July 20, 2020, p. A1.
(25) Goodman, Cohen, and Chaunler, 前掲
(26) Peter S. Goodman, "With a Torrent of Money, Britain Takes Aim at Coronavirus and Austerity," *New York Times*, March 11, 2020, p. A18.
(27) Peter S. Goodman, "Europe's Leaders Ditch Austerity and Fight Pandemic with Cash," *New York Times*, March 26, 2020, p. A6.
(28) Andrew Atkinson and David Goodman, "U.K. Budget Deficit Narrows to Almost Half of Pandemic Level," Bloomberg, August 20, 2021.
(29) Michael Pooler and Robert Smith, "Treasury Under Fire over Disclosure Silence on Virus Loans," *Financial Times*, August 24, 2020.
(30) 同前
(31) John Collingridge, "Follow the Money? It Isn't Easy in Sanjeev Gupta's Empire," Sunday Times (London), March 15, 2020.
(32) BBC Panorama, August 9, 2021.
(33) 同前
(34) Mark Kleinman, "Greensill Stripped of Government Guarantee on Loans to Steel Tycoon Gupta," Sky News, March 1, 2021, https://news.sky.com/story/greensill-stripped-of-government-guarantee-on-loans-to-steel-tycoon-gupta-12233039.
(35) "Coronavirus: EasyJet Plans up to 4,500 Job Cuts," BBC, May 28, 2020, https://www.bbc.co.uk/news/business-52830665.
(36) "Easyjet Seeks State Loans—But Pays Stelios £60 Million," *Times* (London), March 20, 2020.
(37) Philip Georgiadis, "BA to Drop Controversial 'Fire and Rehire' Plan for Thousands of Staff," *Financial Times*, September 16, 2020.
(38) Simon Duke, "Big Beneficiaries of COVID-19 Loan Scheme Paid No Corporation Tax," *Times* (London), June 6, 2020.
(39) Merlin Entertainments Limited, COVID-19 Update Statement, April 7, 2020, https://www.merlinentertainments.biz/media/3053/merlin-entertainments-ltd-covid-19-update-statement-7-april-2020.pdf.
(40) Merlin Entertainments Limited, Annual Report and Accounts 2019, Exhibit A, https://www.merlinentertainments.biz/media/3069/announcement-of-2019-annual-report-and-accounts-and-release-of-other-information.pdf.
(41) Merlin Entertainments Limited, Annual Report and Accounts 2019, p. 38, https://www.merlinentertainments.biz/media/3068/merlin-entertainments-annual-report-and-accounts-2019.pdf.
(42) Chibuike Oguh, "Blackstone's First-Quarter Profit Rises but Coronavirus Weighs," Reuters, April 23, 2020.
(43) Heather Perlberg, "Steve Schwarzman Sees Virus Wiping $5 Trillion From GDP," Bloomberg, April 7, 2020.

第 14 章　ダボスマンがワクチンを配ったら

(1) "Remarks by President Trump and Members of the Coronavirus Task Force in Meeting with Pharmaceutical Companies," March 2, 2020, video via C-Span, https://www.c-span.org/video/?469926-1/president-trump-meeting-pharmaceutical-executives-coronavirus.
(2) "Informal Consultation on Prioritization of Candidate Therapeutic Agents for Use in Novel Coronavirus

第 13 章　ダボスマンの欧州失敗譚

(1) Andrea Sparaciari, "San Raffaele: dopo l'inchiesta sulla truffa da 10 milioni, scoppa il caso dei bilanci segreti. E per salvarsi chiama Maroni," *Business Insider Italia*, July 2, 2020, https://it.businessinsider.com/san-raffaele-inchiesta-truffa-da-10-milioni-sbilanci-segreti-maroni/amp.

(2) OECD.Stat, Health expenditure data, 2019, https://stats.oecd.org/Index.aspx?ThemeTreeId=9.

(3) Rapporto Sanita 2018, 40 Anni del Servizio Sanitario Nazionale, p. 16, https://programmazionesanitaria.it/_progsan/2018/SSN40-Rapporto.pdf.

(4) Stefano Colombo, "Quanto ci vuole a prenotare una visita medica in Lombardia? Dipende da quanto potete pagare," The Submarine, June 29, 2020, https://thesubmarine.it/2020/06/29/prenotare-visita-lombardia-attesa.

(5) Gianluca Di Feo and Michele Sasso, "Formigoni re delle Antille," *L'Espresso*, April 19, 2012, https://espresso.repubblica.it/palazzo/2012/04/19/news/formigoni-re-delle-antille-1.42330.

(6) "Processo Maugeri, '70 milioni die euro tolti ai malati per i sollazzi di Formigoni,'" *il Fatto Quotidiano*, September 20, 2016, https://www.ilfattoquotidiano.it/2016/09/20/processo-maugeri-70-milioni-di-euro-tolti-ai-malati-per-i-sollazzi-di-formigoni/3046192.

(7) Luigi Ferrarella and Giuseppe Guastella, "Maugeri, sequestrati yacht, immobili, denaro e vino pregiato per oltre 60 milioni di euro," *Corriere Della Sera*, July 16, 2012, https://milano.corriere.it/milano/notizie/cronaca/12_luglio_16/san-raffaele-sequestro-2011024259999.shtml.

(8) Andrea Sparaciari, "San Raffaele: dopo l'inchiesta sulla truffa da 10 milioni, scoppia il caso dei bilanci segreti. E per salvarsi chiama Maroni," *Business Insider Italia*, July 2, 2020.

(9) Jason Horowitz, "The Lost Days That Made Bergamo a Coronavirus Tragedy," *New York Times*, November 29, 2020, p. A1.

(10) Peter S. Goodman and Gaia Pianigiani, "Why COVID Caused Such Suffering in Italy's Wealthiest Region," *New York Times*, November 19, 2020, p. B1.

(11) Talha Burki, "England and Wales See 20,000 Excess Deaths in Care Homes," *Lancet*, May 23, 2020.

(12) Jane Bradley, Selam Gebrekidan, and Allison McCann, "Waste, Negligence and Cronyism: Inside Britain's Pandemic Spending," *New York Times*, December 17, 2020.

(13) Tucker Carlson monologue, "Are Coronavirus Lockdowns Working?" Fox News, April 23, 2020, https://www.youtube.com/watch?v=MuuA0azQRGQ

(14) Peter S. Goodman, "Sweden Has Become the World's Cautionary Tale," *New York Times*, July 7, 2020, p. A1.

(15) Jon Henley, "Swedish Surge in Covid Cases Dashes Immunity Hopes," *Guardian*, November 12, 2020.

(16) Jon Henley, "Sweden's Covid-19 Strategist Under Fire over Herd Immunity Emails," *Guardian*, August 17, 2020, https://www.theguardian.com/world/2020/aug/17/swedens-covid-19-strategist-under-fire-over-herd-immunity-emails.

(17) "Ageing and Long-term Care," OECD, https://www.oecd.org/els/health-systems/long-term-care.htm.

(18) OECD data on hospital beds, https://data.oecd.org/healtheqt/hospital-beds.htm.

(19) Silvia Amaro, "Dijsselbloem Under Fire After Saying Southern Europe Wasted Money on 'Drinks and Women,'" CNBC, March 22, 2017.

(20) Joseph E. Stiglitz, *The Euro: How a Common Currency Threatens the Future of Europe* (New York: W. W. Norton & Co., 2016), 201–3.（邦訳『ユーロから始まる世界経済の大崩壊：格差と混乱を生み出す通貨システムの破綻とその衝撃』ジョセフ・E・スティグリッツ著、峯村利哉訳、徳間書店、2016 年刊）

(21) Peter Conradi, "EU Plans for Virus Bailouts Rejected by 'Frugal Four' States," *Sunday Times* (London), May 24, 2020.

(22) Al Goodman, Laura Perez Maestro, Ingrid Formanek, Max Ramsay, and Ivana Kottasová, "Spain Turns Ice Rink into a Morgue as Coronavirus Deaths Pile Up," CNN, March 24, 2020, https://edition.cnn.com/2020/03/24/europe/spain-ice-rink-morgue-coronavirus-intl/index.html.

(8) U.S. Department of Labor, Summary of Families First Coronavirus Response Act, https://www.dol.gov/agencies/whd/pandemic/ffcra-employee-paid-leave.
(9) Caroline O'Donovan, "Amazon Says Employees Quarantined by a Doctor Will Get Paid, but So Far Many Say They Haven't," BuzzFeed News, April 12, 2020, https://www.buzzfeednews.com/article/carolineodonovan/amazon-workers-not-getting-quarantine-pay.
(10) Amazon, 2019 U.S. Political Contribution and Expenditure Policy and Statement, https://s2.q4cdn.com/299287126/files/doc_downloads/governance/2019-Political-Expenditures-Statement.pdf.
(11) "A Message from our CEO and Founder," Amazon blog, March 22, 2020, https://blog.aboutamazon.com/company-news/a-message-from-our-ceo-and-founder.
(12) Alex Harman, "Prime Gouging: How Amazon Raised Prices to Profit from the Pandemic," Public Citizen, September 9, 2020, https://www.citizen.org/article/prime-gouging.
(13) Ron Knox and Shaoul Sussman, "How Amazon Used the Pandemic to Amass More Monopoly Power," *The Nation*, June 26, 2020.
(14) Sam Levin, "Revealed: Amazon Told Workers Paid Sick Leave Doesn't Cover Warehouses," *Guardian*, May 7, 2020, https://www.theguardian.com/technology/2020/may/07/amazon-warehouse-workers-coronavirus-time-off-california.
(15) Chris Mills Rodrigo, "Amazon Workers Protest Termination of Unlimited Unpaid Time Off Policy," The Hill, April 27, 2020.
(16) Matt Day, "Amazon Covid-19 Outbreak in Minnesota Was Worse Than Local County," Bloomberg, June 30, 2020.
(17) Daniel Uria, "Amazon Says Nearly 20,000 Workers Have Tested Positive for COVID-19," United Press International, October 1, 2020, https://www.upi.com/Top_News/US/2020/10/01/Amazon-says-nearly-20000-workers-have-tested-positive-for-COVID-19/2551601595828.
(18) Spencer Soper, "Amazon Study of Workers' Covid Is Faulted over Lack of Key Data," Bloomberg, October 6, 2020.
(19) 同前
(20) Paul Blest, "Leaked Amazon Memo Details Plan to Smear Fired Warehouse Organizer: 'He's Not Smart or Articulate,'" Vice News, April 3, 2020, https://www.vice.com/en_us/article/5dm8bx/leaked-amazon-memo-details-plan-to-smear-fired-warehouse-organizer-hes-not-smart-or-articulate.
(21) 同前
(22) Jodi Kantor, Karen Weise, and Grace Ashford, "The Amazon That Customers Don't See," *New York Times*, June 15, 2021.
(23) David Sirota, "Amazon & Trump Agency Blocked Worker Safety Initiative Amid Pandemic," TMI, May 1, 2020, https://sirota.substack.com/p/scoop-amazon-and-trump-agency-blocked.
(24) 同前
(25) Tim Bray, "Bye, Amazon," ブログ投稿、May 4, 2020, https://www.tbray.org/ongoing/When/202x/2020/04/29/Leaving-Amazon#p-3.
(26) Emily Kirkpatrick, "There's Now a Guillotine Set Up Outside Jeff Bezos's Mansion," *Vanity Fair*, August 28, 2020, https://www.vanityfair.com/style/2020/08/jeff-bezos-guillotine-protest-amazon-workers.
(27) Robert Hackett, "After Public Outcry, Amazon Deletes Listings for 2 Intelligence Jobs That Involved Tracking 'Labor Organizing Threats,' " *Fortune*, September 1, 2020, https://fortune.com/2020/09/01/amazon-anti-union-jobs-tracking-labor-organizing-threats-jeff-bezos.
(28) Nicolas Reimann, "Amazon Sent out a Scripted News Segment, and 11 Stations Aired It," *Forbes*, May 26, 2020, https://www.forbes.com/sites/nicholasreimann/2020/05/26/amazon-sent-out-a-scripted-news-segment-and-11-stations-aired-it/#51b7d87848b9.

(15) 同前
(16) Patrick Greenfield and Jasper Jolly, "BlackRock Joins Pressure Group Taking on Biggest Polluters," *Guardian*, January 9, 2020.
(17) Attracta Mooney, "BlackRock Accused of Climate Change Hypocrisy," *Financial Times*, May 17, 2020.
(18) Robert Mackey, "How Larry Fink, Joe Biden's Wall Street Ally, Profits from Amazon Cattle Ranching, a Force Behind Deforestation," The Intercept, August 31, 2019.
(19) Davide Barbuscia and Hadeel Al Sayegh, "Saudi Aramco and BlackRock, Others, Discussing Deal Worth over $10 Billion: Sources," Reuters, October 13, 2020.
(20) Alan Murray, "America's CEOs Seek a New Purpose for the Corporation," *Fortune*, August 19, 2019, https://fortune.com/longform/business-roundtable-ceos-corporations-purpose.
(21) Klaus Schwab, "What Kind of Capitalism Do We Want?" *Time*, December 2, 2019.
(22) Mark Landler, "In Extraordinary Statement, Trump Stands with Saudis Despite Khashoggi Killing," *New York Times*, November 20, 2018, p. A1.
(23) ダボスにて、Bloomberg TV での Arne Sorenson のインタビュー、January 21, 2020, https://www.bloomberg.com/news/videos/2020-01-21/marriott-international-ceo-sorenson-on-corporate-stakeholders-culture-video?sref=12wQtvNW.
(24) "A Message to Marriott International Associates from President and CEO Arne Sorenson," March 20, 2020, https://www.youtube.com/watch?v=SprFgoU6aO0.
(25) Matt Phillips, "The Stock Buyback Binge May Be Over. For Now," *New York Times*, March 24, 2020, p. B4.
(26) Lucian A. Bebchuk and Roberto Tallarita, "The Illusory Promise of Stakeholder Governance," *Cornell Law Review*, July 1, 2020.
(27) Aaron Tilley, "Salesforce Notifies Some Staff of Job Cuts," *Wall Street Journal*, August 26, 2020.
(28) Rosalie Chan, Benjamin Pimentel, Ashley Stewart, Paayal Zaveri, and Jeff Elder, "The Tech Industry Has a Terrible Track Record on Diversity. Here's How 17 Companies That Spoke Out Against Racism This Week Say They Plan to Improve," *Business Insider*, June 7, 2020.
(29) Austin Weinstein, "Salesforce's Hawaii Obsession Provokes Debate over Appropriation," Bloomberg, September 28, 2018.

第12章　ダボスマンと労働環境

(1) Karen Weise, "Amazon Hires at a Record Clip: 1,400 Per Day," *New York Times*, November 28, 2020, p. A1.
(2) Frank Holland, "Amazon Is Delivering Nearly Two-Thirds of Its Own Packages as E-commerce Continues Pandemic Boom," CNBC, August 13, 2020.
(3) Matt Day, "Amazon Will Hire 75,000 Logistics Workers in Latest Hiring Binge," Bloomberg, May 13, 2021.
(4) Weise, 前掲
(5) Michelle Toh, "Jeff Bezos Is Now Worth a Whopping $200 Billion," *CNN Business*, August 28, 2020, https://edition.cnn.com/2020/08/27/tech/jeff-bezos-net-worth-200-billion-intl-hnk/index.html.
(6) Jody Heymann, Hye Jin Rho, John Schmitt, and Alison Earle, "Contagion Nation: A Comparison of Paid Sick Day Policies in 22 Countries," Center for Economic and Policy Research, May 2009, https://cepr.net/documents/publications/paid-sick-days-2009-05.pdf.
(7) Pelosi Statement on Introduction of the Families First Coronavirus Response Act, March 11, 2020, https://pelosi.house.gov/news/press-releases/pelosi-statement-on-introduction-of-the-families-first-coronavirus-response-act.

https://papers.ssrn.com/sol3/papers.cfm?abstract_id=3623820.

(12) 同前

(13) Greg Roumeliotis, "Blackstone to Switch from a Partnership to a Corporation," Reuters, April 18, 2019, https://www.reuters.com/article/us-blackstone-group-results/blackstone-to-switch-from-a-partnership-to-a-corporation-idUSKCN1RU196.

(14) Antoine Gara, "Blackstone Now More Valuable Than Goldman Sachs and Morgan Stanley amid the Coronavirus Chaos," *Forbes*, March 5, 2020, https://www.forbes.com/sites/antoinegara/2020/03/05/blackstone-overtakes-goldman-sachs-and-morgan-stanley-amid-the-coronavirus-chaos/?sh=6a28e89d400f.

(15) Eileen Appelbaum, "CEPR Statement on New Labor Department Guidance Allowing Risky Private Equity Investments in Workers' 401(k) Accounts," Center for Economic and Policy Research, June 4, 2020, https://cepr.net/cepr-statement-on-new-labor-department-guidance-allowing-risky-private-equity-investments-in-workers-401k-accounts.

第 11 章　ダボスマン、愛の言葉を囁く

(1) Benioff on Mad Money, CNBC, April 8, 2020, https://www.cnbc.com/video/2020/04/08/salesforce-ceo-on-90-day-no-layoff-pledge-three-phase-virus-outlook.html.

(2) Richard A. Oppel Jr., Robert Gebeloff, K. K. Rebecca Lai, Will Wright, and Mitch Smith, "The Fullest Look Yet at the Racial Inequity of Coronavirus," *New York Times*, July 5, 2020.

(3) Elizabeth Arias, Betzaida Tejada-Vera, Farida Ahmad, and Kennetrh D. Kochanek, "Provisional Life Expectancy Estimates for 2020," Centers for Disease Control and Prevention, National Vital Statistics System, Report No. 015, July 2021, https://www.cdc.gov/nchs/data/vsrr/VSRR015-508.pdf.

(4) Kathryn M. Leifheit, Sabriya L. Linton, Julia Raifman, Gabriel L. Schwartz, Emily A. Benfer, Frederick J. Zimmerman, and Craig Evan Pollack, "Expiring Eviction Moratoriums and COVID-19 Incidence and Mortality," November 30, 2020, プレプリント論文が SSRN にて閲覧可能、https://papers.ssrn.com/sol3/papers.cfm?abstract_id=3739576.

(5) 四半期の利益について Benioff とアナリストによる電話会議、August 25, 2020, Seeking Alpha にテキスト掲載、https://seekingalpha.com/article/4370780-salesforce-com-inc-s-crm-ceo-marc-benioff-on-q2-2021-results-earnings-call-transcript?part=single.

(6) United States Securities and Exchange Commission に保存された Salesforce の Form 8-K, March 27, 2020, https://www.sec.gov/ix?doc=/Archives/edgar/data/1108524/000110852420000018/crm-20200327.htm.

(7) Jamie Smyth, "Wealthy Buyers Snap Up 'Safe Haven' Private Islands to Flee Pandemic," *Financial Times*, July 24, 2020.

(8) Tanya Powley and Claire Bushey, "Wealthy Switch to Private Jets to Avoid Coronavirus," *Financial Times*, July 26, 2020.

(9) Alyson Krueger, "Rapid Testing Is the New Velvet Rope," *New York Times*, August 16, 2020, p. ST1.

(10) Mad Money, CNBC での Benioff の発言 , August 25, 2020, https://www.cnbc.com/2020/08/25/salesforces-marc-benioff-claims-a-victory-for-stakeholder-capitalism.html.

(11) Schwab, with Vanham, *Stakeholder Capitalism*, 前掲、171.

(12) Laurence D. Fink, Annual Letter to CEOs, January 2018, https://www.blackrock.com/corporate/investor-relations/2018-larry-fink-ceo-letter.

(13) Laurence D. Fink, "A Fundamental Reshaping of Finance," Letter to CEOs, January 2020, https://www.blackrock.com/corporate/investor-relations/2020-larry-fink-ceo-letter.

(14) Leslie P. Norton, "Blackrock's Larry Fink: The New Conscience of Wall Street?" *Barron's*, June 23, 2018.

q1-2020-results-earnings-call-transcript.
(60) BlackRock Financial Management, Inc. と Federal Reserve Bank of New York の契約、https://www.newyorkfed.org/medialibrary/media/markets/SMCCF_Investment_Management_Agreement.pdf.
(61) Massa and Melby, 前掲
(62) Christine Idzelis, "BlackRock Rakes in Big Portion of Fed's ETF Investments," *Institutional Investor*, June 1, 2020.
(63) Katherine Greifeld, "Traders Pour $1 Billion into Biggest Credit ETF to Front-Run Fed," Bloomberg, March 24, 2020.
(64) Cezary Podkul and Dawn Lim, "Fed Hires Black-Rock to Help Calm Markets. Its ETF Business Wins Big," *Wall Street Journal*, September 18, 2020.
(65) Joshua Franklin and David Shepardson, "Boeing Raises $25 Billion in Blowout Debt Sale, Eschews Government Aid," Reuters, May 1, 2020, https://uk.reuters.com/article/uk-boeing-debt/boeing-raises-25-billion-in-blowout-debt-sale-eschews-government-aid-idUKKBN22C3SL.
(66) Joshua Franklin, "Exxon Raises $9.5 Billion to Load Up on Cash While Debt Market Still Open to New Deals," Reuters, April 14, 2020, https://www.reuters.com/article/us-exxon-mobil-debt/exxon-raises-9-5-billion-to-load-up-on-cash-while-debt-market-still-open-to-new-deals-idUSKCN21V269.
(67) Molly Smith, "It's a Borrower's Bond Market as Amazon Gets Record Low Rates," Bloomberg, June 2, 2020.
(68) Joe Rennison, "US Corporate Bond Issuance Hits $1.919tn in 2020, Beating Full-Year Record," *Financial Times*, September 3, 2020.

第 10 章　年金を食い物にしたダボスマン

(1) McConnell on This Week with George Stephanopoulos, ABC News, December 3, 2017, https://abcnews.go.com/Politics/week-transcript-12-17-sen-mitch-mcconnell-rep/story?id=51533836.
(2) Burgess Everett, "McConnell Slams Brakes on Next Round of Coronavirus Aid," *Politico*, April 21, 2020, https://www.politico.com/news/2020/04/21/mcconnell-slams-brakes-coronavirus-aid-199890.
(3) Gail Collins, "Just Steele Yourselves," New York Times, March 6, 2009.
(4) David J. Lynch, "Record Debt Load Poses Risk of 'Fiscal Tipping Point,'" *Washington Post*, April 19, 2020, p. A1.
(5) Carl Hulse, "McConnell Says States Should Consider Bankruptcy, Rebuffing Calls for Aid," *New York Times*, April 22, 2020, p. A14.
(6) "Public Pension Funds Investing in Private Equity," *Private Equity & Venture Capital Spotlight* (June 2018): 12.
(7) Eileen Appelbaum and Rosemary Batt, "Fees, Fees and More Fees: How Private Equity Abuses Its Limited Partners and U.S. Taxpayers," Center for Economic and Policy Research, May 2016, https://cepr.net/images/stories/reports/private-equity-fees-2016-05.pdf.
(8) Evan Halper, "CalPERS Investment Staff Receive Luxury Travel, Gifts from Financial Firms," *Los Angeles Times*, August 19, 2010, https://www.latimes.com/archives/la-xpm-2010-aug-19-la-me-calpers-20100819-story.html.
(9) Justin Mitchell, "CalPERS CIO Meng Resigns amid Questions over Personal Investments," *Buyouts*, August 6, 2020.
(10) "CalPERS Won't Hire a New CIO Until Next Year," Chief Investment Officer, August 2, 2021, https://www.ai-cio.com/news/calpers-wont-hire-a-new-cio-until-next-year.
(11) Ludovic Phalippou, "An Inconvenient Fact: Private Equity Returns & the Billionaire Factory," University of Oxford, Said Business School, Working Paper, July 15, 2020, SSRN にて閲覧可能、

(37) Alan Rappeport, "Treasury Vows to Recoup Virus Relief Aid Claimed by Big Companies," *New York Times*, April 28, 2020, p. A1.

(38) Konrad Putzier, "Texas Hotelier Monty Bennett's Companies Under SEC Investigation," *Wall Street Journal*, August 3, 2020.

(39) Brian Spegele and Laura Cooper, "As Coronavirus Cases Climbed, Private-Equity-Owned Hospital Demanded Bailout," *Wall Street Journal*, April 26, 2020.

(40) 同前

(41) Brian Spegele, "Hospital That Was Private-Equity Backed Sold to Local Health Network," *Wall Street Journal*, June 3, 2020.

(42) Kurt Bresswein, "'We Are Out': Some Easton Hospital Employees Are Being Replaced by St. Luke's Staff," le highvalleylive.com, June 17, 2020, https://www.lehighvalleylive.com/easton/2020/06/we-are-out-most-easton-hospital-employees-are-being-replaced-by-st-lukes-staff.html.

(43) Jesse Drucker, Jessica Silver-Greenberg, and Sarah Kliff, "Wealthiest Hospitals Got Billions in Bailout for Struggling Health Providers," *New York Times*, May 25, 2020, p. A1.

(44) 同前

(45) Schwarzman appearance at Cleveland Clinic, Virtual Ideas for Tomorrow, June 23, 2020, https://www.youtube.com/watch?v=dO93WgowPl8.

(46) "Top Charts of 2020: The Economic Fallout of Covid-19," Economic Policy Institute, December 18, 2020, https://www.epi.org/publication/top-charts-of-2020-the-economic-fallout-of-covid-19.

(47) 同前

(48) Peter S. Goodman, Patricia Cohen, and Rachel Chaundler, "European Workers Draw Paychecks. American Workers Scrounge for Food," *New York Times*, July 3, 2020, p. A1.

(49) Kim Parker, Rachel Minkin, and Jesse Bennett, "Economic Fallout from Covid-19 Continues to Hit Lower-Income Americans the Hardest," Pew Research Center, September 24, 2020, https://www.pewresearch.org/social-trends/2020/09/24/economic-fallout-from-covid-19-continues-to-hit-lower-income-americans-the-hardest.

(50) Kristina Peterson and Julie Bykowicz, "Congress Debates Push to End Surprise Medical Billing," *Wall Street Journal*, May 14, 2020.

(51) Akela Lacy, "Effort to Take On Surprise Medical Billing in Coronavirus Stimulus Collapses," The Intercept, December 9, 2020, https://theintercept.com/2020/12/08/surprise-medical-billing-neal-covid.

(52) Bernstein's 36th Annual Strategic Decisions Conference での Schwarzman のスピーチ、May 27, 2020, Seeking Alpha にテキスト掲載、https://seekingalpha.com/article/4350994-blackstone-group-inc-bx-ceo-steve-schwarzman-presents-bernsteins-36th-annual-strategic.

(53) Graham Steele, "The New Money Trust: How Large Money Managers Control Our Economy and What We Can Do About It," American Economic Liberties Project, November 23, 2020; Alexander Sammon, "The Dawn of the BlackRock Era," *The American Prospect*, May 15, 2020.

(54) Dawn Lim and Gregory Zuckerman, "Big Money Managers Take Lead Role in Managing Coronavirus Stimulus," *Wall Street Journal*, May 10, 2020.

(55) Jeanna Smialek, "Top U.S. Officials Consulted with BlackRock as Markets Melted Down," *New York Times*, June 24, 2021, p. A1.

(56) 同前

(57) Annie Massa and Caleb Melby, "In Fink We Trust: BlackRock Is Now 'Fourth Branch of Government,'" *Bloomberg Businessweek*, May 21, 2020.

(58) 議員から Mnuchin と Powell への書簡、April 22, 2020, https://chuygarcia.house.gov/media/press-releases/representatives-garcia-tlaib-pressley-call-for-stricter-oversight-over-blackrock-contracts.

(59) BlackRock, Inc. (BLK) CEO Larry Fink on Q1 2020 Results—Earnings Call Transcript, April 16, 2020, Seeking Alpha に掲載、https://seekingalpha.com/article/4338041-blackrock-inc-blk-ceo-larry-fink-on-

bailout-deal-161374.
(17) Josh Wingrove and Saleha Mohsin, "Trump Claims Power to Gag Watchdog Overseeing Virus Stimulus," Bloomberg, March 28, 2020, https://www.bloomberg.com/news/articles/2020-03-28/trump-claims-power-to-gag-watchdog-overseeing-virus-stimulus?sref=12wQtvNW.
(18) Matt Phillips and Clifford Krauss, "American Oil Drillers Were Hanging On by a Thread. Then Came the Virus," *New York Times*, March 20, 2020, p. B5.
(19) Clark Williams-Derry, Kathy Hipple, and Tom Sanzillo, "Living Beyond Their Means: Cash Flows of Five Oil Majors Can't Cover Dividends, Buybacks," Institute for Energy Economics and Financial Analysis, January 2020, https://ieefa.org/wp-content/uploads/2020/01/Living-Beyond-Their-Means-Five-Oil-Majors-Cannot-Cover-Dividends_January-2020.pdf.
(20) Gregg Gelzinis, Michael Madowitz, and Divya Vijay, "The Fed's Oil and Gas Bailout Is a Mistake," Center for American Progress, July 31, 2020, https://www.americanprogress.org/issues/economy/reports/2020/07/31/488320/feds-oil-gas-bailout-mistake.
(21) Jesse Eisinger, "The Bailout Is Working—for the Rich," ProPublica, May 10, 2020.
(22) Mornings with Maria での Schwarzman へのインタビュー, Fox Business, April 8, 2020, https://www.facebook.com/watch/?v=1062782480764306.
(23) Emily Flitter and Stacy Cowley, "Banks Gave Richest Clients 'Concierge Treatment' for Pandemic Aid," *New York Times*, April 22, 2020.
(24) Jessica Silver-Greenberg, David Enrich, Jesse Drucker, and Stacy Cowley, "Large, Troubled Companies Got Bailout Money in Small-Business Loan Program," *New York Times*, April 27, 2020, p. A1.
(25) Transcript of House Financial Services Subcommittee on Diversity and Inclusion, Hearing on Access to Capital for Women-and-Minority-Owned Businesses During the New Coronavirus, July 9, 2020, CQ Transcriptions にてアクセス。
(26) Peter Whoriskey, "Given Millions from PPP, Some Firms Fail to Keep Workers," Washington Post, July 28, 2020, p.A20.
(27) Silver-Greenberg, Enrich, Drucker, and Cowley, 前掲
(28) Konrad Putzier, "Dallas Hotel Owner Is Biggest Beneficiary of Coronavirus Loan Program," *Wall Street Journal*, April 22, 2020.
(29) Monty Bennett, "What's Wrong With America?" Medium, March 23, 2020, https://medium.com/@AshfordCEO/whats-wrong-with-america-30bbad18aded.
(30) Federal Election Commission は以下を公開している。 https://www.fec.gov/data/receipts/individual-contributions/?committee_id=C00618389&contributor_name=bennett%2C+monty&two_year_transaction_period=2016&two_year_transaction_period=2018&two_year_transaction_period=2020&min_date=01%2F01%2F2015&max_date=12%2F31%2F2020.
(31) Lachlan Markay, "Trump Donor Hired Trump-Tied Lobbyists, Then Raked In Coronavirus Relief Cash," *Daily Beast*, April 23, 2020, https://www.thedailybeast.com/the-top-covid-relief-recipient-hired-trump-tied-lobbyists-weeks-before-getting-aid.
(32) 同前
(33) David McLaughlin, Patrick Clark, and Ben Brody, "Luxury Hotelier Who Backed Trump Wins Big in Small-Business Aid," Bloomberg, April 23, 2020.
(34) Jeanna Smialek and Kenneth P. Vogel, "Hotelier's Push for $126 Million in Small-Business Aid Draws Scrutiny," *New York Times*, May 1, 2020, p. A1.
(35) Ashford, Inc., 2019 Annual Report, p. 146, https://s1.q4cdn.com/428793312/files/doc_financials/2019/ar/2019-Annual-Report.pdf.
(36) U.S. Securities and Exchange Commission, Schedule 14A (proxy statement), Ashford, Inc., April 1, 2020, https://www.sec.gov/Archives/edgar/data/1604738/000114036120007692/nc10008218x1_def14a.htm.

2020.
(19) Alan Feuer and Andrea Salcedo, "New York City Deploys 45 Mobile Morgues as Virus Strains Funeral Homes," *New York Times*, April 2, 2020, https://www.nytimes.com/2020/04/02/nyregion/coronavirus-new-york-bodies.html.
(20) Lauren Leatherby, John Keefe, Lucy Tompkins, Charlie Smart, and Matthew Conlen, "'There's No Place for Them to Go': I.C.U. Beds Near Capacity Across U.S.," *New York Times*, December 9, 2020.
(21) Lev Facher, "Amid Coronavirus, Private Equity-Backed Company Slashes Benefits for Emergency Room Doctors," *STAT*, April 1, 2020, https://www.statnews.com/2020/04/01/slashes-benefits-for-doctors-coronavirus.
(22) Steve Twedt, "UPMC CEO Compensation Jumps to $8.54 Million," *Pittsburgh Post-Gazette*, May 18, 2019, https://www.post-gazette.com/business/healthcare-business/2019/05/17/UPMC-compensation-Jeffrey-Romoff-8-54-million/stories/201905170111#:~:text=UPMC%20President%20and%20CEO%20Jeffrey,increase%20from%20the%20previous%20year.
(23) Matt Stoller, "Why Does a Hospital Monopoly Want to Re-Open the Economy?" BIG (newsletter), May 9, 2020, https://mattstoller.substack.com/p/why-does-a-hospital-monopoly-want.

第９章　ダボスマンは非常事態を見過ごさない

(1) Patricia Cohen, "We All Have a Stake in the Stock Market, Right? Guess Again," *New York Times*, February 8, 2018, p. B1, https://www.nytimes.com/2018/02/08/business/economy/stocks-economy.html.
(2) Liz Frazier, "The Coronavirus Crash of 2020, And The Investing Lesson It Taught Us" *Forbes*, February 11, 2021, https://www.forbes.com/sites/lizfrazierpeck/2021/02/11/the-coronavirus-crash-of-2020-and-the-investing-lesson-it-taught-us/?sh=37b5f02346cf.
(3) Michael Grabell and Bernice Yeung, "Emails Show the Meatpacking Industry Drafted an Executive Order to Keep Plants Open," ProPublica, September 14, 2020, https://www.propublica.org/article/emails-show-the-meatpacking-industry-drafted-an-executive-order-to-keep-plants-open.
(4) Jane Mayer, "How Trump Is Helping Tycoons Exploit the Pandemic," *The New Yorker*, July 20 ISSUE, 2020.
(5) Jen Skerritt, "Tyson Foods Helped Create the Meat Crisis It Warns Against," Bloomberg, April 29, 2020.
(6) Jesse Drucker, "Bonanza for Rich Real Estate Investors, Tucked Into Stimulus Package," *New York Times*, March 26, 2020, p. B8.
(7) Glantz, *Homewreckers*, 前掲、Chapter Three.
(8) 同前、Chapter Seven.
(9) 同前
(10) 同前
(11) James B. Stewart and Alan Rappeport, "Steven Mnuchin Tried to Save the Economy. Not Even His Family Is Happy," *New York Times*, August 30, 2020, p. A1.
(12) 同前
(13) 同前
(14) Louise Linton, "How My Dream Gap Year in Africa Turned into a Nightmare," *Telegraph*, July 1, 2016.
(15) Jeff Stein and Peter Whoriskey, "The U.S. Plans to Lend $500 Billion to Large Companies. It Won't Require Them to Preserve Jobs or Limit Executive Pay," *Washington Post*, April 28, 2020, https://www.washingtonpost.com/business/2020/04/28/federal-reserve-bond-corporations.
(16) Michael Grunwald, "The Corporate Bailout Doesn't Include the Limits Democrats Promised," *Politico*, April 2, 2020, https://www.politico.com/news/2020/04/02/coronavirus-corporate-

December 17, 2018, https://edition.cnn.com/2018/12/17/investing/stock-buybacks-trillion-dollars/index.html.
(16) Cary, 前掲
(17) Sarah Anderson, "How Wall Street Drives Gender and Race Pay Gaps," Inequality.org, March 26, 2019, https://inequality.org/great-divide/wall-street-bonus-pool-2019.
(18) Jordan Novet, "Salesforce CEO Marc Benioff: The Economy Is 'Ripping,' " CNBC, September 25, 2018.
(19) Peter Baker and Peter S. Goodman, "Trump and Davos: Not Exactly Best Friends, but Not Enemies Either," *New York Times*, January 25, 2018, p. A1.

第８章　ダボスマンは医療もぶち壊す

(1) Nisha Kurani, Jared Ortaliza, Emma Wager, Lucas Fox, and Krutika Amin, "How Has U.S. Spending on Healthcare Changed over Time?" Peterson-KFF Health System Tracker, https://www.healthsystemtracker.org/chart-collection/u-s-spending-healthcare-changed-time/#item-start.
(2) Eileen Appelbaum and Rosemary Batt, "Private Equity and Surprise Medical Billing," Institute for New Economic Thinking, September 4, 2019, https://www.ineteconomics.org/perspectives/blog/private-equity-and-surprise-medical-billing#_edn12.
(3) Schwarzman, *What It Takes*, 前掲、Chapter 10.（邦訳『ブラックストーン・ウェイ』）
(4) Eileen Appelbaum and Rosemary Batt, "Private Equity Buyouts in Healthcare: Who Wins, Who Loses?" Institute for New Economic Thinking, March 25, 2020, https://www.ineteconomics.org/perspectives/blog/private-equity-buyouts-in-healthcare-who-wins-who-loses.
(5) Eileen Appelbaum, "How Private Equity Makes You Sicker," *The American Prospect*, October 7, 2019.
(6) Appelbaum and Batt, 前掲
(7) Zack Cooper, Fiona Scott Morton, and Nathan Shekita, "Surprise! Out-of-Network Billing for Emergency Care in the United States," National Bureau of Economic Research, Working Paper 23623, July 2017, p. 4, https://www.nber.org/papers/w23623.
(8) Wendi C. Thomas, Maya Miller, Beena Raghavendran, and Doris Burke, "This Doctors Group Is Owned by a Private Equity Firm and Repeatedly Sued the Poor Until We Called Them," Pro-Publica, November 27, 2019, https://www.propublica.org/article/this-doctors-group-is-owned-by-a-private-equity-firm-and-repeatedly-sued-the-poor-until-we-called-them.
(9) Cooper, Morton, and Shekita, 前掲、3.
(10) 同前、54.
(11) 同前、23.
(12) Margot Sanger-Katz, Julie Creswell, and Reed Abelson, "Mystery Solved: Private-Equity-Backed Firm Are Behind Ad Blitz on 'Surprise Billing,'" *New York Times*, September 13, 2019, p. B3.
(13) Andrew W. Maxwell, H. Ann Howard, and George H. Pink, "Geographic Variation in the 2018 Profitability of Urban and Rural Hospitals," NC Rural Health Research Program, April 2020.
(14) Kathleen Knocke, George H. Pink, Kristie W. Thompson, Randy K. Randolph, and Mark Holmes, "Changes in Provision of Selected Services by Rural and Urban Hospitals Between 2009 and 2017," NC Rural Health Research Program, April 2021.
(15) American Hospital Association のデータ
(16) Reed Abelson, "When Hospitals Merge to Save Money, Patients Often Pay More," *New York Times*, November 14, 2018, p. B1.
(17) Carl Campanile, Julia Marsh, Bernadette Hogan, and Nolan Hicks, "New York Has Thrown Away 20,000 Hospital Beds, Complicating Coronavirus Fight," *New York Post*, March 17, 2020, https://nypost.com/2020/03/17/new-york-has-thrown-away-20000-hospital-beds-complicating-coronavirus-fight.
(18) Ron Lee, "Emergency Hospital Being Constructed in Central Park," *Spectrum News*, NY1, March 29,

Business Wire, October 11, 1995.
(56) Richard Milne, "Meet the Wallenbergs," *Financial Times*, June 5, 2015.
(57) "Blackstone Obtains All Approvals for Purchase of 32% Interest in Sweden's D Carnegie & Co," *SeeNews Nordic*, August 25, 2016.
(58) Stephanie Linhardt, "The Direct Approach," *The Banker*, May 1, 2018.
(59) "Real Estate Firm Vonovia Buys Majority Stake in Sweden's Hembla for $1.26 Billion," Reuters, September 23, 2019.
(60) Anthon Násström, "Blackstone Sells Its 61 Percent Stake in Hembla to Vonovia," *Nordic Property News*, September 23, 2019.

第７章　ドナルド・トランプのダボス道中

(1) "Corporate Tax Cut Benefits Wealthiest, Loses Needed Revenue, and Encourages Tax Avoidance," Center on Budget and Policy Priorities, https://www.cbpp.org/research/federal-tax/corporate-tax-cut-benefits-wealthiest-loses-needed-revenue-and-encourages-tax.
(2) Reconciliation Recommendations of the Senate Committee on Finance, Congressional Budget Office, November 26, 2017, https://www.cbo.gov/system/files/115th-congress-2017-2018/costestimate/reconciliationrecommendationssfc.pdf.
(3) Peter S. Goodman and Patricia Cohen, "It Started as a Tax Cut. Now It Could Change American Life," *New York Times*, November 30, 2017, p. A1.
(4) Don Lee, "Trump's Steel Tariffs Were Supposed to Save the Industry. They Made Things Worse," *Los Angeles Times*, October 29, 2019, https://www.latimes.com/politics/story/2019-10-29/steel-industry-faces-a-bleaker-future-than-when-trump-moved-to-rescue-it.
(5) Michael Kranish, "Trump's China Whisperer: How Billionaire Stephen Schwarzman Has Sought to Keep the President Close to Beijing," *Washington Post*, March 12, 2018.
(6) Lingling Wei, Bob Davis, and Dawn Lim, "China Has One Powerful Friend Left in the U.S.: Wall Street," *Wall Street Journal*, December 2, 2020.
(7) Victor Reklaitis, "Jamie Dimon Says Trump's Tariff Plan Is 'the Wrong Way' to Tackle Trade Problems," *MarketWatch*, March 8, 2018.
(8) Michela Tindera, "The Majority of Donald Trump's Billionaire Donors Didn't Give to His 2016 Campaign," *Forbes*, May 15, 2020, https://www.forbes.com/sites/michelatindera/2020/05/15/the-majority-of-donald-trumps-billionaire-donors-didnt-give-to-his-2016-campaign/#33c57b404340.
(9) Laura M. Holson, "Camels, Acrobats and Team Trump at a Billionaire's Gala," *New York Times*, February 14, 2017, https://www.nytimes.com/2017/02/14/fashion/stephen-schwarzman-billionaires-birthday-draws-team-trump.html.
(10) Robert Schmidt and Ben Brody, "Dimon's Challenge: Making Staid CEO Club a Lobbying Power," Bloomberg, March 14, 2017.
(11) Business Roundtable television advertisement, "Slowest Recovery," August 5, 2017, https://www.youtube.com/watch?v=UwjiuZihT4U.
(12) Kate Davidson, "Treasury Secretary Steven Mnuchin: GOP Tax Plan Would More Than Offset Its Cost," *Wall Street Journal*, September 28, 2017.
(13) IGM Economic Experts Panel, the University of Chicago Booth School of Business, November 21, 2017, http://www.igmchicago.org/surveys/tax-reform-2.
(14) Peter Cary, "Republicans Passed Tax Cuts—Then Profited," Center for Public Integrity, January 24, 2020, https://publicintegrity.org/inequality-poverty-opportunity/taxes/trumps-tax-cuts/republicans-profit-congress.
(15) Matt Egan, "Corporate America Gives Out a Record $1 Trillion in Stock Buybacks," *CNN Business*,

(22) Tristan Cork, "Swedish Clothes Tycoon Adds Historic Estate to Portfolio," *Western Daily Press*, March 19, 2013, p. 8.
(23) Murray Wardrop, "Swedish H&M Boss Stefan Persson 'to Buy Entire Hampshire Village,' " *Telegraph*, May 24, 2009.
(24) Jon Pareliussen, Christophe Andre, Hugo Bourrousse, and Vincent Koen, "Income, Wealth and Equal Opportunities in Sweden," OECD Economics Department Working Papers, No.1394, OECD Publishing, Paris, June 23, 2017, https://www.oecd-ilibrary.org/economics/income-wealth-and-equal-opportunities-in-sweden_e900be20-en.
(25) 同前、11.
(26) Anneli Lucia Tostar, "Young Adults and the Stockholm Housing Crisis: Falling Through the Cracks in the Foundation of the Welfare State," Master's Thesis, Royal Institute of Technology, 7.
(27) Schwarzman, *What It Takes*, 前掲、Prologue (Made, Not Born).（邦訳『ブラックストーン・ウェイ』）
(28) 同前、Chapter One.
(29) 同前、Chapter Two.
(30) David Carey and John E. Morris, *King of Capital: The Remarkable Rise, Fall, and Rise Again of Steve Schwarzman and Blackstone* (New York: Crown Publishing, 2010), Chapter Seven.（邦訳『ブラックストーン』デビッド・キャリー、ジョン・E・モリス著、土方奈美訳、東洋経済新報社、2011年刊）
(31) Schwarzman, *What It Takes*, 前掲、Chapter Two.（邦訳『ブラックストーン・ウェイ』）
(32) 同前
(33) Laurie P. Cohen, "About Face: How Michael Milken Was Forced to Accept the Prospect of Guilt," *Wall Street Journal*, April 23, 1990, p. A1.
(34) James B. Stewart, "The Birthday Party," *The New Yorker*, February 4, 2008.
(35) Aaron Glantz, *Homewreckers*, 前掲、Chapter Five.
(36) Stewart, 前掲
(37) 同前
(38) David Cay Johnston, "Blackstone Devises Way to Avoid Taxes on $3.7 Billion," *New York Times*, July 13, 2007.
(39) Henny Sender and Monica Langley, "How Blackstone's Chief Became $7 Billion Man—Schwarzman Says He's Worth Every Penny; $400 for Stone Crabs," *Wall Street Journal*, June 13, 2007, p. A1.
(40) Stewart, 前掲
(41) Michael Flaherty, "Blackstone CEO Gala Sign of Buyout Boom," Reuters, February 14, 2007.
(42) Schwarzman, *What It Takes*, 前掲、Chapter Nineteen.（邦訳『ブラックストーン・ウェイ』）
(43) Glantz, *Homewreckers*, 前掲、Chapter Eleven.
(44) 同前
(45) Stewart, 前掲
(46) Alec MacGillis, "The Billionaire's Loophole," *The New Yorker*, March 14, 2016.
(47) Stewart, 前掲
(48) MacGillis, "The Billionaire's Loophole," 前掲
(49) 同前
(50) Glantz, *Homewreckers*, 前掲、Chapter Twelve.
(51) Schwarzman, *What It Takes*, 前掲、Chapter 22.（邦訳『ブラックストーン・ウェイ』）
(52) Michelle Conlin, "Uneasy Living: Spiders, Sewage and a Flurry of Fees—The Other Side of Renting a House from Wall Street," Reuters, July 27, 2018, https://www.reuters.com/investigates/special-report/usa-housing-invitation.
(53) Glantz, *Homewreckers*, 前掲、Chapter Seventeen.
(54) Patrick Clark, "Blackstone Exits Single-Family Rental Bet Slammed by Warren," Bloomberg, November 21, 2019.
(55) "Enskilda Securities and the Blackstone Group to Cooperate on North American/Scandinavian M&A,"

(54) Stephen Morris and Richard Partington, "Brexit: HSBC May Move 20% of Its London Banking Operations to Paris, Chief Executive Stuart Gulliver Says," *Independent*, January 18, 2017, https://www.independent.co.uk/news/business/news/brexit-latest-news-hsbc-bank-move-20-cent-fifth-london-banking-operations-paris-chief-executive-stuart-gulliver-a7532711.html.
(55) Chad Bray, "Former Top British Official to Join BlackRock as an Adviser," *New York Times*, January 20, 2017.
(56) Liz Alderman, "A Wall Street Giant Is Fueling Anticapitalist Fervor in France," *New York Times*, February 15, 2020, p. A1.
(57) 同前
(58) 同前

第６章　ダボスマンはどうスウェーデンを征服したか

(1) Surya Deva, Chair-Rapporteur of the Working Group on the issue of human rights と Leilani Farha, Special Rapporteur on adequate housing から Schwarzman への書簡、United Nations Human Rights, March 22, 2019, https://www.ohchr.org/sites/default/files/Documents/Issues/Housing/Financialization/OL_OTH_17_2019.pdf.
(2) Mårten Blix, *Digitalization, Immigration and the Welfare State* (Cheltenham, U.K.: Edward Elgar Publishing, 2017), 19.
(3) Brian Smale, "Bezos on Innovation," *Bloomberg Businessweek*, April 17, 2008.
(4) Peter S. Goodman, "The Robots Are Coming, and Sweden Is Fine," *New York Times*, December 27, 2017, p. A1, https://www.nytimes.com/2017/12/27/business/the-robots-are-coming-and-sweden-is-fine.html.
(5) Robert D. McFadden, "Ingvar Kamprad, IKEA Founder Who Built a Global Empire Through Thrift, Dies at 91," *New York Times*, January 29, 2018, p. A1.
(6) Giulia Crouch, "Father of Flat-Pack 'Stingy' IKEA Founder Ingvar Kamprad, Worth £54billion, Was as Cheap as His Furniture, Bought Clothes in Flea Markets and Drove a 20-Year-Old Volvo," *The Sun*, January 29, 2018, p. 20.
(7) McFadden, 前掲
(8) 同前
(9) Johan Stenebo, *The Truth About IKEA: The Secret Behind the World's Fifth Richest Man and the Success of the Swedish Flatpack Giant* (United Kingdom: Gibson Square, 2010), Chapter Nine.
(10) 同前
(11) Jens Hansegard, "IKEA Founder Ingvar Kamprad to Move Back to Sweden," *Wall Street Journal*, June 27, 2013, p. 20.
(12) Blix, *Digitalization, Immigration and the Welfare State*, 前掲、25.
(13) Claes Belfrage and Markus Kallifatides, "Financialisation and the New Swedish Model," *Cambridge Journal of Economics* 2018, 882.
(14) Gregg M. Olsen, "Half Empty or Half Full? The Swedish Welfare State in Transition," *Canadian Review of Sociology and Anthropology*, May 1, 1999.
(15) Andreas Bergh, "The Swedish Economy," *Milken Institute Review*, First Quarter, 2017.
(16) Blix, *Digitalization, Immigration and the Welfare State*, 前掲、24.
(17) Olsen, 前掲
(18) 同前
(19) 同前
(20) Blix, *Digitalization, Immigration and the Welfare State*, 前掲、26.
(21) Dan Alexander, "Meet the 10 Billionaire Tycoons Who Rule Their Countries' Economies," *Forbes*, March 14, 2014.

(32) James McAuley, "French President Macron Has Spent $30,000 on Makeup Services in Just 3 Months," *Washington Post*, August 25, 2017, https://www.washingtonpost.com/news/worldviews/wp/2017/08/25/french-president-macron-has-spent-30000-on-makeup-services-in-just-3-months.

(33) Adam Sage, "Emmanuel Macron Living Like a King, Critics Taunt After 'Lavish' Birthday Party," *Times* (London), December 18, 2017.

(34) Adam Nossiter, "Let Them Eat on Fancy Plates: Emmanuel Macron's New China," *New York Times*, June 14, 2018, p. A5.

(35) Kim Willisher, "From Plates to Piscine: Now Macrons Want a Presidential Pool," *Guardian*, June 21, 2018, https://www.theguardian.com/world/2018/jun/21/from-plates-to-piscine-now-macrons-want-a-presidential-pool.

(36) Vincent Michelon, "Video: Emmanuel Macron: 'On met un pognon de dingue dans les minima sociaux...," LCI, June 13, 2018, https://www.lci.fr/politique/emmanuel-macron-on-met-un-pognon-de-dingue-dans-les-minima-sociaux-video-2090364.html.

(37) Alissa J. Rubin, "That's 'Mr. President' to You: Macron Scolds French Student," *New York Times*, June 20, 2018, p. A5, https://www.nytimes.com/2018/06/19/world/europe/france-president-macron.html.

(38) Alissa J. Rubin, "Macron Inspects Damage After 'Yellow Vest' Protests as France Weighs State of Emergency," *New York Times*, December 1, 2018, p. A10, https://www.nytimes.com/2018/12/01/world/europe/france-yellow-vests-protests-macron.html?action=click&module=inline&pgtype=Article&region=Footer.

(39) Adam Nossiter, "France Suspends Fuel Tax Increase That Spurred Violent Protests," *New York Times*, December 4, 2018, p. A6.

(40) Adam Nossiter, "Macron, Chastened by Yellow Vest Protests, Says 'I Can Do Better,'" *New York Times*, April 25, 2019, p. A11.

(41) Geert De Clercq, "France's Le Pen Launches EU Campaign with Appeal to 'Yellow Vests,' " Reuters, January 13, 2019, https://uk.reuters.com/article/uk-france-politics-farright/frances-le-pen-launches-eu-campaign-with-appeal-to-yellow-vests-dUKKCN1P70RK.

(42) "France Economy: Risking the Rage of the Aged," *Economist Intelligence Unit*, September 14, 2019.

(43) Suzanna Andrews, "Larry Fink's $12 Trillion Shadow," *Vanity Fair*, March 2, 2010.

(44) Katrina Brooker, "Can This Man Save Wall Street?" *Fortune*, October 29, 2008.

(45) Henry M. Paulson, Jr., *On the Brink: Inside the Race to Stop the Collapse of the Global Financial System* (New York: Hachette, 2013), Chapter Five.（邦訳『ポールソン回顧録』ヘンリー・ポールソン著、有賀裕子訳、日本経済新聞出版、2010年刊）

(46) Andrew Ross Sorkin, *Too Big to Fail: The Inside Story of How Wall Street and Washington Fought to Save the Financial System—and Themselves* (New York: Penguin Books, 2009), Chapter Seven.（邦訳『リーマンショック・コンフィデンシャル　上・下』アンドリュー・ロス・ソーキン著、加賀山卓朗訳、早川書房、2010年刊）

(47) Liz Rappaport and Susanne Craig, "Black-Rock Wears Multiple Hats," *Wall Street Journal*, May 19, 2009, https://www.wsj.com/articles/SB124269131342732625.

(48) 同前

(49) Sorkin, *Too Big to Fail*, 前掲（邦訳『リーマンショック・コンフィデンシャル』）

(50) Luc Peillon and Jacques Pezet, "Est-il vrai que Macron a rencontré le groupe BlackRock, spécialisé dans les fonds de pension?" Liberation, December 9, 2019, https://www.liberation.fr/checknews/2019/12/09/est-il-vrai-que-macron-a-rencontre-le-groupe-blackrock-specialise-dans-les-fonds-de-pension_1768116/.

(51) Sophie Fay, "Larry Fink, the $5.4 Trillion Man," *L'Obs*, June 28, 2017.

(52) Odile Benyahia-Kouider, "Comment L'Elysée a déroulé le tapis rouge au roi de Wall Street," *Le Canard Enchaîné*, October 26, 2017.

(53) Jill Treanor and Rowena Mason, "Buy, George? World's Largest Fund Manager Hires Osborne as Adviser," *Guardian*, January 20, 2017.

(10) Antton Rouget, Mathilde Matthieu, Mathieu Magnaudeix, and Martine Orange, “Macron Leaks: Les Secrets d'une Levée de Fonds Hors Norme,” *Mediapart*, May 21, 2017, https://www.mediapart.fr/journal/france/210517/macron-leaks-les-secrets-dune-levee-de-fonds-hors-norme.

(11) Peter S. Goodman, “Europe Is Back. And Rejecting Trumpism,” *New York Times*, January 24, 2018, p. B3.

(12) 同前

(13) OECD.Stat, trade union density data, https://stats.oecd.org/Index.aspx?DataSetCode=TUD.

(14) French National Center for Scientific Research in Paris の労働経済学者 Philippe Askenazy による、政府データ分析より。

(15) OECD.Stat, youth unemployment rate data, https://data.oecd.org/unemp/youth-unemployment-rate.htm.

(16) James McAuley, “Macron Could Succeed Where Other French Presidents Failed on Labor Reform,” *Washington Post*, September 2, 2017, p. A8.

(17) Peter S. Goodman, “Nordic-Style Designs Sit at Heart of French Labor Plan,” *New York Times*, October 26, 2017, p. B1, https://www.nytimes.com/2017/10/26/business/france-labor-reform-economy-macron.html.

(18) Anne-Sylvaine Chassany, “Macron Slashes France's Wealth Tax in Pro-business Budget,” *Financial Times*, October 25, 2017.

(19) The World Bank, World Development Indicators: Distribution of Income or Consumption, http://wdi.worldbank.org/table/1.3.

(20) Orsetta Causa and Mikkel Hermansen, “Income Redistribution Through Taxes and Transfers Across OECD Countries,” OECD Economics Department Working Papers No. 1453, December 21, 2017, p. 11.

(21) Bertrand Garbinti, Jonathan Goupille-Lebret, and Thomas Piketty, “Income Inequality in France, 1900–2014: Evidence from Distributional National Accounts (DINA),” Wealth & Income Database, Working Paper Series No. 2017/4, April 2017, revised January 2018, https://wid.world/document/b-garbinti-j-goupille-and-t-piketty-inequality-dynamics-in-france-1900-2014-evidence-from-distributional-national-accounts-2016.

(22) Facundo Alvaredo, Lucas Chancel, Thomas Piketty, Emmanuel Saez, and Gabriel Zucman, World Inequality Report, 2018, p. 95.

(23) Eleanor Beardsley, “In France, The Protests of May 1968 Reverberate Today—and Still Divide the French,” NPR, May 29, 2018, https://www.npr.org/sections/parallels/2018/05/29/613671633/in-france-the-protests-of-may-1968-reverberate-today-and-still-divide-the-french.

(24) Orsetta Causa and Mikkel Hermansen, “Income Redistribution through Taxes and Transfers Across OECD Countries,” OECD Economics Department Working Papers, No. 1453, OECD Publishing, Paris, 2017, https://doi.org/10.1787/bc7569c6-en.

(25) Simon Jessop and Inti Landauro, “France Lures Private Equity with Post-Brexit Tax Break,” Reuters, November 2, 2018.

(26) Jacques Monin, Radio France Investigation Unit, February 21, 2019, https://www.francetvinfo.fr/economie/transports/gilets-jaunes/l-histoire-secrete-de-la-reforme-de-l-isf-elle-a-ete-precipitee-sous-la-pression-deconomistes-et-de-grands-patrons_3199431.html.

(27) 同前

(28) Henry Samuel, “Paris Overtakes London in the Super-Rich League as the ‘Macron Effect’ Lures the Wealthy to City of Light,” *Telegraph*, September 6, 2018.

(29) MM からのレポート。Vincent Éblé et Albéric de Montgolfier, Senate Finance Committee を代表して、October 9, 2019, https://www.senat.fr/notice-rapport/2019/r19-042-1-notice.html.

(30) Askenazy, 前掲

(31) Mathilde Mathieu, “Macron rattrapé par son ISF,” Mediapart, May 31, 2016, https://www.mediapart.fr/journal/france/310516/macron-rattrape-par-son-isf?onglet=full.

www.reuters.com/article/us-jpmorgan-dimon/jpmorgan-ceo-dimon-says-government-cases-were-unfair-idUSBREA0M0PL20140123.
(30) Tom Braithwaite, "Dimon in Attack on Canada's Bank Chief," *Financial Times*, September 26, 2011.
(31) Renae Merle, "The 'London Whale' Trader Lost $6.2 Billion, but He May Walk Off Scot-Free," *Washington Post*, April 13, 2017, https://www.washingtonpost.com/business/economy/the-london-whale-trader-lost-62-billion-but-he-may-walk-off-scot-free/2017/04/12/14b3836a-1fb0-11e7-be2a-3a1fb24d4671_story.html.
(32) "Nissan Statement: UK Should Remain in EU," Nissan（UK）のウェブサイト掲載のプレスリリース、February 24, 2016, http://nissaninsider.co.uk/nissan-it-makes-sense-for-uk-to-remain-in-eu.
(33) European Commission, Directive on Alternative Investment Fund Managers: Frequently Asked Questions, Memo 10/572, November 11, 2010, https://ec.europa.eu/commission/presscorner/detail/en/MEMO_10_572.
(34) William Schomberg and Guy Faulconbridge, "Hedge Fund Managers Crispin Odey and Paul Marshall Say Brexit Would Help London," Reuters, April 29, 2016.
(35) "Rich List 2020," *Sunday Times* (London), https://www.thetimes.co.uk/sunday-times-rich-list#TableFullRichList.
(36) Harriet Dennys, "City Diary: Crispin Odey's Chickens Come Home to (a Luxury) Roost," *Telegraph*, September 25, 2012, https://www.telegraph.co.uk/finance/comment/citydiary/9563587/City-Diary-Crispin-Odeys-chickens-come-home-to-a-luxury-roost.html.
(37) Caroline Mortimer, "Brexit Campaign Was Largely Funded by Five of UK's Richest Businessmen," *Independent*, April 24, 2017, https://www.independent.co.uk/news/uk/politics/brexit-leave-eu-campaign-arron-banks-jeremy-hosking-five-uk-richest-businessmen-peter-hargreaves-a7699046.html.
(38) "Rich List 2020," *Sunday Times* (London); 同前

第５章　ダボスマンのフランス大統領

(1) Michel Rose and Sybille de La Hamaide, "Macron Urges the French to Value Success, Rejects 'President of the Rich' Tag," Reuters, October 16, 2017, https://uk.reuters.com/article/uk-france-politics/macron-urges-the-french-to-value-success-rejects-president-of-rich-tag-idUKKBN1CK0TG.
(2) Sophie Fay, "Larry Fink: "Je vois une Europe forte dans les années qui viennent"," *L'Obs*, June 28, 2017, https://www.nouvelobs.com/economie/20170628.OBS1352/larry-fink-je-vois-une-europe-forte-dans-les-annees-qui-viennent.html.
(3) William Horobin, "In Shift, France to Speed Tax Cuts," *Wall Street Journal* (Europe Edition), July 13, 2017, p. A4.
(4) Sylvain Tronchet, Julie Guesdon, and Cellule investigation de Radio France, "La moitié de la campagne d'Emmanuel Macron financée par des grands donateurs," Radio France, May 3, 2019, https://www.franceculture.fr/politique/comment-800-grands-donateurs-ont-finance-la-moitie-de-la-campagne-demmanuel-macron.
(5) Forbes list of billionaires, 2020 年 8 月 5 日にアクセス、https://www.forbes.com/profile/bernard-arnault/#505b73e066fa.
(6) Laura Craik, "The Fabulous World of Bernard Arnault," *Times* (London), January 28, 2013.
(7) Bernard Arnault, "Pourquoi je vote Emmanuel Macron," *Les Echos*, May 5, 2017, https://www.lesechos.fr/2017/05/pourquoi-je-vote-emmanuel-macron-1115472.
(8) Monique Pinçon-Charlot and Michel Pinçon, *Le Président des ultra-riches* (Paris: Zones, 2019), Chapter Two.
(9) Mediapart and BFM-TV でのインタビュー , April 15, 2018, https://www.youtube.com/watch?v=mt0as7x-kfs.

(5) Duff McDonald, *Last Man Standing: The Ascent of Jamie Dimon and JPMorgan Chase* (New York: Simon & Schuster, 2009), Chapter One.
(6) Crisafulli, *The House of Dimon*, 前掲、Chapter Three.
(7) McDonald, *Last Man Standing*, 前掲、Chapter One.
(8) Keith Flamer, "The Secret History of Park Avenue's 'Gothic' Grande Dame (And Its $16 Million Penthouse Project)," *Forbes*, October 22, 2015, https://www.forbes.com/sites/keithflamer/2015/10/22/the-secret-history-of-park-avenues-gothic-grande-dame-and-its-16-million-penthouse-project/?sh=4863977fc93d.
(9) Aaron Glantz, *Homewreckers: How a Gang of Wall Street Kingpins, Hedge Fund Magnates, Crooked Banks, and Vulture Capitalists Suckered Millions Out of Their Homes and Demolished the American Dream* (New York: William Morrow, 2019), Chapter Eighteen.
(10) Crisafulli, *The House of Dimon*, 前掲、Chapter Three.
(11) McDonald, *Last Man Standing*, 前掲、Chapter Two.
(12) Crisafulli, *The House of Dimon*, 前掲、Chapter Three.
(13) 同前
(14) Duff McDonald, "The Heist," *New York*, March 21, 2008.
(15) McDonald, *Last Man Standing*, 前掲、Chapter Four.
(16) Roger Lowenstein, *The End of Wall Street* (New York: Penguin Books, 2010), Chapter Seven.
(17) Erik Larson and Christopher Cannon, "Madoff's Victims Are Close to Getting Their $19 Billion Back," Bloomberg, December 8, 2018.
(18) Jesse Eisinger, *The Chickenshit Club: Why the Justice Department Fails to Prosecute Executives* (New York: Simon & Schuster, 2017), 234.
(19) 同前、234–36.
(20) Adam Tooze, *Crashed: How a Decade of Financial Crises Changed the World* (New York: Penguin Books, 2018), Chapter Seven.（邦訳『暴落：金融危機は世界をどう変えたのか　上・下』アダム・トゥーズ著、江口泰子／月沢李歌子訳、みすず書房、2020年刊）
(21) Hugh Son, "Dimon Says JP Morgan's Actions During '08 Crisis Were Done to 'Support Our Country,'" CNBC, September 14, 2018.
(22) Robert B. Reich, *The System: Who Rigged It, How We Fix It* (New York: Knopf, 2020), Chapter Three.
(23) Brian Ross and Tom Shine, "After Bailout, AIG Execs Head to California Resort," ABC News, October 7, 2008.
(24) Eamon Javers, "Inside Obama's Bank CEOs Meeting," *Politico*, April 3, 2009, https://www.politico.com/story/2009/04/inside-obamas-bank-ceos-meeting-020871.
(25) Eisinger, *Chickenshit Club*, 前掲
(26) Edward Yardeni, Joe Abbott, and Mali Quintana, "Corporate Finance Briefing: S&P 500 Buybacks & Dividends," Yardeni Research, Inc., August 21, 2020; as cited in William Lazonick and Matt Hopkins, "How 'Maximizing Shareholder Value' Minimized the Strategic National Stockpile: The $5.3 Trillion Question for Pandemic Preparedness Raised by the Ventilator Fiasco," Institute for New Economic Thinking, July 2020, https://www.ineteconomics.org/research/research-papers/how-maximizing-shareholder-value-minimized-the-strategic-national-stockpile-the-5-3-trillion-question-for-pandemic-preparedness-raised-by-the-ventilator-fiasco.
(27) Chuck Collins, Omar Ocampo, and Sophia Paslaski, "Billionaire Bonanza 2020: Wealth Windfalls, Tumbling Taxes, and Pandemic Profiteers," Institute for Policy Studies, April 23, 2020, https://inequality.org/great-divide/billionaire-bonanza-2020/.
(28) "JP Morgan Doubles CEO Jamie Dimon's Salary Despite Billions in Fines," Associated Press, *Guardian* に掲載, January 24, 2014, https://www.theguardian.com/business/2014/jan/24/jp-morgan-jamie-dimons-salary-billions-fines.
(29) "JPMorgan CEO Dimon Says Government Cases Were 'Unfair,'" Reuters, January 23, 2014, https://

第3章　ダボスマンの先祖たち

(1) Arbër Sulejmani, "Gianni Agnelli—Juventus' Uncrowned King of Italy," Juvefc.com, January 24, 2017.
(2) "The Best Dressed Men in the History of the World," *Esquire*, August 20, 2007.
(3) Ettore Boffano and Paolo Griseri, "Il tesoro nascosto dell'Avvocato," *La Repubblica*, June 11, 2009.
(4) Paolo Biondani, Gloria Riva, and Leo Sisti, "Barilla, Corallo e Margherita Agnelli: i tesori dei vip d'Italia sono all'estero," *L'Espresso*, June 29, 2018.
(5) Servaas Storm, "How to Ruin a Country in Three Decades," Institute for New Economic Thinking, April 10, 2019, https://www.ineteconomics.org/perspectives/blog/how-to-ruin-a-country-in-three-decades.
(6) Paolo Biondani, "Quello scudo fiscale in regalo agli evasori," *L'Espresso*, February 12, 2015, https://espresso.repubblica.it/attualita/2015/02/12/news/quello-scudo-fiscale-in-regalo-agli-evasori-1.199228.
(7) "Italians Are Europe's Worst Tax Cheats (Again ...)," *Local*, September 7, 2016, https://www.thelocal.it/20160907/italians-europe-vat-tax-evasion-dodge-again.
(8) Marco Capobianchi, *American Dream: Così Marchionne ha salvato la Chrysler e ucciso la Fiat* (Rome: Chiarelettere, 2014).
(9) 同前
(10) "Fiat Says Ciao to Italy Headquarters as Chrysler Merger Is Approved," *Automotive News*, August 1, 2014, https://www.autonews.com/article/20140801/COPY01/308019978/fiat-says-ciao-to-italy-headquarters-as-chrysler-merger-is-approved.
(11) Gianni Dragoni, "Industriali battono banchieri: ecco i 50 manager più pagati in Italia nel 2017," *Il Sole 24 Ore*, November 26, 2018, https://www.ilsole24ore.com/art/industriali-battono-banchieri-ecco-50-manager-piu-pagati-italia-2017-AEyYvKmG.
(12) Richard Wike, Laura Silver, and Alexandra Castillo, "Many Across the Globe Are Dissatisfied with How Democracy Is Working," Pew Research Center, April 29, 2019, https://www.pewresearch.org/global/2019/04/29/many-across-the-globe-are-dissatisfied-with-how-democracy-is-working.
(13) イタリア最大の工業事業者団体Prato office of Confindustraのデータより。
(14) Sarah Forbes Orwig, Amancio Ortega, Encyclopaedia Britannica, https://www.britannica.com/biography/Amancio-Ortega.
(15) Suzy Hansen, "How Zara Grew into the World's Largest Fashion Retailer," *The New York Times Magazine*, November 9, 2012.
(16) "Forbes World's Billionaire List: The Richest in 2020," https://www.forbes.com/billionaires.
(17) 同前、"#84 Stefan Persson (2020)," https://www.forbes.com/profile/stefan-persson/#2242fb925dbe.
(18) Guy Standing, *The Precariat: The New Dangerous Class* (London: Bloomsbury, 2011), Chapter One.（邦訳『プレカリアート：不平等社会が生み出す危険な階級』ガイ・スタンディング著、岡野内正訳、法律文化社、2016年刊）
(19) Shaun Walker, "Matteo Salvini; Vote for Nationalists to Stop European Caliphate," *Guardian*, May 2, 2019, https://www.theguardian.com/world/2019/may/02/matteo-salvini-vote-for-nationalist-parties-stop-islamic-caliphate.
(20) Eric Sylvers, "Italy Far-Right Leader Gets Boost," *Wall Street Journal*, May 29, 2018.

第4章　ダボスマンとブレグジット

(1) Jenny Johnston, "George Osborne: Why I'm Ready to Be Mr Nasty," *MailOnline*, October 3, 2009.
(2) Peter S. Goodman, "'Brexit' Imperils London's Claim as Banker to the Planet," *New York Times*, May 12, 2017, p. A1.
(3) Andy Beckett, "The Real George Osborne," *Guardian*, November 28, 2011.
(4) Patricia Crisafulli, *The House of Dimon: How JPMorgan's Jamie Dimon Rose to the Top of the Financial World* (New York: John Wiley & Sons, Inc., 2009), Chapter Three.

(22) Peter S. Goodman, "Yahoo Says It Gave China Internet Data; Journalist Jailed by Tracing E-mail," *Washington Post*, September 11, 2005, p. A30.
(23) Ned Levin, Emily Glazer, and Christopher M. Matthews, "In J.P. Morgan Emails, a Tale of China and Connections: Firm's Hiring of Son of Chinese Government Official Has Drawn Scrutiny from U.S. Authorities Investigating Hiring Practices of Several Big Banks," *Wall Street Journal*, February 6, 2015.
(24) Stephen A. Schwarzman, *What It Takes: Lessons in the Pursuit of Excellence* (New York: Simon & Schuster, 2019), Chapter Twenty.（邦訳『ブラックストーン・ウェイ PEファンドの王者が語る投資のすべて』スティーブ・シュワルツマン著、熊谷 淳子訳、翔泳社、2020年刊）
(25) Bethany Allen-Ebrahimian, "The Moral Hazard of Dealing with China," *The Atlantic*, January 11, 2020.
(26) 同前
(27) OECD.Stat, Net Replacement Rate in Unemployment, https://stats.oecd.org/Index.aspx?DataSetCode=NRR.
(28) Franklin Foer, "Jeff Bezos's Master Plan," *The Atlantic*, November 2019, https://www.theatlantic.com/magazine/archive/2019/11/what-jeff-bezos-wants/598363.
(29) Luisa Yanez, "Jeff Bezos: A Rocket Launched from Miami's Palmetto High School," *Miami Herald*, August 6, 2013.
(30) Mark Leibovich, "Child Prodigy, Online Pioneer; Amazon.com Founder Bezos Hires Great Minds. But Will It Matter?" *Washington Post*, September 3, 2000, p. A1.
(31) Stone, *The Everything Store*, 前掲、Chapter One.（邦訳『ジェフ・ベゾス 果てなき野望』）
(32) 同前
(33) Leibovich, 前掲
(34) Stone, *The Everything Store*, 前掲、Chapter Three.（邦訳『ジェフ・ベゾス 果てなき野望』）
(35) 同前
(36) 同前、Chapter Two.
(37) 同前、Prologue.
(38) 同前、Chapter Three.
(39) 同前、Chapter Six.
(40) 同前
(41) 同前、Chapter Eleven.
(42) Foer, 前掲
(43) 同前
(44) Peter de Jonge, "Riding the Wild, Perilous Waters of Amazon.com," *The New York Times Magazine*, April 4, 1999.
(45) Jon Emont, "Amazon's Heavy Recruitment of Chinese Sellers Puts Consumers at Risk," *Wall Street Journal*, November 11, 2019.
(46) Stone, *The Everything Store*, 前掲、Prologue.（邦訳『ジェフ・ベゾス 果てなき野望』）
(47) Brad Plumer, "Here's What Amazon Lobbies for in D.C.," *Washington Post*, August 6, 2013.
(48) Alec MacGillis, *Fulfillment: Winning and Losing in One-Click America* (New York: Farrar, Strauss and Giroux, 2021), 86–87.
(49) Renee Dudley, "Amazon's New Competitive Advantage: Putting Its Own Products First," ProPublica, June 6, 2020.
(50) Conor Sen, "Still Worried About Inflation? Keep an Eye on Amazon," Bloomberg, April 30, 2021.
(51) Nicholas Carnes and Noam Lupu, "The White Working Class and the 2016 Election," *Cambridge University Press*, May 21, 2020.
(52) Andrea Cerrato, Francesco Ruggieri, and Federico Maria Ferrara, "Trump Won in Counties That Lost Jobs to China and Mexico," *Washington Post*, December 2, 2016.

口耕二訳、滑川海彦解説、日経 BP、2014 年刊）
(2) 同前、Chapter One.
(3) Address by the Honorable Henry Morgenthau, Jr., at the closing plenary session of the Bretton Woods conference, July 22, 1944, Fraser at the Federal Reserve Bank of St. Louis よりアクセス、https://fraser.stlouisfed.org/files/docs/historical/eccles/036_17_0004.pdf.
(4) Tony Judt, *Postwar: A History of Europe Since 1945* (New York: Penguin Books, 2005), Chapter Five.（邦訳『ヨーロッパ戦後史　上・下』トニー・ジャット著、森本醇訳、みすず書房、2008 年刊）
(5) Chrystia Freeland, *Plutocrats: The Rise of the New Global Super-Rich and the Fall of Everyone Else* (New York: Penguin Books, 2012), Chapter One.（邦訳『グローバル・スーパーリッチ：超格差の時代』クリスティア・フリーランド著、中島由華訳、早川書房、2013 年刊）
(6) Klein and Pettis, *Trade Wars Are Class Wars*, 前掲、Chapter One.（邦訳『貿易戦争は階級闘争である』）
(7) Meredith Crowley, "An Introduction to the WTO and GATT," Federal Reserve Bank of Chicago, *Economic Perspectives*, Vol.27, 4th, no. 4 (November 2003): 43.
(8) Klein and Pettis, *Trade Wars Are Class Wars*, 前掲、Chapter One.（邦訳『貿易戦争は階級闘争である』）
(9) Milton Friedman, "The Social Responsibility of Business Is to Increase Its Profits," *The New York Times Magazine*, September 13, 1970.
(10) 以下サイトにて、この歴史の総括ができる。Sam Long, "The Financialization of the American Elite," American Affairs III, no. 3 (Fall 2019), https://americanaffairsjournal.org/2019/08/the-financialization-of-the-american-elite/.
(11) 中国の加盟交渉については、以下の書籍にて全体的な検証がなされている。Paul Blustein, *Schism: China, America and the Fracturing of the Global Trading System* (Waterloo, Ontario, Canada: Centre for International Governance Innovation, 2019).
(12) Jesse Eisinger, Jeff Ernsthausen, and Paul Kiel, "The Secret IRS Files: Trove of Never-Before-Seen Records Reveal How the Wealthiest Avoid Income Tax," ProPublica, June 8, 2021, https://www.propublica.org/article/the-secret-irs-files-trove-of-never-before-seen-records-reveal-how-the-wealthiest-avoid-income-tax.
(13) Zhiyao Lu, "State of Play in the Chinese Steel Industry," China Economic Watch, Peterson Institute for International Economics, July 5, 2016.
(14) David H. Autor, David Dorn, and Gordon H. Hanson, "The China Shock: Learning from Labor Market Adjustment to Large Changes in Trade," National Bureau of Economic Research Working Paper No 21906, January 2016, https://www.nber.org/papers/w21906.
(15) Thomas Piketty, Li Yang, and Gabriel Zucman, "Capital Accumulation, Private Property, and Rising Inequality in China, 1978–2015," *American Economic Review*, Vol.109, no. 7 (July 2019), https://www.aeaweb.org/articles?id=10.1257/aer.20170973.
(16) Adam S. Posen, "The Price of Nostalgia," *Foreign Affairs*, May–June 2021.
(17) 同前
(18) United States Steel Corp., Form 10-K Filed with Securities and Exchange Commission for Fiscal Year Ended December 31, 2016, https://www.sec.gov/Archives/edgar/data/1163302/000116330217000009/x2016123110-k.htm.
(19) Securities and Exchange Commission Schedule 14A, Proxy Statement for United States Steel Corp., March 14, 2017.
(20) Jeff Faux, "PNTR with China: Economic and Political Costs Greatly Outweigh Benefits," Economic Policy Institute, Briefing Paper No. 94, April 1, 2000, https://www.epi.org/publication/briefingpapers_pntr_china.
(21) Bill Clinton による Johns Hopkins University Paul H. Nitze School of Advanced International Studies での 2000 年 3 月 8 日の発言が、以下に引用されている。James Mann, *The China Fantasy: How Our Leaders Explain Away Chinese Repression* (New York: Viking, 2007), 174.（邦訳『危険な幻想 中国が民主化しなかったら世界はどうなる?』ジェームズ・マン著、渡辺昭夫訳、PHP 研究所、2007 年刊）

(15) 同前、38.
(16) 同前、Prologue.
(17) Leibovich, 前掲
(18) Benioff, *Trailblazer*, 前掲、Prologue.（邦訳『トレイルブレイザー』）
(19) 同前
(20) 同前
(21) Jena McGregor, "This Tech CEO Is Taking a Real Stand Against Indiana's 'Religious Freedom' Law; Salesforce.com's Marc Benioff Has Launched an All-Out Campaign Against the New Law," *Washington Post*, March 27, 2015.
(22) Jillian D'Onfro, "The Controversial San Francisco Homeless Tax That Pitted Tech Billionaires Marc Benioff and Jack Dorsey Against Each Other Passes," CNBC, November 7, 2018, https://www.cnbc.com/2018/11/07/san-francisco-proposition-c-homeless-tax-passes.html.
(23) Maya Kosoff, "Billionaires Jack Dorsey and Marc Benioff Spar over How to Solve Homelessness," *Vanity Fair Hive*, October 12, 2018, https://www.vanityfair.com/news/2018/10/billionaires-jack-dorsey-and-marc-benioff-spar-over-how-to-solve-homelessness.
(24) Matthew Gardner, Lorena Roque, and Steve Wamhoff, "Corporate Tax Avoidance in the First Year of the Trump Tax Law," Institute on Taxation and Economic Policy, December 16, 2019, https://itep.org/corporate-tax-avoidance-in-the-first-year-of-the-trump-tax-law.
(25) Chris Colin, "The Gospel of Wealth According to Marc Benioff," *Wired*, December 11, 2019, https://www.wired.com/story/gospel-of-wealth-according-to-marc-benioff.
(26) Matthew C. Klein and Michael Pettis, *Trade Wars Are Class Wars: How Rising Inequality Distorts the Global Economy and Threatens International Peace* (New Haven, CT: Yale University Press, 2020), Chapter One.（邦訳『貿易戦争は階級闘争である：格差と対立の隠された構造』マシュー・C・クレイン／マイケル・ペティス著、小坂恵理訳、みすず書房、2021年刊）
(27) 同前
(28) Kimberly A. Clausing, "Profit Shifting Before and After the Tax Cuts and Jobs Act," *National Tax Journal* 1233–1266 (2020), UCLA School of Law, Law-Econ Research Paper No. 20-10, June 3, 2020, 73(4), available at SSRN https://ssrn.com/abstract=3274827 or http://dx.doi.org/10.2139/ssrn.3274827.
(29) Salesforce, 2019 proxy statement, p. 39, https://s23.q4cdn.com/574569502/files/doc_financials/2019/664082_Salesforce_Proxy_bookmarked.pdf.
(30) Benioff, *Trailblazer*, 前掲、Chapter Ten.（邦訳『トレイルブレイザー』）
(31) Nick Paumgarten, "Magic Mountain," *The New Yorker*, March 5, 2012 ISSUE.
(32) Klaus Schwab, with Peter Vanham, *Stakeholder Capitalism: A Global Economy that Works for Progress, People and Planet* (Hoboken, NJ: John Wiley & Sons, Inc., 2021), 11.
(33) Paumgarten, 前掲
(34) 同前
(35) 同前
(36) Julia Flynn and Steve Stecklow, "Transparency Eludes Founder of Davos Forum," *Wall Street Journal*, January 27, 2000.
(37) Peter S. Goodman, "In Era of Trump, China's President Champions Economic Globalization," *New York Times*, January 17, 2017, p. A1.
(38) Andrew Carnegie, "The Gospel of Wealth," *North American Review*, June 1889.

第2章　グローバル化に毒を盛ったダボスマン

(1) Brad Stone, *The Everything Store: Jeff Bezos and the Age of Amazon* (New York: Little, Brown and Co., 2013), Prologue.（邦訳『ジェフ・ベゾス 果てなき野望－アマゾンを創った無敵の奇才経営者』ブラッド・ストーン著、井

原注

プロローグ　ダボスマンが世界のルールを作る

(1) Sissi Cao, "Billionaires Made Record Profit, Donated Record Lows in 2020 – $0 From Elon Musk," *Observer*, January 5, 2021, https://observer.com/2021/01/billionaires-philanthropy-record-low-2020-bezos-elon-musk.

(2) Tom Metcalf, "Dalio, Dimon and 117 Other Billionaires to Descend on Davos," Bloomberg, January 17, 2020.

(3) Matt Bruenig, "Top 1% Up $21 Trillion. Bottom 50% Down $900 Billion," People's Policy Project, June 14, 2019, https://www.peoplespolicyproject.org/2019/06/14/top-1-up-21-trillion-bottom-50-down-900-billion.

(4) Lawrence Mishel and Julia Wolfe, "CEO Compensation Has Grown 940 % Since 1978," Economic Policy Institute, August 14, 2019, https://www.epi.org/publication/ceo-compensation-2018.

(5) Justinas Baltrusaitis, "World's Top Ten Billionaires Worth More Than Poorest 85 Countries Combined," LearnBonds, May 15, 2020, https://learnbonds.com/news/top-10-richest-people-worth-more-than-85-poorest-countries-gdp.

(6) Carter C. Price and Kathryn A. Edwards, "Trends in Income from 1975 to 2018," Rand Corporation, https://www.rand.org/pubs/working_papers/WRA516-1.html.

第１章　ダボスマンとその生息地

(1) Lawrence Mishel and Julia Wolfe, "CEO Compensation Has Grown 940% Since 1978," Economic Policy Institute, August 14, 2019, https://www.epi.org/publication/ceo-compensation-2018.

(2) Emmanuel Saez and Gabriel Zucman, *The Triumph of Injustice: How the Rich Dodge Taxes and How to Make Them Pay* (New York: W.W. Norton & Co., 2019), Chapter One.（邦訳『つくられた格差 不公平税制が生んだ所得の不平等』エマニュエル・サエズ、ガブリエル・ズックマン著、山田美明訳、光文社、2020年刊）

(3) William Wright and Christian Benson, "The Crisis of Capitalism," New Financial, December 2019, https://newfinancial.org/report-the-crisis-of-capitalism.

(4) Ian Goldin and Mike Mariathasan, *The Butterfly Defect: How Globalization Creates Systemic Risks, and What to Do About It* (Princeton, NJ: Princeton University Press, 2014).

(5) Mukesh Ambani, Forbes profile, https://www.forbes.com/profile/mukesh-ambani/#26a95919214c.

(6) Amanda DiSilvestro, "The 6 Greatest Benefits of CRM Platforms to Know," Salesforce.com website, https://www.salesforce.com/crm/benefits-of-crm.

(7) Marc Benioff and Karen Southwick, *Compassionate Capitalism: How Corporations Can Make Doing Good an Integral Part of Doing Well* (Franklin Lakes, NJ: Career Press, 2004).

(8) Mark Leibovich, "The Outsider, His Business and His Billions," *Washington Post*, October 30, 2000, p. A1.

(9) Marc Benioff and Monica Langley, *Trailblazer: The Power of Business as the Greatest Platform for Change* (New York: Random House, 2019), A New Direction.（邦訳『トレイルブレイザー：企業が本気で社会を変える10の思考』マーク・ベニオフ／モニカ・ラングレー著、渡部典子訳、東洋経済新報社、2020年刊）

(10) Charlie Roseへのインタビュー , November 29, 2011.

(11) Benioff, *Trailblazer*, 前掲、Chapter Three.（邦訳『トレイルブレイザー』）

(12) 同前、Chapter Four.

(13) 同前

(14) 同前、Chapter One.

［著者］

ピーター・S・グッドマン　(Peter S. Goodman)

ニューヨーク・タイムズ紙のグローバル経済担当記者。ワシントン・ポスト紙でテクノロジー担当記者、アジア経済特派員・上海支局長として活躍後、ニューヨーク・タイムズに移籍。世界金融危機に関する報道でリーダーシップを執り、そのシリーズ記事がピュリッツァー賞の最終選考に選ばれた。ジェラルド・ローブ賞をはじめ数々の受賞歴を誇る。著書に*Past Due: The End of Easy Money and the Renewal of the American Economy*がある。リード大学卒業、カリフォルニア大学バークレー校でベトナム史の修士号取得。

［訳者］

梅原季哉　(Toshiya Umehara)

ジャーナリスト。朝日新聞に2021年まで在籍し、ブリュッセル、ウィーン、ワシントン特派員などとして主に国際報道に携わる。2016年にはロンドンのヨーロッパ総局長として、ブレグジット国民投票の取材を現地で統括した。著書に『ポーランドに殉じた禅僧　梅田良忠』(平凡社)、『戦火のサラエボ100年史「民族浄化」もう一つの真実』(朝日新聞出版)など。監訳書に『ジョン・ボルトン回顧録 トランプ大統領との453日』(朝日新聞出版)。国際基督教大学(ICU)卒業、キングス・カレッジ・ロンドンで修士号取得。

ダボスマン

世《せ》界《かい》経《けい》済《ざい》をぶち壊《こわ》した億《おく》万《まん》長《ちょう》者《じゃ》たち

2022年 6月29日発行　第1刷

著者	ピーター・S・グッドマン
訳者	梅原季哉
翻訳協力	株式会社リベル
発行人	鈴木幸辰
発行所	株式会社ハーパーコリンズ・ジャパン
	東京都千代田区大手町1-5-1
電話	03-6269-2883(営業)
	0570-008091(読者サービス係)
印刷・製本	中央精版印刷株式会社
ブックデザイン	山之口正和＋沢田幸平(OKIKATA)

定価はカバーに表示してあります。

Printed in Japan
ISBN978-4-596-70832-8